Aus erster Hand

Rebecca Hesse, Alan Canonica, Mirjam Janett,
Martin Lengwiler, Florian Rudin

Aus erster Hand

Gehörlose, Gebärdensprache und Gehörlosenpädagogik in der Schweiz im 19. und 20. Jahrhundert

Gedruckt mit Unterstützung der Berta Hess-Cohn Stiftung

Informationen zum Verlagsprogramm:
www.chronos-verlag.ch

Umschlagbild: Schweizerischer Gehörlosenbund SGB-FSS

Inhalt

Vorwort

Dieses Buch ist das Resultat eines mehrjährigen Forschungsprojektes. Eine Vorstudie wurde 2017 als Online-Bericht veröffentlicht, verfasst von Rebecca Hesse und Martin Lengwiler. Die Erkenntnisse dieser Studie gingen vollumfänglich in das vorliegende Buch ein. Im Anschluss an die Vorstudie wurden ergänzende Forschungen unternommen, an denen auch Alan Canonica, Mirjam Janett und Florian Rudin mitwirkten. Die Autorschaft am vorliegenden Text ist deshalb ein Gemeinschaftswerk. Rebecca Hesse ist Hauptautorin. Sie hat einen Grossteil der Recherchen besorgt und wesentliche Teile der empirischen Kapitel (2–6) verfasst. Alan Canonica, Mirjam Janett und Florian Rudin haben substanzielle Recherchen zu verschiedenen Themen (unter anderem zum Internatsbetrieb sowie allgemein zu den Gehörlosenschulen Riehen und Hohenrain) beigetragen. Alan Canonica hat weite Teile des Kapitels 5 verfasst. Mirjam Janett und Florian Rudin haben an verschiedenen Kapiteln mitgearbeitet und mehrere Passagen beigesteuert. Martin Lengwiler hat die Recherchen koordiniert und betreut, die Schlussüberarbeitung verantwortet sowie Einleitung und Schlusswort verfasst. Für die Konzeption und Redaktion der Studie haben alle Autorinnen und Autoren eng zusammengearbeitet.

Das Buch wäre ohne die Unterstützung zahlreicher Mitwirkender, Kolleginnen und Kollegen sowie verschiedener Fördereinrichtungen nicht zustande gekommen. Es profitierte von grosszügigen finanziellen Zuwendungen des Schweizerischen Gehörlosenbunds (SGB-FSS), der Dr. H. A. Vögelin-Bienz-Stiftung des Staatsarchivs Basel-Stadt sowie der Berta Hess-Cohn Stiftung, Basel. Alle Geldgeber haben uns inhaltlich völlig freie Hand gelassen. Wir danken verschiedenen Mitarbeiterinnen und Mitarbeitern des SGB-FSS, insbesondere Harry Witzthum, Stéphane Faustinelli, Márta Gerbershagen, Annika De Maeyer und Sibylle Rau, die das Projekt in verschiedenen Phasen begleiteten und wertvolle Kontakte vermittelten. Auch den Mitgliedern eines wissenschaftlichen Beirats sei gedankt: Michael Gebhard, Gian Reto Janki und Urs Germann; ebenso der Begleitgruppe für die Romandie, Giovanni Palama und Martin Chapuis, sowie unserer Tessiner Begleiterin, Tiziana Jurietti. Unterstützung erhielten wir weiter von Peter Hemmi und Ruedi Graf, die uns wichtige Gesprächspartnerinnen und -partner vermittelten.

Ein grosser Dank gebührt den Interviewpartnerinnen und -partnern, die uns von ihren Erfahrungen berichteten und die wir auf ihren Wunsch mehrheitlich anonymisiert nennen. Wir haben von den Gesprächen sehr viel gelernt, auch wenn nicht alle Ausführungen in die direkten Zitate Eingang fanden. Namentlich erwähnen können wir Rosmarie Achini, Annemarie Meier, Florian Schmid, Stéphane Beyeler und Marcello Conigliaro. Für den Zugang zu Interviewpartnerinnen und -partnern, Archivmaterialien und weiteren historischen Quellen sind wir dem Zentrum für Gehör und Sprache in Zürich (unter anderem dem ehemaligen Schuldirektor Jan Keller), dem Centre d'éducation de l'ouïe et de la parole de Montbrillant in Genf (Isaline Humbert-Droz), der Sprachheilschule St. Gallen (Susan Christen Meier), der GSR, Zentrum für Gehör, Sprache und Kommunikation, in Riehen (André Perret), dem Kloster Ingenbohl (insbesondere Schwester Reto Lechmann und Markus Näpflin), sowie dem Staatsarchiv des Kantons St. Gallen (Marcel Müller), dem Staatsarchiv Luzern (Jürg Schmutz) und den Mitarbeiterinnen und Mitarbeitern des Staatsarchivs Basel-Stadt zu Dank verpflichtet. Lukas Hartmann half bei der Bildredaktion. Inhaltliche Inputs erhielten wir schliesslich von verschiedenen Kolleginnen und Kollegen, die uns in verschiedenen Phasen des Projekts beraten haben: Marion Schmidt (Göttingen), Matthias Ruoss (Bern), Sonja Matter (Bern) und Vera Blaser (Bern) sowie den Teilnehmerinnen und Teilnehmern des Labors der Professur für Neuere Allgemeine Geschichte am Departement Geschichte der Universität Basel. Ein letzter Dank geht an John Bendix, Magali Delaloye und Teresa Steffenino für die Übersetzung der Zusammenfassung ins Englische, Französische und Italienische.

1 Einleitung

Gehörlose galten im 19. und 20. Jahrhundert über lange Zeit als eine Gruppe von Behinderten. Zu ihren Eigenheiten gehörte die Gebärdensprache – eine eigene Ausdrucksform, die sie vom Rest der Gesellschaft trennte. Die Gebärdensprache galt lange als pädagogisches Problem. Der Königsweg zur gesellschaftlichen Integration führte bis in die 1980er-Jahre über die Lautsprache. Heute verstehen sich viele Gehörlose als kulturelle Minderheit. Ihre Identität gründet sich zu einem wesentlichen Teil auf der Gebärdensprache. Gehörlosigkeit pauschal als Behinderung abzustempeln, lehnen sie ab. Vielmehr fordern sie von der hörenden Mehrheit, die zahlreichen Hürden zwischen der gehörlosen und der lautsprachlichen Welt abzubauen und Gehörlose besser in die Gesellschaft zu integrieren.

Dieses Buch erzählt die wechselhafte Geschichte der Gehörlosen in der Schweiz im 19. und 20. Jahrhundert. Im Mittelpunkt stehen diejenigen Orte, in denen sich die hörende Gesellschaft und die Gehörlosengemeinde begegneten, insbesondere die pädagogischen Einrichtungen zur gesellschaftlichen Integration der Gehörlosen. Welchen Umgang pflegten die schweizerischen Gehörlosenschulen im 19. und 20. Jahrhundert mit Gehörlosen? Welchen pädagogischen Modellen folgten sie? Wie stellten sie sich zu der Gebärdensprache? Und welche Auswirkungen hatten das Engagement der Schulen und die Marginalisierung der Gebärdensprache auf das Leben der Gehörlosen?

Gehörlosigkeit und der gesellschaftliche Umgang mit Gehörlosen und der Gebärdensprache sind vielschichtige Themen. Man kann sie nicht als eine Schwarz-Weiss-Geschichte erzählen. Der Umgang mit Gehörlosen und Gehörlosigkeit hat sich historisch stark verändert. Die europäischen Gesellschaften des Mittelalters kannten noch keine medizinisch geprägte Vorstellung «des Behinderten». Statt Menschen aufgrund körperlicher oder geistiger Beeinträchtigungen zu einer eigenen defizitären Klasse von «Behinderten» zusammenzufassen, wurden Betroffene vielmehr aus christlicher Perspektive als Hilfsbedürftige wahrgenommen. Gehörlose wurden umschrieben mit Ausdrücken wie «erbarmungswürdig»,

«miserabel» oder «hülflos».[1] Sie galten im Mittelalter als nicht bildungsfähig, unterlagen Eheverboten und waren aufgrund ihrer «Stummheit»
weitgehend von den heiligen Sakramenten ausgeschlossen.[2] Seit der
Aufklärung fassten Gelehrte und Pädagogen Menschen mit Hörbeeinträchtigungen zu einer pathologisierten Gruppe zusammen. Zugleich
erkannten Vertreter der Aufklärung in den Gehörlosen grundsätzlich bildungsfähige Menschen, die aus der Unmündigkeit befreit werden konnten, sofern man ihnen das Sprechen beibrachte (vgl. Abb. 1).[3]

Das aufklärerische Menschenbild beruhte damit auf einem sprechen-
den Subjekt, und Sprache hiess für die Aufklärung in erster Linie Lautsprache. Formen der Verständigung, die auf nicht lautsprachlicher
Kommunikation beruhten, wurden schlicht nicht als Sprache anerkannt. Obwohl schon seit dem 18. Jahrhundert Traditionen der Gebärdensprache verbreitet waren und sie auch wissenschaftlich untersucht
wurden (etwa von Pierre Desloges, 1747–1792), galten Gehörlose deshalb als nicht sprechende, behinderte Menschen, als «Taubstumme».[4]
Sie gerieten seit dem ausgehenden 18. Jahrhundert zunehmend in den
Blick pädagogischer, später auch psychiatrischer Bemühungen. In den
sogenannten Taubstummenanstalten des 19. Jahrhunderts versuchten
Erzieher, den Gehörlosen sprachliche Fähigkeiten beizubringen. Dabei
gab es über lange Zeit keinen einheitlichen Umgang mit der Gebärdensprache. Teilweise galt sie als sinnvolles Kommunikationsmittel. Erst
seit den 1880er-Jahren setzte sich in den europäischen Gehörlosenschulen die Lautsprache als pädagogische Norm schrittweise durch. Im
20. Jahrhundert war der lautsprachliche Unterricht auch in der Schweiz
Standard, zumindest bis in die 1970er-Jahre. Er wurde im Schulalltag
oft mit harschen Methoden durchgesetzt, konnte aber die Gebärdensprache nie ganz aus dem Alltag der Gehörlosen verdrängen.

1   Ritzmann, Iris: «Die der Welt und sich selbst zur Last sind». Behinderte Kinder
     und Jugendliche in der frühen Neuzeit, in: Traverse. Zeitschrift für Geschich-
     te, 2006/3, S. 73–85, hier S. 73 f.
2   Dazu gehörten die Eucharistie verbunden mit der heiligen Kommunion, die
     Busse, die Priesterweihe etc. Vgl. Feige, Hans-Uwe: Denn taube Personen fol-
     gen ihren thierischen Trieben – (Samuel Heinicke). Gehörlosen-Biografien
     aus dem 18. und 19. Jahrhundert, Leipzig 1999, S. 24.
3   Janett, Mirjam: Vom Wert der Gebärde, in: Die Wochenzeitung, Nr. 42, 19. 10.
     2017.
4   Fischer, Renate: The Study of Natural Sign Language in Eighteenth-Century
     France, in: Sign Language Studies 2/4 (2002), S. 391–406.

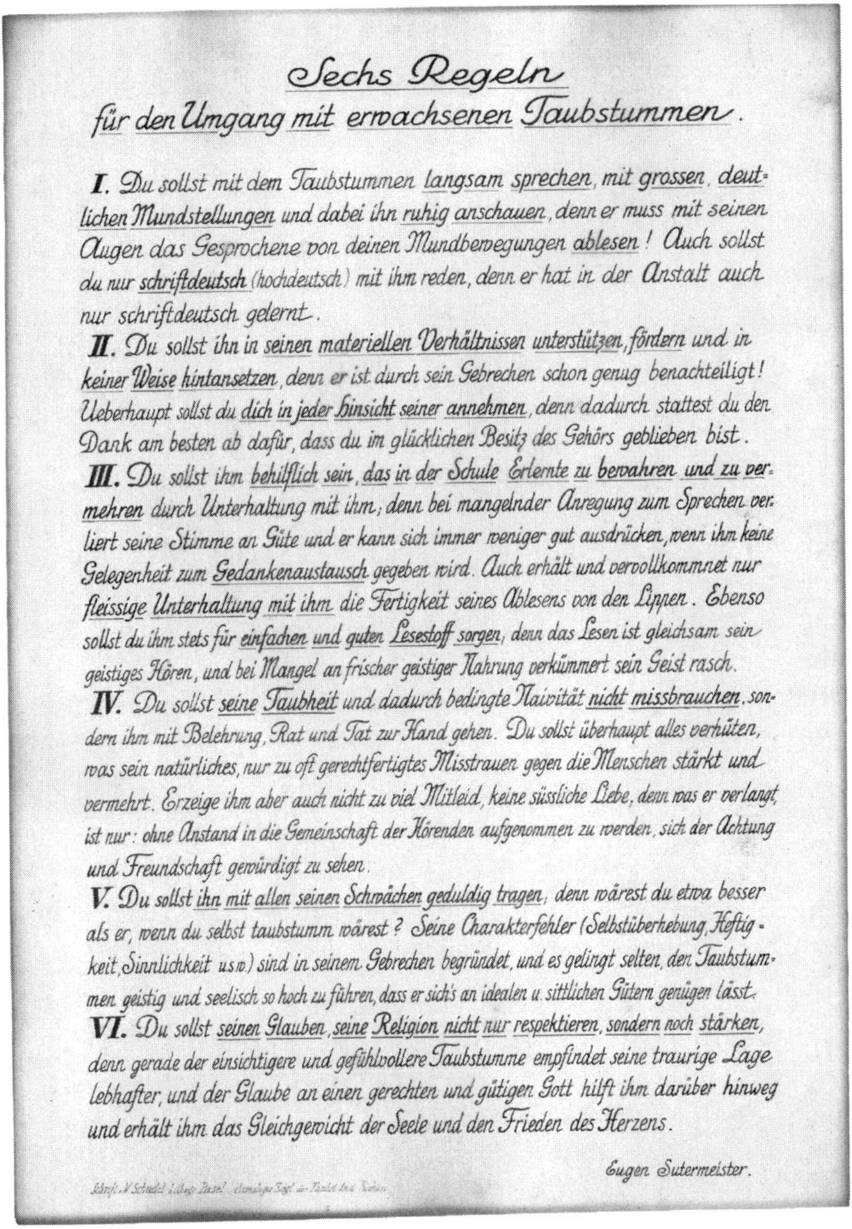

Sechs Regeln
für den Umgang mit erwachsenen Taubstummen.

I. Du sollst mit dem Taubstummen langsam sprechen, mit grossen, deutlichen Mundstellungen und dabei ihn ruhig anschauen, denn er muss mit seinen Augen das Gesprochene von deinen Mundbewegungen ablesen! Auch sollst du nur schriftdeutsch (hochdeutsch) mit ihm reden, denn er hat in der Anstalt auch nur schriftdeutsch gelernt.

II. Du sollst ihn in seinen materiellen Verhältnissen unterstützen, fördern und in keiner Weise hintansetzen, denn er ist durch sein Gebrechen schon genug benachteiligt! Ueberhaupt sollst du dich in jeder Hinsicht seiner annehmen, denn dadurch stattest du den Dank am besten ab dafür, dass du im glücklichen Besitz des Gehörs geblieben bist.

III. Du sollst ihm behilflich sein, das in der Schule Erlernte zu bewahren und zu vermehren durch Unterhaltung mit ihm; denn bei mangelnder Anregung zum Sprechen verliert seine Stimme an Güte und er kann sich immer weniger gut ausdrücken, wenn ihm keine Gelegenheit zum Gedankenaustausch gegeben wird. Auch erhält und vervollkommnet nur fleissige Unterhaltung mit ihm die Fertigkeit seines Ablesens von den Lippen. Ebenso sollst du ihm stets für einfachen und guten Lesestoff sorgen; denn das Lesen ist gleichsam sein geistiges Hören, und bei Mangel an frischer geistiger Nahrung verkümmert sein Geist rasch.

IV. Du sollst seine Taubheit und dadurch bedingte Naivität nicht missbrauchen, sondern ihm mit Belehrung, Rat und Tat zur Hand gehen. Du sollst überhaupt alles verhüten, was sein natürliches, nur zu oft gerechtfertigtes Misstrauen gegen die Menschen stärkt und vermehrt. Erzeige ihm aber auch nicht zu viel Mitleid, keine süssliche Liebe, denn was er verlangt, ist nur: ohne Anstand in die Gemeinschaft der Hörenden aufgenommen zu werden, sich der Achtung und Freundschaft gewürdigt zu sehen.

V. Du sollst ihn mit allen seinen Schwächen geduldig tragen; denn wärest du etwa besser als er, wenn du selbst taubstumm wärest? Seine Charakterfehler (Selbstüberhebung, Heftigkeit, Sinnlichkeit usw.) sind in seinem Gebrechen begründet, und es gelingt selten, den Taubstummen geistig und seelisch so hoch zu führen, dass er sich an idealen u. sittlichen Gütern genügen lässt.

VI. Du sollst seinen Glauben, seine Religion nicht nur respektieren, sondern noch stärken, denn gerade der einsichtigere und gefühlvollere Taubstumme empfindet seine traurige Lage lebhafter, und der Glaube an einen gerechten und gütigen Gott hilft ihm darüber hinweg und erhält ihm das Gleichgewicht der Seele und den Frieden des Herzens.

Eugen Sutermeister.

Abb. 1: «Du sollst mit dem Taubstummen langsam sprechen ...» Sechs Regeln für den Umgang mit Taubstummen, Plakat von Eugen Sutermeister (um 1900). Eugen Sutermeister (1862–1931) war selber gehörlos und wurde zu einer prägenden Figur der frühen schweizerischen Gehörlosenbewegung. Er verfasste diese Regeln um 1900. Eugen Sutermeister, Schweizerisches Sozialarchiv, Zürich.

Ausserhalb der Gehörlosenschulen war die Gebärdensprache über den ganzen Untersuchungszeitraum verbreitet. Viele Gehörlose verstanden sich als Teil einer Gehörlosenkultur, zu der meist auch die Gebärdensprache gehörte. Seit Mitte des 19. Jahrhunderts bildeten sich in der Schweiz zahlreiche Gehörlosenvereine, nicht zuletzt im Bereich des Gehörlosensports. Diese Vereine wirkten identitätsstiftend, wobei die gemeinsame Gebärdensprache oft ein zentrales Kennzeichen dieser Identität bildete. Sportvereine boten eine Plattform für Bildungsanlässe, kulturelle Veranstaltungen oder andere gesellige Aktivitäten. Bis ins 20. Jahrhundert lernten die meisten Gehörlosen die Gebärdensprache im Rahmen solcher Vereine, nach Abschluss ihrer Ausbildung an einer Gehörlosenschule.[5]

Im Verlauf des 20. Jahrhunderts spielten paradoxerweise auch die Gehörlosenschulen eine zunehmende Rolle in der Vermittlung der Gebärdensprache. Paradoxerweise, weil die Unterdrückung der Gebärdensprache an den Schulen nie absolut war und Gehörlose ihre Sprache in den Nischen und an den Rändern des Schulbetriebs benutzten und sie so verbreiteten. Viele Gehörlose machten ihre ersten Erfahrungen mit der Gebärdensprache an Schulen, die gleichzeitig das Gebärden aus dem Schulzimmer verbannt hatten. Diese widersprüchliche Situation hielt bis in die 1970er-Jahre an.

Seit den 1980er-Jahren hat sich der Unterricht an Gehörlosen- oder Sprachheilschulen stark verändert. Verantwortlich dafür sind verschiedene Entwicklungen. Zunächst profitierten Gehörlose allgemein von einer gestiegenen Anerkennung der Rechte von Menschen mit Behinderungen. Ein wichtiges Zeichen setzten die Vereinten Nationen 1981 mit dem UNO-Jahr der Behinderten. Die UNO setzte sich auch in den kommenden Jahren für die Menschenrechte von Behinderten ein. Soziale Bewegungen, die sich für die Rechte von Menschen mit Behinderungen einsetzten, erlebten in den 1990er-Jahren einen Aufschwung. Kreise der Behindertenbewegung lancierten in der Schweiz Ende der 1990er-Jahre eine Volksinitiative zur rechtlichen Gleichstellung von

5   Hohl, Fabienne: Gehörlosenkultur. Gebärdensprachliche Gemeinschaften und die Folgen (Verein zur Unterstützung der Gebärdensprache der Gehörlosen, Informationsheft Nr. 41), Zürich 2004, S. 10 f. Zur Gehörlosenkultur vgl. auch Leonhardt, Anette: Einführung in die Hörgeschädigtenpädagogik. 2. Auflage, München 2002, S. 139 f.; vgl. auch: Gebhard, Michael: Hören lernen – hörbehindert bleiben. Die Geschichte von Gehörlosen- und Schwerhörigenorganisationen in den letzten 200 Jahren, Baden 2007.

Behinderten. Die totalrevidierte Bundesverfassung von 1999 nahm ein entsprechendes Diskriminierungsverbot in ihre Bestimmungen auf. Der Verfassungsauftrag wurde 2004 mit einem Behindertengleichstellungsgesetz umgesetzt. Das Gesetz beabsichtigt, «Benachteiligungen zu verhindern, zu verringern oder zu beseitigen, denen Menschen mit Behinderungen ausgesetzt sind» (Art. 1).[6] Ein weiterer, rechtlich einflussreicher Meilenstein folgte 2006 mit der Verabschiedung der Behindertenrechtskonvention durch die UNO. Die Schweiz ratifizierte die Konvention 2014.

Ausgehend von den USA wurden auch in Europa in den 1980er-Jahren Forderungen nach verstärkter Anerkennung der Gebärdensprache zunehmend unterstützt. So öffnete sich die Gehörlosenpädagogik zunehmend gegenüber bilingualen Ansätzen, die laut- und gebärdensprachliche Kommunikationsformen in unterschiedlicher Weise miteinander kombinierten. Seit den 1990er-Jahren fanden bilinguale Ansätze zunehmend Eingang in den Unterricht von Gehörlosenschulen.[7] Der Begriff der Bilingualität wird unterschiedlich ausgelegt, je nachdem ob der Akzent eher auf der Lautsprache oder auf der Gebärdensprache liegt. Wir werden den Begriff der Bilingualität pragmatisch nutzen, so wie er in den Schulen oder von den Interviewpartnerinnen und -partnern verwendet wurde.

Seit den 1980er-Jahren kamen als weiterer wichtiger Trend medizintechnische Innovationen hinzu. Dazu gehört insbesondere eine neue Generation von Hörgeräten, die sogenannten Cochlea-Implantate (CI). Diese mikroelektronischen, digitalen Geräte sind so klein, dass sie chirurgisch ins Innenohr (in die Cochlea) implantiert werden können. Der verstärkte Einsatz von Cochlea-Implantaten hat zusammen mit einer ausgeweiteten Früherkennung von Hörbeeinträchtigungen in den letzten Jahrzehnten die Möglichkeiten, hörbeeinträchtigte Menschen wieder besser hörend und sprechend zu machen, stark ausgeweitet. Zugleich ist der Einsatz von CI in der Regel mit einem pädagogischen Fokus auf lautsprachliche Kommunikation verbunden.

Eine letzte wichtige Entwicklung in der Gehörlosenpädagogik bildet die verstärkte integrative Schulung von Gehörlosen in Regelklassen der

---

6   Schefer, Markus; Hess-Klein, Caroline: Behindertengleichstellungsrecht, Bern 2014.
7   Vgl. beispielsweise Schweizerischer Gehörlosenbund SGB-FSS (Hg.). Auf dem Weg zur Bilingualität. Gebärdensprache & gesprochene Sprache, Yverdon-les-Bains 2013.

Volksschule. Der integrative Unterricht ist als Alternative zu Sonderklassen für Kinder mit körperlichen oder psychischen Beeinträchtigungen gedacht. Die alten Taubstummenanstalten, Gehörlosen- und Sprachheilschulen folgten bis in die 1970er-Jahre mehrheitlich dem Sonderschulmodell, das auch insgesamt für die Volksschule prägend war. Seither hat der integrative Unterricht in der Sonderpädagogik zunehmend Anhänger gefunden. In den letzten zwei Jahrzehnten hat das integrative Modell das frühere Sonderschulmodell grossteils abgelöst.[8] Viele Gehörlosen- oder Sprachheilschulen verloren durch diese Entwicklung viele ihrer früheren Schülerinnen und Schüler. Die Klassengrössen schrumpften. Einzelne Schulen spezialisierten sich teilweise auf neue Dienstleistungen oder andere Beeinträchtigungen (etwa Autismus). Andere entschieden sich, ihren Betrieb ganz aufzugeben (vgl. Kap. 4).

Dieses Buch beschäftigt sich schwergewichtig mit dem 20. Jahrhundert, insbesondere der zweiten Jahrhunderthälfte, der Zeit, an die sich unsere Interviewpartnerinnen und -partner erinnerten. Gleichwohl greift die Studie auch ins 18. und 19. Jahrhundert zurück. Sowohl die Gehörlosenschulen wie auch die Sonderpädagogik hatten eine lange Geschichte, die ins 19. Jahrhundert, teilweise darüber hinaus, zurückreicht und ohne die das 20. Jahrhundert schwer einzuordnen wäre. Empirisch haben wir uns auf sechs ausgewählte Anstalten fokussiert: diejenigen in Zürich, Genf, St. Gallen, Luzern, Riehen (Basel-Stadt) und Locarno. Das Schulwesen ist in der Schweiz föderalistisch organisiert, auch die Gehörlosenpädagogik weist regionale Eigenheiten auf. Die untersuchten Gehörlosenschulen spiegeln deshalb institutionelle und fachliche Traditionen in unterschiedlichen Regionen der Schweiz.

Die folgenden Kapitel untersuchen den Umgang mit der Gebärdensprache auf vier Ebenen. Erstens fragen wir nach den *fachwissenschaftlichen Entwicklungen* der Gehörlosenpädagogik, insbesondere nach den Gründen für die Verdrängung der Gebärdensprache in den Schulen (vgl. Kap. 2 und 3). Weshalb hielten pädagogische Expertinnen und Experten bis in die 1990er-Jahre an der Lautsprachmethode fest? Dies, obwohl die Erfolge im schulischen Alltag beschränkt waren und schon seit den 1960er-Jahren einzelne Fachvertreter für eine Rehabilitierung der Gebärdensprache eintraten? Zu beachten ist auch der Einfluss einzel-

---

8   Exemplarisch: Lienhard, Peter; Joller, Klaus; Mettauer, Belinda: Rezeptbuch schulische Integration. Auf dem Weg zu einer inklusiven Schule, Bern 2011.

ner pädagogischer Akteure, der im Kleinstaat Schweiz vergleichsweise gross war.

Zweitens beleuchten wir exemplarisch die *institutionelle Entwicklung der Gehörlosenschulen* in der Schweiz (vgl. Kap. 4). Exemplarisch heisst, dass wir wie erwähnt sechs bedeutende Einrichtungen aus allen drei Sprachregionen herausgreifen und diese genauer untersuchen (zur Auswahl der Beispiele vgl. unten, Abschnitt «Auswahl der Fallbeispiele»). Neben allgemeinen Angaben zur Schulgeschichte geht es dabei insbesondere um die Umsetzung der pädagogischen Normen in den jeweiligen Schulen. Dabei zeigt sich, dass die Schulen sich fachlich durchaus unterschiedlich entwickelten, gerade in ihrem Umgang mit der Gebärdensprache.

Drittens untersuchen wir, wie die Gehörlosenschulen mit der *Gebärdensprache* umgingen (vgl. Kap. 5). Dies betrifft zunächst den Schulalltag. Mit welchen Regeln wurde die Gebärdensprache marginalisiert oder verboten? Wie wurden Zuwiderhandlungen bestraft? Welche Freiräume blieben gleichwohl bestehen, in denen Gehörlose trotz Verboten gebärden konnten? Zudem: Welche Haltung nahmen die Eltern von Gehörlosen ein? Traten sie für oder gegen die Gebärdensprache ein? Wurden gebärdende Kinder familienintern toleriert oder gemassregelt? Neben dem Schulalltag interessiert uns auch die Lebenswelt der mit den Schulen verbundenen Internate. Die meisten Schulen waren ursprünglich als geschlossene Anstalten («Taubstummenanstalten») organisiert. Die Kinder lebten in einem Internatsbetrieb und besuchten die anstaltseigene Schule. In der zweiten Hälfte des 20. Jahrhunderts wandelten sich die Internate schrittweise zu offeneren Einrichtungen («Externate»), in denen die betreuten Kinder nur tagsüber zur Schule gingen, ansonsten aber zu Hause bei ihren Eltern lebten. Es gibt zahlreiche Hinweise, dass es auch in Internaten zu systematischen Integritätsverletzungen gegenüber den gehörlosen Schülerinnen und Schülern kam. Die Vorfälle umfassen unerwünschte, illegitime oder illegale Übergriffe auf psychischer oder körperlicher Ebene. In dieser Hinsicht gleicht die Geschichte der Internatsschulen für Gehörlose jener der Erziehungsheime, in denen Integritätsverletzungen gegenüber Kindern oft systematisch vorkamen.[9] Wir

9   Gstrein, Jutta: Weisst Du noch wie es früher war ... mit den «Strafen». Eine Befragung von Gehörlosen über ihre Erlebnisse zur Sozialisation im Gehörloseninternat (Verein zur Unterstützung der Gebärdensprache der Gehörlosen, Informationsheft Nr. 34), Zürich 1999, Furrer, Markus et al. (Hg.). Fürsorge und Zwang. Fremdplatzierung von Kindern und Jugendlichen in der Schweiz 1850–1980, Basel 1914 (Beiheft zur Schweizerischen Zeitschrift für Geschichte

fragen deshalb in den folgenden Kapiteln auch nach den Bedingungen, Mechanismen und Manifestationen solcher Integritätsverletzungen im Internatsbetrieb. Konkret verstehen wir unter Integritätsverletzungen einerseits unverhältnismässige oder entwürdigende Strafen im Rahmen einer gegebenen formalen Ordnung (Hausordnungen, Reglemente etc.), andererseits irreguläre Misshandlungen und Übergriffe.

Viertens untersuchen wir *die langfristigen Folgen*, die die Ausgrenzung der Gebärdensprache auf die Biografien der Gehörlosen hatte (vgl. Kap. 6). Wie beeinflusste die Marginalisierung der Gebärden ihre Bildungs- und Berufschancen? Wie beurteilen Gehörlose selbst die Auswirkungen der Schulbildung auf die eigene Persönlichkeit? Und: Haben sich die Berufsaussichten von Gehörlosen seit den 1980er-Jahren mit der Rehabilitation der Gebärdensprache verändert?

«Gehörlos», «Gebärdensprache», «Gehörlosenschulen» – begriffliche Klärungen

Vorgängig möchten wir einige begriffliche Erläuterungen vorausschicken. Wir verwenden die Begriffe «gehörlos» und «Gehörlose»/«Gehörloser» einerseits für Personen, die hörbehindert sind (in der Regel hochgradig schwerhörig oder taub) und die Lautsprache nicht über das Gehör verstehen können. Andererseits bezeichnen wir damit auch Personen, die unabhängig vom Grad ihrer Hörbehinderung vorwiegend in Gebärdensprache kommunizieren und sich der Gehörlosenkultur zugehörig fühlen. «Gehörlos» wird in diesem Sinne als Sammelbegriff verwendet. Wir folgen damit nicht der international gebräuchlichen, aber historisch oft anachronistischen und soziologisch schwierigen Unterscheidung zwischen den Begriffen «taub» beziehungsweise «hörbehindert» für

36); Akermann, Martina; Furrer, Markus; Jenzer, Sabine: Bericht Kinderheime im Kanton Luzern im Zeitraum von 1930–1970, Luzern 2012; Janett, Mirjam: Gehörlosigkeit und die Konstruktion von Andersartigkeit. Das Beispiel der Taubstummenanstalt Hohenrain (1847–1942), in: Schweizerische Zeitschrift für Geschichte 66/2 (2016), S. 226–245, hier S. 242; Akermann, Martina et al.: Kinderheim und Sekundarschule St. Iddazell, Zürich 2014 (Bericht der BLG Beratungsstelle für Landesgeschichte, zuhanden des Vereins Kloster Fischingen); Hafner, Urs; Janett, Mirjam: Draussen im Heim. Die Kinder der Steig, Appenzell 1945–1982. Historischer Bericht zuhanden der Standeskommission Appenzell Innerrhoden, Bern, Zürich 2017.

eine Person mit Hörbeeinträchtigung und «gehörlos» für Angehörige der Gehörlosenkultur.[10]

Im Umgang mit Hörbehinderungen kennt die Gehörlosenpädagogik verschiedene Zugänge. Seit dem späten 19. Jahrhundert dominiert die lautsprachliche Methode beziehungsweise der orale Ansatz, der sich an der gesprochenen Sprache orientiert. Dieser Ansatz wird heute vor allem bei den verschiedenen Graden von partiellen Hörbehinderungen verwendet. Dem gegenüber stehen die Gebärdensprachen. Sie gründen auf visuell-gestischen Codes, die vor allem von Gehörlosen verwendet werden. Die Gebärdensprachen bilden eine natürliche Sprachenfamilie. Ähnlich wie die gesprochene Lautsprache kennen auch die Gebärdensprachen viele geografische Unterschiede: nationale Varianten und regionale Dialekte innerhalb der nationalen Varianten. Gebärdensprachen sind jedoch nicht einfach gebärdete Lautsprache, sondern verfügen über eine eigene linguistische Struktur, die unabhängig ist von der sie umgebenden gesprochenen Sprache. Sie sind vollwertige Sprachen, anhand derer sich komplexe und abstrakte Ideen ebenso gut ausdrücken lassen wie mittels der gesprochenen Sprache.[11]

Für die Zeit bis Mitte des 20. Jahrhunderts werden wir auch den Begriff der «Taubstummheit» oder der «Taubstummen» benutzen. Diese Begriffe wurden bis ins 20. Jahrhundert als Fachbezeichnungen für gehörlose Menschen verwendet, oft auch von Betroffenen selber. Heute gelten diese Begriffe als diskriminierend, da sie mit dem Wortbestandteil «stumm» fälschlicherweise die Unfähigkeit zu kommunizieren unterstellen. Wenn wir Selbstbezeichnungen dieser Epoche wiedergeben, werden wir solche Begriffe verwenden. Wenn wir diese Zeit deuten, nutzen wir hingegen die heute gängigen Bezeichnungen (Gehörlosigkeit, Gehörlose). Für die Zeit ab Mitte des 20. Jahrhunderts werden wir meist den Gehörlosenbegriff verwenden.

---

10 Diese Unterscheidung entwickelte sich zuerst im amerikanischen Raum, wo der Linguist James Woodward in den 1970er-Jahren die entsprechende Unterteilung in *deaf* (gehörlos) und *Deaf* (für Mitglieder der Gehörlosenkultur) vorschlug. Vgl. dazu auch Dotter, Franz: Hörbehindert = gehörlos oder resthörig oder schwerhörig oder hörgestört oder hörgeschädigt oder hörsprachbehindert oder hörbeeinträchtigt? In: SWS-Rundschau, 49/3, S. 347–368, www.ssoar.info/ssoar/handle/document/32289 (1. 10. 2019).

11 Boyes Braem, Penny: Einführung in die Gebärdensprache und ihre Erforschung, Hamburg 1990, 3. Auflage, S. 9–14.

Auch die Gehörlosenschulen trugen sehr wechselhafte Namen. Bis Mitte des 20. Jahrhunderts verstanden sich fast alle Einrichtungen als «Taubstummenanstalten». Die Professionalisierung der Gehörlosenpädagogik seit den 1950er-Jahren spiegelte sich parallel auch in diversen Umbenennungen der Anstalten. Einige wählten den Begriff der Gehörlosenschule, andere den der Sprachheilschule, wieder andere orientierten sich am Oberbegriff der Sonderschule. In jüngster Zeit wurde teilweise auch der Begriff der Kommunikation in die Selbstbezeichnungen der Schulen aufgenommen. Diese Umbenennungen waren oft verbunden mit pädagogischen Entwicklungen und einem veränderten Verständnis von physischen Beeinträchtigungen, beziehungsweise der davon betroffenen Kinder. Diese Entwicklungen lassen sich in der vorliegenden Studie nicht immer detailgerecht abbilden. Wir fokussieren uns wie erwähnt auf die Gruppe der Gehörlosen und klammern die Schwerhörigen aus. Für die Schulen verwenden wir ab den 1960er-Jahren in der Regel die Begriffe der Gehörlosenschule oder der Sprachheilschule, teilweise auch den historisch verwendeten Eigennamen.

Forschungsstand zur Geschichte der Gehörlosen in der Schweiz

Die Gehörlosengeschichte ist seit rund einem Vierteljahrhundert ein international anerkanntes und expandierendes Forschungsfeld.[12] Wichtige Anstösse lieferten die englischsprachigen *disability studies* beziehungsweise die deutschsprachige kritische Behindertengeschichte sowie die Wissenschafts- und die Sozialgeschichte. Die meisten neueren Studien zur Geschichte der Gehörlosen folgen der zentralen Grundannahme der *disability studies*, dass der Umgang mit Gehörlosigkeit nicht einfach biologisch bedingt ist, sondern stark vom jeweiligen historisch-gesellschaftlichen Kontext abhängt. Was eine Gesellschaft unter «Behinderung» oder «Gehörlosigkeit» versteht, lässt sich ohne Bezugnahme auf die zeitspezifischen Stigmatisierungen und Pathologisierungen nicht verstehen. Auf dieser Grundlage entstanden in den letzten Jahren zahlreiche empirische Studien zur Geschichte der Gehörlosen in den USA sowie in europäischen Ländern.[13]

---

12 Vgl. etwa die Aktivitäten der Deaf History International, www.deafhistoryinternational.com (15. 11. 2019).

13 Exemplarisch: Schmidt, Marion; Werner, Anja (Hg.): Zwischen Fremdbestimmung und Autonomie. Neue Impulse zur Gehörlosengeschichte in Deutsch-

Im Vergleich mit diesen internationalen Forschungen ist der Forschungsstand zur schweizerischen Gehörlosengeschichte überschaubar. Hier liegen erst wenige pionierhafte Studien vor. Das wichtigste Überblickswerk ist die Arbeit von Michael Gebhard zur Geschichte der Gehörlosenorganisationen und Gehörlosenschulen im 19. und 20. Jahrhundert. Gebhard legt seinen Fokus auf die Einrichtungen und Akteure in der Deutschschweiz, insbesondere auf die Taubstummenanstalt Aarau und die aus ihr hervorgegangene Schwerhörigenschule Landenhof.[14] Erwähnenswert ist zudem die etwas ältere Studie von Benno Caramore zur Entwicklung der Gehörlosenpädagogik in der Schweiz im 19. Jahrhundert.[15] Mit einzelnen Einrichtungen beschäftigen sich die Studien von Mirjam Janett (zur Anstalt in Hohenrain, Luzern), Rebecca Hesse, Florian Rudin (beide zur Anstalt in Riehen, Basel-Stadt) und Vera Blaser (zur Anstalt in St. Gallen).[16] Michael Gebhard, Vera Blaser und Matthias Ruoss haben auch die schweizerische Perspektive zum vergleichenden Sammelband von Marion Schmidt und Anja Werner beigetragen.[17] Wertvoll waren zudem Veröffentlichungen aus dem Umfeld der Gehörlosenbewegung. Dazu gehören insbesondere die Publikationen des Vereins zur Unterstützung der Gebärdensprache der Gehörlosen (VUGS), darunter die Schriftenreihe *Arbeiten zur Sprache, Kultur und Geschichte Gehör-*

---

land, Österreich und der Schweiz, Bielefeld 2019; Greenwald, Brian H.; Murray, Joseph J. (Hg.): In Our Own Hands. Essays in Deaf History, 1780–1970, Washington 2016; Söderfeldt, Ylva: From Pathology to Public Sphere. The German Deaf Movement 1848–1914, Bielefeld 2013; Schmidt, Marion: Normalization and Abnormal Genes. Heredity Research at the Clarke School for the Deaf, 1930–1950, in: Brian Greenwald und Joseph J. Murray (Hg.): In Our Own Hands. Essays in Deaf History 1780–1970, Washington D. C. 2016, S. 193–210.

14 Gebhard 2007.
15 Caramore, Benno: Die Gebärdensprache in der schweizerischen Gehörlosenpädagogik des 19. Jahrhunderts, Hamburg 1988.
16 Janett 2016; Hesse, Rebecca: «Die Tauben macht er hörend und die Sprachlosen redend». Wilhelm Daniel Arnold und die Verbannung der Gebärden aus der Taubstummenanstalt Riehen, Masterarbeit, Departement Geschichte, Universität Basel, Basel 2015; Rudin, Florian: Ein institutioneller Blick auf die Einführung der IV: Die ehemalige Taubstummenanstalt Riehen – Wandel im Zeichen von Kontinuität 1925–1970, Masterarbeit, Departement Geschichte, Universität Basel, Basel 2017; Blaser, Vera: «Die ganze Schulung wäre fast sinnlos, wenn keine wirtschaftliche Eingliederung möglich wäre». Die berufliche Eingliederung Gehörloser an der Taubstummenanstalt und Sprachheilschule St. Gallen (1930er- bis 1950er-Jahre), Masterarbeit, Historisches Institut, Universität Bern, Bern 2019.
17 Vgl. die Beiträge in: Schmidt, Werner 2019.

loser sowie die *Informationshefte* des VUGS.[18] Zum relevanten schweizerischen Forschungsstand gehören schliesslich die Forschungen zur Geschichte der schweizerischen Sonderpädagogik, darunter die Studie von Carlo Wolfisberg, sowie die Arbeiten zur schweizerischen Behindertengeschichte, etwa diejenige von Urs Germann.[19]

Die Geschichte der Gehörlosen ist auch Teil der Geschichte institutionalisierter Missstände und Missbräuche in der Heimerziehung. In der Schweiz haben sich die Unabhängige Expertenkommission (UEK) Administrative Versorgungen sowie das laufende Nationale Forschungsprogramm (NFP) «Fürsorge und Zwang» des Schweizerischen Nationalfonds mit diesen Themen beschäftigt.[20] Während die Gehörlosen in der Aufarbeitung der administrativen Versorgungen keine prominente Rolle spielten, adressiert ein NFP-Projekt explizit die Geschichte der Gehörlosen in der Schweiz; ein zweites beschäftigt sich mit dem gesellschaftlichen Umgang mit körperbehinderten Menschen.[21] In Deutschland wurde im Rahmen der Aufarbeitung der Heimerziehungsgeschichte die Stiftung Anerkennung und Hilfe geschaffen. Sie ist für diejenigen Opfer verantwortlich, die als Kinder und Jugendliche in der Behindertenfürsorge Leid und Unrecht erfahren haben. Die Stiftung soll Forschung betreiben, aber auch Entschädigungszahlungen ausrichten, unter anderen auch an Gehörlose.[22] Die Stiftung geht auf die Aufarbeitung der Geschichte der Er-

---

18 Vgl. für eine Übersicht: http://fzgresearch.org/VUGS.html (15. 11. 2019); vgl. insbesondere: Wyss, Markus: Der Eugenikdiskurs in der Fürsorge und Bildung von Gehörlosen und Schwerhörigen in der Schweiz in der ersten Hälfte des 20. Jahrhunderts, Zürich 2011.

19 Wolfisberg, Carlo: Heilpädagogik und Eugenik. Zur Geschichte der Heilpädagogik in der deutschsprachigen Schweiz (1800–1950), Zürich 2002; Germann, Urs: Integration durch Arbeit: Behindertenpolitik und die Entwicklung des Schweizerischen Sozialstaats 1900–1960, in: Elsbeth Bösl et al. (Hg.): Disability History. Konstruktionen von Behinderung und Geschichte, Bielefeld 2010a, S. 151–168.

20 Für eine Übersicht über die Publikationen der Unabhängigen Expertenkommission Administrative Versorgungen, vgl. UEK-Publikationen: www.chronos-verlag.ch/reihen/2383; vgl. auch Unabhängige Expertenkommission Administrative Versorgungen (Hg.): Organisierte Willkür. Administrative Versorgungen in der Schweiz 1930–1981. Schlussbericht, Zürich 2019; für das Nationale Forschungsprogramm vgl. www.nfp76.ch/de (15. 11. 2019).

21 Vgl. das Projekt von Brigitte Studer: Integriert oder ausgeschlossen? Die Geschichte der Gehörlosen; www.nfp76.ch/de/projekte/oekonomische-und-politische-verflechtungen/projekte-studer; vgl. auch das Projekt von Carlo Wolfisberg und Susanne Schriber: Körperbehindertenfürsorge: zwischen Anerkennung und Missachtung; www.nfp76.ch/de/projekte/massnahmen-und-lebenswege/projekt-wolfisberg (15. 11. 2019).

22 Vgl. www.stiftung-anerkennung-und-hilfe.de (15. 11. 2019).

ziehungsheime zurück. Es zeigte sich dort, dass die Behindertenheime in der allgemeinen Heimdebatte zu wenig berücksichtigt waren. Deshalb hat man in einem zweiten Schritt diese Stiftung geschaffen – sie wurde eigens für die verschiedenen Behindertengruppen eingerichtet (darunter auch die Gruppen der Gehörlosen).

Auswahl der Fallbeispiele und Umgang mit schriftlichen und mündlichen Quellen

Diese Studie untersucht die Geschichte der Gehörlosen und den Umgang mit der Gebärdensprache in einem ganz bestimmten Umfeld: demjenigen der Gehörlosenschulen in der Schweiz. Die Gehörlosenbildung ist in der Schweiz, wie auch das Bildungswesen insgesamt, föderalistisch organisiert und liegt in der Verantwortung der Kantone und Gemeinden. Je nach Kanton und Sprachregion sind die Verhältnisse unterschiedlich. Zudem verfügt nicht jeder Kanton über eine Gehörlosenschule – die Einrichtungen sind regional zentralisiert. Im 20. Jahrhundert gab es in der Schweiz zwischen 15 und 20 Gehörlosenschulen. Eine Zählung von 1948 kommt auf 17 Schulen (bei damals 25 Kantonen) mit insgesamt 1050 Plätzen, wobei nicht alle belegt sein mussten. Eine spätere Statistik kommt für 1977 auf 16 Schulen mit 940 Plätzen: zehn Schulen für 750 Kinder in der Deutschschweiz, fünf Schulen für 170 Kinder in der Romandie und eine Schule für rund 20 Kinder im Tessin.[23]
Eine Untersuchung aller Gehörlosenschulen in der Schweiz hätte den Rahmen dieser Studie gesprengt. Gleichwohl strebt die Untersuchung Aussagen auf nationaler Ebene an. Wir haben deshalb sechs exemplarische Fallbeispiele von Gehörlosenschulen ausgewählt und betten diese in einen gesamtschweizerischen Rahmen ein, unter anderem gestützt auf Forschungsresultate zu anderen Einrichtungen. Mit Blick auf die Quellenlage und den Forschungsstand haben wir grössere Einrichtungen aus allen drei Sprachregionen ausgewählt.[24] Untersucht wurden vier deutschschweizerische Einrichtungen (das kantonale Zentrum für Gehör und Sprache in Zürich, die private Sprachheilschule St. Gallen, die Gehörlosen- und Sprachheilschule Riehen bei Basel, das Heilpädago-

---

23 Gessner, Anna; Ringli, Gottfried: 200 Jahre Gehörlosenbildung in der Schweiz. Darstellung für Gehörlose, Zürich 1977, S. 19 f.; Steiger, Emma: Handbuch der Sozialen Arbeit der Schweiz, Bd. 1, Zürich 1948/49, S. 130 f.; Steiger, Emma: Handbuch der Sozialen Arbeit der Schweiz, Bd. 2, Zürich 1948/49, S. 455.

24 Für die Aargauer Taubstummenanstalt «Landenhof» (das heutige Zentrum und schweizerische Schule für Schwerhörige Landenhof) vgl. Gebhard 2007.

gische Zentrum bzw. die früheren Sonderschulen Hohenrain, Luzern), eine Einrichtung in der Romandie (die staatliche Gehörlosenschule in Genf, das heutige Centre pour enfants sourds de Montbrillant) sowie die einzige Tessiner Schule, die staatliche, jedoch katholisch geführte Gehörlosenschule in Locarno (Istituto per sordomuti Sant'Eugenio). In dieser Auswahl sind sowohl staatliche (Genf, Zürich, Hohenrain, Locarno) wie auch private Einrichtungen (St. Gallen, Riehen) aufgenommen. Auch konfessionelle Prägungen spielten in unseren Fallstudien eine Rolle. Die beiden Anstalten Hohenrain und Sant'Eugenio waren katholische Einrichtungen, an denen Ingenbohler Schwestern sowohl als Lehrschwestern wie auch als Erzieherinnen im Internat tätig waren. Die Anstalt in Riehen stand dem Basler Bürgertum und damit auch pietistischen Strömungen nahe. Genf und Zürich sind auch deshalb relevant, weil sie zu den ersten Gehörlosenschulen in der Schweiz gehörten, die ab den 1980er-Jahren Gebärden in den Unterricht einführten.

Die verwendeten publizierten Quellen umfassen neben Schriften, die sich auf einzelne Schulen beziehen, auch die Fachpublikationen der Gehörlosenpädagogik (unter anderem in einschlägigen Zeitschriften) sowie Presseartikel, die wir den thematischen Pressedossiers des Schweizerischen Sozialarchivs entnommen haben.[25] Das Anliegen der Studie ist allerdings, nicht nur die Fachdebatten über die Gebärdensprache aufzuarbeiten, sondern auch Einblicke in den alltäglichen Umgang mit Gehörlosen in den Gehörlosenschulen zu eröffnen. Für diese Praxisebene waren wir auf Archivquellen der Einrichtungen und auf Interviews mit Verantwortlichen der Einrichtungen, betroffenen Schülerinnen und Schülern sowie anderen Zeitzeuginnen und Zeitzeugen angewiesen.

Die Quellenlage zu den sechs untersuchten Einrichtungen ist sehr unterschiedlich. Grundsätzlich haben wir sowohl schriftliche Quellen – Archivquellen und publizierte Quellen, etwa Jahresberichte und Jubiläumsschriften – wie auch mündliche Quellen, vor allem Interviews mit ehemaligen Schülerinnen und Schülern sowie mit Lehrpersonen der Einrichtungen, verwendet (ausführlich: Kap. 8 «Quellen- und Literaturverzeichnis»). Die Schulen in Zürich, Riehen, St. Gallen und Hohenrain besitzen umfangreiche Archive, die in den kantonalen Staatsarchiven verwahrt sind. Hier war die Überlieferungssituation gut und der Quel-

---

25   Schweizerisches Sozialarchiv, Akte ZA 66.6 * 12: Gehörlose 1945–2006.

lenzugang über die Staatsarchive gegeben.[26] Schwieriger war die Archivsituation in Genf und Locarno. Das Genfer Institut verfügt über ein unerschlossenes Archiv, das wir aus arbeitsökonomischen Gründen nur oberflächlich nutzen konnten. Die Schule in Locarno verfügt über kein historisches Archiv. Die Akten wurden wahrscheinlich vernichtet. Wir waren deshalb für Genf grossteils auf die publizierten Quellen angewiesen, ergänzt durch die Erkenntnisse aus den Interviews. Die Aussagen zur Schule in Locarno beruhen im Wesentlichen auf Interviews, da in diesem Fall praktisch keine schriftlichen Quellen – auch keine publizierten – überliefert sind.

Ein wesentlicher Teil unserer Erkenntnisse stammt aus erster Hand. Unser Anliegen ist, sowohl die Perspektive der ehemaligen Schüler/-innen als auch die der Lehrpersonen sowie der Erzieherinnen und Erzieher zu berücksichtigen, um einen umfassenden Blick auf den Alltag in den Gehörlosenschulen zu erhalten. Für die Interviews befragten wir eine exemplarische Gruppe von Gehörlosen sowie Lehrerinnen und Lehrern beziehungsweise Erzieherinnen und Erzieher. Insgesamt haben wir 33 Gespräche mit Gehörlosen und 16 mit Lehrpersonen geführt, in folgendem Geschlechterverhältnis: bei den Gehörlosen waren es 17 männliche und 14 weibliche Interviewte (zwei Frauen wurden zwei Mal interviewt), beim Betreuungspersonal 5 Männer und 9 Frauen. Nach Schulen teilen sich die Gesprächspartnerinnen und -partner wie folgt auf: Zürich: 4 Gehörlose; Genf: 4 Gehörlose; St. Gallen: 12 Gehörlose und 4 Lehrpersonen; Riehen: 3 Gehörlose und 6 Lehrpersonen; Hohenrain: 8 Gehörlose und 2 Lehrpersonen (Schwestern); Locarno: 2 Gehörlose und 2 Lehrpersonen (Schwestern). Rund die Hälfte der interviewten Gehörlosen besuchten eine Schule zwischen 1950 und 1980, die andere Hälfte nach 1980, als die Gebärdensprache oder bilinguale Ansätze im Schulunterricht eine stärkere Rolle zu spielen begannen. Die Betreuungspersonen waren beruflich vor allem ab den 1970er-Jahren tätig.

In Absprache mit den Interviewten haben wir bei allen Befragten deren Namen anonymisiert beziehungsweise durch erfundene Namen ersetzt. In den Fussnoten verwenden wir Abkürzungen statt Namen. Die anonymisierten Kürzel für die befragten Personen (zum Beispiel «ZH hE

---

26   Staatsarchiv des Kantons Zürich, Ablieferungsnummer 2016/109; Staatsarchiv des Kantons St. Gallen: Archiv der Sprachheilschule St. Gallen (1847–2011), Signatur A 451; Staatsarchiv des Kantons St. Gallen: Taubstummenanstalt und Sprachheilschule: Diverse Berichte und Rechnungen (1859–), Signatur ZA 483.

46–55») geben Hinweise auf den Standortkanton der Schule (und damit auch die Wohnregion der Schülerinnen und Schüler; ZH = Zürich, GE = Genf, SG = St. Gallen, BS = Riehen, LU = Hohenrain, TI = Locarno), den Zeitraum des Schulbesuchs («46–55» steht für einen Schulbesuch zwischen 1946 und 1955) und die Elternsituation (hE = hörende Eltern, gE = gehörlose Eltern). Verschiedene Befragte haben Schulen an mehreren Standorten besucht. Bei ihnen gibt das Kürzel nur eine der besuchten Schulen an.

Die Interviews dauerten zwischen einer und drei Stunden und wurden bei Gehörlosen unter Einbezug einer Gebärdensprachdolmetscherin oder eines Gebärdensprachdolmetschers geführt. Sie wurden als Einzel- oder als Gruppeninterviews durchgeführt. Um die Anonymität der befragten Personen zu wahren, wurden die Interviews nicht gefilmt; es wurde jeweils die lautsprachliche Verdolmetschung aufgenommen. In der Romandie und im Tessin war jeweils zusätzlich noch eine Dolmetscherin anwesend, die vom Französischen respektive Italienischen ins Deutsche und umgekehrt dolmetschte. Anschliessend wurde ein detailliertes Exzerpt des Interviews verfasst. Die für dieses Buch benutzten Aussagen wurden schliesslich von den befragten Personen autorisiert.

Mündliche Erinnerungen sind unsichere Quellen; sie gelten als weniger zuverlässig als schriftliche Zeugnisse. Trotzdem bilden die Interviews für die folgenden Kapitel, insbesondere für diejenigen zum Alltagsleben in Schulen und Internaten, eine unverzichtbare Quelle. Denn der Alltag in solchen Einrichtungen lässt sich nicht verstehen, wenn man ausschliesslich schriftliche Quellen beizieht. Die schriftliche Überlieferung spiegelt vor allem die formalen Regeln (Reglemente, Selbstdarstellungen der Einrichtungen etc.), nicht aber den gelebten Alltag in Schulen und Internaten. Die Geschichte vergleichbarer Anstalten, insbesondere die der Erziehungsheime, zeigt aber, dass die Ebene der Reglemente und Leitbilder teilweise stark kontrastiert mit den alltäglichen Erfahrungen der Kinder und Jugendlichen, gerade wenn es um Integritätsverletzungen geht.[27] In solchen Fällen bieten mündliche Quellen eine Perspektive, die ansonsten verschlossen bleibt.

---

27   Heiniger, Kevin: Krisen, Kritik und Sexualnot. Die «Nacherziehung» männlicher Jugendlicher in der Anstalt Aarburg (1893–1981), Zürich; Gabriel, Thomas; Hauss, Gisela; Lengwiler, Martin: Einleitung, in: Hauss, Gisela; Gabriel, Thomas; Lengwiler, Martin (Hg.): Fremdplatziert. Heimerziehung in der Schweiz, 1940–1990, Zürich 2018, S. 11–27.

Erinnerungen knüpfen an individuelle Erfahrungen an; mündliche Quellen gelten deshalb als besonders subjektiv. Die Aussagen zu den vergangenen Erfahrungen in Taubstummenanstalten und Gehörlosen- oder Sprachheilschulen unterscheiden sich teilweise stark. Lehrpersonen berichten von anderen Erfahrungen als ehemalige Schülerinnen und Schüler. Auch die Erzieherinnen und Erzieher in Internaten äussern eine eigene Perspektive. Innerhalb dieser Gruppen finden sich ebenfalls Unterschiede zwischen individuellen Zeugnissen. Trotzdem lassen sich bestimmte typische Erfahrungsmuster aufzeigen (vgl. Kap. 5 und 6). Die Mehrheit der Schülerinnen und Schüler berichtet für die Zeit bis in die 1980er-Jahre von strukturellen Integritätsverletzungen, von Körperstrafen, entwürdigenden Ritualen und anderen Übergriffen. Für einen Grossteil der Schülerinnen und Schüler waren diese Erfahrungen längerfristig belastend oder gar traumatisierend. Eine kleinere Gruppe von Schülerinnen zieht insgesamt – trotz einzelnen negativen Erfahrungen – eine positive Bilanz; man habe es gut gehabt. Auf der anderen Seite steht eine Mehrheit der Betreuenden, die Integritätsverletzungen höchstens als Ausnahmefälle bezeugen können, jedenfalls keine beabsichtigten Übergriffe (vgl. Kap. 5.3).

Diese unterschiedlichen Sichtweisen lassen sich durchaus begründen. Einerseits sind die vergangenen Zeiträume, an die sich die Befragten erinnern, nicht immer dieselben. Die ehemaligen Schülerinnen und Schüler haben andere, meist frühere Zeiträume in Gehörlosenschulen erlebt als ehemalige Lehrpersonen oder Erziehende. Die ehemaligen Schülerinnen und Schüler, die wir befragen konnten, sind heute meist über 50 Jahre alt, oft im Pensionsalter. Sie berichten oft über die 1950er- oder 1960er-Jahre, die ehemaligen Angestellten (Lehrpersonen, Erziehende) dagegen meist über die Zeit seit den 1970er-Jahren. Jene, die sich noch an die 1950er- oder 1960er-Jahre erinnert hätten, leben heute oft nicht mehr und sind in der Gruppe der Befragten auch kaum vertreten. Dieser Unterschied in den erinnerten Zeiträumen ist wesentlich, weil sich das Erziehungswesen insgesamt und die Gehörlosenpädagogik im Besonderen in den 1970er- und 1980er-Jahren stark verändert hat. Die Generation der befragten Schülerinnen und Schüler hat die Zeit vor diesen Veränderungen selbst miterlebt. Die befragten Lehrpersonen und Erziehenden oft nicht.

Für die unterschiedlichen Perspektiven von Betreuenden und Schülerinnen oder Schülern gibt es noch einen weiteren Grund. Aus der Geschichte von Erziehungsheimen wissen wir, dass derselbe Vorfall sehr unterschiedlich erinnert werden kann. Praktiken, die von Kindern als traumatisierend und alltäglich wahrgenommen werden, können von Betreuenden als Ausnahmefall (die «ausgerutschte Hand») interpretiert werden.[28] Beide Perspektiven waren authentisch und haben sich in der Erinnerung verfestigt. Wir nehmen deshalb sowohl die Aussagen von Schülerinnen und Schülern wie diejenigen der Betreuenden gleichermassen ernst. Die einen gegen die anderen auszuspielen – etwa durch die Aussagen der Betreuenden diejenigen der ehemaligen Schülerinnen und Schüler zu relativieren – wäre falsch.

Die folgenden Kapitel sind chronologisch gegliedert. Kapitel 2 bietet einen Überblick über die Anfänge und Entwicklung der europäischen Gehörlosenbildung im 18. und 19. Jahrhundert. Beleuchtet werden auch die Debatten in der Schweiz. Kapitel 3 schildert, wie sich die Gehörlosenbildung und die Gehörlosenpädagogik in der Schweiz im Verlauf des 20. Jahrhunderts entwickelt hat, insbesondere was den Umgang mit der Gebärdensprache betrifft. Während die Kapitel 2 und 3 vor allem auf die Ebene des Fachdiskurses zielen, beschäftigen sich die folgenden drei Kapitel (4–6) mit dem praktischen Alltag in den Gehörlosenschulen. Das vierte Kapitel stellt die vier untersuchten Schulen vor und legt dar, welche Regeln die Schulen für den Umgang mit der Gebärdensprache erliessen und wie sich dieser Umgang von restriktiven, verbotsorientierten hin zu liberaleren Ansätzen veränderte. Davon ausgehend untersucht Kapitel 5 das Alltagsleben in den Schulen, insbesondere die Marginalisierungen und Strafmassnahmen gegen die Gebärdensprache im Schulalltag, innerhalb und ausserhalb des Unterrichts. Das sechste Kapitel fragt schliesslich nach den biografischen Prägungen der Schulpraxis, insbesondere den Bildungs- und Berufschancen von Gehörlosen, die eine solche Ausbildung absolviert hatten. Kapitel 7 fasst die Ergebnisse der Arbeit zusammen und formuliert ein Fazit. Die Studie endet mit einem Quellen- und Literaturverzeichnis (Kap. 8), das auch die befragten Interviewpartnerinnen und -partner auflistet.

---

28   Exemplarisch: Akermann, Furrer, Jenzer 2012, S. 7–11.

2 Die Gehörlosenbildung im 18. und 19. Jahrhundert

2.1 Die Anfänge der Gehörlosenbildung in Westeuropa

Seit der Antike galten Gehörlose als bildungsunfähig. Von Aristoteles ist die Aussage überliefert, dass Bewusstseinsinhalte nur über die Sinnesorgane aufgenommen werden können. Dabei hielt er das Gehör für das wichtigste Organ der Belehrung.[1] Ausserdem war in der Antike die Überzeugung verbreitet, die Stummheit stehe mit einer Fehlbildung der Zunge in Zusammenhang. Stummheit wurde auf die Erkrankung zweier «Organe» – Zunge und Gehör – zurückgeführt, was aus damaliger Sicht die Bildungsfähigkeit der Gehörlosen ausschloss.[2] Erste Bildungsversuche an Gehörlosen sind aus dem Mittelalter überliefert. Diese wurden in Klöstern durchgeführt. So beispielsweise vom angelsächsischen Bischof Hagulstad (640–721) im Kloster Hexham und von der Äbtissin Scholastica (1451–1504) im Damenstift Gernrode.[3] Als in der Renaissance der direkte Zusammenhang zwischen Gehörlosigkeit und Stummheit erkannt wurde, kamen immer mehr Gelehrte, darunter beispielsweise Hieronymus Cardanus (1501–1576), zum Schluss, dass Gehörlose sehr wohl bildungsfähig seien. Cardanus entwickelte eine auf der Schrift basierende Unterrichtsmethode für Gehörlose.[4] Dass Gehörlose in Bildungseinrichtungen betreut wurden, blieb jedoch höchst selten.

Systematisch wurden Gehörlose vermutlich erstmals im 16. Jahrhundert in Spanien geschult. Zu der Zeit unterrichtete der Benediktinermönch Pedro Ponce de León (1510–1584) etwa zwölf gehörlose Schüler, unter denen auch einige Mädchen waren und die grösstenteils aus dem spanischen Hochadel stammten. Ponce de León lehrte seine Schülerinnen und Schüler die Schriftsprache und ein Fingeralphabet. Sein oberstes Ziel war es, den Gehörlosen das Sprechen beizubringen und sie so auf eine «ihrem Stand gemässe Lebenshaltung und Bildungshöhe» zu bringen, was ihm gemäss Quellenberichten auch gelungen sein soll.

---

1   Leonhardt 2002, S. 223.
2   Kröhnert, Otto: Die sprachliche Bildung des Gehörlosen, Weinheim 1966, S. 17.
3   Leonhardt 2002, S. 225.
4   Ebd., S. 226.

Ponce de León vertrat damit als erste Figur die Überzeugung, dass es auch sprechende und gebildete Gehörlose gebe.[5] Im ausgehenden 16. und beginnenden 17. Jahrhundert befassten sich mit Manuel Ramírez de Carrión (1579–1652) und Juan Pablo Bonet (1579–1633) noch zwei weitere Spanier mit der Bildung von Gehörlosen. Bonet beispielsweise publizierte das erste Lehrbuch der Gehörlosenpädagogik. Aufgrund des grossen Erfolgs dieser drei spanischen Gehörlosenpädagogen wurden im 17. Jahrhundert auch in anderen Ländern Europas Versuche unternommen, Gehörlose zu unterrichten, besonders in England, den Niederlanden und dem deutschsprachigen Mitteleuropa.[6]

Eine wichtige Figur in dieser Frühgeschichte der Gehörlosenbildung war der aus der Schweiz stammende Arzt Johann Konrad Ammann (1669–1724). Ammann wanderte nach seinem Medizinstudium in Basel nach Amsterdam aus, wo er sich mit der Unterrichtung Gehörloser befasste. Hintergrund war seine Überzeugung, dass Gehörlose medizinisch nicht heilbar seien.[7] 1692 erschien sein erstes Buch *Surdus loquens seu methodus qua, qui surdus natus est, loqui discere possit* («Der sprechende Gehörlose oder die Methode, durch die der Taubgeborene sprechen lernen kann»). Dieses Werk stiess bei zeitgenössischen Gelehrten auf grosses Interesse. 1700 publizierte Ammann eine ausführlichere Darstellung seiner Methode unter dem Titel *Dissertatio de loquela* («Abhandlung über die Sprache»). Darin beschrieb Ammann unter anderem, wie Gehörlose und Menschen mit anderen Sprachbehinderungen im Sprechen unterrichtet werden können. Er war davon überzeugt, dass die Lautsprache jedem anderen Zeichensystem überlegen sei. Zudem sei sie, auch wenn sie für die Gehörlosen nicht hörbar sei, dennoch stets sichtbar und fühlbar.[8] Daher sei es Gehörlosen möglich, die Lautsprache anhand seiner Lehrmethode zu erlernen. Ammann zählt zu den ersten Gelehrten, die ihre gehörlosen Schülerinnen und Schüler die Vibratio-

5   Löwe, Armin: Hörgeschädigtenpädagogik international. Geschichte, Länder, Personen, Kongresse: eine Einführung für Eltern, Lehrer und Therapeuten hörgeschädigter Kinder, Heidelberg 1992, S. 25 f.

6   Leonhardt 2002, S. 228 f.

7   Medizinische Untersuchungen und Überlegungen zur Heilung der Gehörlosigkeit gab es jedoch weiterhin. Darauf wird in dieser Arbeit jedoch nicht eingegangen. Für einen Überblick zu diesem Thema vgl. beispielsweise Sutermeister, Eugen: Quellenbuch zur Geschichte des schweizerischen Taubstummenwesens. Ein Nachschlagebuch für Taubstummenerzieher und -freunde, Bd. 2, Bern 1929, S. 1237–1252.

8   Löwe 1992, S. 33.

nen der Stimme ertasten liessen und beim Artikulationsunterricht Spiegel als Hilfsmittel benutzten. Er unterrichtete zwar durch Gebärden, jedoch nicht durch ein künstliches Fingeralphabet. Deswegen wird er oft als der erste Vorläufer der reinen Lautsprachmethode bezeichnet.[9] Besonders im deutschsprachigen Mitteleuropa und in Frankreich fand Ammann zahlreiche Nachahmer. Die Ausbreitung der Aufklärung im ausgehenden 18. Jahrhundert rückte mit dem Volkserziehungsgedanken die Idee in den Vordergrund, dass auch behinderte Menschen pädagogisch gefördert werden können. Die Bewegung führte zur Gründung verschiedener entsprechender Schulen. Die meisten Einrichtungen waren privat und existierten oft nur wenige Jahre.[10]

Eine breitere Institutionalisierung der Gehörlosenbildung setzte erst gegen Ende des 18. Jahrhunderts ein, mit der Gründung zweier einflussreicher Taubstummenanstalten, jener von Paris im Jahr 1770 und jener in Leipzig 1778.[11] Die beiden Einrichtungen, die in den folgenden Abschnitten ausführlich dargestellt werden, stehen stellvertretend für die zwei wichtigsten Unterrichtsmethoden in der Gehörlosenbildung im 19. Jahrhundert: Paris für die «französische» und Leipzig für die «deutsche Methode».

Die Anfänge der institutionalisierten Gehörlosenbildung in Paris

Das erste Taubstummeninstitut wurde um 1770 in Paris von Charles-Michel de l'Epée (1712–1789) gegründet.[12] Der ehemalige Priester (Abbé) de l'Epée unterrichtete, nachdem er aufgrund seiner aufklärerischen Ansichten aus dem Priesteramt entlassen wurde, seit 1760 gehörlose Kinder. Zunächst tat er dies in seiner Wohnung. Erst als die Schülerzahl zu gross wurde, verlegte er seine Schule auf eigene Kosten in ein grösseres Haus am Montmartre in Paris. Dort gründete er um 1770 sein Taubstummeninstitut, die spätere Institution nationale des sourds-muets de Paris, wo er auch auswärtige Schülerinnen und Schüler aufnahm. De

9   Ebd., S. 32 f.
10   Leonhardt 2002, S. 232 f.
11   Denn einerseits waren dies die ersten Taubstummenanstalten, die ihre Gründer überlebten. De l'Epées Taubstummeninstitut war ausserdem die erste Taubstummenanstalt, die staatliche Unterstützung erhielt. Vgl. dazu Kröhnert 1966, S. 29.
12   In der Forschungsliteratur wird sowohl 1770 als auch 1771 als Gründungsjahr angegeben.

l'Epée erhielt zwar private Unterstützung für seine Schule, finanzierte jedoch den grössten Teil durch eigene Mittel.[13] Öffentliche Unterstützung erhielt er ab 1785, am Vorabend der Französischen Revolution. Später stellte ihm der Staat ein ehemaliges Kloster zur Verfügung.[14] De l'Epées Schüler stammten aus allen Volksschichten. Besonders kümmerte er sich um die gehörlosen Kinder aus unteren Schichten, die bislang von jeglicher Bildung ausgeschlossen waren.[15]

De l'Epée verfügte über keine pädagogische Ausbildung und anfangs über keinerlei Erfahrung im Unterrichten von Gehörlosen. Er orientierte sich bei der Gestaltung seines Unterrichts stark an den pädagogischen Ideen seines Zeitgenossen Jean-Jacques Rousseau und an den sprachphilosophischen Ideen René Descartes'. Ganz im Sinne von Rousseaus pädagogischen Prinzipien wollte de l'Epée den Unterricht «naturgemäss» gestalten und diesen ganz auf die Fähigkeiten und Kräfte der Gehörlosen abstimmen.[16] Auf der Suche nach einer geeigneten Unterrichtsmethode kam de l'Epée zum Schluss, Gebärden zu verwenden, da sie den Gehörlosen quasi natürlich gegeben waren. Gebärden waren zu dieser Zeit unter bestimmten Gruppen von Gehörlosen in Paris bekannt und gebräuchlich.[17]

Von Descartes übernahm de l'Epée die Überzeugung, dass die Sprache ein Zeichensystem sei, das ausserhalb der menschlichen Vernunft existiere und logisch und gesetzmässig strukturiert sei.[18] De l'Epée sah daher aus pädagogischer Sicht kein Problem darin, die Gehörlosen mittels Gebärden zu unterrichten, denn zwischen Denken und Sprache bestand für ihn kein innerer Zusammenhang. Die Sprache sah er vielmehr als das dem Denken untergeordnetes Instrument an, das zur Aufgabe hatte, das Gedachte zum Ausdruck zu bringen. Die Gebärde hatte für de l'Epée denselben Wert wie die Schrift oder die Lautsprache. Mit seiner Unterrichtsmethode folgte de l'Epée sowohl der sprachphilosophi-

---

13   Schumann, Paul: Geschichte des Taubstummenwesens vom deutschen Standpunkt aus dargestellt, Frankfurt am Main 1940, S. 121.

14   Löwe 1992, S. 42.

15   Ellger-Rüttgardt, Sieglind Luise: Geschichte der Sonderpädagogik. Eine Einführung, München 2008, S. 35.

16   Kröhnert 1966, S. 30. De l'Epée handelte wohl aber nicht im Sinne Rousseaus selbst, der sich gegen die Erziehung von Behinderten ausgesprochen hatte. Vgl. dazu Ellger-Rüttgard 2008, S. 31 f.

17   Ellger-Rüttgard 2008, S. 31.

18   Kröhnert 1966, S. 29; Schumann 1940, S. 123.

schen Lehrmeinung seiner Zeit als auch dem Ruf nach «naturgemässer Erziehung».[19]

Im Unterricht zielte de l'Epée darauf hin, die gehörlosen Kinder zu guten Christen zu erziehen und ihnen die französische Schriftsprache und handwerkliche Fähigkeiten beizubringen, um ihnen den Einstieg in einen Beruf zu ermöglichen.[20] Er wollte mit anderen Worten seine Schülerinnen und Schüler zu gläubigen und nützlichen Mitgliedern der Gesellschaft erziehen. Seine Unterrichtsmethode basierte konkret auf der Gebärdensprache, einem Handalphabet und auf der Schrift. Während seiner Lehrtätigkeit entwickelte er «signes méthodiques», eine eigene künstliche Gebärdensprache, in der er spezifische Zeichen für zahlreiche Begriffe und sämtliche grammatikalische Strukturen definierte.[21] De l'Epée wollte den Gehörlosen das Erlernen der beiden Sprachen durch eine vergleichbare Syntax erleichtern und passte daher die Gebärdensprache stark der französischen Schriftsprache an. Die Gebärden folgten den Strukturen der Schriftsprache-Grammatik.[22] Allerdings war de l'Epée überzeugt, dass Gehörlose niemals in der Lage sein würden, ihre eigenen Gedanken unmittelbar in schriftlicher Form wiederzugeben, sondern immer nur als eine Übersetzung aus der Gebärdensprache, da sie nicht in der Schriftsprache dachten.[23] So schrieb er an Abbé Sicard, der sich bei ihm zum Taubstummenlehrer ausbilden liess:

> Hoffen Sie nicht, dass es die Taubstummen jemals dahin bringen werden, ihre Gedanken schriftlich wiederzugeben. Unsere Sprache ist nicht ihre Sprache. Ihre Sprache ist die der Zeichen. Seien Sie zufrieden, wenn sie unsere Sprache in die ihre übersetzen können, wie wir Fremdsprachen übersetzten, während wir doch in diesen Sprachen weder denken noch uns aussprechen. – Sie

---

19   Ellger-Rüttgard 2008, S. 32.
20   Caramore 1988, S. 17.
21   Gemäss Caramore tat er dies, weil er zunehmend Schwierigkeiten hatte, die sich rasch weiterentwickelnde Gebärdensprache seiner Schüler zu verstehen. Auf diese Weise versuchte er weiterhin die Kontrolle über «seine» Gebärdensprache zu behalten. Vgl. Caramore 1988, S. 18. Einen kurzen Einblick in die «signes méthodiques» findet sich bei Caramore 1988, S. 23–25, und bei Gessinger, Joachim: Auge & Ohr. Studien zur Erforschung der Sprache am Menschen 1700–1850, Berlin 1994, S. 284 f.
22   Caramore 1988, S. 18.
23   Kröhnert 1966, S. 35.

wollen Schriftsteller aus ihnen machen, während unsere Methode nicht mehr aus ihnen machen kann als Kopisten.[24]

Dennoch war de l'Epée davon überzeugt, dass die Gehörlosen durch das Erlernen der Schriftsprache in den Besitz einer entwickelten, differenzierten Sprache kommen konnten. Von dieser Grundlage ausgehend würden sie auch das logische Denken lernen.[25]

Die Lautsprache hingegen trat in de l'Epées Unterricht stark zurück. Er hielt es zwar für möglich und erstrebenswert, dass sich Gehörlose die Lautsprache aneigneten. Vier Lektionen reichten ihm dazu allerdings völlig aus. Die Zeit war ihm zu kostbar, um sie dem, wie er es beschrieb, «mechanischen, geistlosen, ja direkt geisttötenden» Lernen zu widmen. Er hielt es für unsinnig, Menschen «mit einer vernünftigen Seele [...] zwölf bis fünfzehn Monate als Papageien zu behandeln».[26] Zudem erschien ihm die Lautsprache als ein durchaus entbehrliches Kommunikationsmittel, da er sich mit seinen Schülerinnen und Schülern ja auch über Gebärden verständigen konnte.[27] Diese erhielten zwar auch einen lautsprachlichen Unterricht. Sie waren in der Lage, Texte vorzulesen, Reden zu halten und gewisse eingeübte Gesprächsfloskeln wiederzugeben. Allerdings äusserten sich seine Schülerinnen und Schüler kaum spontan lautsprachlich, sondern bedienten sich in der Regel der Gebärdensprache.[28]

De l'Epée war der erste Gehörlosenpädagoge, dessen Schule staatlich anerkannt wurde, und generell einer der ersten, der sich vollzeitlich mit dem Gehörlosenunterricht beschäftigte.[29] Er veröffentlichte verschiedene Schriften über seine Methode, die sich rasch verbreiteten und so die Entwicklung der Gehörlosenbildung in vielen europäischen Ländern und in Nordamerika prägten.[30] De l'Epées Taubstummeninstitut wurde nach seinem Tod von Roch-Ambroise Cucurron Sicard (bekannt als Abbé Sicard, 1742–1822) weitergeführt, der von de l'Epée zum Gehörlosenlehrer ausgebildet worden war. Auch Sicard unterrichtete seine Schülerinnen und Schüler vorwiegend mittels Gebärden. Im Unterschied zu de l'Epée legte Sicard jedoch mehr Wert auf den Lese- und

24   De l'Epée zitiert nach Schumann 1940, S. 125 f.
25   Schumann 1940, S. 128.
26   Zitiert nach Schumann 1940, S. 126.
27   Löwe 1992, S. 44.
28   Schumann 1940, S. 126.
29   Kröhnert 1966, S. 36.
30   Löwe 1992, S. 43.

Abb. 2: Postkarte der Taubstummenanstalt in Leipzig, gegründet von Samuel Heinicke (um 1900). Fotoalbum Eugen Sutermeister, Schweizerisches Sozialarchiv, Zürich.

Schreibunterricht, damit sich die Gehörlosen besser mit ihrer Umwelt verständigen konnten.[31] De l'Epées Methode, weiterentwickelt durch Sicard, wurde später als französische Methode bekannt.

Pietistisch und sprachbasiert: die institutionalisierte Gehörlosenbildung in Leipzig

Das zweite wegweisende Taubstummeninstitut wurde 1778 durch Kurfürst Friedrich August III. von Sachsen in Leipzig gegründet (vgl. Abb. 2). Erster Leiter des Instituts war Samuel Heinicke (1727–1790).[32] Heinicke war schon vor dieser Anstellung als privater Taubstummenlehrer in Eppendorf bei Hamburg tätig. Beeinflusst von den Ideen der Aufklärung und des Philanthropismus war er von der Überlegenheit der lautsprachlichen Unterrichtsmethode überzeugt. Bereits in Eppendorf verfasste er dazu erste wissenschaftliche Aufsätze.[33] Heinicke war stets bemüht, seine Arbeit und Arbeitserfolge zu veröffentlichen und so den Austausch

31   Ebd., S. 44 f.
32   Leonhardt 2002, S. 235.
33   Ellger-Rüttgardt 2008, S. 51 f.

mit einflussreichen zeitgenössischen Gelehrten zu pflegen und seine Unterrichtserfolge zur Diskussion zu stellen. Auf diese Weise wurde auch der sächsische Kurfürst auf Heinicke aufmerksam, der ihn 1778 als ersten Leiter an sein neu eröffnetes Kursächsisches Institut für Stumme und andere mit Sprachgebrechen behaftete Personen berief.[34] 1778 zog Heinicke mit neun gehörlosen Schülerinnen und Schülern nach Leipzig in das erste deutsche Taubstummeninstitut ein.[35] Das Besondere an der Leipziger Anstalt war, dass sie arme Kinder unentgeltlich aufnahm.[36] Zudem schrieb die Einrichtung staatliche Stipendien für Lehrer aus, welche die Methoden für den Gehörlosenunterricht erlernen wollten.[37]

Heinicke verfolgte zwei Unterrichtsziele. Da er pietistisch geprägt war, lag ihm einerseits viel daran, seine Schülerinnen und Schüler «zur wahren Gottseligkeit und christlichen Klugheit» zu führen.[38] Andererseits war Heinicke auch ein Kind der Aufklärung und setzte sich zum Ziel, die Gehörlosen zu vernünftigen, geistig mündigen und selbständigen Gesellschaftsmitgliedern zu erziehen.[39] In Anlehnung an Johann Gottfried Herders Sprachphilosophie war Heinicke der Ansicht, dass Lautsprache und Denken eine untrennbare Einheit bildeten, wobei er der Sprache eine konstitutive Rolle für das Denken zuschrieb. Heinicke war davon überzeugt, dass die Gehörlosen nur durch die Lautsprache richtig unterrichtet werden konnten. Nur so würden sie lernen, die Welt zu verstehen und zu erfassen. Sie sollten die Lautsprache nicht nur sprechen können, sondern durch sie auch denken lernen.[40]

Heinicke vertrat mit anderen Worten die Position, dass Gehörlose ihren fehlenden Sinn durch einen anderen Sinn ersetzen müssten. Diesen Gedanken nutzt er auch für seine Didaktik. Er brachte im Unterricht die einzelnen Vokale mit bestimmten Flüssigkeiten und Geschmäckern in Verbindung, um die Sprache im Gedächtnis der Gehörlosen zu verankern.[41] Die Erkenntnis, die artikulierten Laute durch den Geschmackssinn zu festigen, hielt er in einer achtseitigen Schrift, dem *Arcanum*,

---

34   Kröhnert 1966, S. 42.
35   Ellger-Rüttgardt 2008, S. 50.
36   Ebd., S. 53.
37   Leonhardt 2002, S. 235.
38   Kröhnert, Otto: Geschichte, in: Jussen, Heribert; Kröhnert, Otto (Hg.): Pädagogik der Gehörlosen und Schwerhörigen, Berlin 1982, S. 47–77.
39   Kröhnert 1982, S. 53.
40   Leonhardt 2002, S. 235.
41   Ebd., S. 235.

fest.[42] Die Schrift blieb lange unveröffentlicht, da Heinicke stets in finanziellen Nöten war und hoffte, das *Arcanum* einst gewinnbringend publizieren zu können. Dies gelang ihm jedoch bis zu seinem Tod nicht. Danach geriet das *Arcanum* in Vergessenheit, da sich weder seine Witwe, die das Institut weiterleitete, noch einer seiner Lehrer weiter mit dieser Methode beschäftigte.[43]

Die These, den fehlenden Gehörsinn durch einen anderen Sinn zu ersetzen, blieb jedoch einflussreich.[44] Ähnlich wie Ammann ein knappes Jahrhundert früher machte auch Heinicke die Tast- und Bewegungsempfindungen, mit denen die Gehörlosen ihre Laute fühlen konnten, zu einem fixen Bestandteil des Sprachunterrichts. Ausserdem erarbeitete er eigene Methoden der Artikulation und erfand «Sprachmaschinen», wie zum Beispiel die künstliche Gurgel, die den Schülerinnen und Schülern die zu erlernenden Sprechbewegungen demonstrierten.[45] Heinicke legte zudem grossen Wert auf den Sprachinhalt. Er wollte den Schülerinnen und Schülern die Worte nicht bloss mechanisch beibringen, sondern auch deren Bedeutung vermitteln. Nur auf diese Weise hielt er Gehörlose für befähigt, in der Lautsprache denken zu lernen. Heinicke war überzeugt davon, dass die Gehörlosen zu gleichen intellektuellen Leistungen wie die Hörenden fähig waren.[46] Auch er benutzte Gebärden in seinem Unterricht, besonders dann, wenn es darum ging, Neues zu erklären. Dem Lippenlesen mass er allerdings keine grosse Beachtung bei. Er ging vielmehr davon aus, dass die Gehörlosen diese Fähigkeit mit der Zeit von selber erlernten.[47] Heinickes lautsprachbasierte Methode wurde im Verlauf des 19. Jahrhunderts in Abgrenzung zu de l'Epées gebärdenbasierter «französischer Methode» als «deutsche Methode» oder auch als «Lautsprachmethode» bekannt.

Durch die Etablierung der Taubstummeninstitute in Paris und Leipzig war der Durchbruch für die institutionalisierte Bildung und Erziehung Gehörloser geschaffen. Dank der regen internationalen Kommunikation breitete sich die Idee der Gehörlosenbildung und die damit verbundenen Methoden in europäischen Gelehrtenkreisen rasch aus. Parallel

---

42   Ebd., S. 235 f.
43   Ebd., S. 236.
44   Kröhnert 1966, S. 46.
45   Ebd., S. 46 f.
46   Ebd., S. 47.
47   Ebd., S. 51.

dazu wurden zahlreiche weitere Taubstummenanstalten gegründet.[48]
Die Bildung taubstummer Menschen war nun nicht mehr nur der Initiative einzelner Personen überlassen.[49] Gleichwohl kam vermutlich nur
ein kleiner Teil aller Gehörlosen – solche aus städtischen Milieus oder
mit wohlhabenden Eltern – in den Genuss von Bildung und Erziehung.

Geprägt vom deutschen Modell: Anfänge der Gehörlosenbildung in der Schweiz

Auch in der Schweiz gehen die Anfänge der Gehörlosenbildung ins spä-
te 18. Jahrhundert zurück. Die erste dokumentierte Figur, die gehörlose
Kinder pädagogisch unterrichtete, war der Zürcher Pfarrer Heinrich Keller (1728–1802). Er schulte seit 1777 in seinem Pfarrhaus in Schlieren bei
Zürich zwei Söhne einer wohlhabenden Zürcher Patrizierfamilie.[50] Keller stand zwar in brieflichem Kontakt mit de l'Epée, entwickelte aber eine
eigenständige Unterrichtsmethode. Er lehrte seine Schülerinnen und
Schüler nicht nur lesen und schreiben, sondern auch von den Lippen
ablesen und sprechen. Obwohl dieser Ansatz demjenigen von Heinicke
näher stand als dem von de l'Epée, finden sich in Kellers Briefen und
Schriften keine Hinweise auf einen Austausch mit dem Leipziger Kreis,
dafür viel Lob für de l'Epées Leistungen.[51] 1786 veröffentlichte Keller seinen *Versuch über die beste Lehrart, Taubstumme zu unterrichten*, den
ersten schweizerischen Lehrgang für den Gehörlosenunterricht.[52]
Keller war nicht die einzige bedeutende Figur in der Frühzeit der schweizerischen Gehörlosenpädagogik. Zu den Pionieren gehörte unter anderen Johann Konrad Ulrich (1761–1828), der drei Jahre bei Heinrich Keller
als Hilfslehrer arbeitete (vgl. Abb. 3). Danach ging Ulrich nach Paris zu
Abbé de l'Epée, dessen Methode er mit derjenigen Kellers zu verbin-
den suchte.[53] 1827 eröffnete Ulrich die Taubstummenabteilung an der
Blindenanstalt in Zürich. Eine weitere prägende Figur war Ignaz Thomas Scherr (1801–1870), der erste deutsche Gehörlosenpädagoge in der
Schweiz (vgl. Abb. 4). Scherr wurde von Ulrich in die Schweiz geholt und

48   Ellger-Rüttgardt 2008, S. 61 f., und Leonhardt 2002, S. 237.
49   Kröhnert 1982, S. 49.
50   Gessner, Ringli 1977, S. 10.
51   Karth, Johannes: Das Taubstummenbildungswesen im XIX. Jahrhundert in
      den wichtigsten Staaten Europas. Ein Überblick über seine Entwicklung, Bres-
      lau 1902, S. 381.
52   Löwe 1992, S. 210.
53   Karth 1902, S. 382.

Abb. 3: Johann Konrad Ulrich (1761–1828), erster Präsident der Zürcher Taubstummenanstalt. Fotoalbum Eugen Sutermeister, Schweizerisches Sozialarchiv, Zürich.

Abb. 4: Ignaz Thomas Scherr, Oberlehrer (1801–1870) der Blinden- und Taubstummenanstalt Zürich. Album Eugen Sutermeister, Schweizerisches Sozialarchiv, Zürich.

war Mitbegründer der Zürcher Anstalt. Zu erwähnen ist schliesslich Johann Konrad Näf (1789–1832), ein Anhänger Pestalozzis, der von Ulrich für den Gehörlosenunterricht gewonnen wurde. Näf arbeitete früh bei Ulrich, ging später nach Paris, wo er sich bei Abbé Sicard weiterbildete. Nach seiner Rückkehr gründete er 1811 in Yverdon die erste Taubstummenanstalt der Schweiz, auf Anraten Pestalozzis, der ebenfalls in Yverdon wirkte.[54]

Diese Generation von Pädagogen war in der Schweiz für eine eigentliche Gründungswelle von Taubstummenanstalten verantwortlich. Zwar hinkte die Schweiz mit der ersten Gründung 1811 dem europäischen Umfeld zeitlich hinterher. Doch bis 1890 folgten dreizehn weitere neue Anstalten, viele gingen von privaten Initiativen aus.[55] Als erste wurden bis 1822 eine Anstalt in Genf gegründet, geleitet von einem gehörlosen Schüler Sicards aus Paris, sowie eine in Wabern bei Bern, in der aus-

54   Ebd., S. 382.
55   Gebhard 2007; Janett 2016, S. 231.

Tab. 1: Gründungsjahre der ersten schweizerischen Taubstummenanstalten

Jahr	Schulgründung
1811	Yverdon (VD)
1822	Knabenanstalt Wabern (BE)
1822	Genf
1824	Mädchenanstalt Bern
1826	Zürich
1832	Hohenrain (LU)
1833	Riehen (BS)
1836	Aarau (AG)
1837	Zofingen (AG)
1846	St. Gallen
1850	Baden (AG)
1860	Bettingen (BS)

Quelle: Sutermeister 1929, Bd. 1, S. 295.

schliesslich Knaben betreut wurden.[56] Danach entstanden weitere Anstalten in rascher Folge (vgl. Tab. 1).

Die Institutionalisierung der Gehörlosenbildung erfolgte in der Schweiz zunächst ausschliesslich unter dem Aspekt der Bildungsfähigkeit. Es wurden vor allem gehörlose Kinder mit intakten kognitiven Fähigkeiten in die Anstalten aufgenommen.[57] Allerdings liess sich dieses Modell nicht konsequent umsetzten. Einige Gehörlosenlehrer fühlten sich aus sittlich-moralischen Gründen verpflichtet, auch «schwachsinnige Taubstumme» aufzunehmen und zu unterrichten. Erst in der zweiten Hälfte des 19. Jahrhunderts wurden besondere Anstalten für eingeschränkt bildungsfähige Kinder geschaffen, so etwa die Anstalt in Bettingen (Basel-Stadt).[58]

An allen schweizerischen Taubstummenanstalten wurde im Wesentlichen nach der deutschen Methode unterrichtet. Ausnahmen waren

---

56 Gessner, Ringli 1977, S. 16.
57 Bei vielen Kindern war die Unfähigkeit zu sprechen auf eine geistige Behinderung zurückzuführen. Dennoch wurden auch diese Kinder oft als taubstumm bezeichnet. Auf deren Bedürfnisse waren die Taubstummenanstalten jedoch nicht ausgerichtet.
58 Wolfisberg 2002, S. 52.

38

einzig die Anstalten in Yverdon und Genf sowie die Knabenanstalt in Wabern. Weil es in der Schweiz keine Einrichtung zur Ausbildung von Gehörlosenlehrern gab und die deutsche Lehrerausbildung als vorbildlich galt, wurden viele Deutsche in die Schweiz zu Anstaltsleitern berufen und führten auf diesem Weg auch die Lautsprachmethode in die Schweiz ein.[59] Die schweizerischen Gehörlosenlehrer wiederum erhielten ihre Ausbildung als Teil der Berufspraxis an den schweizerischen Anstalten und übernahmen damit ebenfalls die Lautsprachmethode. Der Fokus auf die Lautsprache verstärkte sich so weit, dass Gebärden ab den 1860er-Jahren zunehmend aus dem Unterricht verbannt wurden.[60] Dabei spielten die Anstalten in Zürich und Riehen (Basel-Stadt) eine wichtige Rolle. Riehen stand unter der Leitung von Wilhelm Daniel Arnold (1810–1879), Zürich unter derjenigen von Georg Schibel (1807–1900). Beide Pädagogen stammten aus Deutschland und waren überzeugte Lautsprachvertreter. Sie übten einen nachhaltigen Einfluss auf die Lehrerausbildung und die Wissensvermittlung in der Gehörlosenpädagogik des ausgehenden 19. Jahrhunderts aus.[61]

Auch international waren schweizerische Gehörlosenpädagogen, insbesondere Arnold und Schibel, entscheidend daran beteiligt, dass sich die Lautsprachmethode in anderen europäischen Ländern gegenüber konkurrierenden Ansätzen durchsetzte. Arnold und Schibel propagierten eine Unterrichtsform, die auf der reinen Lautsprachmethode gründete, und führten ihre Einrichtungen als Beispiel dafür an, dass dieser Ansatz auch praktisch umsetzbar war. In der Fachwelt galten im ausgehenden 19. Jahrhundert die Anstalten in Riehen und Zürich zu den weltweit führenden Lautsprachschulen.[62] Arnold war seit den 1860er-Jahren eine international bekannte und angesehene Figur in der Gehörlosenbildung, nicht zuletzt durch seine Erfolge in der Anwendung der Lautsprachmethode. Riehen galt als erste Anstalt, in der die reine Lautsprachmethode konsequent durchgeführt wurde. Arnold empfing zahlreiche auswärtige, auch ausländische Gehörlosenlehrer in Riehen. Viele Lehrer, die später in der Schweiz oder im Ausland in der Gehörlosenbildung wirkten, erhielten ihre Ausbildung bei Arnold. Obwohl dieser sich nie schriftlich über seine Unterrichtsmethode äusserte,

59   Gebhard 2007, S. 44; Caramore 1988, S. 63–68.
60   Gebhard 2007, S. 46; Hesse 2015, S. 54–60.
61   Wolfisberg 2002, S. 51.
62   Löwe 1992, S. 210.

Abb. 5: Wilhelm Daniel Arnold (1810–1879), Inspektor der Taubstummenanstalt Riehen. Foto Eugen Sutermeister, Schweizerisches Sozialarchiv, Zürich.

wurden seine Leistungen von Kollegen wahrgenommen und im *Organ der Taubstummen- und Blinden-Anstalten in Deutschland und den deutschredenden Nachbarländern*, der einschlägigen Fachzeitschrift für den deutschsprachigen Raum, unterstützend diskutiert.[63] Auch Berufskollegen äusserten sich in Reiseberichten begeistert über ihren Aufenthalt in Riehen und trugen so zu Arnolds Bekanntheit bei. Besonders hervorzuheben ist der Reisebericht von Georg Jörgensen, einem dänischen Gehörlosenlehrer aus Kopenhagen, der 1874 in Riehen zu Besuch war und dessen Bericht viel zur Bekanntheit und Anerkennung Arnolds beisteuerte (vgl. Abb. 5).[64]

---

63 So beispielsweise Matthias, Ludwig C.: Ueber die Geberdensprache in der Tausbtummen-Anstalt zu Riehen, in: Organ der Taubstummen- und Blinden-Anstalten in Deutschland und den deutschredenden Nachbarländern 11 (1875), S. 169–173; Renz, Karl: Ein Besuch in der Taubstummenanstalt zu Riehen, in: Organ der Taubstummen- und Blinden-Anstalten in Deutschland und den deutschredenden Nachbarländern 11 (1876), S. 165–170; Renz, Karl: Eine Antwort auf «Und noch einmal Riehen», in: Organ der Taubstummen- und Blinden-Anstalten in Deutschland und den deutschredenden Nachbarländern 11 (1877), S. 194–198; Frese, August: Und noch einmal Riehen, in: Organ der Taubstummen- und Blinden-Anstalten in Deutschland und den deutschredenden Nachbarländern 8 (1877), S. 137–141; Und noch einmal Riehen, Schluss, in: Organ der Taubstummen- und Blinden-Anstalten in Deutschland und den deutschredenden Nachbarländern 9–10 (1877), S. 157–163.

64 Jörgensen, Georg: Zwei deutsche Taubstummen-Anstalten. Ein Reisebericht, Berlin 1875.

2.2 Vom Methodenstreit um 1800 zum Mailänder-Kongress 1880

Noch Ende des 18. Jahrhunderts entwickelte sich ein offener Streit um die Frage, ob die deutsche oder französische Methode pädagogisch angemessener sei. De l'Epée und Heinicke verknüpften ihre jeweilige Position mit grundlegenden Konzeptionen für die Erziehung und Bildung von Gehörlosen. Die beiden Taubstummenpädagogen grenzten sich deshalb voneinander ab, waren von der Überlegenheit ihres eigenen Ansatzes überzeugt und begannen eine Kontroverse um die Frage. Sie trugen sie 1781 und 1782 in fünf Briefen untereinander aus.[65] Als dies zu keinem zufriedenstellenden Ergebnis führte, legte de l'Epée diesen Briefwechsel verschiedenen Akademien zur Beurteilung vor. Während sich die meisten Angefragten zurückhaltend verhielten, sprachen sich die Gelehrten aus Zürich für de l'Epées Methode aus.[66] Nicht zuletzt dank diesem Beschluss nahm die französische Methode über längere Zeit die Vormachtstellung an den europäischen und nordamerikanischen Taubstummenanstalten ein.[67] Besonders bedeutsam war der Methodenstreit auch deshalb, weil sich durch ihn erstmals die Öffentlichkeit für die Bildung der Gehörlosen interessierte.[68]

Trotz der Kontroverse zwischen de l'Epée und Heinicke waren im frühen 19. Jahrhundert Kompromissformeln zwischen den beiden Ansätzen durchaus verbreitet. Auch die Bezeichnungen «deutsche Methode» und «französische Methode» setzten sich erst in den 1830er-Jahren durch und behaupteten sich bis zum Ende des Ersten Weltkriegs.[69] Erst in der zweiten Hälfte des 19. Jahrhunderts wurden die Ansätze zu unversöhnlichen Gegensätzen emporstilisiert.[70] Im frühen 19. Jahrhundert waren

---

65 Die Briefe sind zu finden in Schumann, Georg; Schumann, Paul (Hg.): Samuel Heinickes gesammelte Schriften, Leipzig 1912, S. 104–155. Für eine inhaltliche Analyse der Briefe vgl. auch Gessinger, Joachim: Auge & Ohr. Studien zur Erforschung der Sprache am Menschen 1700–1850, Berlin 1994, S. 286–300.

66 Die Zürcher Gelehrten waren über Pfarrer Heinrich Keller aus Schlieren angefragt worden, in dieser Sache zu urteilen. Keller war ein Schüler de l'Epées, der in seinem Pfarrhaus in Schlieren gehörlose Kinder nach de l'Epées Methode unterrichtete. Vgl. dazu Ernst, Ulrich: Der Streit zwischen den Taubstummenlehrern Epée in Paris und Heinicke in Leipzig vor dem Lehrerkonvent des zürcherischen Gymnasiums, 1783, Zürich 1907, S. 12.

67 Kröhnert 1966, S. 53.

68 Ernst 1907, S. 23.

69 Löwe 1992, S. 16.

70 Ellger-Rüttgardt 2008, S. 63.

die Fronten noch nicht eindeutig. Auch de l'Epée und Heinicke lehnten das jeweils andere methodische Verfahren nicht kategorisch ab. So lernten einige von de l'Epées Schülerinnen und Schülern zu sprechen und Heinicke verwendete in seinem Unterricht auch Gebärden.[71]

Die im 19. Jahrhundert neu gegründeten Taubstummenanstalten orientierten sich in ihrer Unterrichtsmethode jeweils entweder an Paris oder Leipzig. Die Gebärdensprachmethode de l'Epées war anfangs wie erwähnt beliebter. Häufig stellten Taubstummenanstalten auch besonders begabte ehemalige Schüler als Gehörlosenlehrer ein.[72] In der zweiten Hälfte des 19. Jahrhunderts setzte sich jedoch die deutsche Methode zunehmend durch, zunächst in den deutschsprachigen, später auch in anderen Ländern Europas.[73] Zwei Faktoren führten zu dieser Umkehr. Zum einen trug die Verbreitung von Pestalozzis Elementarmethode dazu bei, dass die Gehörlosenpädagogen die Lautsprachmethode als Instrument nutzten, um die Gehörlosen wieder in die hörende und sprechende Gesellschaft einzugliedern.[74] Zum anderen verhalf die sogenannte Verallgemeinerungsbewegung der 1830er-Jahre der deutschen Methode zu einem verstärkten Einfluss. Vertreter dieser Bewegung wie etwa der Pädagoge Johann Baptist Graser (1766–1841) waren der Ansicht, dass jeder Schullehrer auch Gehörlose unterrichten und daher jede Schule eine Taubstummenschule sein könne. Dies hatte zur Folge, dass zahlreiche Lehrerseminare sich durch neu gegründete Taubstummenanstalten erweiterten. Darin wurden die Seminaristen auf den Unterricht von Gehörlosen vorbereitet. Seit den 1860er-Jahren verlor die Bewegung zwar an Bedeutung. Trotzdem wurden viele der neuen Taubstummenanstalten weiter betrieben.[75] Für die deutsche Methode war die Verallgemeinerungsbewegung auch deshalb bedeutsam, weil viele der als Taubstummenlehrer ausgebildeten Volksschullehrer keinerlei Gebärden beherrschten und deshalb weiterhin lautsprachlich unterrichte-

---

71 Ebd., S. 63. Gemäss Gessinger handelte es sich bei diesen Gebärden eher um Pantomimen als um ein festgelegtes Gebärdensystem wie de l'Eppés «signes méthodiques»; vgl. Gessinger 1994, S. 299.

72 Günther, Klaus-B.: Gehörlosigkeit und Schwerhörigkeit, in: Borchert, Johann (Hg.): Einführung in die Sonderpädagogik, München 2007, S. 88–109, hier S. 90.

73 Leonhardt 2002, S. 237 f.

74 Genaueres über den Einfluss von Pestalozzis Elementarmethode auf die Taubstummenpädagogik findet sich in: Schiltknecht, Hansruedi: Johann Heinrich Pestalozzi und die Taubstummenpädagogik, Berlin 1970, S. 87–95.

75 Kröhnert 1982, S. 50.

ten. Vor diesem Hintergrund engagierten sich viele Taubstummenlehrer, die ursprünglich in der Volksschule unterrichtet hatten, entschieden für die deutsche Methode.[76]

Sprachphilosophische Vorbehalte gegenüber der Gebärdensprache und der Mailänder Kongress von 1880

Die Annahmen, die dazu führten, dass an vielen der europäischen Taubstummenanstalten im Verlauf des 19. Jahrhunderts immer vehementer gegen den Gebrauch von Gebärden vorgegangen wurde, gründeten vorwiegend in den sprachphilosophischen Diskursen der Aufklärung. Die Aufklärungszeit gilt bezeichnenderweise auch als «Jahrhundert der Sprachdiskussion», in der innerhalb der Philosophie intensiv über den Zusammenhang zwischen der menschlichen Sprache und dem Denken debattiert wurde.[77] Während einige Philosophen wie Johann Gottfried Herder oder Wilhelm von Humboldt der Sprache eine konstitutive Rolle für das Denken zuschrieben, gingen andere wie Karl Leonhard Reinhold eher von einer interdependenten Beziehung zwischen Sprache und Denken aus.[78] Dies gilt in besonderem Masse für das 19. Jahrhundert, in dem der Nationalstaatsgedanke einen anhaltenden Aufstieg erlebte. Die Idee der Nationalstaaten beruhte zu einem wesentlichen Teil auf kulturellen Traditionen, darunter oft einer gemeinsamen «Nationalsprache».[79] Im Rahmen dieser Gelehrtendebatten über die menschliche Sprachentwicklung wurde seit Mitte des 18. Jahrhunderts auch über Gehörlosigkeit und Gebärdensprache diskutiert.[80] Dabei stiess die Gebärdensprache häufig auf Ablehnung. Der Vernunftbegriff der Aufklärung stand im Wi-

---

76 Wolff, Sylvia: Vom Taubstummenlehrer zum Gebärdensprachpädagogen. Die Rolle der Gebärdensprache in einer 200-jährigen Professionsgeschichte (Teil II), in: Das Zeichen 22/79 (2008), S. 188–196, hier S. 188.

77 Für einen Überblick über die verschiedenen Sprachtheorien der Aufklärung, die sich mit der Rolle der Sprache im menschlichen Erkenntnisprozess befassten, vgl. Hassler, Gerda: Sprachtheorien der Aufklärung. Zur Rolle der Sprache im Erkenntnisprozess, Berlin 1984.

78 Vgl. Wolff, Sylvia: Spricht etwas gegen die Gebärdensprache? Anmerkungen zum Ursprung oralistischer Fehlannahmen im sprachphilosophischen Diskurs des 18. und 19. Jahrhunderts, in: Eichmann, Hanna et al. (Hg.): Handbuch Deutsche Gebärdensprache, Seedorf 2012, S. 455–468, hier S. 458; sowie Cloeren, Hermann J.: Historisch orientierte Sprachphilosophie im 19. Jahrhundert, in: Dascal, Marcelo et al. (Hg.): Sprachphilosophie. Ein internationales Handbuch, 1. Halbband, Berlin 1992, S. 144–162, hier S. 146.

79 Günther 2007, S. 91.

80 Wolff 2012, S. 458.

derspruch zu einer Kommunikationsform, die aus lautsprachlicher Sicht als unzugänglich wahrgenommen wurde.[81] Wolff führt die Ablehnung der Gebärdensprache im aufklärerischen Denken des späten 18. Jahrhunderts auf vier Kritikpunkte und Argumentationslinien zurück:

1. Gebärden und Gesten stehen als nonverbale Zeichen am Anfang der Entwicklung menschlicher Sprache und werden durch die Lautsprache abgelöst.

2. Die Gebärdensprache ist ein naturhaftes, keiner Konvention unterworfenes Kommunikationsmittel.

3. Die Gebärdensprache ist aufgrund ihrer fehlenden Abstraktionsfähigkeit nicht verallgemeinerungsfähig und wegen ihrer Doppeldeutigkeit keine vollkommene Sprache.

4. Der Gebrauch von Gebärden und Gesten führt zu keiner eigenständigen Sprache, da es keine Grammatik für sie gibt.[82]

Ebenfalls gegen die Gebärdensprache wurde angeführt, dass die Sprachfähigkeit – im lautsprachlichen Sinne – ein wesentliches Merkmal sei, durch das sich der Mensch vom Tier unterscheide.[83]

Die deutschsprachige Sprachphilosophie hatte vor diesem Hintergrund ein ambivalentes Verhältnis zur Gehörlosigkeit. Grundsätzlich galten Gehörlose als bildungsfähige Menschen. Die Gebärdensprache wurde jedoch kritisch bewertet. Die Mehrheit der Stimmen folgte der Ansicht Herders, wonach eine erfolgreiche Bildung nur über die Lautsprache möglich sei:

> Wenn also Erziehung unsern Geist bilden soll, so lerne der Zögling sprechend denken. Seinen Lippen werde das Schloss entnommen, das ihm die Seele verschliesst; sonst wird es ein Verhältniss verworrener, roher, moderner Gedanken. [...] Um aber sprechen zu lernen, muss man hören können und hören dürfen.[84]

Herders Annahmen wurden unter anderem von Wilhelm von Humboldt aufgenommen und weiterverbreitet. Dieser Ansatz blieb auch in den nächsten Jahrzehnten im deutschsprachigen Raum bestimmend.[85] Auch in Frankreich finden sich im Verlauf des 19. Jahrhunderts immer

---

81   Ebd., S. 462.
82   Ebd., S. 455 f. Diese Annahmen stammen jedoch alle von Philosophen, die der Gebärdensprache selbst nicht mächtig waren; sie basieren meist auf reinen Gedankenexperimenten. Vgl dazu Wolff 2012, S. 457.
83   Ebd., S. 461.
84   Herder zitiert nach Wolff 2012, S. 464.
85   Wolff 2012, S. 464.

mehr Gehörlosenpädagogen, die von der Überlegenheit der reinen Lautsprachmethode überzeugt waren.[86]

Die Idee eines Primats der Lautsprache verbreitete sich auch in der Schweiz. Die pädagogischen Debatten waren auch hier von den erwähnten Kritikpunkten an der Gebärdensprache geprägt. 1830 schrieb beispielsweise Ignaz Thomas Scherr, der als Leiter der Taubstummenanstalt Zürich zu den ersten Gebärdensprachgegnern in der Schweiz gehörte:

> Dieser Gebärdensprache fehlen alle jene Beziehungen welche wir durch Flexion der Begriffswörter, Syntax und Logik der Sätze bezeichnen. Es erfolgt daher ein unbestimmtes Aneinanderreihen der Begriffe, wodurch uns die allergewöhnlichsten angedeutet werden mögen, und auch dies nur gegen Personen, die genau den Vorgang, die Sache oder Angelegenheit kennen, welche die Gebärden eben verhandeln wollen. Auch der vertraute Kreis [Gehörlose, die der Gebärdensprache mächtig sind, A. d. V.] ist nicht im Stande, in dieser Sprache vom Übersinnlichen zu sprechen und die weniger Bekannten verstehen nicht einmal die Bezeichnung der gewöhnlichsten Dinge.[87]

Scherr war davon überzeugt, dass mit Gebärden nur dargestellt werden konnte, «was sichtbare Handlungen bezeichnet und durch Bewegung kenntlich nachzuahmen ist», Abstraktes jedoch nicht.[88] Er sprach sich insbesondere gegen die künstliche, von Gehörlosenpädagogen entwickelte Gebärdensprache aus, die an den französischen Taubstummenanstalten im Unterricht angewendet wurde. Gehörlose, die mittels künstlicher Gebärden unterrichtet wurden, erhielten seiner Ansicht nach keinen Anreiz für die Erlernung der Lautsprache, da durch die Gebärdensprache ihr Kommunikationsverlangen vollkommen befriedigt sei.[89] Ausserdem seien die künstlichen Gebärden ausserhalb der Anstalten im Verkehr mit anderen Menschen nicht verwendbar. Scherr folgerte daraus, dass es Pflicht der Anstalten sei, gegen die Gebärden anzukämpfen, sobald die gehörlosen Kinder sich minimal in der Lautsprache ausdrücken konnten.[90]

---

86   Vgl. dazu Karth 1902, S. 247–256.
87   Scherr zitiert nach Sutermeister 1929, Bd. 1, S. 355.
88   Sutermeister 1929, Bd. 1, S. 355.
89   Ebd., S. 355.
90   Ebd.

Eine weitere exemplarische Figur für die Kritik an der Gebärdensprache war Ulrich Karl Schöttle (1813–1886), Leiter der Berner Mädchenanstalt, der Mitte des 19. Jahrhunderts im *Organ der Taubstummen- und Blinden-Anstalten in Deutschland und den deutschredenden Nachbarländern* ebenfalls eine sprachphilosophische Kritik an den Gebärden formulierte:

> Die Gebärdensprache entbehrt jedes logisch formellen Charakters. Sie ist nicht im Stande, Substantives als Substantives, Prädikatives als Prädikatives zu bezeichnen oder ihren Bestandteilen den Ausdruck zu geben, was einer der wesentlichsten und wichtigsten Vorzüge der Wortsprache ist. Die Aufgabe, welche die Wortsprache zu erfüllen hat, kann die gesamte Gebärdensprache (die natürliche und die künstliche) in keiner Weise nachkommen, weil sie einzig nur auf das sich beziehen und über das sich erstrecken kann, was dem Reiche äusserlicher Bedürfnisse und sinnlicher Wahrnehmungen angehört.[91]

Auch Schöttle hielt die Gebärdensprache für keine eigenständige Sprache, da sie keine Grammatik habe, keiner formalen Logik folge und nicht in der Lage sei, Abstraktes und Übersinnliches zu bezeichnen. Dennoch lehnten Schöttle wie auch Scherr natürliche Gebärden nicht vollständig ab.[92] Sie hielten sie für durchaus sinnvolle Kommunikationsmittel zwischen Eltern und Kind und zwischen Lehrer und Schüler, zumindest im ersten Schuljahr.[93]

Die Gründe, die in der Gehörlosenpädagogik des 19. Jahrhunderts gegen die Gebärdensprache vorgebracht wurden, veränderten sich bis zum Jahrhundertende kaum. Gotthilf Kull (1855–1926), Direktor der Taubstummenanstalt Zürich, lehnte 1890 Gebärden im Unterricht ab, weil

> der geistig sprachliche Wert der Ausdrucksweise des Taubstummen durch Gebärden geringer (ist) als der Wert der Ausdrucksweise des Vollsinnigen in der Lautsprache, und die Denkweise des noch nicht in der Wortsprache gebildeten Taubstummen dementsprechend auch auf eine niedere Stufe zu stellen (ist). Die Denkweise des Taubstummen mangelt eines höheren, geistigen

---

91   Schöttle zitiert nach Sutermeister 1929, Bd. 1, S. 357 f.
92   Als natürliche Gebärden verstanden sie Gebärden, wie sie auch eine hörende Person im Ausland verwenden würde, um sich zu verständigen, wenn sie der lokalen Sprache nicht mächtig war.
93   Sutermeister 1929, Bd. 1, S. 357 f.

Gehalts, sofern das Denken des Taubstummen ein durchaus plastisches, konkretes, also ein begrenztes, elementares Denken ist. Das lautsprachliche Denken des hörenden Kindes ist ein stilles innerliches Sprechen, ein schon bedeutend entwickeltes Denken in Vorstellungen und Begriffen.[94]

Ausserdem, so Kull, isoliere die Gebärdensprache die Gehörlosen von hörenden Menschen und erschwere ihnen so das Leben.[95] Kull vermischte also sprachtheoretische Überlegungen mit pädagogischen Paradigmen, die auf die gesellschaftliche Integration Gehörloser zielten.

Solche Argumente gegen die Gebärdensprache dominierten die Gehörlosenpädagogik bis weit ins 20. Jahrhundert.[96] Dies, obwohl Philosophen und Gehörlosenpädagogen seit dem 18. Jahrhundert nicht nur auf den praktischen Nutzen der Gebärdensprache hinwiesen, sondern sie oft als eine alltagstaugliche oder gar gleichwertige Sprache behandelten. So hatte beispielsweise der Berliner Sprachphilosoph Karl Philipp Moritz (1756–1793) in seinen Untersuchungen zur Gebärdensprache der Gehörlosen argumentiert, dass Gebärden die Lautsprache durchaus ersetzen könnten. Allerdings hielt er die Lautsprache für effizienter und praktischer als die Gebärdensprache. Die Gebärdensprache entspreche der «Wortsprache in ihrem Anfangsstadium».[97]

Auch andere Gehörlosenpädagogen waren vom praktischen Nutzen der Gebärdensprache überzeugt und verwendeten sie erfolgreich in der Gehörlosenpädagogik. Dazu zählten etwa Otto Friedrich Kruse (1801–1880) aus Schleswig oder Karl Heinrich Wilke (1800–1876) aus Berlin, beides gehörlose Gehörlosenlehrer.[98] Kruse setzte sich auch wissenschaftlich mit der Gebärdensprache auseinander und erkannte in ihr grammatikalische Strukturen. Er forderte deshalb wiederholt die Gleichstellung von Gebärden- und Lautsprache.[99] Auch französische Gehörlosenpädagogen wie Auguste Bébian (1789–1839) analysierten eingehend Aufbau und Struktur der Gebärdensprache und erkannten darin eine voll-

---

94   Kull zitiert nach Sutermeister 1929, Bd. 1, S. 357 f.
95   Sutermeister 1929, Bd. 1, S. 357 f.
96   Die Anerkennung der Gebärdensprachen als vollwertige Sprachen begann, ausgehend von den USA, erst in den 1950er-Jahren. Vgl. dazu Günther 2007, S. 92.
97   Wolff 2012, S. 465 f.
98   Günther 2007, S. 91.
99   Wolff 2012, S. 467.

wertige Sprache.[100] Diese Beispiele zeigen, dass verschiedene Gelehrte im 18. und 19. Jahrhundert sich gegen die weitverbreitete These stellten, die Gebärdensprache verfüge über keine Zeichen für abstrakte Begriffe und sei von geringerem Wert als die Lautsprache.[101]

Letztlich aber wurden die fachwissenschaftlichen Debatten der Gehörlosenpädagogik in der zweiten Hälfte des 19. Jahrhundert zunehmend vom oralistischen Ansatz dominiert. Die Bewegung weg von der französischen und hin zur deutschen Methode fand ihren Höhepunkt im zweiten internationalen Taubstummenlehrer-Kongress, der im September 1880 in Mailand stattfand. Der Mailänder Kongress ist in die Geschichte der Gehörlosenpädagogik als weichenstellender Anlass eingegangen, an dem sich die internationale Fachgemeinschaft auf die reine Lautsprachemethode verständigte und die Gebärdensprache auf absehbare Zeit aus dem Sprachunterricht ausschloss. Der Kongress war eine internationale fachgesellschaftliche Veranstaltung.[102] Sie war erst die zweite Zusammenkunft der internationalen Vereinigung der Taubstummenlehrer, nach dem Gründungskongress 1878 in Paris. Die Initiative für den Kongress war stark französisch geprägt – die Deutschen hielten sich eher zurück. Die internationale Gemeinschaft der Taubstummenlehrer bestand zum allergrössten Teil aus fachgeschulten Pädagogen, die sich in der Gehörlosenbildung engagierten – praktisch ausschliesslich hörende Lehrer. So auch 1880 in Mailand. Der Kongress brachte 167 Teilnehmer zusammen. Vier Fünftel der Gruppe stammten aus Italien und Frankreich. Der Rest aus anderen westeuropäischen Ländern sowie aus Nordamerika. Aus Deutschland reisten nur zwei Teilnehmer an, aus der Schweiz einer: Georg Schibel (1807–1900), damals Direktor der Blinden- und Taubstummenanstalt in Zürich und korrespondierendes Mitglied des Organisationskomitees für den Mailänder Kongress.[103]

Solche Kongresse waren wichtige Plattformen für den internationalen Erfahrungsaustausch. Man einigte sich auch auf gemeinsame Normen, die in Beschlüssen am Kongress festgehalten wurden. Die Kongressbeschlüsse hatten gegenüber den nationalen Gesellschaften zwar keine rechtlich bindende Wirkung. Trotzdem orientierte sich der Grossteil der

100   Caramore 1988, S. 70 f.
101   Ebd., S. 71.
102   Für die folgenden Ausführungen vgl. Quandt, Anni: Der Mailänder Kongress und seine Folgen (Teil 1), in: Das Zeichen 25/88 (2011), S. 204–217; (Teil 2), in: Das Zeichen 25/89 (2011), S. 426–436.
103   Vgl. dazu Quandt 2011, S. 206.

Fachgemeinschaft an den internationalen Kongressen. Sie hatten fürs Fach wegweisenden Charakter.

Im Mittelpunkt des Mailänder Kongresses standen die grossen pädagogischen Fragen jener Zeit. Welche der zwei pädagogischen Ansätze – Gebärdensprache oder Lautsprache – war der bessere Weg im Gehörlosenunterricht? Sollte man die beiden Methoden in «reiner» Form betreiben oder miteinander kombinieren? Wie nachhaltig wirkten sich die beiden Ansätze zudem auf die Kommunikationsfähigkeiten der Gehörlosen aus – auch nach Ende der Schulzeit? Schliesslich: Wie bildungsfähig waren Gehörlose? Sollte ihnen der Zugang zu höheren Lehranstalten eröffnet werden?

Diese Fragen wurden am Kongress kontrovers diskutiert. Dabei zeigten sich aber klare Mehrheiten. Die deutschsprachigen Vertreter argumentierten für die lautsprachliche Methode. Die Teilnehmer aus Italien und Frankreich, wo gebärdensprachliche Ansätze pädagogisch verbreiteter waren, schlossen sich ebenfalls dem lautsprachlichen Lager an. Man einigte sich gar auf einen radikalen Weg: die reine lautsprachliche «Artikulationsmethode». Ziel sollte sein, die Lautbildung durch stimmhafte Artikulationen einzuüben. Dafür sollten die Artikulationsorgane trainiert werden – Mund, Gaumen, Rachen, mit Lippen und Zunge. Auch das Lippenlesen galt als zentrale Basis für eine verständnishafte Kommunikation (vgl. Abb. 6).

Nur eine kleine Minderheit der Kongressteilnehmer argumentierte gegen diese Linie. Die Vertreter der USA sowie einzelne Stimmen aus der britischen und schwedischen Delegation kritisierten, dass die lautsprachliche Methode nur bei schwerhörigen oder ertaubten Menschen erfolgversprechend war, nicht aber bei vollständig Gehörlosen. Zudem sei der lautsprachliche Unterricht aus praktischen Gründen ungeeignet. Er verlangsame das Lernen und vernachlässige dadurch die Bildung der Gehörlosen. Die Argumente verhallten aber wirkungslos.

Die Kongressmehrheit feierte den Entscheid für die reine lautsprachliche Methode als einen humanitären Akt. Der Kongress hielt fest, dass angemessen geschulte Gehörlose vollständig bildungsfähig wären und damit auch zu höheren Lehranstalten Zugang haben sollten. Die Versammlung appellierte an die verantwortlichen Regierungen, den dafür notwendigen Unterricht einzurichten und entsprechende Schulen finanziell zu fördern. Die Grundsatzresolution hielt fest:

In der Überzeugung der unbestrittenen Überlegenheit der Lautsprache gegenüber der Gebärdensprache, 1. insofern jene die
Taubstummen dem Verkehr mit der hörenden Welt wiedergibt
und 2. ihnen ein tieferes Eindringen in den Geist der Sprache ermöglicht, erklärt der Kongress: dass die Anwendung der Lautsprache bei dem Unterricht und in der Erziehung der Taubstummen
der Gebärdensprache vorzuziehen sei.[104]

Die Beschlüsse waren vor allem für die Entwicklung in Frankreich und
Italien wegweisend – hier führten sie zu einer Normierung des Unterrichts nach der lautsprachlichen Methode. Im deutschsprachigen Raum
waren die Weichen bereits vor 1880 in diese Richtung gestellt. Hier be-
stätigte Mailand eine Praxis, die bereits breit verankert war und die nun
nicht mehr hinterfragt wurde.[105] Der Mailänder Kongress wirkte damit
international als Katalysator eines Trends, der lokal schon vor 1880 einsetzte. In der Tat verbreitete sich die lautsprachliche Methode nach dem
Kongress international schneller als in den Jahren zuvor.[106]

Übrigens hat die Nachfolgeveranstaltung des Mailänder Kongresses,
der International Congress on Education of the Deaf (ICED), vor einigen
Jahren die Mailänder Beschlüsse offiziell wieder aufgehoben. Der Vancouver Kongress des ICED fasste 2010 diesen Entscheid und äusserte
offiziell sein Bedauern über die negativen Folgen der damals beschlos-
senen pädagogischen Grundsätze. Der Beschluss war verbunden mit
einer Rehabilitierung der Gebärdensprache.[107]

Zusammenfassend lässt sich sagen, dass die Ablehnung der Gebärdensprache im 19. Jahrhundert auf einer Kombination von sprachtheoretischen Vorbehalten und pädagogischen Paradigmen beruhte. Zu diesen
Paradigmen gehörte für die Zeit vom 18. bis ins frühe 20. Jahrhundert
vor allem die Erziehung zur Frömmigkeit, eine praxisorientierte Berufsbildung, verbunden mit dem Ideal einer wirtschaftlichen Selbständigkeit sowie die möglichst vollständige Assimilation in die hörende Gesellschaft. Die Vermittlung von Wissen und Bildung war hingegen oft
zweitrangig. Für bildungsorientierte Anliegen, so die zeitgenössische

---

104   Ebd., S. 206 f.
105   Vgl. dazu ebd., S. 206.
106   Ebd., S. 207. Für einen kurzen, umfassenden Überblick zur deutschen Methode
       an den schweizerischen Taubstummenanstalten vgl. Hesse 2015, S. 65–69.
107   Pepping, Lutz: Die Beschlüsse von Vancouver 2010 – Eine historische Wende
       in der Erziehung und Bildung tauber Menschen, in: Das Zeichen 24/86 (2010),
       S. 562–564.

Abb. 6: Sprachübungen der Mädchen, Blinden- und Taubstummenanstalt Zürich (um 1910). Foto Eugen Sutermeister, Schweizerisches Sozialarchiv, Zürich.

Auffassung, war die Lautsprache den Gebärdensprachen weit überlegen. Diese pädagogischen Vorbehalte gegenüber der Gebärdensprache waren vor allem in den Anstalten selbst noch bis weit ins 20. Jahrhundert präsent. Die Gebärdensprache wurde auch abgelehnt, weil sie Teil einer gesellschaftlich stigmatisierten Gehörlosenkultur war.[108] Hinzu kommen praktische Gründe, etwa dass die Gegner der Gebärdensprache meist nicht in der Lage waren gebärdensprachlich zu kommunizieren.[109]

108   Wolff 2012, S. 457, 460.
109   Caramore 1988, S. 71.

3 Gehörlosenpädagogik und Gehörlosenbildung in der Schweiz im 20. Jahrhundert

3.1 Gebärden- und Hörbewegung: Einflüsse der deutschsprachigen Gehörlosenpädagogik um 1900

In der Schweiz unterstanden «anormale», aber bildungsfähige Kinder, zu denen auch die Gehörlosen zählten, seit 1903 der obligatorischen Schulpflicht. Damals trat das Bundesgesetz betreffend die Unterstützung der öffentlichen Primarschule in Kraft. Artikel 4 legte den Geltungsbereich des Gesetzes fest:

> Unter die Wirkungen des Bundesgesetzes fallen auch alle öffentlichen staatlichen Schulen und Anstalten für die Erziehung anormaler bildungsfähiger Kinder (wie Anstalten für Geistesschwache, Taubstumme, Epileptische und Blinde) oder verwahrloster Kinder, beides während der Dauer der Schulpflicht.[1]

Da die Hoheit über das Bildungswesen in der Schweiz bei den Kantonen lag, wurde das Schulobligatorium für Gehörlose unterschiedlich umgesetzt. Im Kanton Basel-Stadt beispielsweise waren Kinder mit Behinderungen auch nach 1929, als ein neues Schulgesetz eingeführt wurde, von der allgemeinen Schulpflicht entbunden. Die Eltern erhielten im Rahmen der sogenannten «Fürsorge für Anormale» einen Beitrag an die Schulung in einer entsprechenden Institution.[2] In der ganzen Schweiz gab es deshalb nach 1903 noch gehörlose Kinder, die keine Schule besuchten. Dies bemängelten 1928, an einer Tagung in Basel, vier Einrichtungen der «Taubstummenfürsorge». Die Anwesenden verlangten von der eidgenössischen Erziehungsdirektorenkonferenz «die Schulpflicht

---

1   Sutermeister 1929, Bd. 1, S. 792.
2   Vgl. Rudin 2017, S. 16–20. Eine wichtige Rolle spielte auch Art. 275 des neuen Zivilgesetzbuches von 1907, der die Eltern dazu verpflichtete, ihre Kinder «ihren Verhältnissen entsprechend» zu erziehen und insbesondere auch den «körperlich oder geistig gebrechlichen» eine angemessene Ausbildung zu verschaffen. Vgl. Rudin 2017, S. 18.

für alle bildungsfähigen, schwerhörigen und taubstummen Kinder in die kantonalen Schulgesetze aufzunehmen».[3]

Das Schulobligatorium für anormale bildungsfähige Kinder führte unter anderem dazu, dass in der Schweiz Heilpädagogische Seminare gegründet wurden: das erste 1924 an der Universität Zürich, geleitet von Heinrich Hanselmann (1885–1960), ein weiteres 1935 in Freiburg i. Ü. Ihr Auftrag war, Fachpersonen für den Unterricht der anormalen Kinder auszubilden. Gemäss Schriber bestand allerdings seitens der Taubstummenanstalten zunächst keine grosse Nachfrage nach einer speziellen Ausbildungsstätte für Fachleute. Traditionellerweise bildeten die Anstalten ihren beruflichen Nachwuchs selber aus.[4]

Besonders die Deutschschweiz war seit dem 19. Jahrhundert zunehmend von Sonderschullehrern und -leitern aus Deutschland abhängig. Die Durchlässigkeit im Bildungswesen, auf der Ebene der Ausbildung von Fachkräften sowie in der Anstellung von Lehrpersonal, war damals im deutschsprachigen Raum hoch.[5] Die sonderpädagogischen Debatten in Deutschland waren auch für die Schweiz unmittelbar relevant und werden im Folgenden mitberücksichtigt.

Nachdem sich 1880 der internationale Taubstummenlehrerkongress in Mailand für den reinen Lautsprachunterricht ausgesprochen hatte, entwickelten sich die europäischen Taubstummenanstalten gegen Ende des 19. Jahrhunderts endgültig zu Sprech- und Sprachschulen. Der Fokus des Unterrichts lag hauptsächlich auf dem Sprechen, der Lautsprachassoziation und dem Sprechdenken der Schülerinnen und Schüler. An Bildungsinhalten wurde den Kindern nur das angeboten, was sie sprechtechnisch (artikulatorisch) in der Lautsprache bereits beherrschten.[6] Die Gebärdensprache wurde aus den Anstalten verdrängt. Lehrpersonen schreckten auch nicht vor rigiden Methoden zurück, um ihre Schülerinnen und Schüler vom Gebärden abzuhalten. Oft waren den Kindern jegliche körperliche Bewegungen untersagt; die Hände mussten sie während des Unterrichts auf dem Rücken halten. Bei Zuwiderhandlungen waren Stra-

---

3   Sutermeister 1929, Bd. 2, S. 1402.
4   Schriber, Susanne: Das Heilpädagogische Seminar Zürich – Eine Institutionsgeschichte, Diss. Universität Zürich 1993, Zürich 1994, S. 246 f.; vgl. auch: Janett, Mirjam: Die «Taubstummenanstalt Hohenrain» (1847–1942). Gehörlosigkeit und die Konstruktion von Andersartigkeit, Masterarbeit Universität Zürich 2014, S. 45; Wolfisberg 2002, S. 73.
5   Schriber 1994, S. 223.
6   Leonhardt 2002, S. 243.

fen an der Tagesordnung. Durch den Fokus auf die gesprochene Sprache trat nicht nur der Unterrichtsinhalt, sondern auch die Schriftsprache für eine Weile in den Hintergrund.[7]

Anfang des 20. Jahrhunderts zeigten sich in der Gehörlosenpädagogik auch Entwicklungen, die sich von der reinen Lautsprache entfernten. In Deutschland setzten sich beispielsweise verschiedene Taubstummenlehrer anwaltschaftlich und im Widerspruch zu den Mailänder Beschlüssen für die Interessen der Gehörlosen ein. Sie befürworteten den Einsatz der Gebärdensprache im Unterricht und initiierten so die erste Gebärdenbewegung im deutschsprachigen Raum. Der bekannteste Vertreter dieser Gebärdenbewegung war Johann Heidsiek (1855–1942), ein Gehörlosenlehrer aus Breslau. Mit seinem Einsatz für die Gebärdensprache im Gehörlosenunterricht stiess er zwar unter Gehörlosen auf Zuspruch, geriet jedoch unter Gehörlosenpädagogen schnell in eine Aussenseiterrolle.[8] Heidsiek und seine Mitstreiter durften an den deutschen Taubstummenlehrerkongressen keine Vorträge halten. Die Fachzeitschrift *Blätter für Taubstummenbildung* weigerte sich, ihre Artikel zu publizieren.[9] Dies hielt Heidsiek nicht davon ab, diverse Schriften zu veröffentlichen, in denen er die deutsche Gehörlosenpädagogik heftig kritisierte.[10] Er bemängelte, dass die Gehörlosen nach Abschluss der Schulzeit nur ein Minimum an Wissen und Sprachkenntnissen erlangt hätten. Sie würden den grössten Teil ihrer Schulzeit mit «Zungengymnastik und Tonübungen» geplagt; die «Gymnastik des Geistes» käme dabei zu kurz.[11] Er forderte die Gehörlosenlehrer auf, ihre Unterrichtsmethode den Kompetenzen der Schülerinnen und Schüler anzupassen und die natürliche Sprache der Gehörlosen, die Gebärdensprache, in den Unterricht einzubeziehen. Alles andere sei «nicht nur unpädagogisch, sondern im höchsten Grade inhuman».[12]

Die Taubstummenanstalt in Breslau, an der Heidsiek unterrichtete, benutzte im Unterricht sowohl die Gebärden- als auch die Lautsprache. Nach Heidsieks eigenen Angaben brachten es seine Zöglinge trotz der

7   Ebd., S. 243 f.
8   Ebd., S. 245.
9   Muhs, Jochen: Johann Heidsiek (1855–1942) – Wegbereiter des Bilingualismus, in: Das Zeichen 47 (1999), S. 11–17, hier S. 11.
10   So beispielsweise: Heidsiek, Johann: Ein Notschrei der Taubstummen, Breslau 1891; ders.: Der Taubstumme und seine Sprache, Breslau 1889.
11   Heidsiek 1889, S. 253.
12   Ebd., S. 202.

Gebärdensprache zu erfreulichen Resultaten in der Lautsprache und erreichten einen angemessenen Wissenstand.[13] Heidsiek selbst beherrschte die Deutsche Gebärdensprache gut und erkannte bereits Ende der 1880er-Jahre: «Diese Gebärdensprache hat auch alle Merkmale und Qualitäten einer Vollsprache: bestimmbare Sprachelemente, grammatische Kategorien, logische Charakter [und] Namensfunktion».[14]

Die frühe Gebärdenbewegung hatte mit ihrer Kritik zur Folge, dass nach 1900 erneut Bewegung in die Argumentation der Lautsprachmethodiker kam.[15] In verschiedenen europäischen Staaten propagierten Gehörlosenpädagogik im frühen 20. Jahrhundert unkonventionelle Unterrichtsmethoden, die über die reine Lautsprachmethode hinausgingen. So entwickelten etwa Georg Forchhammer (1861–1938) in Dänemark und Walter Querll (1882–1947) in Deutschland sogenannte Schriftmethoden, bei denen das geschriebene Wort zur Grundlage des Sprachunterrichts wurde. Bei diesen Methoden sollten die gehörlosen Kinder zunächst die Schriftsprache und erst danach das Sprechen lernen. Forchhammer entwickelte zudem ein Mund-Hand-System, das das Ablesen von den Lippen vereinfachen sollte.[16] Querll wiederum schuf eine Unterrichtsmethode, um den gehörlosen Kindern die Lautsprache auf «natürliche» Weise beizubringen, orientiert an der Mutter-Kind-Beziehung. Die Kinder sollten dabei nicht zum Sprechen gezwungen werden. Wichtiger war für Querll, dass sie die Lautsprache vom Papier und von den Lippen abzulesen lernten. Auch hielt er es für wichtig, dass die Erziehung der Gehörlosen hin zur Lautsprache bereits von frühster Kindheit an beginnen müsse. Dafür forderte er spezielle Beratungsstellen für die Früherziehung von gehörlosen Kindern (vgl. Abb. 7).[17]

Solche Methoden, die über die reine Lautsprachenorientierung hinausgingen, verbreiteten sich auch in der Schweiz. Ansatzpunkt war auch hier die frühe Sprachförderung, die von verschiedenen Gehörlosenpädagogen gefordert wurde. Entsprechend entstanden in den 1930er- und

---

13   Muhs 1999, S. 15.
14   Heidsiek 1889, S. 153.
15   Leonhardt 2002, S. 246.
16   Bei Forchhammers Mund-Hand-System handelte es sich um fünfzehn Handzeichen, die auf Brusthöhe ausgeführt wurden und die für die nicht sichtbaren Artikulationsteile standen. Durch gleichzeitiges Sprechen und Verwenden dieser Handzeichen konnten die nicht sichtbaren Artikulationsteile sichtbar gemacht werden und so den Gehörlosen das Ablesen von den Lippen erleichtert werden. Vgl. dazu Leonhardt 2002, S. 135 f.
17   Vgl. Leonhardt 2002, S. 246–248, und Löwe 1992, S. 74–76.

Abb. 7: Erster Sprechunterricht, Blinden- und Taubstummenanstalt Zürich (um 1910). Foto Eugen Sutermeister, Schweizerisches Sozialarchiv, Zürich.

1940er-Jahren an vielen Taubstummenanstalten angegliederte Kindergärten.[18] In diesen Einrichtungen kamen im Gehörlosenunterricht Zeichensysteme zur Anwendung, wie etwa Forchhammers Mund-Hand-

18   Vgl. dazu beispielsweise Wyrsch-Ineichen, Gertrud: Gleich & Anders. 1826 bis 2001, 175 Jahre Bildung und Erziehung gehörloser Kinder und Jugendlicher an der Gehörlosenschule Zürich, Zürich 2001, S. 2; vgl. auch: Schlegel, Bruno et al.: 125 Jahre Sprachheilschule St. Gallen, ehemals Taubstummen- und Sprachheilschule, St. Gallen 1984, S. 41.

System. Der Einbezug der Gebärdensprache in den Unterricht, wie etwa von Heidsiek gefordert, wurde allerdings nach wie vor mehrheitlich abgelehnt.[19]

Ebenfalls Anfang des 20. Jahrhunderts formierte sich im deutschsprachigen Raum die erste Hörbewegung. Ihr Ansatz war medizinisch und nicht pädagogisch; er verstärkte aber die pädagogische Orientierung an der Lautsprache. Um 1900 begannen Hals-Nasen-Ohren (HNO)-Ärzte mit Gehörlosenpädagogen zusammenzuarbeiten und nach Möglichkeiten zu suchen, die sogenannten Hörreste, das heisst das verbleibende Hörvermögen der Schülerinnen und Schüler, zu messen und den Lautsprachunterricht danach auszurichten. Initiatoren dieser Bewegung waren die beiden HNO-Ärzte Viktor Urbantschitsch (1847–1921) aus Wien und Friedrich Bezold (1842–1908) aus München. Urbantschitsch entwickelte einen Lehrgang, um das Gehör der Kinder zu aktivieren und zu verbessern. Bezold erkannte, dass sich bei Urbantschitschs Lehrgang nicht das Gehör der Kinder verbesserte, sondern ihre Fähigkeiten, mit ihren Hörresten umzugehen und diese für sich zu nutzen. Bezolds Erkenntnisse wurden von zahlreichen Mitstreitern übernommen und dazu verwendet, gehörlosen Kindern die Lautsprache neu unter Berücksichtigung der noch verbliebenen Hörfähigkeiten beizubringen. Ausserdem hatte die erste Hörbewegung zahlreiche Gründungen von spezialisierten Klassen und Schulen für schwerhörige Kinder zur Folge.[20] Die erste Hörbewegung richtete sich in diesem Sinne vor allem an Schwerhörige und weniger an vollständig Gehörlose.[21]

Insgesamt erlebte die Gehörlosenbildung in der ersten Hälfte des 20. Jahrhunderts in der Schweiz einen schrittweisen Prozess der Ausdifferenzierung nach pädagogischen Ansätzen und Betroffenengruppen. Diese Entwicklung spiegelt sich beispielsweise in der Anstaltsstatistik, insbesondere der rückläufigen Anzahl Gehörloser gemäss offiziellen Zählungen. Aus heutiger Sicht liefern die damaligen Statistiken kaum verlässliche Zahlen. Die Statistiken beruhten auf der Anzahl Schülerinnen und Schüler in den Taubstummenanstalten. Diese Zahl war von unterschiedlichen Faktoren abhängig: dem Ausbau alternativer heilpäd-

---

19 Löwe, Armin: Gehörlosenpädagogik, in: Solarová, Svetluse (Hg.): Geschichte der Sonderpädagogik, Stuttgart 1983, S. 12–48, hier S. 34.
20 Vgl. dazu Calcagnini Stillhard, Elisabeth: Das Cochlear-Implant. Eine Herausforderung für die Hörgeschädigtenpädagogik, Luzern 1994, S. 26; Leonhardt 2002, S. 250–254, und Löwe 1992, S. 79–81.
21 Löwe 1983, S. 35.

agogischer Angebote, diagnostischen Trends im Feld der Hörstörungen oder therapeutischen Fortschritten. Ein wichtiger Faktor für die sinkende Anzahl Gehörloser bildeten Fortschritte in der Bekämpfung des sogenannten Kretinismus. Diese medizinische Diagnose war bis zum frühen 20. Jahrhundert vor allem für Krankheiten verbreitet, die man heute auf die Unterfunktion der Schilddrüse (Hypothyreose) zurückführt. Die Diagnose war vor allem in alpinen Regionen verbreitet. Weil zu den Symptomen auch Schwerhörigkeit gehörte, wurden Kretine oft in Taubstummenanstalten untergebracht. Anfang der 1920er-Jahre setzte sich die Einsicht über den Zusammenhang von Kretinismus und Jodmangel medizinisch durch. Bereits 1922 empfahl das eidgenössische Bundesamt für Gesundheit offiziell die Jodierung des Kochsalzes als Vorsorge solcher Schilddrüsenkrankheiten.[22] Die Massnahme war erfolgreich und führte indirekt dazu, dass der Anteil körperlich und geistig behinderter Gehörloser in den Taubstummenanstalten und damit auch die Gesamtzahl der Schülerinnen und Schüler graduell zurückging.

Die Gehörlosenstatistik wurde zudem stark von neuen heilpädagogischen Angeboten beeinflusst. Verschiedene Gehörlosenschulen weiteten ihr Angebot aus, was sich indirekt auf die Anstaltsstatistiken auswirkte. Seit den 1930er-Jahren richteten etwa die Taubstummenanstalten in St. Gallen, Wabern (Bern), Münchenbuchsee und Riehen (Basel-Stadt) spezialisierte Abteilungen für «Sprachheilschüler» ein. Der Begriff bezeichnete Kinder, die nicht schwerhörig oder gehörlos waren, sondern primär psychologische oder kommunikative Sprech- oder Sprachprobleme hatten, beispielsweise Stotterer oder Mutisten. Die Taubstummenanstalten knüpften in diesen neuen Abteilungen an ihre breiten Erfahrungen im Sprach- und Sprechunterricht an. Ein Teil der Schülerinnen und Schüler, die diese neuen Angebote nutzten, waren vormals in Taubstummenanstalten untergebracht.[23]

---

22   Escher, Ursula: Geschichte und heutiger Stand des Sprachheilwesens in der deutschsprachigen Schweiz unter besonderer Berücksichtigung der Aus-, Weiter- und Fortbildung von logopädischem Fachpersonal, Luzern 1976, S. 23.
23   Schlegel et al. 1984, S. 13; vgl. auch Rudin 2017, S. 25–30.

3.2 Entwicklung der Gehörlosenpädagogik bis 1960: Professionalisierung, Eugenik und frühe Medizinaltechnik

Die statistische Erfassung der Gehörlosen bildete die Voraussetzung für die Institutionalisierung der Gehörlosenpädagogik. Die ersten Erhebungen fanden in der Schweiz bereits um 1800 statt. In Luzern war es beispielsweise der «Stapfer'sche Erlass», der die Gemeindepfarrer dazu verpflichtete, ein Verzeichnis über die Gehörlosen anzufertigen, um die «Classe jener Unglücklichen [...] von anderen Blödsinnigen, die keiner Bildung fähig sind», zu bestimmen.[24] Die Diskussion rund um die Bildungsfähigkeit ermöglichte die Verschränkung medizinischer und pädagogischer Sichtweisen. Die zunächst demografisch, auf kantonaler Ebene angelegten Volkszählungen objektivierten vormals subjektive Vorstellungen über Gehörlosigkeit und fassten Menschen, die sich im Grad und in der Art ihrer Beeinträchtigung voneinander unterschieden, zu einer homogenen Gruppe zusammen.[25] Die Statistiken gruppierten Schwerhörige, Resthörige und taube Personen in die Kategorie der «Taubstummen». Im letzten Viertel des 19. Jahrhunderts häuften sich die Forderungen aus der Medizin und Pädagogik nach einer flächendeckenden, systematischen Erfassung der in der Schweiz lebenden Gehörlosen. Interessensgruppen wie der Fürsorgeverein für Taubstumme, die Vereinigung der Schweizer Hals- und Ohrenärzte oder die Taubstummenkommission forderten die Berücksichtigung medizinischer Gesichtspunkte bei den Volkszählungen. In ihrer Petition an den Bundesrat verlangten sie 1916, während des Ersten Weltkriegs, eine Zählung, die «das in den früheren Zählungen zu wenig berücksichtigte Verhältnis der Taubstummheit zum Kretinismus und zur Idiotie» besser abbildete.[26] Angesichts der kriegsbedingt prekären Lage des Finanzhaushaltes lehnte der Bund dieses Gesuch zwar ab. Trotzdem hatte sich die anfänglich pädagogisch begründete Debatte in der ersten Hälfte des 20. Jahrhunderts in eine medizinische Diskussion verlagert. Gehörlose galten nicht mehr einfach als eine demografische Kategorie, sondern als medizinisch deviante Subgruppe.

24   Stapfer, Erlass, 1799, in: Sutermeister, Bd. 1, 1929, S. 91. Zur statistischen Erfassung der Gehörlosen siehe ausführlich: Janett 2014, S. 29–36.
25   Vgl. Janett 2016, S. 232; Söderfeldt 2013, S. 39.
26   Vgl. Gesuch des Schweizerischen Fürsorgevereins für Taubstumme an den Bundesrat betreffend die Taubstummenstatistik, Januar 1916, in: Sutermeister, Bd. 2, 1929, S. 1311 f.

Abb. 8: Freizeitaktivitäten als Selbsthilfe: Luzerner und Zürcher «Taubstumme» auf dem Titlis (1916). Foto Eugen Sutermeister, Schweizerisches Sozialarchiv, Zürich.

Diese Entwicklungen waren begleitet von einer frühen Renaissance der Gehörlosenbewegung. Seit der Jahrhundertwende entstanden vielerorts «Taubstummenvereine», in denen sich Schwerhörige und Gehörlose zusammenfanden. Je nach Zweck handelte es sich um Sportvereine, Bildungsvereine oder gesellige Vereinigungen (vgl. Abb. 8 und 9). Einzelne Vereine richteten sich ausschliesslich an männliche oder weibliche Mitglieder; viele waren gemischtgeschlechtlich organisiert.[27]

Zwischen Vereinsleben und Gehörlosenpädagogik bestanden enge personelle Beziehungen. Figuren wie Eugen Sutermeister (1862–1931) und seine Frau und Mitarbeiterin Susanna Sutermeister-Bieri (1863–1935) agierten als Brückenbauer zwischen Selbsthilfevereinigungen und pädagogischer Fachwelt. Eugen Sutermeister, der selber seit seiner Kindheit gehörlos war, gründete auf der einen Seite verschiedene Selbsthilfeprojekte, etwa 1907 die *Schweizerische Taubstummen-Zeitung* oder 1911 den Schweizerischen Taubstummenverein. Auf der anderen Seite war

27   Gebhard 2007, S. 94 f., 99–104, 122–124.

Abb. 9: Frühe Gehörlosenvereine: Berner Taubstummen-Fussballklub, Lyss (1924). Foto Eugen Sutermeister, Schweizerisches Sozialarchiv, Zürich.

er auch auf fachlicher Ebene tätig, etwa ab 1911 als Zentralsekretär des Schweizerischen Fürsorgevereins für Taubstumme oder als Pädagoge und Publizist. In dieser Rolle korrespondierte er mit internationalen Fachleuten der Gehörlosenpädagogik und besuchte regelmässig die einschlägigen internationalen Fachkongresse (vgl. Abb. 10 und 11).[28]

Die Professionalisierung der Gehörlosenpädagogik setzte indes nur zögerlich ein. Vor der Jahrhundertwende waren die Ausbildung der «Taubstummenlehrer» und die Gehörlosenbildung nicht vereinheitlicht. Als Lehrer waren oft Geistliche tätig, die sich autodidaktisch und durch Praktika in «Taubstummenanstalten» auf den Unterricht vorbereiteten. Kaplan Grüter etwa, der erste Direktor der Taubstummenanstalt Hohenrain, bildete sich durch einen dreiwöchigen Aufenthalt in der bernischen Taubstummenanstalt Bächtelen und einen weiteren Aufenthalt in der Taubstummenanstalt Zürich zum Gehörlosenlehrer aus.[29] Noch in der zweiten Hälfte des 19. Jahrhunderts arbeiteten ehemalige Schüler als Lehrer in den Anstalten wie beispielsweise der gehörlose Lehrer Siegentaler in Hohenrain, der die Lautsprache nicht beherrschte.[30] Bis

28 Ebd., S. 64–70.
29 Vgl. Staatsarchiv Luzern, 24/142.A, Jahresberichte 1840–1847.
30 Vgl. Breitenmoser, Anton: Die Anfänge in der Taubstummenbildung im Kanton Luzern, in: Erziehungsdepartement des Kantons Luzern (Hg.): 100 Jahre Taubstummenanstalt Hohenrain. 1847–1947, Luzern 1947, S. 29–42, hier S. 36. Dies war möglich, weil zu diesem Zeitpunkt die Gebärdensprache noch Be-

Abb. 10: Eugen Sutermeister im Profil, gezeichnet vom gehörlosen Otto Weber, Wetzikon (um 1910). Fotoalbum Eugen Sutermeister, Schweizerisches Sozialarchiv, Zürich.

Abb. 11: Internationale Netzwerke: Schweizer Teilnehmerinnen und Teilnehmer am 3. Internationalen Taubstummenkongress, Paris 1912 (vorne sitzend: Susanna und Eugen Sutermeister). Foto Eugen Sutermeister, Schweizerisches Sozialarchiv, Zürich.

Mitte des 20. Jahrhunderts erfuhr die Gehörlosenpädagogik europaweit einen Professionalisierungsschub. In der Schweiz verlief dieser Prozess parallel zur Ausdifferenzierung der Heilpädagogik, allerdings in einem geringeren Ausmass als in den Nachbarländern.[31]

In den Anstalten spiegelte sich die Professionalisierung einerseits in der Ausbildung der Gehörlosenpädagogen, andererseits in erhöhten Anforderungen an die Anstaltsleitungen. In Hohenrain beispielsweise verfügte erstmals 1863 ein Direktor (Isidor Lötscher) über eine pädagogische Ausbildung. Der erste Direktor mit einer heilpädagogischen Ausbildung trat 1940 sein Amt an (Anton Bucher).[32] Nach 1900 erhöhten sich die Qualifikationsanforderungen für Lehrerinnen und Lehrer sowie für Leiter von Taubstummenanstalten schrittweise. Die Kommission zur Förderung der Taubstummenbildung der Schweizerischen Gemeinnützigen Gesellschaft (SSG) forderte 1903 für die Position der Taubstummenlehrerinnen und -lehrer obligatorisch ein Primarlehrerpatent sowie eine zweijährige Fachausbildung in einer Taubstummenanstalt. Obwohl die nationale Vereinheitlichung und Reglementierung ausblieb, übernahmen viele Anstalten informell die Anforderungsbedingungen.[33] In Hohenrain wurde von den Kandidatinnen und Kandidaten als Qualifikation beispielsweise ein Lehrerpatent erwartet; seit den 1940er-Jahren zunehmend eine heilpädagogische Ausbildung.[34] Verbreitet waren auch Weiterbildungskurse oder gegenseitige Anstaltsbesuche, um die Fortbildung der Taubstummenlehrerinnen und -lehrer zu sichern.[35] Kurse fanden zum Beispiel im Umfeld der Psychiatrischen Universitätsklinik Burghölzli in Zürich statt. Sie richteten sich an Lehrkräfte für Spezialklas-

standteil des Lehrplans war. Die Taubstummenanstalt Hohenrain vollzog den Methodenwechsel in den 1870er-Jahren. Vgl. Caramore 1988, S. 66.

31   Die Institutionalisierung der Gehörlosenbildung ging in der Schweiz der Ausdifferenzierung der Heilpädagogik voraus, die sich erst nach dem Ersten Weltkrieg etablierte. Vgl. Wolfisberg 2002, S. 46, 97, 115 f.

32   Breitenmoser, Anton: Die Leiter der Anstalt seit 1847, in: Erziehungsdepartement des Kantons Luzern (Hg.): 100 Jahre Taubstummenanstalt Hohenrain. 1847–1947, Luzern 1947, S. 55–57, hier S. 55.

33   Vgl. Staatsarchiv Luzern, Akt 411/2888, Brief der Kommission zur Förderung der Taubstummenbildung an die hohen Erziehungsdirektionen der Kantone sowie an die schweizerischen Taubstummenanstalten, im Januar 1903. Vgl. auch Janett 2014, S. 45.

34   Vgl. Janett 2014, S. 44 f.

35   Dies gilt nicht nur für Hohenrain. Vor der Institutionalisierung der Blinden- und Taubstummenlehrerausbildung erfolgte die Ausbildung durch kurze Aufenthalte in entsprechenden Anstalten oder durch eine vorübergehende Anstellung als Unterlehrer. Vgl. dazu Wolfisberg 2002, S. 73.

sen der Volksschule und von Anstalten für Gehörlose oder «schwach-sinnige» Kinder. An einem solchen Kurs unterrichtete 1904 auch der Klinikdirektor Eugen Bleuler, der auf den Unterricht von «Taubstummen» aus medizinisch-psychiatrischer Perspektive einging.[36] Medizinische, erbbiologisch-eugenische und sozialwissenschaftliche Ansätze gewannen im letzten Viertel des 19. Jahrhundert an Bedeutung in der Gehörlosenpädagogik und führten zu der Pathologisierung von Gehörlosen. Gehörlosigkeit stand vermehrt im Zusammenhang mit «Entartungserscheinungen» wie Degeneration, Geistesschwäche oder anderen Anomalien, die es «zu vermeiden, verhindern oder zumindest zu therapieren» galt.[37] Der Arzt Felix Nobert Nager, spezialisiert auf Otorhinolaryngologie (Hals-Nasen-Ohren-Heilkunde), habilitierte 1908 an der Universität Zürich.[38] Seine Antrittsvorlesung hielt er über «die Taubstummheit im Lichte der neuen Forschung und Anschauung» und betonte, dass «die ganze Frage nach der Taubstummheit in neue Bahnen gelenkt» worden sei.[39] Eine Reihe neuer Gesichtspunkte seien aufgetreten, «speziell in klinischer-pathologisch-anatomischer und pädagogischer Hinsicht».[40] Er unterstrich die angeblichen Errungenschaften in der Ohrenheilkunde und verwies auf Professor Bezold in München, der bewiesen habe, «dass der grössere Teil der Taubstummen beträchtliche Hörreste» aufweise. Dies ermögliche eine neue Definition von «taubstumm», die durch die Erkenntnisse Bezolds nun anhand der Hörrestigkeit vorgenommen werden könne.[41] Professor Siebmann in Basel sei es gelungen, «pathologische Veränderungen des Taubstummenohres» zu erkennen.[42] Zudem wies er auf die Auswirkungen neuerer Erkenntnisse der Vererbungslehre in Bezug auf die Gehörlosigkeit hin. Nager konstatierte einen Zusammenhang

36 Vgl. Staatsarchiv Luzern, Akt 411/2888, Bericht über den Bildungskurs für Lehrkräfte an Spezialklassen, 1. 7. 1904.
37 Janett 2016, S. 237. Siehe auch Schmidt, Marion; Werner, Anja: Einleitung, in: dieselben (Hg.): Zwischen Fremdbestimmung und Autonomie. Neue Impulse zur Gehörlosengeschichte in Deutschland, Österreich und der Schweiz, Bielefeld 2019, S. 9–48, hier S. 17.
38 Wolff, Eberhard: Nager, Felix Robert, in: Historisches Lexikon der Schweiz, https://hls-dhs-dss.ch/de/articles/014569/2007-10-29 (20. 1. 2020).
39 Nager, Felix: Die Taubstummheit im Lichte der neuen Forschung und Anschauung. Akademische Antrittsvorlesung gehalten am 19. 12. 1908, Friedberg i. H. o. D., S. 3.
40 Nager o. D.
41 Ebd., S. 5.
42 Ebd., S. 3.

zwischen «Taubstummenfamilien» und «verschiedenen Formen von Geisteskrankheit, von Schwachsinn, Epilepsie und auch einer Reihe körperlicher Gebrechen». Zudem sei es «von verschiedenen Seiten bewiesen», dass bei Eltern und Verwandten von Gehörlosen häufig Alkoholismus vorkomme.[43]

Der medizinische Zugriff wirkte sich auf die Anstaltspraxis aus. Bereits in den 1860er-Jahren versuchten Mediziner, gehörlose Kinder zu heilen, so zum Beispiel mit elektrotherapeutischen Verfahren in Hohenrain.[44] Gleichzeitig dienten die Anstalten Forschungszwecken, um zu neuen wissenschaftlichen Erkenntnisse zu gelangen. Der ehemalige Chefarzt der Hals-Nasen-Ohren-Klinik des Kantonsspitals Luzern, Professor Kurt Graf-Byland (1916–1996), interessierte sich für die erblich bedingte Verbreitung von «Taubstummheit». Er führte dazu umfassende Forschungen zum Thema durch und verwendete dazu genealogische Daten gehörloser Kinder aus Hohenrain.[45]

Das wissenschaftliche Interesse an der angeborenen Gehörlosigkeit führte in der Schweiz zu einer stärkeren Differenzierung zwischen taub geborenen und ertaubten Gehörlosen, wobei bei letzteren nur das Hörorgan, nicht aber das Gehirn als geschädigt galt.[46] Solche medizinische Forschungen prägten auch die Gehörlosenpädagogik, weil sie die Grenze zwischen nicht beeinflussbaren Erbfaktoren und schulisch verbesserbaren Schädigungen aufzeigten. Medizin und Pädagogik arbeiteten dabei Hand in Hand. Medizinische Studien führten Anfang des 20. Jahrhunderts zur Unterscheidung zwischen Gehörlosigkeit und Schwerhörigkeit – eine Differenzierung, die auch zur Gründung neuer pädagogischer Einrichtungen führte. In Zürich eröffnete beispielsweise 1940 die erste Schweizerische Schwerhörigen-Schule, die sich als

---

43   Ebd., S. 6.
44   Vgl. Staatsarchiv Luzern, Akt 34/298.A.1, Bewilligung für Dr. Alfred Steiger betr. Heilungsversuche der Taubstummen durch Elektrizität, Auszug aus dem Verhandlungsprotokoll des Erziehungsrats, 26. 1. 1860.
45   Staatsarchiv Luzern, PA 311. Vgl. auch Gebhard, Michael: Gebärdensprachforschung in der Schweiz. Eine Erfolgsgeschichte mit vielen Vätern. Der Beitrag von kleinen Playern am Beispiel des Vereins zur Unterstützung der Gebärdensprache der Gehörlosen (VUGS), in: Schmidt, Marion; Werner, Anja (Hg.): Zwischen Fremdbestimmung und Autonomie. Neue Impulse zur Gehörlosengeschichte in Deutschland, Österreich und der Schweiz, Bielefeld 2019, S. 237–262, hier S. 252.
46   Bühr, Wilhelm: Das Taubstumme Kind. Seine Schulung und Erziehung. Führer durch die schweizerische Taubstummenbildung, St. Gallen 1928., S. 13.

Schulinternat für schwerhörige Kinder verstand.[47] Eine Stellungnahme der Gesellschaft der Gehörlosen von 1941 gegen die medizinisch-pathologischen Vorstellungen von Gehörlosigkeit illustriert die Pathologisierung, der die Gehörlosen ausgesetzt waren:

> Es ist ein] grosser Fehler [...], die Gehörlosen als Wesen mit pathologischer Psyche zu betrachten, und die Sonderbehandlung bzw. Sondererziehung danach einzurichten. Die meisten sog. Gehörlosenprobleme eliminieren sich automatisch, wenn man den Gehörlosen als völlig normalen Menschen nimmt und lediglich berücksichtigt, dass er kein Gehör hat [...].[48]

Mit der sich im frühen 20. Jahrhundert etablierenden Eugenik fand die Frage nach der Vererbbarkeit von Hörbeeinträchtigungen Eingang in den Gehörlosendiskurs. Die Eugenik setzte sich als anwendungsbezogene Wissenschaft zum Ziel, die «Erbgesundheit» des Volkes mit verschiedenen Massnahmen wie Eheverbote, -beratung, aber auch sozial begründeten Sterilisationen zu fördern.[49] Die «lokal gehäufte Verbreitung bestimmter Gebrechen wie der Kropf, Kretinismus oder die Taubstummheit» wurde von Wissenschaftlern, Gelehrten und Ärzten seit Ende des 18. Jahrhunderts untersucht.[50] Mit der aufkommenden Rassenforschung stieg das wissenschaftliche Interesse an der vererbten Gehörlosigkeit, insbesondere an der «endemischen Tabustummheit». Verschiedene Studien untersuchten unterschiedliche Formen von Gehörlosigkeit: Gehörlosigkeit als vererbte «Entartungserscheinung» aufgrund von sozial deviantem Verhalten seitens der Eltern (wie Alkoholkonsum, Verwandtenehe oder mangelnden hygienischen Verhältnissen), einer vererbten endemischen «Taubstummheit» (verbreitet in Gebirgsgegenden und vermeintlich verursacht durch eine Entartung der Schilddrüse) sowie einer vererbten «Taubstummheit» durch gehörlose Eltern.[51]

---

47   Vgl. Staatsarchiv Luzern, Akt 411/2938, Schweizerischer Schwerhörigen-Verein (Hg.): Schweizerisches Monatsblatt für Schwerhörige, Nr. 28, Luzern 1941, S. 3. Vgl. auch Janett 2014, S. 48.

48   Staatsarchiv Luzern, Akt 411/2938, Jahresbericht der Gesellschaft der Gehörlosen, 1941.

49   Für den Zusammenhang zwischen Eugenik, Genetik und Gehörlosigkeit im US-amerikanischen Kontext vgl. Schmidt, Marion: Genetics, Pathology, and Diversity in Twentieth-Century America, Manchester 2020 (im Erscheinen).

50   Germann, Pascal: Laboratorien der Vererbung, Rassenforschung und Humangenetik in der Schweiz 1900–1970, Göttingen 2016, S. 267.

51   Vgl. Bühr 1928, S. 10 f.

In der Schweiz führte der Humangenetiker Ernst Hanhart (1891–1973), der als Pionier der medizinischen Genetik gilt, Forschungen zur «endemischen Taubstummheit» durch.[52] Mit seinen Forschungen in zahlreichen alpinen Dörfern der Schweiz legte Hanhart ein umfassendes humangenetisches Archiv an und präsentierte die daraus resultierenden Forschungsergebnisse an Kongressen und Fachtagungen. Sein Ziel war die «vollständige erbbiologische Erfassung und fortlaufende Überwachung ganzer Populationen». Seine Stammbäume zu rezessiver «Taubstummheit», die bis zu zehn Generationen zurückreichten, sowie seine Reliefkarten, die die regionale Verteilung der Mutationen in der Schweiz wiedergaben, sollten die Identifizierung von «Entartungsherden»[53] ermöglichen und eine Grundlage für eugenische Massnahmen bilden.[54] Dabei übernahm er in den 1930er-Jahren Elemente der deutschen Rassenhygiene. Er betonte, dass der Unterscheidung zwischen «erworbener» und «vererbter Taubstummheit» grosse Bedeutung zukomme, da das Gesetz zur «Verhütung erbranken Nachwuchses» die Sterilisierung von Trägern der vererbten Taubstummheit vorsah.[55] Nach dem Krieg distanzierte sich Hanhart zwar von der Sterilisation Gehörloser und wies darauf hin, dass bei den meisten keine verminderte Intelligenz festzustellen sei. Dennoch wies er auf den Nutzen der genetischen Forschung hin und betonte, dass die «endemische Taubstummheit» sich gerade in der Schweiz häufe aufgrund inzestuöser Praktiken in seit Jahrhunderten teilweise völlig isolierten Gemeinden.[56]

In den 1930er- und 1940er-Jahren breiteten sich die Forderungen der Eugenikbewegung flächendeckend aus. Die Ausbreitung der Gehörlosigkeit solle durch Eheberatungen, freiwillige Sterilisationen und Eheverbote bekämpft werden.[57] Im Umfeld der schweizerischen Gehörlosenschulen finden sich zwar keine Belege für eugenische Zwangsmassnahmen wie Zwangssterilisationen. Anstaltsverantwortliche versuchten jedoch durchaus, Gehörlose und deren Verwandte vom Sinn eugenischer Massnahmen zu überzeugen und sie zur freiwilligen Mitwirkung zu überreden. Vor allem weibliche Gehörlose wurden gedrängt,

52   Germann 2016.
53   Hanhart 1936, S. 82, zitiert nach Germann 2016, S. 238.
54   Germann 2016, S. 238.
55   Ebd., S. 241.
56   Ebd., S. 260.
57   Vgl. Ulrich, Marianne: Die Taubstummenehe und ihre praktischen Auswirkungen, Zürich 1943 (Diplomarbeit), S. 6 f., 12.

eine Eheberatung in Anspruch zu nehmen und ledig oder zumindest kinderlos zu bleiben. Dabei wurde argumentiert, dass Gehörlose nicht die geistige und sittliche Reife für eine Familiengründung hätten, wirtschaftlich nicht selbständig genug seien und deshalb eine Verantwortung trügen, gehörlose Nachkommen zu verhindern.[58] Weit verbreitet war zudem die Überzeugung, dass Gehörlosigkeit mit vermeintlich vererbbaren Pathologien wie Alkoholismus oder Degenerationskrankheiten verknüpft sei, so wie es bereits Nager um die Jahrhundertwende formulierte.[59] In verschiedenen Anstalten lassen sich eugenische Traditionen noch bis in die 1960er-Jahre verfolgen; etwa wenn das Personal eugenische Ratschläge wie beispielsweise die Aufforderung zum Eheverzicht erteilte.[60]

In der zweiten Jahrhunderthälfte besass die Medizinaltechnik einen wachsenden Einfluss auf die Gehörlosenbildung. Ein Beispiel für die Bedeutung der medizinischen Forschung für die Gehörlosenpädagogik ist die Disziplin der *Audiologie*, die sich nicht zuletzt in der Auseinandersetzung mit den massenhaften Hörschädigungen während der beiden Weltkriege herausbildete. Als «Audiologie» ist das Fach erst seit dem Zweiten Weltkrieg bekannt. Die Entwicklung neuer Hörhilfen und Technologien zur Diagnostik der menschlichen Hörleistung intensivierte sich aber bereits in der Zwischenkriegszeit.[61] Dabei galt es, die grosse Zahl hörgeschädigter, meist junger Männer so zu rehabilitieren, dass sie wieder erwerbstätig sein konnten. Die Audiologie profitierte auch von technischen Errungenschaften, die eigentlich für den Krieg entwickelt worden waren, zum Beispiel von Abhörgeräten für den Einsatz im U-Boot-Krieg. Audiometer, also Geräte, die das menschliche Hörvermögen messen und in einem Audiogramm darstellen, gab es bereits seit dem späten 19. Jahrhundert. Ab den 1920er-Jahren kamen auch kleinere, elektrische Audiometer zum Einsatz, eine Entwicklung, die sich

---

58   Vgl. Wyss 2011, S. 39. Für die Anstalt Hohenrain sind in den Quellen weder positive noch negative Massnahmen belegt. Ob der Eugenikdiskurs in der katholischen Taubstummenanstalt Hohenrain auf geringere Zustimmung stiess als in der reformierten oder ob es auf die Überlieferungssituation zurückzuführen ist, lässt sich nicht abschliessend beurteilen. Für den Zusammenhang zwischen Katholizismus und Eugenik siehe: Wolfisberg 2002, S. 273.

59   Für die Verschränkung verschiedener Diskursstränge im Eugenikdiskurs siehe: Wyss 2011, S. 32 f.

60   Wyss 2011; vgl. auch Interview mit LU Pe 54–92.

61   Hüls, Rainer: Die Geschichte der Hörakustik. 2000 Jahre Hören und Hörhilfen, Heidelberg 1999, S. 160 f.

in den 1940ern beschleunigte. Die Hörgerätehersteller brachten immer kleinere, leistungsstärkere und breiter erschwingliche Geräte auf den Markt, mit denen die menschliche Hörfähigkeit frühzeitiger und präziser untersucht werden konnte.[62]

Diese technologischen Entwicklungen lösten in der europäischen Gehörlosenpädagogik eine zweite Hörbewegung aus. Die Hörerziehung wurde in den 1950er-Jahren nicht nur als Unterrichtsfach erteilt, sondern zum Unterrichtsprinzip erhoben. Fachärztinnen und Fachärzte, Fachpädagoginnen und -pädagogen entwickelten gemeinsam neue Methoden zur Hörerziehung, die mithilfe neuer Technologien die Hörreste gehörloser Kinder besser nutzten (für frühe Apparaturen vgl. Abb. 12).[63] Neue sogenannte Hör-Sprech-Anlagen verkabelten die Klassenzimmer der Taubstummenanstalten, sodass die Lehrperson einer ganzen Klasse gleichzeitig Hörunterricht erteilen konnte.[64] In Zürich führte der Anstaltsdirektor Walter Kunz 1939 den Hörunterricht ein, wofür er eine Hör-Sprech-Anlage anschaffte.[65] In St. Gallen war der Hörunterricht ebenfalls spätestens seit den 1950er-Jahren ein Teil des Schulalltags geworden. Auch an den Schulen in Genf und Locarno versuchte die Lehrerschaft, jeden noch so kleinen Hörrest der Schülerinnen und Schüler für den Sprachaufbau zu nutzen.[66]

Eine wichtige Neuerung der zweiten Hörbewegung war die Einrichtung von sogenannten pädoaudiologischen Beratungsstellen. Die Beratungsstellen spiegelten die verstärkte Zusammenarbeit zwischen pädagogischen und medizinischen Fachleuten sowie die Verschränkung von Frühdiagnose, Frühbetreuung und dem Einsatz technischer Hilfsmittel. Ziel der Beratungsstellen war es, die Eltern gehörloser Kinder fachlich zu begleiten und sie zu einer möglichst frühen Hörerziehung anzuhalten.[67]

---

62 Hüls 1999, S. 198; vgl. auch Stephens, S. D.: Audiometers from Hughes to Modern Times, in: British Journal of Audiology 2, Supplement (1979), S. 17–23; Mills, Mara: Hearing Aids and the History of Electronics Miniaturization, in: IEEE Annals of the History of Computing 33/2 (2011), S. 24–45, https://ieeexplore.ieee.org/document/5771310/?part=1 (7. 6. 2018).

63 Calcagnini Stillhard 1994, S. 27 f.

64 Löwe 1983, S. 37.

65 Staatsarchiv des Kantons Zürich: Ablieferungsnummer 2016/109; Jahresbericht Zürich 1956, S. 9.

66 Staatsarchiv des Kantons St. Gallen: Akte A451/4.4; 100-Jahr-Jubiläum: Ammann, Hans: Jubiläumsansprache 1959, S. 11; vgl. auch schriftliches Interview mit TI Pe 70–01/I und mit TI Pe 70–01/II.

67 Wisotzki, Karl Heinz: Hörgeschädigtenpädagogik, in: Bleidick, Ulrich; Ellger-Rüttgardt, Sieglind Luise (Hg.): Behindertenpädagogik – eine Bilanz. Bil-

Abb. 12: Hörröhren aus der Zeit um 1915 (in Gebrauch bis ca. 1950). Schweizerisches Sozialarchiv, Zürich.

Dabei sollten die Eltern Informationen für die frühe Haus-Sprecherziehung erhalten, bei der sie bereits zu Hause erste Sprechübungen mit ihren gehörlosen Kindern durchführen sollten. Dadurch sollte verhindert werden, dass Kinder, die nach dem ersten Lautspracherwerb ertaubt waren, verstummten oder eigene Gebärden entwickelten. Bei gehörlos geborenen Kindern ging es vor allem darum, dass sie durch frühe Sprechübungen vom Gebärden abgehalten werden sollten.[68] In der Schweiz wurde beispielsweise 1964 an der Taubstummenanstalt Riehen eine solche Beratungsstelle eingerichtet.[69] Die Taubstummenanstalten waren also Mitte des 20. Jahrhunderts nicht nur dafür zuständig, gehörlose Kinder auszubilden, sondern entwickelten auch Angebote als Auskunfts- und Beratungsstellen für die Eltern ihrer Schülerinnen und Schüler.[70]

dungspolitik und Theorieentwicklung von 1950 bis zur Gegenwart, Stuttgart 2008, S. 169–185, hier S. 172 f.

68   Löwe 1983, S. 39.
69   Vgl. Rudin 2017, S. 66; vgl. auch: Staatsarchiv Basel-Stadt: PA 769a D1, Sitzung vom 23. 11. 1964.
70   Martig-Gisep, A · Die Aufgabe unserer Taubstummenanstalten, in: Pro Infirmis, No. 9, 1953/54, S. 262–267.

Wo stand die schweizerische Gehörlosenpädagogik Mitte des 20. Jahrhunderts im internationalen Vergleich? Eine Einordnung lässt sich anhand eines Kongressberichts von 1950 vornehmen, den Hans Ammann (1904–1990), der damalige St. Galler Schuldirektor, verfasste. In diesem Jahr fand der Internationale Kongress für Gehörlosenpädagoginnen und -pädagogen in Groningen (Niederlande) statt. Anwesend waren über 200 Teilnehmerinnen und Teilnehmer aus Europa, Asien, Afrika und Amerika. Die Schweiz stellte mit 18 Gehörlosenlehrerinnen und -lehrern die zweitgrösste Delegation nach dem Gastgeberland. Besonders interessiert waren die schweizerischen Gehörlosenpädagoginnen und -pädagogen an der Hörerziehung, der Früherfassung und der Taubstummenlehrerausbildung. Während des Kongresses stellten die schweizerischen Delegierten fest, dass in keinem der vertretenen Länder der Gehörlosenlehrerausbildung so wenig Beachtung geschenkt wurde wie in der Schweiz. Während in der Schweiz die allgemeine heilpädagogische Ausbildung des Heilpädagogischen Seminars oft ausreichen musste, verfügten alle anderen Länder über spezielle Ausbildungen für Gehörlosenpädagoginnen und -pädagogen. Auch die wissenschaftliche Forschung zur Gehörlosigkeit sei in der Schweiz auf einem tieferen Stand als in vielen der vertretenen Länder. Das manifestierte sich unter anderem darin, dass die schweizerischen Delegierten hauptsächlich über ihre Erfahrungen mit den Unterrichtsmethoden der deutschen Gehörlosenpädagogik referierten und keine eigenen Methoden präsentierten.[71]

In den 1950er- und 1960er-Jahren wurden auch in der Schweiz die Ausbildungsstandards der Gehörlosenpädagogik verbessert. Der Verband für Taubstummenhilfe und der Verein schweizerischer Taubstummenlehrer übertrugen 1959 zusammen die Verantwortung für die Ausbildung der Hörgeschädigtenpädagoginnen und -pädagogen den Heilpädagogischen Seminaren an verschiedenen Universitäten.[72] Das Deutschschweizer Zentrum lag in Zürich, wo Heinrich Hanselmann das 1924 gegründete Seminar bis 1941 leitete, gefolgt von Paul Moor (1941 bis 1961) und Fritz Schneeberger (ab 1961).[73] Das Zürcher Heilpädagogische Seminar führte in den 1960er-Jahren die ersten Lehrgänge für Ge-

71   Ammann, Hans: Internationaler Kongress für Taubstummenfürsorge, in: Pro Infirmis, No. 3, 1950/51, S. 79–83.
72   Schriber 1994, S. 185.
73   Schriber 1994.

hörlosenlehrerinnen und -lehrer in der Deutschschweiz durch.[74] Zu den Dozenten gehörten viele Vorsteher von Taubstummenanstalten, unter anderen Eberhard Kaiser aus Riehen und Hans Ammann aus St. Gallen. In der Romandie wurden zwischen 1956 und 1973 die ersten Lehrgänge für Gehörlosenlehrerinnen und -lehrer angeboten. Diese Lehrgänge wurden durch das Institut des sciences de l'éducation, die Société suisse des maîtres de sourds und durch die Société romande pour le bien des sourds (später ASASM) organisiert.[75] Im Tessin hingegen gab es während des gesamten 20. Jahrhunderts keine eigene Ausbildung für Gehörlosenlehrerinnen und -lehrer – diese absolvierten ihre Ausbildung in der Regel in Italien.[76]

3.3 Die Rolle der Invalidenversicherung in der Entwicklung der Gehörlosenpädagogik nach 1960

1960 wurde die eidgenössische Invalidenversicherung (IV) als neuer Zweig des schweizerischen Sozialstaats errichtet. Behinderte Menschen, die bislang in der Regel von Sozialhilfegeldern abhängig waren, erhielten nun Versicherungsleistungen. Die Gründung der IV hatte einen nachhaltigen Einfluss auf die Behindertenfürsorge und allgemein auf den gesellschaftlichen Umgang mit Menschen mit Behinderungen.[77] Dies gilt auch für die Gehörlosenschulen und die Gehörlosenpädagogik.[78]

---

74   Staatsarchiv des Kantons Zürich: Ablieferungsnummer 2016/109; Jahresbericht Zürich 1962, S. 1.
75   Luisier, Céline: Histoire d'une reconnaissance. L'introduction de la langue des signes a l'école de Montbrillant à Genève (1960–1986), mémoire de licence, Genf 2000, S. 57 f.
76   Schriftliches Interview mit TI Pe 70–01/I und TI Pe 70–01/II.
77   Germann, Urs: «Eingliederung vor Rente». Behindertenpolitische Weichenstellungen und die Einführung der schweizerischen Invalidenversicherung, in: Schweizerische Zeitschrift für Geschichte 58/2 (2008), S. 178–197; Germann 2010a; Fracheboud, Virginie: L'introduction de l'assurance invalidité en Suisse (1944–1960). Tensions au cœur de l'État social, Lausanne 2015.
78   Vgl. für die folgenden Ausführungen: Rudin 2017, Blatter, Viviane: «Für die ganze Sonderschulung beginnt mit der Einführung der IV eine völlig neue Epoche». Entwicklungen in der Deutschschweizer Gehörlosenpädagogik 1960–1991, Masterarbeit, Departement Geschichte, Universität Basel, Basel 2018.

Vor allem die finanziellen Bedingungen, unter denen die Gehörlosenschulen arbeiteten, veränderten sich auf einen Schlag. Viele Schulen
waren vor Einführung der IV teilweise oder gänzlich privat finanziert.
Die staatlichen Zuwendungen waren gering; die Abhängigkeit von philanthropischen Geldgebern gross. Auch staatliche Schulen arbeiteten
kaum kostendeckend, sondern waren von staatlichen Subventionen
oder Defizitgarantien abhängig. Mit anderen Worten: Die Gehörlosenschulen verfügten nur über einen beschränkten finanziellen Spielraum
für Investitionen in Einrichtungen, Personal und Qualifikationen. Die
Invalidenversicherung erweiterte mit ihren Leistungen diesen finanziellen Spielraum stark. Die IV versicherte nach dem Prinzip «Eingliederung vor Rente». Sie zahlte von Beginn weg nicht nur Renten an die
Versicherten, sondern leistete auch finanzielle Beiträge an die medizinische Rehabilitation und die soziale und berufliche Integration.[79] Davon
profitierten auch die Gehörlosen und die Gehörlosenschulen.

Die Auswirkungen der Invalidenversicherung auf die Gehörlosenschulen waren vielschichtig. Sie betrafen die bauliche Infrastruktur der
Schulen, die personellen Ressourcen, die Investitionen in die pädagogischen Angebote und die Medizinaltechnik, bis hin zu Leistungen für die
Selbsthilfe der betroffenen Gehörlosen und ihrer Familien. Zugleich verfolgte die IV – abgesehen von ihrem Grundsatz der *Eingliederung vor
Rente* – kein eigenes pädagogisches Programm. Ob gehörlose Schülerinnen und Schüler in Gebärdensprache oder Lautsprache unterrichtet
wurden, war für die IV und ihre Unterstützungsleistungen nicht entscheidend. Sie überliess pädagogische Fragen den Schulen und Fachverbänden. Die IV beeinflusste deshalb die Entwicklung der Gehörlosenpädagogik eher indirekt. Auf der einen Seite trugen die Massnahmen
der IV zu einer Stabilisierung traditioneller, lautsprachlicher Ansätze in
der Gehörlosenpädagogik bei. Andererseits förderte die IV, indirekt und
ohne Absicht, emanzipatorische Aktivitäten von Organisationen, die
sich für die Rechte der Gehörlosen, einschliesslich der Verwendung der
Gebärdensprache, einsetzten.

Konkret erhielten durch das Invalidenversicherungsgesetz Menschen
mit einer Behinderung ab 1960 ein Anrecht auf staatliche Leistungen,
unabhängig von der Art und Ursache ihrer Behinderung.[80] Mit der Ein-

79   Germann 2008.
80   Germann, Urs: Die Entstehung der IV: lange Vorgeschichte, kurze Realisie-
      rungsphase, in: Soziale Sicherheit CHSS, 1/2010b, S. 5–8, hier S. 7.

führung der IV wurden in der ganzen Schweiz regionale IV-Stellen eröffnet, die für die schulische und berufliche (Wieder-)Eingliederung behinderter Menschen in die Gesellschaft zuständig waren.[81] Die damaligen Leistungen der Versicherung umfassten drei Bereiche: Geldleistungen (unter anderem Renten, Hilflosenentschädigungen), individuelle Eingliederungsmassnahmen (Hilfsmittelabgaben, medizinische Massnahmen etc.) und kollektive Leistungen (Bau- und Betriebsbeiträge an Ausbildungsstätten sowie Beiträge für das Fachpersonal der Eingliederung).[82]

In vielen Gehörlosenschulen wirkte sich die IV zudem auf baulicher Ebene aus. Die Infrastruktur wurde teilweise stark erweitert. Es kam in den 1960er- und 1970er-Jahren zu einem eigentlichen Bauboom der Gehörlosenschulen. Für die Gehörlosenschule Riehen wurde die IV beispielsweise schnell zum Hauptgeldgeber der Anstalt. Der Anteil staatlicher Gelder erhöhte sich von 35 Prozent (1950) über 45 Prozent (1965) auf 60 Prozent (1970) – der Grossteil dieses Anstiegs ging von der IV aus. Die Gelder wurden insbesondere für Investitionen in die Infrastruktur – etwa einen neuen Schulpavillon – verwendet, zudem auch für die Besserstellung des bislang vergleichsweise schlecht entlohnten Personals.[83]

Auch auf pädagogischer Ebene brachte die IV in vielen Schulen einen Erneuerungsprozess in Gang. Generell wurde der Schulbetrieb ausgebaut. Eine heilpädagogische Schulung der gehörlosen Kinder wurde nun allgemein obligatorisch – ohne eine solche Schulung zahlte die IV keine Renten. Die Schulen ihrerseits verlängerten die Schulzeit. Sie bauten generell ihr Personal aus und stellten höher qualifizierte Lehrerinnen und Lehrer ein. In diesem Sinn löste die IV einen Professionalisierungsschub aus. In Riehen beispielsweise verstärkte sich in den 1960er-Jahren die Professionalisierung des Schulpersonals – so wurden zwei Pädoaudiologinnen eingestellt und auch sonst zunehmend akademisch geschultes Personal verpflichtet.

In pädagogischer Hinsicht ermöglichten die IV-Beiträge, die gehörlosen Kinder besser mit Hörgeräten zu versorgen und die Schulzimmer mit Höranlagen zu versehen. Der bereits bestehende Fokus auf den Hör- und Lautsprachunterricht verstärkte sich dadurch. Die Schulen sahen

---

81   Porchet, Alain: Invalidenversicherung: die Geschichte eines Wandels, in: Soziale Sicherheit CHSS, 1/2010, S. 15–17, hier S. 15.
82   Schriber 1994, S. 210.
83   Rudin 2017, S. 58–67.

sich in ihrem methodischen Ansatz bestärkt und erhielten zusätzliche Mittel, um den eingeschlagenen Weg fortzusetzen. Auch die verstärkte Technisierung der Gehörlosenpädagogik, die von der IV ausgelöst wurde, kam eher dem Lager der Oralisten entgegen und nicht den Befürworterinnen und Befürwortern des Gebärdensprachunterrichts. Auch dafür ist Riehen ein passendes Beispiel.[84]

Die neuen finanziellen Möglichkeiten erlaubten auch eine Modernisierung des Internatsbereichs. In Hohenrain wurde beispielsweise in den 1960er-Jahren der Altbau der Anstalt ersetzt durch moderne Wohnpavillons, in denen kleinere Kindergruppen in Zimmern mit maximal fünf Betten zusammenlebten. Der Umbau war begleitet von neuen Betreuungs- und Erziehungskonzepten (vgl. Kap. 4.5).[85]

Auch die Orientierung der IV an der Arbeitsmarktintegration wirkte sich auf die Gehörlosenpädagogik aus. Die Qualifikationsniveaus für die Aus- und Weiterbildung von Gehörlosen wurden angehoben, um die Chancen der Betroffenen auf dem Arbeitsmarkt zu erhöhen.[86] Auch kleinere, scheinbar nebensächliche Leistungen der IV hatten nachhaltige Auswirkungen. So zahlte die IV Beiträge an die Reisekosten von Gehörlosen zwischen Elternhaus und Schule. Viele Eltern konnten sich dadurch leisten, ihre Kinder von zu Hause aus in die Schule gehen zu lassen. Diese bescheidene Leistung war ein wichtiger Faktor im Übergang von Internatsschulen zu offenen, externen Schulmodellen. Denn die langen Schulwege waren für Eltern häufig ein Grund, ihre Kinder in eine Internatsschule zu schicken. Dieser Grund fiel nun weg.[87]

Schliesslich hatten die Leistungen der IV Auswirkungen auf die Interessenvertretung der Gehörlosen. Die IV zahlte auch kollektive Leistungen an Fachverbände aus. Davon profitierten sowohl der fachorientierte Schweizerische Verband für Taubstummen- und Gehörlosenwesen (heute Sonos) als auch der selbsthilfeorientierte Schweizerische Gehörlosenbund. Die IV finanzierte auch Selbsthilfeprojekte wie beispielsweise die 1980 gegründete Stiftung *Treffpunkt für Gehörlose*, die eine Begegnungsstätte für Gehörlose unterhielt. Auch Dolmetscherdienste wurden von der IV finanziert, etwa wenn sie für eine Ausbildung be-

---

84   Ebd., S. 61–64.
85   Jahresbericht der Sonderschulen Hohenrain, 1961/62, S. 10.
86   Blatter 2018, S. 18–22.
87   Ebd., S. 35–37.

nötigt wurden. Damit trug die IV indirekt zur stärkeren Verbreitung und Anerkennung der Gebärdensprache bei.[88]

3.4 Professionalisierung und Akademisierung der Gehörlosenpädagogik nach 1960

Die Gehörlosenpädagogik erlebte in der Schweiz seit den 1960er-Jahren eine Phase des Aufbruchs. Drei Akteure prägten die Entwicklung: zunächst das 1924 gegründete Heilpädagogische Seminar der Universität Zürich, das damals führende universitäre Zentrum der schweizerischen Heil- und Sonderpädagogik, daneben auch der Schweizerische Verband für Taubstummen- und Gehörlosenwesen (SVTG, ab 1977: Schweizerischer Verband für das Gehörlosenwesen, SVG, seit 2002: Sonos) sowie der Schweizerische Taubstummenlehrerverein (ab 1977: Schweizerischer Verein der Hörgeschädigtenpädagogen, SVHP). Als Fachverbände waren der SVTG und der Taubstummenlehrerverein stark in der Fachausbildung engagiert.[89]

Die Gehörlosenpädagogik stand in der Schweiz aber vor einem föderalistischen Problem. Die Fachleute führten zwar einen zusammenhängenden Fachdiskurs auf nationaler, zumindest auf sprachregionaler Ebene. Der schulische Alltag aber fand in den einzelnen Anstalten und Schulen statt, die sehr unterschiedlich organisiert waren, je nach kantonalen oder lokalen Rahmenbedingungen. Bis in die Zwischenkriegszeit war die Fachausbildung in der Gehörlosenpädagogik gänzlich durch die einzelnen Schulen organisiert. Man lernte von den erfahreneren Fachleuten oder besuchte zur Weiterbildung andere, modellhafte Anstalten.

Ausgehend vom Heilpädagogischen Seminar in Zürich kam nach dem Zweiten Weltkrieg ein schrittweiser Zentralisierungsprozess der Fachausbildung, zumindest innerhalb der Deutschschweiz, in Gang. Seit Ende der 1950er-Jahre war die Ausbildung von «Taubstummenlehrern» offiziell am Heilpädagogischen Seminar in Zürich zentralisiert. Dabei brachten die Fachverbände ihr Fachwissen in die Ausbildung ein. So erliess der Deutschschweizerische Taubstummenlehrerverein 1958 übergreifende Richtlinien für die Lehrerausbildung am Zürcher Seminar. Seit

---

88   Ebd., S. 83 f.
89   Die folgenden Ausführungen beruhen auf Blatter 2018, S. 38–45.

1960 bot das Heilpädagogische Seminar einen berufsbegleiteten Ausbildungsgang an, der aus einer heilpädagogischen Grundausbildung und
einer Spezialisierung im Bereich der Gehörlosenpädagogik bestand.
Die Gehörlosen- und Sprachheilschulen reagierten schnell und richteten ihr Ausbildungsprogramm auf diesen Zürcher Lehrgang aus. Schon
Ende der 1960er-Jahre konnten beispielsweise an der Gehörlosenschule
in Riehen alle Lehrpersonen einen solchen Fachabschluss vorweisen.
Der Studiengang wurde in den 1970er-Jahren weiterentwickelt, zu einer
rund zweijährigen Berufsausbildung, die teils als Vollstudium, teils berufsbegleitend zu absolvieren war.[90]
Auch der Schweizerische Verband für das Gehörlosenwesen engagierte
sich stark im Ausbildungswesen. Er war für die fachlichen Belange der
1983 lancierten zweijährigen Berufsausbildung zum «Audiopädagogen»
verantwortlich. Daneben organisierte der SVG auch Weiterbildungsangebote für Erzieherinnen und Erzieher in Internaten für Kinder mit
Hörbeeinträchtigungen. Auch entwickelte der Verband in den 1980er-
und 1990er-Jahren Lesematerialien für Gehörlose und baute eine Ge-
hörlosenbibliothek auf.[91]
Bis in die 1970er-Jahre waren diese Aus- und Weiterbildungsangebote lautsprachlich ausgerichtet. Dies zeigt sich exemplarisch an einer
Fachtagung, die der Schweizerische Taubstummenlehrerverein 1970 in
St. Gallen durchführte. Die versammelten Fachleute sprachen sich einmütig für eine lautsprachorientierte Ausbildung von gehörlosen und
schwerhörigen Schülerinnen und Schülern aus.[92]

3.5 Aufstieg der neuen Gehörlosenbewegung
seit den 1970er-Jahren

Während in den 1950er- und 1960er-Jahren technologische Entwicklungen der Lautspracherziehung einen Aufschwung verschafften, kam
es auch zu einer positiveren Wahrnehmung von Gebärdensprachen.
Diese Entwicklung ging von den USA aus. Wie der amerikanische His-

---

90   Ebd., S. 38.
91   Ebd., S. 40 f.
92   Dies berichtet die Direktions- und Aufsichtskommission der Sprachheilschule
     St. Gallen, die die Tagung besucht hatte. Vgl. Staatsarchiv des Kantons St. Gal-
     len, Protokoll der Direktions- und Aufsichtskommission 1969–1979, 27. 1.
     1970. Vgl. auch Gebhard 2007, S. 104–107.

toriker Douglas Baynton nachgewiesen hat, änderte sich in den USA das gesellschaftliche Klima hin zu einer Aufwertung von körperlicher Expressivität, die nicht mehr als primitiv, sondern als natürlich und erstrebenswert betrachtet wurde.[93] Schon ab den 1940er-Jahren interessierten sich sozialwissenschaftliche und psychologische Fachleute in den USA für die Gehörlosen als eine kulturelle und soziologische Gruppe und beschrieben ihre spezifischen Charakteristika.[94]

Besonders einflussreich war die Arbeit des amerikanischen Linguisten William Stokoe (1919–2000). Stokoe, der am Gallaudet College der heutigen Gallaudet University in Washington D. C. arbeitete, wies 1960 nach, dass es sich bei der (amerikanischen) Gebärdensprache um eine vollwertige Sprache handle, die alle linguistischen Kriterien einer Sprache erfülle. Seine Erkenntnisse veröffentlichte er in der Publikation *Sign Language Structure*. Dies war die erste linguistische Analyse der Struktur der amerikanischen Gebärdensprache. 1965 gab Stokoe gemeinsam mit gehörlosen Kolleginnen und Kollegen ein Lexikon der amerikanischen Gebärdensprache heraus. Die Reaktionen auf diese neue Darstellungsweise waren sowohl seitens der Wissenschaft als auch der Gehörlosen zunächst zurückhaltend. Allerdings erhielt die Gebärdensprache seit Stokoes erster Veröffentlichung 1960 aus linguistischer Sicht eine steigende Anerkennung.[95] Während der nächsten Jahrzehnte untersuchten weltweit Linguisten die nationalen Gebärdensprachen und kamen einmütig zum Ergebnis, dass es sich bei den Gebärdensprachen um vollwertige und umfassende Sprachsysteme handle, die in funktionaler und struktureller Hinsicht den Lautsprachen in nichts nachstünden.[96]

In den frühen 1970er-Jahren erreichte die neue Gebärdenbewegung aus den USA auch Europa. Schon seit den 1950er-Jahren befasste sich eine wachsende Zahl von Fachleuten verschiedener Disziplinen mit der Gebärdensprache und der Kultur der Gehörlosen, so zum Beispiel aus der Linguistik, der Anthropologie und den Geschichtswissenschaften. Dies führte zu einer Art Erweckungsbewegung unter den amerikanischen Gehörlosen, die sich nun stärker für ihre Rechte, ihre Sprache und ihre Kultur einsetzten. Diese Bewegung fasste auch in Europa und in der

93 Baynton, Douglas C. Forbidden Signs: American Culture and the Campaign against Sign Language, Chicago 1998, 154–156.
94 Schmidt 2020.
95 Leonhardt 2002, S. 138 f.
96 Calcagnini Stillhard 1994, S. 49.

Schweiz Fuss.[97] In der Schweiz bildete der 1946 gegründete Schweizerische Gehörlosenbund das wichtigste Sprachrohr der Gehörlosen. Die Gehörlosen forderten auch hier zunehmend eine stärkere Selbstbestimmung und wehrten sich gegen Bevormundungen durch Hörende.[98] Sie sahen sich nicht mehr als «behindert» und von den Hörenden abhängig, sondern begannen sich als Mitglieder einer kulturellen Minderheit zu betrachten. Als solche kämpften sie für den Erhalt ihrer Sprache (der Gebärdensprache), ihrer sozialen und politischen Organisationen und um die Entwicklung angemessener Methoden für den Gehörlosenunterricht.[99] Sie forderten vor allem die Integration der Gebärdensprache in den Unterricht an den Gehörlosenschulen. Zu keiner Zeit jedoch stritt die Gehörlosengemeinschaft ab, dass die Lautsprache für sie «ein notwendiges Desiderat» sei und bleibe.[100] In Europa griffen einige Gebärdenpädagoginnen und -pädagogen die Forderungen der Gehörlosen auf, womit sich die Gebärdenbewegung auch im deutschsprachigen Raum etablieren konnte.

Mitte der 1970er-Jahre befassten sich mit Siegmund Prillwitz und Otto Kröhnert in Hamburg erstmals im 20. Jahrhundert deutsche Gehörlosenpädagogen mit dem Einsatz von Gebärden im Unterricht von Gehörlosen. Prillwitz schuf 1982 die Forschungsstelle Deutsche Gebärdensprache an der Universität Hamburg. Daraus entstand 1987 das Zentrum für Deutsche Gebärdensprache und Kommunikation Gehörloser. An dieser Forschungsstelle wurden zunächst lautsprachbegleitende und lautsprachunterstützende Gebärden entwickelt, die den gehörlosen Kindern das Erlernen der Lautsprache vereinfachen sollten. Prillwitz und Kröhnert stiessen unter ihren Berufskolleginnen und -kollegen jedoch auf Widerstand, der auf den altbekannten Argumenten basierte; 1980 sprach sich sogar die ständige Konferenz der Kultusminister in

---

97 Herrsche-Hiltebrand, Regula: Gehörlosenkultur für alle Hörbehinderten. Eine Selbstbetroffene und Hörgeschädigtenpädagogin schreibt, Zürich 2002, S. 2.

98 Es gab in der Schweiz jedoch auch immer Gehörlose, die stolz auf ihre lautsprachliche Kommunikation waren und die die Gebärdensprache nicht beherrschten. Sie gründeten 1994 den Verein «Lautsprachlich Kommunizierende Hörgeschädigte». Vgl. Caramore, Benno; Hemmi, Peter: Bilder sagen Gehörlosen mehr als viele Worte. Ein Einblick in das Leben und die Kultur gehörloser Menschen in der deutschen Schweiz zu Beginn des 21. Jahrhunderts (Arbeiten zur Sprache, Kultur und Geschichte Gehörloser 49), Zürich 2015, S. 46.

99 Leonhardt 2002, S. 138 f.

100 Wisotzki 2008, S. 183.

Deutschland gegen die Gebärdensprache im Gehörlosenunterricht aus.[101] Prillwitz arbeitete jedoch weiterhin an der Integration von Gebärden in den Unterricht Gehörloser und entwickelte ein Spracherwerbskonzept, das auf der Deutschen Gebärdensprache basiert. Dabei sollten die gehörlosen Schülerinnen und Schüler zunächst die Deutsche Gebärdensprache erlernen und sich erst zu einem späteren Zeitpunkt die Deutsche Lautsprache als Zweitsprache aneignen. Dieses Konzept wurde in einer Pilotstudie in den 1980er-Jahren an einer Gehörlosenschule in Deutschland erprobt.[102]

Im deutschsprachigen Raum befasste sich neben Prillwitz vor allem die Linguistin Penny Boyes Braem in Basel mit der Gebärdensprachforschung. Unter ihrer Leitung entstand 1982 in Basel das Forschungszentrum für Gebärdensprache.[103] Nun setzten sich nicht mehr nur Betroffene, sondern auch Linguisten, Gehörlosenpädagogen, Psychologen und Mediziner mit der Gebärdensprache und der Gehörlosenkultur auseinander. Die praktischen Auswirkungen dieser Debatten auf die Gehörlosenschulen blieben jedoch zunächst gering.[104]

Auch in Frankreich wurde die internationale Gebärdenbewegung in den 1970er-Jahren zunehmend rezipiert. Dort befasste sich der Soziologe Bernard Mottez in seinen Forschungsarbeiten mit der französischen Gehörlosengemeinschaft. Er prägte unter anderem den Begriff der Langue des signes française (LSF).[105] Zudem wurde 1976 in Paris das International Visual Theatre (IVT) gegründet, «un centre de recherche pour une expression théâtrale de la culture sourde». Die Gründer waren der amerikanische Komiker Alfredo Corrado, der amerikanische Komiker und Gebärdensprachdolmetscher Bill Moody und der französische Regisseur Jean Grémion. Schon bald entwickelte sich das Château de Vincennes, wo das IVT seine Räumlichkeiten bezogen hatte, zu einem Treffpunkt und einem Bildungs- und Informationszentrum für Gebärdensprache und Gehörlosenkultur. 1978 entstand ebenfalls in Paris die Académie de la langue des signes française, wodurch die Stadt in den 1970er-Jahren zu einem «pôle de reflexion» in Sachen Gebärdensprache und Gehörlosenkultur wurde.[106] Die Entwicklungen in Frankreich

101   Ebd., S. 178.
102   Ebd., S. 178 f.
103   Vgl. www.fzgresearch.org/bibliography.html (2. 10. 2019).
104   Leonhardt 2002, S. 140 f.
105   Luisier 2000, S. 28.
106   Ebd., S. 29.

beeinflussten auch die Genfer Gehörlosenschule massgeblich. Diese war die erste Gehörlosenschule in der Schweiz, an der 1980 die Gebärdensprache (LSF) in den Unterricht eingeführt und die Kinder bilingual unterrichtet wurden (vgl. weiterführend Kap. 4.2).

Ebenfalls in den 1970er-Jahren fanden diverse, von Gehörlosen und kritischen Gehörlosenpädagogen organisierte Kongresse statt, beispielsweise der 7. Kongress des Weltverbands der Gehörlosen in Washington 1975 und der 7. Kongress der Fédération européenne des associations de professeurs de déficients Auditifs im Oktober 1981 in Freiburg im Üchtland. 1981 beschrieb Direktor Claude Maye im Jahresbericht der Genfer Gehörlosenschule, dass sich zahlreiche Fachleute an diesen Kongressen für die Bilingualität im Gehörlosenunterricht aussprachen. Diesen Empfehlungen wollte Maye Taten folgen lassen.[107]

Ende der 1970er- und Anfang der 1980er-Jahre waren offenbar viele Gehörlosenlehrerinnen und -lehrer mit den Leistungen ihrer Schülerinnen und Schüler unzufrieden. Dies geht aus den Unterlagen der Schulen in Zürich und Genf hervor.[108] Denn einerseits fand in der Schweiz seit den 1960er-Jahren eine anhaltende Bildungsexpansion statt, was sich in einem allgemein steigenden Bildungsgrad und höheren Bildungschancen der hörenden Bevölkerung manifestierte. Zugleich blieben die Gehörlosen von dieser Entwicklung weitgehend ausgeschlossen. Ihr Bildungsniveau hinkte weiterhin weit hinter demjenigen der Hörenden zurück, vor allem weil der Fokus der Gehörlosenbildung im 20. Jahrhundert hauptsächlich auf dem Erlernen der Lautsprache lag und somit der Unterrichtsinhalt stets zweitrangig war. Prillwitz formulierte dazu treffend: «Wie soll man auch aus dem Quell des Wissens schöpfen können, wenn man nur ein Sieb dazu benutzen darf und einem ein richtiges Gefäss vorenthalten wird?»[109]

Solche skeptischen Stimmen liessen sich in dieser Zeit auch in der internationalen Forschung vernehmen. Mehrere angloamerikanische und niederländische Studien griffen das Problem der Bildungsunterschiede zwischen Hörenden und Gehörlosen in den 1980er-Jahren auf. Die Studien belegten, dass die Gehörlosen, trotz jahrelanger intensiver lautsprachlicher Förderung in Früherziehung, Kindergarten und Schule

---

107   ASASM rapports annuels, 1981, S. 24.
108   Vgl. auch Löwe 1983, S. 43.
109   Prillwitz, Siegmund: Der lange Weg zur Zweisprachigkeit Gehörloser im deutschen Sprachraum, in: Das Zeichen, Nr. 12, 1990, S. 133.

im Normalfall nicht über das Lese- und Schreibniveau von Drittklässlern hinauskamen und dass etwa 60 Prozent sich nicht in einer Weise artikulieren konnten, die für Hörende verständlich war. Die Fähigkeit, die gesprochene Sprache dem Gesprächspartner vom Mund abzulesen, war bei den meisten gehörlosen Schulabgängern sehr beschränkt.[110] Auch das von ihnen an der Schule erlangte Wissen fiel relativ klein aus. Bemerkenswerterweise wiesen auch Vertreter der oralen Methode wiederholt auf dieses Problem hin.[111]

Anfang der 1980er-Jahre kam es in der Schweiz erstmals an zwei Gehörlosenschulen zum Bruch mit dem alten Unterrichtssystem. Die Gehörlosenschulen in Genf und in Zürich führten in dieser Zeit Gebärden in den Unterricht ein. Während man sich in Genf direkt der französischen Gebärdensprache bediente, entschied man sich in Zürich für Lautsprachbegleitende Gebärden (LBG), ein künstlich entwickeltes Kommunikationssystem, bei dem die lautsprachlichen Aussagen simultan durch teils künstliche Gebärden begleitet werden. LGB folgt im Unterschied zur Gebärdensprache der lautsprachlichen Grammatik.[112] Zürich führte LBG 1984 offiziell ein und stiess in der Deutschschweiz zunächst auf grossen Widerstand. Die übrigen Gehörlosenschulen lehnten die Gebärdensprache im Unterricht weiterhin ab und auch die Universitäten griffen die Thematik nach wie vor nicht auf.[113] In der Deutschschweiz blieb Zürich in den 1980er- und 1990er-Jahren die einzige Gehörlosenschule in der Schweiz, an der LBG und die Deutschschweizer Gebärdensprache im Unterricht zur Anwendung kamen. In St. Gallen und an den übrigen Gehörlosenschulen in der Deutschschweiz hielt man weiterhin am strikten

110 Was nicht weiter erstaunlich ist, da nur etwa 30 Prozent der deutschen Lautsprache im Mundbild in Erscheinung tritt. Vgl. Prillwitz, Siegmund: Entwicklung neuer Methoden und Lernmaterialien für die berufliche Bildung Gehörloser am Beispiel der Computertechnologie, in: Das Zeichen, Nr. 8, 1989, S. 64.
111 Prillwitz 1990, S. 136; ders. 1989, S. 64.
112 An der Gehörlosenschule in Wabern wurde offenbar schon «lange vor Zürich» mit Gebärden gearbeitet, vgl. Staatsarchiv Basel-Stadt: PA 848, A 2.2: «In unserer Schule ist der Einbezug von Gebärden bei der Kommunikationsförderung der Kinder seit vielen Jahren unbestritten. Bei unseren gehörlosen Schülerinnen und Schülern handelt es sich um mehrfachbehinderte Kinder, deren verbale und nonverbale Kommunikationsmöglichkeiten dadurch noch zusätzlich eingeschränkt sind.» (Jahresbericht des Schweizerischen Verbandes für das Gehörlosenwesen, 1991.)
113 Caramore, Hemmi 2015, S. 34. Einige der Reaktionen von anderen Gehörlosenschulleitern, Eltern und Betroffenen finden sich bei Kaufmann, Peter: Bericht über das LBG-Projekt Zürich (Hörgeschädigtenpadagogik, Beiheft 32), Heidelberg 1995, S. 47–170.

oralen Unterricht fest. Gebärdenbefürworter und -gegner standen sich in dieser Zeit nach wie vor weitgehend unversöhnlich gegenüber.

Die Spannungen zwischen lautsprachlichen und gebärdensprachlichen Orientierungen manifestierten sich auch auf verbandspolitischer Ebene. Auf der einen Seite stand der Schweizerische Verband für das Gehörlosenwesen (SVG, ab 2002: Sonos), auf der anderen der Schweizerische Gehörlosenbund (SGB). Der SGB existiert seit 1946 als Selbsthilfeorganisation von Gehörlosen und war Mitglied des SVG, der als Dachverband organisiert war. Bis in die 1960er-Jahre galten Fachkompetenzen und Selbsthilfeanliegen als gut integrierbar. Die Selbsthilfeorganisationen waren ebenfalls stark von fachlichen Orientierungen geprägt. Mit dem Aufkommen der Gehörlosenbewegung in den 1960er- und 1970er-Jahren wurde das Verhältnis zwischen Fach- und Selbsthilfeperspektive zunehmend konflikthaft. Der SGB markierte zunehmend Distanz vom SVG und von dessen lautsprachlichem Kurs. Der SVG integrierte zunächst die Stimmen der Betroffenen. 1969 wurden zwei Gehörlose in den Vorstand aufgenommen. Die Auseinandersetzungen setzten sich aber fort. In den 1980er- und 1990er-Jahren spitzte sich der Konflikt zu. Die Selbsthilfeorganisationen hinterfragten die Legitimität der Fachverbände, als Experten für die Gehörlosen zu sprechen. Der Umgang mit der Gebärdensprache wurde zum zentralen Konfliktpunkt. Der SGB begann Mitte der 1980er-Jahre eigene Gebärdensprachkurse zu organisieren und auch eigene Publikationsorgane – in Konkurrenz zu den SVG-Organen – aufzubauen. Schliesslich trat der SGB 1999 aus dem SVG aus. Fachverbände und Selbsthilfeorganisationen gingen nun getrennte Wege.[114]

3.6 Medizintechnische Einflüsse auf die Gehörlosenpädagogik seit den 1970er-Jahren

Etwa gleichzeitig mit dem Einsetzen der neuen Gebärdenbewegung in der zweiten Hälfte der 1970er-Jahre, formierte sich eine weitere Hörbewegung. Initiator dafür war erneut der medizinische und technische Fortschritt. Die Hörgeräte wurden weiter verbessert, die diagnostischen

---

114 Gebhard 2007, S. 107–109; Blatter 2018, S. 29–35. Detaillierter: Thiemeyer, Celina: «Das Spiegelbild der Schulen, nicht unseres». Die 10 Thesen zu Lautsprache und Gebärde des Schweizerischen Gehörlosenbundes, Bachelorarbeit, Interkantonale Hochschule für Heilpädagogik Zürich, Zürich 2018, S. 20–46.

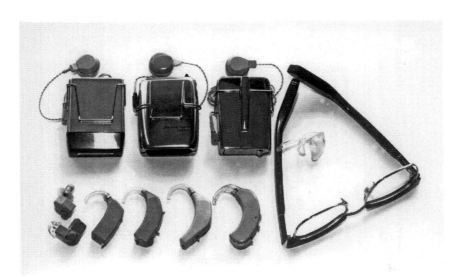

Abb. 13: Taschenhörgeräte, Hinterohrgeräte und Hörbrille (um 1975). Schweizerisches Sozialarchiv, Zürich.

Verfahren verfeinert. Dank neuer audiometrischer Verfahren war es möglich geworden, einen Hörschaden ohne die Mitarbeit des Patienten genau zu diagnostizieren. Dies ermöglichte es, Hörgeräte schon zu einem sehr frühen Zeitpunkt, also schon bei Kleinkindern, anzupassen. Die frühe Hörerziehung sowie die Früherkennung von Hörschädigungen gewannen dadurch zunehmend an Bedeutung.[115] Eine neue Generation von elektronischen Hörgeräten breitete sich seit den 1960er-Jahren aus und setzte sich in den 1970er-Jahren durch. In den meisten Schulen wurden sie in dieser Zeit breit verwendet (vgl. Abb. 13 und 14).[116] Ebenso verbreitet ist die Klage von Gehörlosen, dass Apparaturen wie Hörbrillen oder Hinterohrgeräte nicht viel nützten. Sie wurden eher als lästige Auflagen erlebt.[117]

Dank der neuen Technologien wurden seit den 1970er-Jahren im deutschen Sprachraum vermehrt gehörlose Kinder teil- oder vollständig integriert mit hörenden Kindern in Regelschulen unterrichtet. In Meggen im Kanton Luzern führte beispielsweise die österreichische Gehör-

---

115 Wisotzki 2008, S. 177 f.
116 Vgl. exemplarisch Interviews mit BS Pe 75–80; BS he 74–86.
117 Exemplarisch: Interviews mit BS he 76–86; SG fE 65–75; LU he 60–73; LU he 56–67.

Abb. 14: Schreibtelefone für Gehörlose (um 1990). Schweizerisches Sozialarchiv, Zürich.

losenpädagogin Susann Schmid-Giovannini (* 1928) seit 1971 eine Gehörlosenklasse in einem Schulhaus für hörende Kinder. Ihre gehörlosen
Schülerinnen und Schüler wurden vom Kindergarten an teilintegriert
unterrichtet. Diese Klasse war auf ausdrücklichen Wunsch hörender Eltern gehörloser Kinder gegründet worden. Diese verlangten unter anderem, dass ihre Kinder, die bis anhin «völlig gebärdenfrei» waren, auch
gebärdenfrei blieben. Sie erhofften sich durch die integrierte Schulung
zudem einen regen Kontakt und Kommunikation ihrer Kinder mit den
hörenden Kindern, der an einer Gehörlosenschule so nicht hätte stattfinden können. Tatsächlich konnte Schmid-Giovannini durch die integrierte Schulung gute Resultate erzielen. Gemäss Löwe, der das Projekt
von der Universität Heidelberg aus wissenschaftlich untersuchte und
begleitete, wiesen die Schüler gegen Ende des 4. Schuljahres eine mündliche und schriftliche Sprachkompetenz auf, die derjenigen gleichaltri-
ger, hörender Kinder sehr nahe kam.[118] Ihre Sprachkompetenz lag also

118   Für die Untersuchungen in Meggen vgl. Löwe, Armin, Hörgeschädigte Kin-
      der in Regelschulen. Ergebnisse von Untersuchungen und Erhebungen in der

Abb. 15: Kind mit Cochlea-Implantat
(2007). Wikimedia Commons.

über derjenigen von gesondert geschulten Gehörlosen. Die integriert
geschulten Kinder absolvierten überdies die gleichen Schulpensen wie
ihre hörenden Mitschülerinnen und Mitschüler, wobei sie auch hier den
gesondert geschulten Gehörlosen überlegen waren.[119] Auch in Locarno
und in Genf besuchten wiederholt gehörlose Schülerinnen und Schüler
während einiger Lektionen den Unterricht mit Hörenden.[120]

Ab Mitte der 1990er-Jahre wurden Cochlea-Implantate (CI) in der
Schweiz immer populärer und sorgten für eine Zäsur in der Geschichte
der Gehörlosenpädagogik. Das CI ermöglichte es in bestimmten Fällen,
dass gehörlos geborene Menschen durch operative Eingriffe ein Teil-
gehör erlangen konnten, mit dessen Hilfe sie die Lautsprache besser erkennen und selbst produzieren konnten (vgl. Abb. 15).[121] In der Schweiz
wurde 1977 die erste CI-Implantation in Zürich durchgeführt. Bis in die

Bundesrepublik Deutschland und in der Schweiz, Dortmund 1985. Löwe selbst
war überzeugter Oralist.

119   Löwe 1983, S. 42; vgl. auch Kopp, Fritz: Die Schule in Meggen, Entstehung,
Ziele der Eltern, Resultate, in: Schweizerischer Taubstummenlehrerverein:
Integration Hörgeschädigter: Tagungsbericht. Arbeitstagung des Schweizeri-
schen Taubstummenlehrervereins 1975, Arlesheim 1975, 41–48, hier S. 45 f.

120   Schriftliches Interview mit TI Pe 70–01/I und TI Pe 70–01/II.

121   Caramore, Hemmi 2015, S. 38.

1990er-Jahre wurden jedoch nur vereinzelte Implantationen realisiert, diese Zeit gleicht einer Testphase.[122] Viele Gehörlosenpädagogen sahen das CI als eine Möglichkeit für den totalen Ausschluss der Gebärdensprache aus der Erziehung der gehörlosen Kinder.[123]

Die Technik weckte bei Ärzten, Gehörlosenpädagogen und Eltern gehörloser Kinder neue Hoffnungen, was die Integration der implantierten Kinder in die hörende Gesellschaft betraf. Die Gebärdensprache war ihrer Meinung nach im Unterricht weniger nötig denn je. So verkündete beispielsweise Armin Löwe (1922–2001), ein bekannter deutscher Audiologe: «Noch nie waren die Chancen für eine wirkliche Lautspracherziehung hörgeschädigter Kinder so gross wie heute. Nützen wir sie.»[124] Kinder mit einem CI besuchten deshalb häufig die Regelschule.

Durch die vermehrten Implantationen gerieten auch die Gehörlosenschulen von allen Seiten unter Druck: Auf der einen Seite forderten die erwachsenen Gehörlosen eine bilinguale Bildung für die gehörlosen Kinder, bei der sowohl in der Gebärden- als auch in der Lautsprache unterrichtet wurde. Auf der anderen Seite wollten immer mehr (meist hörende) Eltern von implantierten Kindern diese lieber an Regelschulen unterrichten lassen. Die Gehörlosenschulen mussten sich der neuen Situation anpassen. Viele wendeten sich aktiv den neuen medizintechnischen Möglichkeiten zu. An der Gehörlosenschule in St. Gallen wurde deshalb beispielsweise 1995 ein CI-Centrum eingerichtet.[125] Aufgrund sinkender Schülerzahlen durch die frühzeitige Intervention und anschliessende Integration gehörloser Kinder in die Volksschule entwickelten sich viele der Gehörlosenschulen in den 1990er-Jahren zunehmend zu «Auffangbecken» für Spezialfälle, die in keine der üblichen sonderpädagogischen Kategorien passten.[126]

Unter Gehörlosen ist der Einsatz von Cochlea-Implantaten bis heute umstritten. Viele sehen darin eine indirekte Bedrohung der Gebärdensprache. Die Befürchtung ist, dass die Ausbreitung von CI und die damit verbundene Steigerung der Hörfähigkeiten zu einer Renaissance der lautsprachlichen Pädagogik und zu einer Schwächung bilingualer An-

---

122 Lai, W. K.: Schweizerisches Cochlear Implant Register (CI-Datenbank), Zwischenbericht per 31. 12. 2013, Zürich 2014.
123 Calcagnini Stillhard 1994, S. 42; Caramore, Hemmi 2015, S. 38.
124 Löwe zitiert nach Calcagnini Stillhard 1994, S. 42.
125 Caramore, Hemmi 2015, S. 38.
126 Wisotzki 2008, S. 184.

sätze führen werde. Die Angst geht um vor einem neuen Glaubenskrieg zwischen lautsprachlichen und gebärdenorientierten Ansätzen.[127]

3.7 Zwischenbilanz: Entwicklungsschritte der schweizerischen Gehörlosenpädagogik

Die schweizerische Gehörlosenpädagogik hat sich im 20. Jahrhundert in drei Schritten entwickelt. Bis zum Zweiten Weltkrieg war die Berufsbildung für Lehrpersonen und Erzieherinnen und Erzieher in Taubstummenanstalten allgemein noch kaum professionalisiert. Die Anstalten und Schulen organisierten die Berufsbildung selber oder in gegenseitigem Austausch untereinander. Erst seit den 1950er-Jahren wurde die Fachausbildung schrittweise formalisiert und verbessert. Wichtige Impulse gingen einerseits vom Heilpädagogischen Seminar der Universität Zürich aus, andererseits von den Fachverbänden, dem Schweizerischen Verband für Taubstummen- und Gehörlosenwesen und dem Schweizerischen Taubstummenlehrerverein. Die Verbände waren vor allem für die inhaltliche Ausrichtung der Aus- und Weiterbildungsangebote verantwortlich und sicherten eine Harmonisierung auf deutschschweizerischer oder nationaler Ebene. Inhaltlich war bis in die 1970er-Jahre die lautsprachliche Ausrichtung der Gehörlosenschulung unbestritten.

Die Einführung der Invalidenversicherung lieferte wichtige, wenn auch ambivalente Impulse für die Entwicklung der Gehörlosenpädagogik. Auf der einen Seite stärkte sie die Professionalisierung und zementierte auch die lautsprachliche Ausrichtung der Gehörlosenpädagogik. Die Schulen erhielten ab 1960 Subventionen, die sie unter anderem für den Ausbau der schulischen Infrastrukturen sowie die bessere Qualifizierung ihrer Mitarbeiterinnen und Mitarbeiter einsetzten. Auf der anderen Seite wurden auch Eltern und Elternvereinigungen unterstützt, etwa durch Beiträge an Fahrtkosten der Kinder. Viele Schulen erlebten in dieser Zeit einen schrittweisen Übergang von Internats- zu Externatsbetrieb. Diese Veränderungen bildeten die Basis, von der aus sich zunehmend kritische Stimmen von Gehörlosen, beziehungsweise ihren Eltern, artikulieren und eine von den Gehörlosenschulen unabhängige

---

127   Vgl. exemplarisch Interviews mit BS he 74–86; BS Pe 75–00; BS Pe 75–80.

Perspektive formulieren konnten. Solche Dissonanzen nahmen in den 1980er-Jahren weiter zu, nicht zuletzt befördert durch den allgemeinen behindertenpolitischen Aufbruch, etwa als Folge des von der UNO getragenen Internationalen Jahres für Behinderte 1981. Die Konflikte mündeten verbandspolitisch in der Loslösung des Schweizerischen Gehörlosenbundes vom ehemaligen Dachverband, dem Schweizerischen Verband für das Gehörlosenwesen.

4 Das Ende der Anstalten: Die schweizerischen Gehörlosenschulen im 20. Jahrhundert

Das folgende Kapitel präsentiert die Institutionengeschichte von fünf beispielhaften Gehörlosenschulen in der Schweiz: Zürich, Genf, Riehen (Basel-Stadt), St. Gallen, Hohenrain (Luzern) und Locarno. Alle Einrichtungen wurden bereits im 19. Jahrhundert als Taubstummenanstalten gegründet und entwickelten sich im 20. Jahrhundert schrittweise zu Gehörlosenschulen oder zu Sprachheilschulen. Organisatorisch und pädagogisch besassen sie ein je eigenes Profil, das sich im Laufe ihrer Geschichte stark veränderte. Diese unterschiedlichen Profile stehen in den folgenden Ausführungen im Vordergrund. Dabei geht es insbesondere um die fachliche Ausrichtung der Schulen, insbesondere auch um den Stellenwert der Gebärdensprache innerhalb der pädagogischen Programme der Schulen. Die Einrichtungen haben ihren Namen verschiedentlich gewechselt. Wir werden der Einfachheit halber jeweils jene Bezeichnungen verwenden, die im dargestellten Zeitabschnitt gültig waren. Dieses Kapitel beschränkt sich auf die programmatische Ebene, in Abgrenzung vom praktischen Schulalltag, auf den das Kapitel 5 eingeht. Am Ende dieses Kapitels werden die allgemeinen Entwicklungslinien der schweizerischen Gehörlosenschulen im 20. Jahrhundert zusammengefasst (vgl. Kap. 4.7).

4.1 Kantonale Gehörlosenschule Zürich

1827 beschloss die Blindenanstalt Zürich die Aufnahme von gehörlosen Kindern und benannte sich um in Blinden- und Taubstummenanstalt Zürich (vgl. Abb. 16).[1] Zu dieser Zeit war der Württemberger Ignaz Thomas Scherr (1801–1870) Oberlehrer an der Anstalt. Scherr war einer der ersten Gebärdengegner in der Schweiz. Auch sein Nachfolger Georg

---

1 Die Blindenabteilung der Anstalt wurde 1941 geschlossen. Danach wurden nur noch gehörlose Schüler unterrichtet.

Schibel (1807–1900), der ebenfalls aus Württemberg stammte und 1840 zum ersten Direktor der Anstalt gewählt wurde, war einer der führenden Verfechter der reinen Lautsprachmethode im deutschsprachigen Raum.[2] Seit Schibler blieb die Zürcher Schule dem oralistischen Modell treu – bis weit ins 20. Jahrhundert. 1933 eröffnete die Anstalt eine Kindergartenabteilung, um gehörlosen Kindern ab dem vierten Lebensjahr eine frühe und gezielte Sprachschulung zu ermöglichen. Damit etablierte sich in Zürich die Frühförderung.[3] 1939 führte die Taubstummenanstalt den Hörunterricht ein und schaffte eine Gruppenhöranlage an, nachdem der damalige Direktor Walter Kunz (1898–1937) eine Studienreise nach Amerika unternommen hatte. 1945 erhielt auch der Kindergarten eine erste Höranlage. Durch Studienreisen nach Deutschland und in die Niederlande hielt sich der jeweilige Hörlehrer in Sachen Methodik und Technik auf dem neusten Stand. Der Hörunterricht sollte den Kindern dabei helfen, ihre Hörreste besser zu nutzen und sich eine angenehmere (das heisst für Hörende vertraute) Stimmlage und rhythmischeres Sprechen anzueignen. Zudem sollte der Hörunterricht den Schülerinnen und Schülern die Fähigkeit vermitteln, möglichst viele Laute und Geräusche unterscheiden zu können, um so ein besseres Sprachverständnis zu erlangen.[4]

1950 formulierte Direktor Kunz das Ziel der Taubstummenanstalt Zürich wie folgt: «Unsere Anstalt hat eine dreifache Aufgabe: Erziehung, Schulung und Sprachvermittlung. Jede dieser drei Aufgaben ist wichtig, keine darf vernachlässigt werden.»[5] Als besonders wichtig stufte er die Lautsprachvermittlung und die Charakterbildung ein. Er hielt diese Qualifikationen für unerlässlich, um eine Lehr- und Arbeitsstelle zu finden und sich in die hörende Gesellschaft zu integrieren. Kunz war sich jedoch bewusst, dass die Gebärdensprache für die Gehörlosen von grosser Bedeutung war. So schrieb er 1954:

> Der Taubstumme ist und bleibt ein Schauspieler. Die Gebärde ist die ihm angemessene Sprache; durch die Gebärde vermag er seine Vorstellungen und Gefühle unmittelbar auszudrücken. So wie

2   Sutermeister 1929, Bd. 1, S. 355.
3   Ringli, Gottfried: 150 Jahre Kantonale Gehörlosenschule Zürich. Materialien zu ihrer Geschichte, Zürich 1977.
4   Staatsarchiv des Kantons Zürich: Ablieferungsnummer 2016/109; Jahresbericht Zürich 1956, S. 9.
5   Staatsarchiv des Kantons Zürich: Ablieferungsnummer 2016/109; Jahresbericht Zürich 1950, S. 5.

Abb. 16: «Anstaltsfamilie», Blinden- und Taubstummenanstalt Zürich (um 1914). Foto Eugen Sutermeister, Schweizerisches Sozialarchiv, Zürich.

wir Hörenden miteinander plaudern, so schauspielern die Gehörlosen; in der Pantomime sind sie wahre Meister. [...] Wir Menschen haben als gesellige Wesen das Bedürfnis, uns zu äussern, uns mitzuteilen, uns durch Worte zu verteidigen. Weil das Wort fehlt und die Lautsprache nicht verstanden wird, greift der Gehörlose zur Gebärde, zur mimischen Darstellung. Unsere vierjährigen ganz tauben Kinder im Kindergarten unterhalten sich stets mit Gebärden. Mit grösster Sicherheit vermögen sie alle Dinge der Umwelt durch ihre charakteristischen Merkmale mittels Gebärden darzustellen.[6]

Kunz stellte sich nicht grundsätzlich gegen die Gebärdensprache, hielt sie jedoch auch nicht für eine vollwertige Sprache.[7] Das obige Zitat zeigt

6   Staatsarchiv des Kantons Zürich: Ablieferungsnummer 2016/109; Jahresbericht Zürich 1934, S. 6.
7   Ebd., S. 7.

zudem, dass es in den 1950er-Jahren den Kindern im Kindergarten offensichtlich erlaubt war, sich mittels Gebärden zu verständigen. Man war in Zürich jedoch auch davon überzeugt, dass die Gebärden ein sehr beschränktes Kommunikationsmittel seien. Ausserdem befürchtete man, dass es immer schwieriger werde, den Gehörlosen die Lautsprache beizubringen, je besser sie die Gebärdensprache beherrschten. Aus diesem Grund wurde 1950 ein erster Versuch gestartet, Gehörlosen im Kindergartenalter erste vollständige Sätze beizubringen.[8]

Der lange Weg zum Methodenwechsel

Als Gottfried Ringli (1928–2016) 1961 als neuer Direktor an die Schule kam, stellte er dort «eine gewisse Traditionslosigkeit» fest. «Es gibt keine feste, verpflichtende Zürcher-Methode des Taubstummen-Unterrichtes, es gibt auch keine Stoff- und Lehrpläne.»[9] Dies führte Ringli darauf zurück, dass es bis vor kurzem noch keine Fachausbildung für Gehörlosenlehrpersonen gab. Die Lehrerinnen und Lehrer wurden bis anhin an den Taubstummenanstalten angelehrt, wo sie ihre Erfahrungen sammelten, aufgrund derer sie dann ihre eigenen Unterrichtsmethoden entwickelten. Ab 1962 besuchten daher sowohl Ringli selbst als auch ein Grossteil der Lehrerschaft den zweiten berufsbegleitenden Ausbildungsgang für Gehörlosenlehrer am Heilpädagogischen Seminar in Zürich.[10]

Unter Ringli wurde der Unterricht zunächst weiterhin lautsprachlich geführt. Allerdings kann den Jahresberichten und dem Protokollbuch des Hauskonvents entnommen werden, dass Ringli von Anfang an mit der Lautsprachmethode, wie sie bis anhin an der Schule angewendet wurde, nicht zufrieden war.[11] Besonders deutlich wird dies mit folgender Aussage:

> Der Mensch braucht Sprache – Sprache im weitesten Sinne verstanden, keineswegs nur als gesprochene Lautsprache! – wenn er

---

8   Staatsarchiv des Kantons Zürich: Ablieferungsnummer 2016/109; Jahresbericht Zürich 1950, S. 6 f.

9   Staatsarchiv des Kantons Zürich: Ablieferungsnummer 2016/109; Jahresbericht Zürich 1961, S. 6.

10   Staatsarchiv des Kantons Zürich: Ablieferungsnummer 2016/109; Jahresbericht Zürich 1952, S. 1.

11   Der Hauskonvent trat in der Regel zwei- bis viermal jährlich zusammen und setzte sich aus allen im pädagogischen Bereich tätigen Mitarbeiterinnen und Mitarbeitern zusammen. Er befasste sich mit konzeptionellen und strukturellen Fragen, hatte Fortbildungscharakter und konnte Anträge zuhanden der Aufsichtskommission stellen.

Abb. 17: Mädchenturnen («Stern»), Blinden- und Taubstummenanstalt Zürich (um 1910). Foto Eugen Sutermeister, Schweizerisches Sozialarchiv, Zürich.

Abb. 18: Soldatenspiel der Knaben (in Militärkleidern), Blinden- und Taubstummenanstalt Zürich (um 1910). Foto Eugen Sutermeister, Schweizerisches Sozialarchiv, Zürich.

sich seelisch und geistig, ja sogar körperlich entfalten soll. Ohne Sprache bleibt der Mensch in seiner individuellen Entfaltung und in seiner Eingliederung in die Gesellschaft gehemmt und behindert. [...] Wer um die umfassende Bedeutung der Sprache weiss, wird sofort einsehen, dass wir unsere tauben Kinder zur Sprache führen müssen. Dabei bieten sich mancherlei Formen an von der Gebärde über die Schriftsprache und die Fingersprache bis zur artikulierten Lautsprache.[12]

Ringli führte weiter aus, dass ihm bewusst sei, dass die Lautsprache für die Eingliederung der Gehörlosen in die hörende Gesellschaft unabdingbar sei. Aus zeitgenössischer Sicht sah er die Lautsprachmethode jedoch nicht mehr als die einzig richtige Unterrichtsmethode an. Denn trotz 200-jähriger Erfahrung auf dem Gebiet sei man in der Schweiz in Sachen Erschliessung der Lautsprache nicht wirklich weitergekommen. Die Gehörlosen hätten immer noch Schwierigkeiten, sich in die hörende Gesellschaft einzugliedern. Ringli bemängelte ausserdem, dass der Fokus in der Vergangenheit vor allem auf der wirtschaftlichen Eingliederung der Gehörlosen in die hörende Gesellschaft gelegt wurde. Er forderte stattdessen seinerseits, dass es den Gehörlosen ermöglicht werden müsse, in Gemeinschaft mit den Hörenden zu leben. Dazu müssten die Gehörlosen jedoch in der Lage sein, mit ihren hörenden Mitmenschen in Beziehung zu treten. Die Gehörlosenschule sollte dies seiner Meinung nach durch ihren Lautsprachunterricht ermöglichen:

> In allem Sprechen aber sollte die Sprache als Mittel zur Mitteilung und zum In-Beziehung-treten verstanden werden. Es ist deshalb erlaubt, ja gefordert, dass die Lautsprache als Begriffssprache ergänzt werden durch eine natürliche, ausdrucksvolle Mimik, ev. durch Gesten und andere ausserlautsprachlichen Kommunikationsmittel.[13]

Ein weiteres frühes Indiz für Ringlis kritische Einstellung gegenüber der reinen Lautsprachmethode war, dass er 1964 die bekannte Gehörlosenpädagogin Susann Schmid-Giovannini nach ihrem Umzug in die Schweiz nicht anstellen wollte. Schmid selbst schrieb dazu:

---

12 Staatsarchiv des Kantons Zürich: Ablieferungsnummer 2016/109; Jahresbericht Zürich 1965, Anhang «Erziehung und Bildung taubstummer Kinder in der Taubstummenschule Zürich», S. 1.

13 Ebd., S. 7.

Herr Ringli war von meiner Mitarbeit durchaus nicht begeistert, ja er tat alles, um zu verhindern, dass ich in Zürich irgendwo eine Anstellung erhielt. In einer späteren Fernsehsendung sagte er wörtlich, er habe verhindern wollen, dass Zürich zu einer Pilgerstätte für lautsprachlich erzogene Kinder würde.[14]

Ringli konnte seine Ideen jedoch nicht gleich in die Tat umsetzten. Den Protokollen des Hauskonvents aus den 1970er-Jahren ist zu entnehmen, dass sich die Lehrerschaft nach wie vor mit dem «Abbau der Gebärdensprache» beschäftigte. Einige unter ihnen waren nämlich noch immer der Ansicht, die Gebärdensprache behindere die Lautsprache und müsse so gut wie möglich eingedämmt werden. Diese Frage stand im Mittelpunkt des Hauskonvents vom 2. Dezember 1972, nachdem einige Lehrpersonen an einem Kurs teilgenommen hatten, der von Antonius van Uden (1912–2008), einem niederländischen Gehörlosenpädagogen, in Seelisberg durchgeführt worden war und der die Teilnehmerinnen und Teilnehmer in der Anwendung der Lautsprachmethode bestärkt hatte. Van Uden war überzeugter Vertreter der Lautsprachmethode und galt als einer der bedeutendsten Gehörlosenpädagogen der zweiten Hälfte des 20. Jahrhunderts. Die Zürcher Lehrerinnen und Lehrer forderten daraufhin, dass die Kinder «wenigstens im Hause und in der Pause» mit der Stimme sprechen sollten.[15]

Auch unter Ringlis Direktion wurde an der Zürcher Schule weiterhin Hörunterricht erteilt. Seit 1969 konnten die Kinder direkt an der Schule durch den Hörlehrer auf Restgehör untersucht und die Hörgeräte vor Ort auf ihre Wirksamkeit getestet werden. Der Hörlehrer war nicht nur für den Hörunterricht, sondern auch für die Wartung der Hörgeräte der Schüler und der Höranlagen in den Klassenzimmern zuständig.[16]

1976 wurde der Name der Schule von Kantonale Taubstummenschule Zürich auf Kantonale Gehörlosenschule Zürich geändert (heute: Zentrum für Gehör und Sprache in Zürich, ZGSZ). Damit kam man der Forderung von Betroffenen, Eltern und Fachleuten nach, den veralteten

14   Schmid-Giovannini, Susann: Vom Stethoskop zum Cochlea-Implantat. Geschichte und Geschichten aus einem sechzigjährigen Berufsleben, Meggen 2007, S. 53.

15   Staatsarchiv des Kantons Zürich: Ablieferungsnummer 2016/109; Protokolle des Hauskonvents 1966–2005, Protokoll vom 2. 12. 1972.

16   Staatsarchiv des Kantons Zürich: Ablieferungsnummer 2016/109; Jahresbericht Zürich 1969, S. 13 f. Genauere Informationen zur Tätigkeit der Hörlehrer finden sich im Jahresbericht Zürich 1974, S. 18–21.

Begriff «taubstumm» aus dem Namen der Schule zu entfernen. Gleichzeitig erhoffte man sich durch den Namenswechsel grössere Anerkennung und eine verbesserte Integration der Gehörlosen in die hörende Gesellschaft.[17]

Gegen Ende der 1970er-Jahre setzte sich Ringli offenbar wieder stärker für eine alternative Unterrichtsmethode ein. 1978 hielt er einen Vortrag vor dem Hauskonvent, in dem eine ernsthafte Prüfung darüber versprach, «ob und wie die Mimik, Gestik und Gebärde als natürliche Beziehungsmittel der Gehörlosen in unsere Arbeit einbezogen werden soll».[18] Noch im selben Jahr beschloss der Hauskonvent, dass an der Abteilung für mehrfachbehinderte Kinder Gebärden eingeführt werden sollten.[19] Gleichzeitig fanden auch Überlegungen dazu statt, ob auch in der normalen Abteilung Gebärden einzuführen waren – man kam jedoch zu keinem endgültigen Entschluss.[20] Eine Arbeitsgruppe erstellte eine Liste mit «Zürcher-Gebärden» für die Abteilung für mehrfachbehinderte Kinder. Diese Gebärden basierten auf einem Lehrbuch für Deutsche Gebärdensprache, dem *Deutschen Gebärdenbuch*. Genaueres ist dem Protokoll nicht zu entnehmen. Die Gebärdenliste wurde auch an die Eltern verteilt.[21] Über die Art der Gebärden wurde nichts Genaueres berichtet, vermutlich handelte es sich dabei um Gebärden, mit denen die Lautsprache unterstützt werden sollte.

Dem Protokollbuch des Hauskonvents ist zu entnehmen, dass sich Ringli zwischen 1978 und 1982 so stark wie noch nie für eine Veränderung der Unterrichtsmethode sowie für den Einbezug erwachsener Gehörloser an der Schule einsetzte. Er forderte, dass man den Gehörlosen gegenüber eine neue Haltung einnehmen müsse und sie an ihrer Erziehung teilhaben lassen solle.[22] Daher schlug er vor, erwachsene Gehörlose an der Schule anzustellen. Diese sollten als Identifikationsmöglichkeit für

---

17   Staatsarchiv des Kantons Zürich: Ablieferungsnummer 2016/109; Jahresbericht Zürich 1976, S. 12 f.

18   Staatsarchiv des Kantons Zürich: Ablieferungsnummer 2016/109; Protokolle des Hauskonvents 1966–2005, Protokoll vom 10. 6. 1978.

19   Die Abteilung für mehrfachbehinderte Kinder war 1974 eröffnet worden. Vgl. dazu Ringli 1977.

20   Staatsarchiv des Kantons Zürich: Ablieferungsnummer 2016/109; Protokolle des Hauskonvents 1966–2005, Protokoll vom 1. 12. 1978.

21   Staatsarchiv des Kantons Zürich: Ablieferungsnummer 2016/109; Protokolle des Hauskonvents 1966–2005, Protokoll vom 7. 9. 1979.

22   Staatsarchiv des Kantons Zürich: Ablieferungsnummer 2016/109; Protokolle des Hauskonvents 1966–2005, Protokoll vom 11. 6. 1980.

die Schüler und als Diskussionspartner für die Pädagogen dienen. Der Hauskonvent stimmte diesem Vorschlag mit grossem Mehr zu.[23] In der Folge arbeiteten seit 1981 sowohl gehörlose Lehrpersonen als auch Erzieherinnen an der Schule.[24] Mit ihnen hielt auch die Gebärdensprache gewollt Einzug in den Schulunterricht, denn die gehörlosen Lehrpersonen führten ihre Lektionen in Gebärdensprache durch. Die Gebärdensprache war ausserdem zwischen gehörlosen Erwachsenen und Kindern, aber auch unter gehörlosen Kindern die Umgangssprache, was von der Schulleitung akzeptiert, wenn nicht sogar erwünscht war.[25]

Verschiedene Kongresse bestärkten Ringli in seinem Streben nach einem Methodenwechsel. So beispielsweise durch den Internationalen Weltkongress der Gehörlosenfachleute, der 1980 in Hamburg stattfand. An diesem Kongress, an dem Ringli und ein Grossteil seiner Mitarbeitenden teilnahmen, waren auch viele Gehörlose anwesend, die sich gemeinsam mit Fachleuten für den Einsatz von Gebärden im Unterricht und gegen die reine Lautsprachmethode einsetzten. Auch zwei Reisen in den Jahren 1980 und 1982, bei denen Ringli mit einigen Mitarbeitenden das damalige Gallaudet-College in Washington D. C. besuchte, führten dazu, dass diese die reine Lautsprachmethode immer mehr infrage stellten.[26] Zu diesem Bild passt, dass viele Mitarbeitende Kurse besuchten, in denen sie an alternative Sprachsysteme und Hilfssysteme herangeführt wurden. Unter den Hilfssystemen waren beispielsweise das phonembestimmte Manualsystem, die Pantomimik und ein lautsprachbegleitendes deutsches Gebärdensystem.[27] An den Sitzungen des Hauskonvents und in verschiedenen Kommissionen, die von Mitarbeitenden der Schule gebildet wurden, wurden deshalb zwischen 1979 und 1982 diverse Alternativen zur Lautsprachmethode geprüft und diskutiert.[28]

1979 wurde Peter Hemmi, selbst gehörlos und ehemaliger Schüler der Gehörlosenschule, neues Mitglied der Aufsichtskommission der Schule.

23   Staatsarchiv des Kantons Zürich: Ablieferungsnummer 2016/109; Protokolle des Hauskonvents 1966–2005, Protokoll vom 19. 9. 1980.
24   Staatsarchiv des Kantons Zürich: Ablieferungsnummer 2016/109; Jahresbericht Zürich 1982, S. 14.
25   Kaufmann 1995, S. 12.
26   Staatsarchiv des Kantons Zürich: Ablieferungsnummer 2016/109; Jahresbericht Zürich 1980, S. 13.
27   Staatsarchiv des Kantons Zürich: Ablieferungsnummer 2016/109; Jahresbericht Zürich 1982, S. 13.
28   Ebd., S. 14.

Damit erhielten die Gehörlosen ein Mitspracherecht in der Leitung der Schule.[29] 1981 bemängelte Ringli in der neuen Zielsetzung für die Gehörlosenschule, dass die Gehörlosen in der Schweiz mit dem Hochdeutsch an der Schule eine Sprache lernten, die so in ihrer Umgebung nicht gesprochen wurde. Ringli führte zudem an, dass die deutsche Lautsprache nur sehr schwer von den Lippen abzulesen sei. Somit diene die Lautsprache den Gehörlosen nicht wirklich, denn sie ermögliche ihnen nur eine beschränkte Teilhabe an der hörenden Gesellschaft. Als neue Zielsetzung schlug er vor, die Gehörlosen künftig nicht mehr als «mindersinnige Behinderte», sondern als soziokulturelle Minderheit und Gemeinschaft zu betrachten. Die Schule solle ihren Schülern zwei Sprachen vermitteln, die Laut- und die Gebärdensprache. Ausserdem solle die Schule in Zukunft auch ein Ort der Beziehungspflege mit der Gehörlosengemeinschaft sein.[30]

Ringli stiess mit diesem Vorschlag nicht bei all seinen Mitarbeitenden auf Zustimmung. Einige bemängelten, dass mit der neuen Zielsetzung die Förderung der Lautsprache und damit die Integration der Gehörlosen in die hörende Familie und die hörende Gesellschaft vernachlässigt würden. Ausserdem fürchteten einige, die Schule könnte durch die sprachliche Vielfalt in Chaos versinken.[31] Die neue Zielsetzung wurde dennoch verabschiedet. Bezüglich der Gebärdensprache hielt sie als Grundsatz fest:

> Die Gehörlosenschule Zürich [...] strebt eine *umfassende Kommunikationsfähigkeit* an sowohl mit Gehörlosen als auch mit Hörenden. Es ist unter diesem Aspekt *ausgeschlossen*, den dem Gehörlosen in besonderem Masse adäquaten Bereich des körperhaften Ausdrucks (Geste, Mimik, Gebärde bis zu Gebärdensprache) einzuengen bzw. zu ignorieren.[32]

Damit gehörte die Gebärdenunterdrückung an der Schule endgültig und offiziell der Vergangenheit an. Aus den Protokollen des Hauskonvents geht jedoch hervor, dass an der Schule bereits seit einiger Zeit verschiedene Versuche mit Hilfssystemen wie dem phonetischen Manualsys-

---

29 Staatsarchiv des Kantons Zürich: Ablieferungsnummer 2016/109; Jahresbericht Zürich 1979, S. 10.
30 Staatsarchiv des Kantons Zürich: Ablieferungsnummer 2016/109; Protokolle des Hauskonvents 1966–2005, Protokoll vom August 1980.
31 Staatsarchiv des Kantons Zürich: Ablieferungsnummer 2016/109; Protokolle des Hauskonvents 1966–2005, Protokoll vom 14. 11. 1981.
32 Ebd.

tem durchgeführt wurden. Zudem verwendeten die Lehrpersonen 1981 bereits in fast allen Klassen lautsprachbegleitende Gebärden im Unterricht. Diese werden jedoch nicht weiter beschrieben und es bleibt auch unklar, in welchem Ausmass sie angewendet wurden.[33]

Das LBG-Projekt

Seit 1979 befassten sich an der Gehörlosenschule in Zürich diverse Arbeitsgruppen mit verschiedenen alternativen Sprachsystemen, anhand derer die Unterrichtssituation für die gehörlosen Schülerinnen und Schüler verbessert werden sollte. Diskutiert wurden unter anderem LBG-Systeme aus den USA und aus Deutschland. Lautsprachbegleitende Gebärden (LBG) sind ein künstliches Kommunikationssystem, das in erster Linie dazu dienen sollte, den Gehörlosen das Erlernen der Lautsprache zu vereinfachen. Darin unterschied sich der Ansatz in Zürich von anderen bilingualen Ansätzen, bei denen der Gebärdensprache ein eigenständiger Status zugestanden wurde. Bei LBG werden Wörter der korrekt gesprochenen Lautsprache teils mit Gebärden aus der Gebärdensprache, teils mit eigens dafür neu erfundenen Gebärden illustriert.

An der Gehörlosenschule Zürich verstand man LBG als Oberbegriff für ein breites Spektrum an unterschiedlichen Durchführungsvarianten: Beim unterstützenden Gebärden wurde nicht jedes gesprochene Wort mit einer Gebärde illustriert, wohingegen beim synchronen Gebärden jedes gesprochene Wort mit einer Gebärde illustriert wurde. Die synchronen Gebärden orientierten sich also in der Grammatik und Wortfolge an der Laut- und nicht der Gebärdensprache. Beim grammatikalischen Gebärden wurden die beiden oben genannten Formen durch Fingerzeichen aus dem Fingeralphabet ergänzt, um so grammatikalische Formen der Lautsprache zu verdeutlichen. LBG wurden von der Gehörlosenschule Zürich ganz bewusst als gebärdete Form der Lautsprache und somit als Hilfsmittel für die lautsprachliche Kommunikation und als Hilfsmittel zum Erlernen der Lautsprache gewählt, entwickelt und eingesetzt.[34] Die LBG-Unterrichtsmethode wurde von den Zürcher Fachleuten weiterhin zu den lautsprachlichen Unterrichtsmethoden gezählt.[35]

33   Ebd.
34   Kaufmann 1995, S. 10.
35   Ebd., S. 11.

Die Deutschschweizer Gebärdensprache wurde nicht als Unterrichtssprache in Betracht gezogen, da man an der Gehörlosenschule der Überzeugung war,

> eine solche Gebärdensprache ist in der Schweiz und in den übrigen deutschsprachigen Ländern aufgrund unserer sprachlichen Zielsetzung nur rudimentär vorhanden, bzw. aufgrund unserer negativen Einstellung überhaupt nicht studiert worden und deshalb weitgehend unerforscht.[36]

Nach längerer Überprüfung der oben genannten LBG-Systeme beschloss der Hauskonvent 1982 jedoch, selbst ein solches System zu entwickeln.[37] Da man die Gehörlosen in Zukunft als vollwertige Partner betrachten und in die Arbeit an der Schule einbeziehen wollte, arbeitete man mit einer unabhängigen, vom Schweizerischen Gehörlosenbund eigens für das LBG-Projekt zusammengestellten Gehörlosenarbeitsgruppe.[38]

Am 7. Februar 1984 stimmte der Erziehungsrat des Kantons Zürich dem LBG-Projekt zu und sprach einen Rahmenkredit von 200 000 Franken für die kommenden fünf Jahre. An der Schule begann daraufhin eine Projektgruppe, bestehend aus Mitarbeitenden der Gehörlosenschule und aus der Gehörlosenarbeitsgruppe des Gehörlosenbundes, unter der Leitung eines Linguisten, Gebärden zu sammeln, aufzuzeichnen und zu katalogisieren.[39] 1986 wurde begonnen, die erarbeiteten Gebärden an die Mitarbeitenden und an die Eltern zu vermitteln. An der Schule waren die Mitarbeitenden jedoch schon seit 1982 dazu verpflichtet, LBG zu lernen und im Unterricht anzuwenden. LBG kamen also schon zum Einsatz, bevor ein fertiges System zur Verfügung stand, wobei die Mitarbeitenden ihre Technik und ihre Gebärden laufend den neusten Ergebnissen der Arbeitsgruppe anpassen mussten.[40] Aufgrund der positiven Erfahrungen

---

36   Staatsarchiv des Kantons Zürich: Ablieferungsnummer 2016/109; Protokolle des Hauskonvents 1966–2005, Protokoll vom 19. 9. 1980, «Gebärdensprache und Gehörlosengemeinschaft».
37   Staatsarchiv des Kantons Zürich: Ablieferungsnummer 2016/109; Jahresbericht Zürich 1982, S. 15.
38   Kaufmann, 1995, S. 17.
39   Staatsarchiv des Kantons Zürich: Ablieferungsnummer 2016/109; Jahresbericht Zürich 1983, S. 15, und Kaufmann, Peter: Lautsprachbegleitendes Gebärden (LBG) in der Erziehung und Bildung gehörloser Kinder. Aspekte, Bd. 37, Luzern 1990, S. 12.
40   Kaufmann 1990, S. 12; Staatsarchiv des Kantons Zürich: Ablieferungsnummer 2016/109; Protokolle des Hauskonvents 1966–2005, Protokoll vom November 1982.

mit dem LBG-Projekt, verlängerte der Regierungsrat des Kantons Zürich das Projekt 1989 um weitere fünf Jahre und gewährte der Schule für die zweite Projektphase einen Kredit von 500 000 Franken.[41]

Das LBG-Projekt wurde von Hörenden und Gehörlosen unterschiedlich aufgenommen.[42] Viele Gehörlose standen den LBG positiv gegenüber, da durch dieses Projekt Bewegung in die deutschschweizerische Gehörlosenpädagogik gekommen war und da ihnen die LBG tatsächlich bei der Kommunikation im Unterricht von Nutzen waren. Es gab jedoch auch Gehörlose, die statt LBG die Verwendung der Deutschschweizer Gebärdensprache im Unterricht forderten. Die Fachwelt reagierte grösstenteils skeptisch bis ablehnend und die Eltern eher verunsichert. An der Schule zeigte sich Letzteres vor allem daran, dass in der zweiten Hälfte der 1980er-Jahre, nachdem das Projekt angelaufen war, ein deutlicher Rückgang der Anzahl Neueintritte zu verzeichnen war.[43]

1990 trat Ringli in den Ruhestand und Jan Keller, ein hörender ehemaliger Gehörlosenlehrer der Schule, übernahm das Amt des Direktors. Auch unter ihm wurde weiter am LBG-Projekt gearbeitet.[44] Oberstes Ziel des LBG-Projekts war es, die lautsprachliche Kommunikation der Schüler zu intensivieren und zu verbessern.[45] Dadurch sollte auch die Distanz zur Volksschule verringert werden. Ringli berichtete dazu 1988, dass die Schüler seit der Einführung der LBG freudiger und unbeschwerter in der Lautsprache kommunizierten als früher und dass sie nun über Ausdrucksmittel für Inhalte verfügten, die altersgemäss waren und die früher aufgrund von mangelnden Kommunikationsmöglichkeiten nicht angesprochen werden konnten.[46] Zudem sei bei vielen Schülern «in stofflicher und damit inhaltlicher Hinsicht eindeutig eine deutliche Steige-

---

41 Kaufmann 1995, S. 191.
42 Diverse ausführliche Erfahrungsberichte zum LBG-Projekt von Mitarbeitenden, Eltern, Schülerinnen und Schülern, anderen Gehörlosenschulen und Fachleuten finden sich bei Kaufmann 1995, S. 47–190.
43 Staatsarchiv des Kantons Zürich: Ablieferungsnummer 2016/109; Jahresbericht Zürich 1884, S. 13, und Jahresbericht Zürich 1986, S. 14.
44 Staatsarchiv des Kantons Zürich: Ablieferungsnummer 2016/109; Jahresbericht Zürich 1989, S. 15.
45 Für weitere Ziele auch in Bezug auf eine verbesserte Zusammenarbeit mit den Gehörlosen, den erleichterten Einbezug von gehörlosem Lehrpersonal, auf die Aufarbeitung der Deutschschweizer Gebärdensprache, vgl. Kaufmann 1995.
46 Staatsarchiv des Kantons Zürich: Ablieferungsnummer 2016/109; Protokolle des Hauskonvents 1966–2005, Protokoll vom 12. 3.1988, Anhang «Das Projekt für ein lautsprachbegleitendes Gebärdensystem».

rung eingetreten».[47] Die Einführung von LBG hatte also für die Schüler positive Folgen und die Ziele des Projektes zur Verbesserung der Kommunikation und Angleichung an die Volksschule können als erreicht angeschaut werden.

Ein weiteres Ziel des LBG-Projektes war es, die Gehörlosen als kulturelle Minderheit zu betrachten und ihnen an der Gehörlosenschule mehr Mitsprache zu geben. Dies gelang einerseits durch die Einstellung von gehörlosen Lehrpersonen und Erzieherinnen. 1994 waren bereits acht gehörlose Mitarbeitende an der Schule angestellt, darunter zwei diplomierte Gebärdensprachlehrerinnen.[48] An der Schule wurde die Gehörlosenkultur den Kindern in einem speziellen Unterrichtsfach nähergebracht. Das Fach hiess Pro G und wurde seit 1995 unterrichtet. Der Name Pro G stand für «Pro Gebärdensprache» und «Pro Gehörlos».[49] In diesem Fach setzten sich die Schülerinnen und Schüler mit der hörenden und mit der gehörlosen Welt auseinander. Ihnen sollte dabei einerseits die hörende Welt nähergebracht, andererseits die Gehörlosenkultur und -gemeinschaft als eine vollwertige Alternative vorgestellt werden.[50] Das Fach Pro G wurde von gehörlosen Lehrpersonen in Deutschschweizer Gebärdensprache unterrichtet.

4.2 Gehörlosenschule Montbrillant in Genf

Die Taubstummenanstalt in Genf wurde 1822 eröffnet. Erster Schulleiter war der gehörlose Isaac Etienne Chomel (1796–1871). Chomel erhielt seine Ausbildung in Paris bei Abbé Sicard, dem Nachfolger von de l'Epée. Entsprechend unterrichtete er nach der französischen Methode, unter Einbezug von Gebärden. 1866 wurde Karl Renz (1834–1893), ein Schüler Georg Schibels, Leiter der Genfer Anstalt. Dieser führte die Lautsprachmethode ein, stiess damit aber auf so grossen Widerstand, dass er nach kurzer Zeit im Jahr 1869 zurücktrat. Sein Nachfolger, Jakob Hugentobler (1864–1907), war zuvor Lehrer in Zürich und St. Gallen gewesen und bestand daher ebenfalls auf der Lautsprachmethode.[51] Er war

---

47   Staatsarchiv des Kantons Zürich: Ablieferungsnummer 2016/109; Jahresbericht Zürich 1987, S. 20 f.
48   Kaufmann 1995, S. 87.
49   Herrsche-Hiltebrand 2002, S. 3.
50   Ebd., S. 9.
51   Sutermeister 1929, Bd. 1, S. 212.

Abb. 19: Heimangehörige der Gehörlosenanstalt Montbrillant, Genf (um 1915). Foto Eugen Sutermeister, Schweizerisches Sozialarchiv, Zürich.

damit erfolgreicher als sein Vorgänger. Seit dem ausgehenden 19. Jahrhundert kamen folglich im Unterricht der Genfer Taubstummenanstalt keine Gebärden mehr zur Anwendung.[52] Bis 1980 blieb die Lautsprachmethode prägend; die Gebärdensprache war an der Schule verboten.[53] Das Gebärdenverbot beschränkte sich allerdings vor allem auf den Unterricht. Während der Pausen oder im Internat durfte durchaus gebärdet werden.[54] Die verwendeten Gebärden entsprachen allerdings nicht der regulären französischen Gebärdensprache, sondern einfachen Gesten, mit denen die Schülerinnen und Schüler das Gesagte unterstrichen – eine Sprache, die auch als «français signé» bezeichnet wurde.[55] Für das Erlernen der Gebärdensprache hätten den Kindern erwachsene, gehör-

52   Ebd., S. 370–396.
53   Luisier 2000, S. 47.
54   Ebd., S. 51, 54.
55   «Français signé» entspricht im Deutschen den Lautsprachbegleitenden Gebärden (LBG) oder «gebärdetem Deutsch», wie es auch genannt wird.

lose Vorbilder gefehlt, betont etwa Maurice Rochat, der in den 1960er-und 1970er-Jahren die Genfer Gehörlosenschule besuchte.[56]

Bis zu den 1980er-Jahren war es das Ziel der Schule, die Schüler zu «entstummen» und ihnen «une qualité d'entendant» zu geben. Die Gehörlosen sollten befähigt werden, sich in der Gesellschaft der Hörenden, insbesondere ihren hörenden Familien zu integrieren und selbständig einen Beruf auszuüben.[57] Die Schule sollte mit anderen Worten den gehörlosen Kindern ermöglichen «de sortir de son isolement et de s'épanouir»[58] (fürs frühe 20. Jahrhundert vgl. Abb. 20). Einige der Schülerinnen und Schüler besuchten seit den 1970er-Jahren den Unterricht teilintegriert in hörenden Klassen.[59] Dies wurde unter anderem durch den technologischen Fortschritt ermöglicht. Im Unterricht an der Gehörlosenschule lernten die Schüler von den Lippen ablesen, sprechen und schreiben. Wie an den St. Galler und Zürcher Gehörlosenschulen wurde ein Grossteil der Schulzeit für diese Sprachbildung aufgewendet – gemäss Luisier etwa die Hälfte der Unterrichtszeit. Die andere Hälfte war für alle übrigen Schulfächer reserviert.[60] Auf dem Papier verwendete die Genfer Gehörlosenschule spätestens seit den 1980er-Jahren den gleichen Lehrplan wie die kantonale Volksschule. In der Praxis hingegen wurden zwar dieselben Fächer unterrichtet, allerdings meist nicht in derselben Intensität, da der Lautsprachunterricht im Vordergrund stand und die anderen Fächer vernachlässigt wurden. Der Unterricht bestand im Wesentlichen darin, dass die Kinder die Lautsprache der Lehrer nachahmen und repetieren mussten. Selbständiges Lernen und kritisches Hinterfragen des Gelernten waren dagegen keine zentralen Anliegen.[61]

Der Methodenwechsel um 1980

1981 wurde in Montbrillant eine bilinguale Unterrichtsmethode eingeführt; die Gebärdensprache war im Unterricht nicht mehr verboten. Ein Grund für diese Wende lag in der Entwicklung der Fachdebatten. Seit den 1960er-Jahren betonte eine stetig wachsende linguistische

---

56 Interview mit GE hE 63–75.
57 Luisier 2000, S. 48.
58 ASASM, rapports annuels 1973, S. 17.
59 Ab den 1970er-Jahren finden sich in den Jahresberichten des ASASM regelmässig Berichte über Schüler aus Montbrillant, die teilintegriert in hörenden Klassen geschult wurden. Vgl. ASASM rapports annuels, 1971/72, S. 18.
60 Luisier 2000, S. 48.
61 Ebd., S. 52.

Abb. 20: Leseunterricht fürs erste Schuljahr in der Anstalt Montbrillant (um 1915).
Foto Eugen Sutermeister, Schweizerisches Sozialarchiv, Zürich.

Forschung, dass die Gebärdensprache als vollwertige Sprache anzuerkennen sei und dass sie pädagogisch wertvoll für die psychische und intellektuelle Entwicklung der Gehörlosen sei. Hinzu kam der internationale Einfluss: Vor allem die Rehabilitation der Gebärdensprache im amerikanischen und im französischen Gehörlosenwesen wurde in Genf breit wahrgenommen.

Die Einführung des bilingualen Unterrichts war zudem begünstigt durch die kritischen Stimmen einiger neu ausgebildeter Gehörlosenlehrerinnen und -lehrer. Der fünfte Lehrgang für Gehörlosenpädagogik in der Romandie fand 1977/78 an der Universität Genf statt und wurde durch den Service médico-pédagogique organisiert. Im Rahmen dieser Ausbildung besuchten die Teilnehmerinnen und Teilnehmer verschiedene Gehörlosenschulen in der Romandie, wo sie dem Unterricht beiwohnten. Dabei stellten sie fest, dass Aufwand und Ertrag der damaligen lautsprachlichen Lehrmethode nicht übereinstimmten. Unter den Absolventen des Lehrgangs waren auch vier Lehrerinnen und Lehrer aus Montbrillant. Sie brachten die Kritik am Erfolg des lautsprachlichen Unterrichts zurück nach Genf.[62] Schliesslich verliess 1978 die langjährige Direktorin von Montbrillant, Alice Hermatschweiler, die Schule und auch beim Service médico-pédagogique kam es zu einem Wechsel in der Direktion. Auch diese personellen Umbrüche begünstigten die pädagogischen Reformen an der Schule.[63] In seinem Jahresrückblick für das Schuljahr 1978/79 beschrieb der Schuldirektor die Umbruchstimmung in Montbrillant und betonte auch den Einfluss der Eltern: «L'année scolaire 1978–1979 a été marquée par des conflits et des affrontements entre adultes (parents, enseignants, spécialistes …) responsables des déficients auditifs. [...] On peut noter [...] un grand désir d'opérer des changements.»[64]

Den eigentlichen Methodenwechsel führte Claude Maye, der neue Direktor von Montbrillant, ein. Maye wurde vom Service médico-pédagogique berufen und trat seine Stelle im Herbst 1979 an.[65] Maye hatte zuvor schon 21 Jahre im Erziehungswesen gearbeitet, jedoch nicht in der Gehörlosenbildung.[66] Um sich ein Bild von der Gehörlosenpädagogik zu machen, informierte sich Maye in seinem ersten Amtsjahr über die neusten Forschungen zum Thema, befragte seine Angestellten eingehend und unternahm viele Reisen an andere, auch ausländische Gehörlosenschulen. Gerade in Frankreich traf er «militante Gehörlose», die sich für die Gebärdensprache starkmachten. Er geriet auch in Kontakt zum Verein Deux langues pour une éducation, der 1980 in Saint-Laurent-en-Royans gegründet wurde und Befürworter der bilingualen Bildung von Gehörlosen vereinte – ein Ansatz, der Gebärdensprache und schriftliches sowie gesprochenes Französisch kombinierte. Der Verein bestand aus erwachsenen Gehörlosen, Eltern von gehörlosen Kindern und Fachleuten, die sich für eine angemessene Lehrmethode für gehörlose Kinder einsetzten. Er organisierte sich in lokalen Gruppen. Maye wurde bald Koordinator der Gruppe für die Romandie und setzte sich seit 1980 für die bilinguale Erziehung an der Schule Montbrillant ein.[67]

Nach der Teilnahme an einer Tagung des Vereins im Juli 1980 legte sich Maye definitiv auf den Ansatz der bilingualen Bildung fest. Die Vertrete-

62   Ebd., S. 57 f.
63   Ebd., S. 60.
64   ASASM rapports annuels, 1979, S. 19.
65   Luisier 2000, S. 63.
66   Sendung SIGNE, vom 21. 10. 1996, ausgestrahlt auf Télévision Suisse Romande.
67   Luisier 2000, S. 63.

rinnen und Vertreter der bilingualen Methode sahen die Schwierigkeiten gehörloser Kinder nicht als Sprach-, sondern als Kommunikationsproblem. Wenn man sich von der Lautsprachmethode entfernen und die Gebärdensprache als Kommunikationsmittel akzeptieren würde, dann erlaube dies gehörlosen Kindern, sich schon von klein auf selbst auszudrücken. Es würde ihnen damit eine Sprache gegeben, durch die sie ihre Eindrücke und Gefühle mitteilen konnten. Auf diese Weise könne das gehörlose Kind die Erfahrung einer «communication linguistique» machen, wie dies auch hörende Kinder über die Lautsprache tun.[68] Die Anwesenden der Tagung kamen zum Schluss, dass die reine Lautsprachmethode dem gehörlosen Kind nicht erlaube, sich seinem Alter gemäss auszudrücken. Vielmehr lernten Kinder dadurch verspätet zu kommunizieren. Dies wurde als äusserst problematisch bemängelt, da die Wissenschaft bewiesen habe, dass das grösste Potenzial der linguistischen Entwicklung eines Kindes in den ersten Lebensjahren bestehe und in dieser Phase gefördert werden müsse. Durch die Lautsprachmethode würde dieses Potenzial nicht gefördert; die Folge sei bei gehörlosen Kindern oft ein intellektuelles, kulturelles und emotionales Defizit.[69] Tagungsteilnehmerinnen und -teilnehmer präsentierten die Gebärdensprache als einzige Sprache, welche gehörlose Kinder spontan lernen konnten, ohne dass sie ihnen mühevoll durch Lehrpersonen beigebracht würde. Daher sei es auch wichtig, dass erwachsene, gebärdende Gehörlose als Lehrpersonen für gehörlose Kinder eingestellt würden.[70] Gleichwohl war man im Verein Deux langues pour une éducation davon überzeugt, dass auch die Lautsprache wichtig für die Entwicklung gehörloser Kinder sei. Denn durch sie konnten sich Gehörlose als wertvolle Mitglieder der hörenden Gesellschaft wahrnehmen und als solche wahrgenommen werden.[71]

Um die Möglichkeit einer bilingualen Unterrichtsmethode zu prüfen und um das Personal der Genfer Gehörlosenschule von der Bilingualität zu überzeugen, lud Maye 1980 zahlreiche Fachleute an seine Einrichtung ein. So hielt beispielsweise die Linguistin Danielle Bouvet ein Seminar ab zum Thema *De la langue maternelle au bilinguisme*. Für *entretiens-débats* – kleine Debattenveranstaltungen – kamen weitere

68   Ebd., S. 64.
69   Ebd., S. 66.
70   Ebd., S. 67.
71   Ebd., S. 64.

Expertinnen und Experten nach Genf, so etwa Jacques Cosnier, Leiter des Laboratoire d'ethnologie des communications der Universität Lyon, Harlan Lane, Psychologe von der Northeastern University in Boston, Christian Cuxac, Linguist und Verantwortlicher für das Laboratoire de pédagogie am Institut national des jeunes sourds in Paris. Umgekehrt besuchten Angestellte der Schule im Verlaufe des Schuljahres 1979/80 diverse Kongresse und Gehörlosenschulen im Ausland, darunter das genannte Institut national de jeunes sourds, das International Visual Theatre in Paris, den Kongress des Vereins Deux langues pour une éducation in Saint-Laurent-en-Royans und die gehörlosenpädagogischen Kongresse in Hamburg und Besançon.[72]

Um eine Entscheidung über die zukünftige Unterrichtsmethode zu treffen, organisierte Maye gemeinsam mit dem Service médico-pédagogique am 8. November 1980 ein Kolloquium an der Schule Montbrillant. Das Kolloquium stand unter dem Titel *L'enfant sourd et l'école. Réalités et perspectives*. Neben dem gesamten Lehrkörper der Schule nahmen auch externe Fachleute am Kolloquium teil, unter anderem die Linguistin Danielle Bouvet, die auf Kinderpsychologie spezialisierte Psycholinguistin Hermine Sinclair sowie der Psychologe Jacques Cosnier, ein Fachmann für Fragen der nonverbalen Kommunikation. Nach ausführlichen Diskussionen kam die Gruppe am Ende des Kolloquiums zum Schluss, die Französische Gebärdensprache (LSF) und somit den bilingualen Unterricht an der Schule einzuführen.[73] Diese Entscheidung wurde von den zuständigen Autoritäten des Erziehungsdepartements des Kantons Genf gutgeheissen und unterstützt.[74] Dies nicht zuletzt, weil der bilinguale Unterricht von gehörlosen Kindern den Anliegen des kantonalen Erziehungsgesetzes folgte. Artikel 4 des entsprechenden Gesetzes hielt unter den Zielen der öffentlichen Bildung *(instruction publique)* unter anderem fest, dass jeder Schüler und jede Schülerin dazu befähigt werden sollte, das beste Wissen erwerben zu können. Jedem Schüler, jeder Schü-

72 ASASM rapports annuels, 1980, S. 23 f.
73 Luisier 2000, S. 67. Vgl. ausserdem Boyes-Braem, Penny et al. Die Verwendung der Gebärden in der Schweiz: Projekte der Schulen von Zürich und Genf, in: Verein zur Unterstützung des Forschungszentrums für Gebärdensprache. Informationsheft, Nr. 12, Basel 1987, S. 6. Weitere ausführlichere Informationen zum Kolloquium inkl. der gehaltenen Vorträge finden sich ausserdem im «L'enfant sourd et l'école: réalités et perspectives. Colloque du 8 novembre 1980, Centre de l'ouïe et de la parole de Montbrillant, Genève», in: Cahier du Service médico-pédagogique, No. 2, Genf 1982.
74 Luisier 2000, S. 67 f.

lerin sollte dabei geholfen werden, «in einer ausgeglichenen Art ihre Persönlichkeit zu entwickeln» *(de développer de manière équilibrée sa personnalité)*. Alle Schülerinnen und Schüler müssten darauf vorbereitet werden, am gesellschaftlichen Leben teilzunehmen.[75]

Zur Umsetzung der Bilingualität mussten zunächst gehörlose Mitarbeiterinnen und Mitarbeiter mit Kenntnis der Gebärdensprache eingestellt werden, um den hörenden Lehrpersonen die Französische Gebärdensprache beizubringen. Da die Schule jedoch laut Gesetzt nur Lehrpersonen einstellen durfte, die über eine pädagogische Ausbildung und ein entsprechendes Diplom verfügten, schuf Maye den Beruf des *collaborateur sourd*. Denn keiner der neu eingestellten Gehörlosen hatte eine pädagogische Ausbildung.[76] Die Berufsbezeichnung des *collaborateur sourd* wurde im Juni 1986 von der Genfer Kantonsregierung offiziell anerkannt.[77] Die *collaborateurs sourds* hatten drei Hauptaufgaben. Erstens sollten sie eine Identifikationsperson und Vorbild für die gehörlosen Kinder sein.[78] Zweitens waren sie der Schlüssel zum bilingualen Konzept, indem sie sowohl für den Gebärdensprachunterricht der Schüler wie auch für den Fachunterricht zuständig waren. Drittens sollten sie die Gebärdensprache ihren hörenden Arbeitskolleginnen und -kollegen und den hörenden Familien der gehörlosen Kinder beibringen.[79]

Die Umstellung auf die Bilingualität erwies sich in Montbrillant als ein langwieriges Projekt. Von Beginn weg war allen Beteiligten klar, dass die hörenden Lehrerinnen und Lehrer erst nach mehreren Jahren in der Lage sein würden, problemlos in Gebärdensprache zu unterrichten. In dieser Zeit unterrichteten daher die *collaborateurs sourds* die Kinder in Gebärdensprache. Ausserdem wurden zwei französische Gehörlose nach Genf eingeladen, um während einer Woche den hörenden Mitarbeitenden die nonverbale Kommunikation näherzubringen. Parallel dazu stellte die Schule eine französische Lehrerin vom International Visual Theatre aus Paris für ein Jahr ein, um sämtlichen Mitarbeitenden der Schule Gebärdensprachunterricht zu erteilen.[80] Die Schule unterstützte zudem die hörenden Lehrerinnen und Lehrer darin, Reisen, Praktika und Aufenthalte

75   Sendung SIGNES vom 21. 10. 1996, ausgestrahlt auf Télévision Suisse Romande.
76   Luisier 2000, S. 69.
77   Ebd., S. 70.
78   Ebd., S. 69.
79   Ebd., S. 69 f.
80   Ebd., S. 71.

an anderen bilingualen Schulen zu absolvieren. Einige Mitarbeiterinnen und Mitarbeiter besuchten etwa 1981 die Gallaudet University in Washington.[81] Auch die *collaborateurs sourds* erhielten eine berufsbegleitende, theoretisch orientierte Ausbildung an der Schule. Dabei erhielten sie unter anderem Unterricht in Psychologie und Linguistik. Diese Ausbildung war die erste ihrer Art in der Schweiz.[82]

Die Umstellung auf die Bilingualität geschah mit anderen Worten nicht einfach über Nacht. Anfang der 1980er-Jahre befand sich Montbrillant vielmehr in einer Übergangsphase zur Bilingualität und in einem Zustand kontinuierlicher Reflexion. Zwar war die Mehrheit des Personals von der Zweisprachigkeit überzeugt. Für die Umsetzung gab es jedoch verschiedene Wege. Entsprechend war das Lehrpersonal laufend damit beschäftigt, den Unterricht möglichst optimal den Bedürfnissen der Kinder anzupassen. In Versammlungen des Schulpersonals wurde viel darüber diskutiert, welcher pädagogische Ansatz der richtige sei für die Schule, ob der Einbezug der Gebärdensprache auch wirklich der richtige Weg sei und wie eine bilinguale Schule konkret auszusehen habe. Es herrschte ein gewisser Pioniergeist. Luisier fasst die Stimmung so zusammen: «Les questions débattues par l'équipe de Montbrillant revêtent un caractère avant-gardiste.»[83]

Während der Umstellungsphase kam es zu verschiedenen Unstimmigkeiten zwischen Eltern, dem Lehrpersonal, erwachsenen Gehörlosen und Schülern, was die Zusammenarbeit zwischen ihnen erschwerte.[84] Zahlreiche hörende Eltern von Schülerinnen und Schülern kritisierten den Wechsel zur Bilingualität, was sich unter anderem in einer sinkenden Schülerzahl widerspiegelte. Verschiedene Eltern waren insbesondere deshalb verunsichert, weil sie Angst hatten, der bilinguale Unterricht sei nur ein Vorwand, um der Gebärdensprache faktisch den Vorrang zu geben. Einige der Eltern, die mit ihren Kindern die Schule verliessen, dürften wohl an eine rein oral geführte Gehörlosenschule gewechselt haben.[85] Die Schule ihrerseits bemühte sich, Gebärdensprachkurse für die Familien gehörloser Kinder zu organisieren. Ab 1983 fanden in Montbrillant zweimal wöchentlich entsprechende Gebärdensprachkur-

81   Ebd., S. 72.
82   Ebd., S. 71.
83   Ebd., S. 72.
84   ASASM rapports annuels, 1982, S. 25.
85   Luisier 2000, S. 75.

se statt. Sie waren mit durchschnittlich 30 Teilnehmerinnen und Teilnehmern gut besucht. Für Eltern, die diese Veranstaltungen nicht belegen konnten, führte die Schule private Kurse durch.[86]

Der Wechsel zum bilingualen Unterricht spiegelte sich auch im Namen der Schule wider. Bis 1981 hiess die Einrichtung Centre d'éducation de l'ouïe et de la parole de Montbrillant, ab 1982 Centre de Montbrillant, école pour enfants sourds. Der Fokus der Schule sollte nicht mehr auf dem Hören und dem gesprochenen Wort liegen.[87] Nach dem ersten bilingual geführten Schuljahr zog Maye ein positives Fazit.

> Les premiers résultats nous confirment dans notre option. La facilité apportée à la communication reduit les difficultés, tant sur le plan du comportement, que sur celui de l'expression et de l'accès aux connaissances. Sur le plan du français, on peut constater aussi une amélioration, en tout cas pour ce qui est de la compréhension de cette langue.[88]

Ausserdem sei die Schule seit der Einführung der Bilingualität mehr denn je darauf bedacht, die gleichen Unterrichtsziele wie die Volksschule zu erreichen.[89] Der neue Kurs der Genfer Gehörlosenschule wurde in der Fachgemeinschaft bald als beispielhaft wahrgenommen. Die schulinternen Debatten und Überlegungen zur Bilingualität wurden in den 1980er-Jahren, nach dem Kurswechsel in Montbrillant, in diversen Fachzeitschriften publiziert und von verschiedenen Fachleuten aufgegriffen.[90]

4.3 Gehörlosen- und Sprachheilschule Riehen (Basel-Stadt)

Auch die Gründung der Taubstummenanstalt Riehen geht auf privates Engagement zurück.[91] Ein Gremium um Christian Friedrich Spittler (1782–1867), Sekretär der pietistischen Christentumsgesellschaft, gründete 1833 auf badischem Boden eine Anstalt «zur Erziehung und zu dem Unterrichte taubstummer Kinder».[92] Aus finanziellen Gründen erfolgte

---

86 ASASM rapports annuels, 1986, S. 27 f.
87 ASASM rapports annuels, 1981, S. 25; ASASM rapports annuels, 1982, S. 25.
88 ASASM rapports annuels, 1982, S. 25.
89 Ebd.
90 ASASM rapports annuels, 1983, S. 24.
91 Rudin 2017, S. 85 f.
92 Staatsarchiv Basel-Stadt: PA 769a G9, Anzeige über die Taubstummenanstalt in Beuggen, 1833. Vgl. Hesse 2015, S. 24–28.

Abb. 21: Idylle des ländlichen Lebens: Taubstummenanstalt Riehen (um 1850).
Staatsarchiv Basel-Stadt.

1838 der Umzug ins schweizerische Riehen (vgl. Abb. 21).[93] Die Entste-
hungsgeschichte der «Taubstummen-Anstalt Riehen», wie der offizielle
Name bis 1943 lautete, ist in erster Linie von christlichen und pietistischen Einflüssen sowie von einer Orientierung an Nützlichkeitsidealen
geprägt.[94] Hauptziel der Anstalt war, die Kinder zu wahren Christen zu
machen, unter Berücksichtigung der «Brauchbarkeit fürs bürgerliche
Leben», so der Gründer Spittler.[95]
Zu den Geldgebern der Anstalt gehörte auch die Basler Gesellschaft
für das Gute und Gemeinnützige (GGG), eine der bedeutendsten philanthropischen Gesellschaften Basels. Die GGG erwuchs einem auf-
klärerisch-philanthropischen Impetus, der sich auf die bürgerliche
Verantwortung in der «Förderung der Ausbildung unterprivilegierte[r]

93   Der Einzug erfolgte am 19. 10. 1838, vgl. Hesse 2015, S. 24.
94   Hesse 2015, S. 50–55.
95   Staatsarchiv Basel-Stadt, PA 769a G9, Anzeige über die Taubstummenanstalt
      in Beuggen, 1833.

114

Bevölkerungsschichten» und der «Linderung der Armut» berief.[96] Das Basler Stadtbürgertum, aus dem sich die Trägerschaft der GGG zusammensetzte, war insgesamt über weite Strecken dem Pietismus verbunden.[97] Die wesentlichen Geldgeber der Taubstummenanstalt Riehen waren bis weit ins 20. Jahrhundert hinein Basler Stadtbürger. Die Bürgergemeinde war bis zur Gründung der staatlichen Allgemeinen Armenpflege 1898 auch hauptsächlich für die lokale Armenfürsorge verantwortlich.[98] Weil lange Zeit ein enger Konnex zwischen Behinderung und Armut bestand, unterstützten die bürgerlichen Philanthropen die angestrebte «Brauchbarkeit fürs bürgerliche Leben» auch aus finanziellen Gründen.[99]

Zwischen Wandel und Kontinuität: die Taubstummenanstalt Riehen im frühen 20. Jahrhundert

Das Basler Stadtbürgertum war auch in den Leitungsstrukturen der Taubstummenanstalt namhaft vertreten. Seit 1840 stand die Anstalt unter der Führung einer Kommission, die sich aus dem Kreis der Stadtbürger rekrutierte.[100] Der ersten Kommission gehörten nebst Spittler und drei Pfarrern auch städtische Kaufleute, Juristen, Fabrikanten und Bankiers an. Bis in die 1930er-Jahre änderte sich die Zusammensetzung der Kommission kaum grundlegend. Anfang der 1930er-Jahre wurde bewusst ein Vertreter der Pädagogik in die Kommission gewählt.[101] Pfarrer waren bis 1962 immer vertreten, seit der Jahrhundertwende jedoch in reduzierter Zahl.

Die Zusammensetzung der Anstaltsleitung spiegelt ausserdem die verstärkte Medikalisierung und Professionalisierung der Gehörlosenbil-

---

96 Rüegger, Heinz; Siegrist, Christoph: Diakonie: eine Einführung. Zur theologischen Begründung helfenden Handelns, Zürich 2011, S. 102.

97 Janner, Sara: GGG 1777–1914. Basler Stadtgeschichte im Spiegel der «Gesellschaft für das Gute und Gemeinnützige», Basel 2015, S. 131–140.

98 Vgl. Janner, Sara: Korporative und private Wohltätigkeit. «Stadtgemeinde» und Stadtbürgertum als Träger der Armenpflege im 19. Jahrhundert, in: Mooser, Josef; Wenger, Simon (Hg.): Armut und Fürsorge in Basel. Armutspolitik vom 13. Jahrhundert bis heute, Basel 2011, S. 101–109.

99 Geschichte der Sozialen Sicherheit in der Schweiz: Art. «Invalide, Behinderte», www.geschichtedersozialensicherheit.ch/akteure/profile-von-betroffenen-gruppen/invalide-behinderte (2. 3. 2020).

100 Hesse 2015, S. 25. Dabei handelt es sich nicht um das gleiche Gremium, das die ursprüngliche Anstalt im badischen Beuggen gegründet hat.

101 Die Wahl fiel auf Dr. Wilhelm Brenner, vgl. Staatsarchiv Basel-Stadt: PA 769a D1, 467. Sitzung, 20. 11. 1930.

dung im Übergang vom 19. zum 20. Jahrhundert. Ende des 19. Jahrhunderts etablierte sich die Ohrenheilkunde als Spezialfach innerhalb der Medizin – auch auf lokaler Ebene: 1876 wurde an der Universität Basel ein otologisches Institut eröffnet, daneben bestand eine an die Poliklinik angegliederte Ohrenklinik.[102] Insbesondere Friedrich Siebenmann (1852–1928), Professor und Klinikvorsteher von 1896 bis 1922, beschäftigte sich intensiv mit dem Phänomen der Taubstummheit, ebenso wie seine beiden Nachfolger Prof. Dr. Ernst Oppikofer (1874–1951) und Prof. Dr. Erhard Lüscher (1894–1979), der ab 1941 auch Mitglied der Kommission der Taubstummenanstalt war.[103] Namentlich der ehemalige Siebenmann-Schüler und spätere Professor und Klinikvorsteher in Zürich, Felix Robert Nager (1877–1959), prägte ab den 1920er-Jahren die medizinische Sicht der Taubstummheit in der Schweiz massgeblich.[104]

Der erste Taubstummenlehrer in Riehen war Wilhelm Daniel Arnold (vgl. Kap. 2.1). Mit seiner Anstellung im Jahre 1839 setzte die Tradition der einflussreichen «Riehener-Methode» ein.[105] Arnold war ein Vertreter der reinen, «deutschen» Lautsprachmethode.[106] Diese wurde in Riehen über Generationen kontinuierlich weitergegeben und weiterentwickelt.[107] Die Traditionsbildung war möglich, weil die Riehener Anstalt auch als Ausbildungsstätte für Taubstummenlehrer diente.[108] Bei einem Wechsel des Anstaltsvorstehers, der in Riehen «Inspektor» genannt wurde, fiel die Wahl eines Nachfolgers meist auf einen Kandidaten, der in der Anstalt selbst ausgebildet worden war.[109] Auch eine Reformphase, in der die

102 Hals-, Nasen- und Ohrenklinik: 100 Jahre Universitätsklinik und -poliklinik für Hals-, Nasen- und Ohrenkrankheiten Basel 1876–1976, Basel 1976, S. 5.

103 Vgl. Steinke, Hubert: Siebenmann, Friedrich, in: Historisches Lexikon der Schweiz, www.hls-dhsdss.ch/textes/d/D14642.php (20. 1. 2020). Vgl. auch Hals-, Nasen- und Ohrenklinik, S. 9 f.

104 Wolff, Eberhard: Nager, Felix Robert, in: Historisches Lexikon der Schweiz, www.hls-dhs-dss.ch/textes/d/D14569.php (7. 7. 2017).

105 Staatsarchiv Basel-Stadt: PA 769a G3e, Bericht über die Monate September bis Dezember 1936.

106 Vgl. Hesse 2015, S. 36–40.

107 Der unmittelbare Nachfolger von Arnold, Johann Georg Greminger, blieb nur gerade zwei Jahre im Amt. Darauf wurde August Frese zum Inspektor berufen, der ohnehin von Arnold als sein Nachfolger vorgesehen war. Auch Frese war ein Vertreter der deutschen Methode, vgl. Heusser, Hans: Ein Jahrhundert Taubstummen-Anstalt Riehen. 1839–1939, Basel 1939, S. 26 f.

108 Vgl. Hesse 2015, 28–31. Zur Reproduktion des Oralismus vgl. Gebhard 2007, S. 44–49.

109 Einen Überblick über die Entwicklung bis 1920 gibt Sutermeister 1929, Bd. 1, S. 400–410.

Anstalt nach dem Ersten Weltkrieg baulich erneuert wurde, änderte an der pädagogischen Orientierung wenig. 1936 hielt der verantwortliche Inspektor Walter Bär fest: «Die Riehener-Methode bewährt sich eben immer wieder. Unsere Kinder sprechen und können ablesen.»[110] Bär, der seine Arbeit in Riehen 1921 begann, blieb dem Ansatz bis zum Ende seiner Amtszeit 1958 treu. Noch 1955 schrieb er im Jahresbericht: «Unsere Hauptaufgabe ist sprechen zu lehren.»[111] Ein Jahr später formulierte der Bericht: «Seit mehr als 100 Jahren ist in der Schweiz und in Deutschland die Erlernung der Lautsprache das Hauptziel jeden Taubstummen-Unterrichts.»[112]

Konkret sollten die Kinder mittels intensiver Sprech- und Ableseübungen befähigt werden, sich lautsprachlich auszudrücken.[113] Das direkte Erleben bildete dabei die Basis des Sprachunterrichts, dieser war «ausschliesslich Erlebnisunterricht» und «Anschauungsunterricht».[114] Die konkrete Anschauung in der Praxis sollte die Vermittlung der Sprache erleichtern und befördern: «Nichts wurde in Worte gefasst, was nicht vorher in irgendeiner Weise erlebt worden war.»[115] Bis in die 1960er-Jahre kamen im Unterricht auch «keine Lesebücher, keine Rechnungsbücher und keine Bilder» zur Anwendung.[116] Die Wissensvermittlung blieb dagegen im gesamten Unterricht nebensächlich. Die Bedeutung des Wissens gegenüber der sprachlichen Ausbildung wurde bewusst marginalisiert:

> Es ist nicht viel, was wir unseren Kindern an Wissen bieten können. Es fragt sie später auch niemand darnach. Können sie sich jedoch richtig ausdrücken, mit den andern verständlich verkehren,

110   Staatsarchiv Basel-Stadt: PA 769a G3e; Bericht über die Monate September bis Dezember 1936.
111   Staatsarchiv Basel-Stadt: PA 769a G1b; 116. Jahresbericht, 1954/55.
112   Staatsarchiv Basel-Stadt, PA 769a G1b; 117. Jahresbericht, 1955/56.
113   Staatsarchiv Basel-Stadt: PA 769a G1b; 92. Jahresbericht, 1930/31.
114   Staatsarchiv Basel-Stadt: PA 769a G1b; 89. Jahresbericht, 1927/28; vgl. auch 86. Jahresbericht, 1924/25; 114. Jahresbericht, 1952/53.
115   Staatsarchiv Basel-Stadt: PA 769a G1b; 100. Jahresbericht, 1938/39. Vgl. dazu auch Gebhard 2007, S. 48.
116   Staatsarchiv Basel-Stadt: PA 769a G1b; 89. Jahresbericht, 1927/28. Lehrmittel kamen erst wieder im Zusammenhang mit dem Inspektorenwechsel 1958 zur Diskussion; vgl. Staatsarchiv Basel-Stadt: PA 769a D1; Bericht des Inspektors, 6. 5. 1958. Bis 1965 erfolgte der Unterricht zudem ohne Lehrplan. Vgl. Staatsarchiv Basel-Stadt: PA 769a G1b; 126./127. Jahresbericht, 1965/66.

so ist ihnen besser gedient, als wenn sie, vollgepfropft mit allerlei Wissen, sich unbeholfen und ungeschickt benehmen würden.[117] Das Hauptgewicht des Unterrichts lag neben der Sprachausbildung weniger auf theoretischem Wissen als auf praktischen Fähigkeiten: «Viel Wissen ist für das taube Kind wertlos. Viel Können hilft ihm besser durchs Leben.»[118] So umfasste der Unterricht immer auch Handarbeits- und Turnunterricht (vgl. Abb. 22).[119] Der Unterricht fand prinzipiell überall statt: «Wir unterrichten fürs Leben. Darum schöpfen wir aus dem Leben. Überall wird bei uns unterrichtet. Nicht nur in der Schule, sondern auch bei der Arbeit in Haus und Garten.»[120] Der Unterricht beschränkte sich also nicht bloss auf die eigentlichen Lektionen, sondern umfasste ebenso die Mitarbeit im Anstaltsbetrieb. Nicht zuletzt deshalb war die Aufsichtsfunktion durch geschultes Personal ein unerlässlicher Faktor des pädagogischen Konzepts.

Die Kinder waren zudem ein integraler Teil der Anstaltsökonomie. Ein nicht unwesentlicher Teil der Arbeiten im Anstaltsalltag wurde von den Schülerinnen und Schülern erledigt. Sie halfen mit, anfallende Arbeiten in Haus und Garten zu verrichten: sie putzten, spülten Geschirr, rüsteten Gemüse, halfen bei Gartenarbeiten, wuschen und flickten Kleider, machten die Betten und anderes mehr.[121] Die Mitarbeit im Anstaltsbetrieb vermittelte den Kindern die erwähnten praktischen Fähigkeiten. Die Arbeit war darüber hinaus auch elementarer Teil der Erziehungsarbeit: «Die Kinder werden bei uns zur Arbeit angehalten. Es wird von ihnen verlangt, dass sie alles, was ihnen aufgetragen wird, so gut sie es können, ausführen.»[122] Die Mitarbeit im Anstaltsbetrieb sollte die Kinder zur Arbeit erziehen: «Gewöhnung an fröhliche Arbeit, nicht erzwungener Drill, ist unser Ziel. Die Arbeit muss unseren Zöglingen zum Bedürfnis werden, wenn sie der grossen Konkurrenz der Vollsinnigen standhalten wollen.»[123]

Die Kinder standen damit auch ausserhalb der Schule, in ihrer freien Zeit, unter Aufsicht: «Den ganzen Tag stehen die Schüler unter Kon-

117   Staatsarchiv Basel-Stadt: PA 769a G1b; 97. Jahresbericht, 1935/36.
118   Staatsarchiv Basel-Stadt: PA 769a G1b; 99. Jahresbericht, 1937/38.
119   Staatsarchiv Basel-Stadt: PA 769a G1b; 92. Jahresbericht, 1930/31.
120   Staatsarchiv Basel-Stadt: PA 769a G1b; 83. Jahresbericht, 1921/22.
121   Staatsarchiv Basel-Stadt: PA 769a G1b; 99. Jahresbericht, 1937/38; vgl. auch 111. Jahresbericht, 1949/50.
122   Staatsarchiv Basel-Stadt: PA 769a G1b; 90. Jahresbericht, 1928/29.
123   Staatsarchiv Basel-Stadt: PA 769a G1b; 84. Jahresbericht, 1922/23.

Abb. 22: Darbietung der Mädchen zum 75-Jahr-Jubiläum der Taubstummenanstalt Riehen (1914). Foto Eugen Sutermeister, Schweizerisches Sozialarchiv, Zürich.

trolle.»[124] Auch die Anstellung dreier Anstaltsgehilfinnen durch den neuen Inspektor 1958 wurde in diesem Sinne begründet: «So ist es uns möglich, dass wir mit den Kindern intensiver arbeiten und sie noch besser überwachen können.»[125] Die durchgehende Kontrolle und Überwachung diente nicht nur der allgemeinen disziplinarischen Ordnung der Schule. Sie sollte auch die konsequente Durchsetzung der Lautsprache als einziges zulässiges Kommunikationsmittel innerhalb der Anstalt sicherstellen.

Der gesamte Anstaltsbetrieb war darauf ausgelegt, dass die Kinder auch ausserhalb des eigentlichen Unterrichtes, während der Arbeit und in ihrer Freizeit, ausschliesslich lautsprachlich und nicht in Gebärdensprache kommunizierten.[126] Der Gebrauch der Gebärdensprache war in

124   Staatsarchiv Basel-Stadt: PA 769a G1b; 110. Jahresbericht, 1948/49. Vgl. auch Janett 2016, S. 241; Gebhard 2007, S. 48.
125   Staatsarchiv Basel-Stadt: PA 769a D1; Bericht des Inspektors, 6. 5. 1958.
126   Staatsarchiv Basel-Stadt: PA 769a G1b; 92. Jahresbericht, 1930/31.

Abb. 23: Ausflug von Basler Gehörlosen (um 1910). Foto Eugen Sutermeister, Schweizerisches Sozialarchiv, Zürich.

Riehen seit den Zeiten Arnolds verpönt.[127] Insbesondere Walter Bär wies in den Jahresberichten seit den 1920er-Jahren regelmässig und explizit darauf hin, dass die Gebärdensprache «ein längst überwundener Standpunkt» sei:[128] «Denn in unserer Taubstummen-Anstalt lernen die Kinder sprechen; die Gebärdensprache ist schon längst daraus verbannt. Es ist bemühend, dass das immer und immer wieder gesagt werden muss.»[129] Die Regelmässigkeit und auch die Vehemenz, mit der diese Hinweise erfolgten, sind Hinweise darauf, dass die Gebärdensprache unter den Kindern in der Taubstummenanstalt durchaus als Umgangssprache verbreitet war, auch wenn das strenge Kontroll- und Überwachungsregime ebendies unterbinden wollte.[130]

127 Hesse 2015, S. 39–44.
128 Staatsarchiv Basel-Stadt: PA 769a G1b; 114. Jahresbericht, 1952/53; vgl. auch Jahresberichte, 1919/20, 1920/21, 1923/24, 1925/26, 1926/27, 1930/31, 1934/35, 1948/49, 1952/53, 1955/56.
129 Staatsarchiv Basel-Stadt: PA 769a G1b; 88. Jahresbericht, 1926/27.
130 Gebhard 2007, S. 42; Janett 2016, S. 242–245.

Abb. 24: Musikunterricht in der Taubstummenanstalt Riehen (1958). Jahresbericht der Taubstummenanstalt Riehen, 1958/59.

Inspektor Bär hegte wie seine Vorgänger starke Zweifel am sprachlichen Potenzial der Gebärden:

> Wie viel mehr kann durch die Lautsprache ausgedrückt werden, wie viel reicher an innern Gütern kann ein Tauber werden, der die Lautsprache anzuwenden weiss. Denken wir nur an die Begriffe: Freude, Leid, Zorn, Sanftmut, Liebe, Hass. Wie sollten diese Begriffe durch Gebärden dargestellt werden? Aus diesem Grunde halten wir an der reinen Lautsprache fest und suchen mit allen Mitteln die Kinder, auch unter sich, zum Reden zu bringen.[131]

Die Gebärdensprache erlaube es den gehörlosen Kindern nicht, «sich geistig weiter zu entwickeln», weshalb sich «intelligente Taubstumme [...] ohne Ausnahme der reinen Lautsprache bedienen.»[132] Denn einzig durch die Lautsprache – so die Meinung des Inspektors – «wird der Mensch zum Menschen.»[133] Mit der Vermittlung der Lautsprache war

131 Staatsarchiv Basel-Stadt: PA 769a G1b; 85. Jahresbericht, 1923/24,
132 Staatsarchiv Basel-Stadt: PA 769a G1b; 87. Jahresbericht, 1925/26.
133 Staatsarchiv Basel-Stadt: PA 769a G1b; 114. Jahresbericht, 1952/53.

man bestrebt, «die Tauben den Hörenden nach Möglichkeit gleichwertig zu machen.»[134]

Hinter dem Primat der Lautsprache verbarg sich noch Mitte des 20. Jahrhunderts eine starre Vorstellung körperlicher Normalität, an die es die gehörlosen Kinder anzupassen galt.[135] Nebst den sprachtheoretischen Vorbehalten waren es vor allen Dingen auch praktisch-kommunikative und soziale Argumente, die die Verbannung der Gebärden legitimierten: «Wir müssen die Kinder ‹verkehrstüchtig› machen. Das werden sie aber nur, wenn sie sprechen können.»[136] Mit dem methodischen Primat der Lautsprache und dem gleichzeitigen Ausschluss der Gebärden verfolgte man das doppelte Ziel, die gehörlosen Kinder an eine körperliche Normalitätsvorstellung anzupassen und sie dadurch in die Gesellschaft einzugliedern.[137] Die Lautsprachmethode bildete dabei die gemeinsame Basis:

> Nur durch die Beherrschung der reinen Lautsprache sind die Gehörlosen fähig, sich der Allgemeinheit einzuordnen und nur durch sie wird es möglich, sie nicht als eine Sondergruppe der Menschen erscheinen zu lassen. Geben wir ihnen die Lautsprache, so helfen wir ihnen zur Gewissheit, dass auch sie, die so oft verkannt werden, vollwertige Menschen seien, die nicht hinter die andern zurückgestellt zu werden brauchen.[138]

Auffällig ist, dass die Idee eines «vollwertigen Menschen» und einer gelungenen gesellschaftlichen Integration eng verknüpft wurde mit einer erhofften Erwerbsarbeit, das heisst mit einer wirtschaftlichen Selbständigkeit, unabhängig von Unterstützungsleistungen der Fürsorge. Schon im Jahr 1874 betonten die Anstaltsverantwortlichen diesen Zusammenhang: «Überhaupt sollen die Zöglinge bei uns durch Unterricht und Erziehung zu brauchbaren Menschen, die sich ihr Brot künftig mit Ehren

---

134   Staatsarchiv Basel-Stadt: PA 769a G3e; Bericht über die Monate September bis Dezember 1925.
135   Lodéon, Sabine: L›institution du sourd-muet, in: Communications, 56 (1993), N. 1, S. 91–103, hier S. 94, www.persee.fr/doc/comm_0588-8018_1993_num_56_1_1850 (13. 1. 2020). Die französische Historikerin Sabine Lodéon spricht bezüglich der Anpassung an eine körperliche Normalität von «humaniser». Die Eingliederung in die Gesellschaft bezeichnet sie als «socialiser».
136   Staatsarchiv Basel-Stadt; PA 769a G1b; 117. Jahresbericht, 1955/56.
137   Lodéon 1993, S. 94.
138   Staatsarchiv Basel-Stadt: PA 769a G1b; 92. Jahresbericht, 1930/31.

selbst verdienen können, gebildet werden.»[139] In der Folge wurde die zugrunde liegende Idee zwar nicht mehr unter dem Begriff «bürgerliche Brauchbarkeit» verhandelt. Die Argumentation blieb aber dieselbe. Der Jahresbericht zum 100-Jahr-Jubiläum der Anstalt verwies 1939 auf den engen Zusammenhang zwischen Ausbildung, Erwerbsarbeit und Unabhängigkeit von Dritten:

> 678 Kinder gingen im Laufe der 100 Jahre durch unsere Anstalt. Sie alle wären nutzlose Menschen geblieben, hätten sie ohne Ausbildung durchs Leben gehen müssen. Ihnen allen durften wir das nötige Rüstzeug fürs Leben geben, so dass die meisten unter ihnen sich nach Austritt aus der Anstalt ihr Brot ohne fremde Hilfe, als vollwertige Menschen verdienen konnten.[140]

Der Erfolg der gesellschaftlichen Integration mass sich am Grad der wirtschaftlichen Unabhängigkeit, wobei als «vollwertiger Mensch» nur diejenigen Menschen mit Behinderungen galten, die einer Erwerbsarbeit nachgingen. Erst die zukünftige Arbeit mache die gehörlosen Kinder zu «zufriedenen und glücklichen Menschen, die niemand zur Last fallen.»[141] Die Erwerbsarbeit gewährleistete dieser Vorstellung gemäss nicht nur die gesellschaftliche Integration und die soziale Identität, sondern stiftete und beförderte gleichzeitig die persönliche Identität.

Der lautsprachliche Unterricht bildete eine wesentliche Voraussetzung für die angestrebte Integration. Der Jahresbericht von 1948/49 hielt in diesem Sinne fest: «Ohne die Lautsprache wären sie [die Schülerinnen und Schüler, A. d. V.] hülflose Menschen geblieben. Nun, da sie sprechen können, sind sie imstande, sich als vollwertige Menschen zu fühlen. Sie können ihren Platz in der Gemeinschaft ausfüllen, ohne der Öffentlichkeit zur Last zu fallen.»[142] Die Lautsprachmethode bildete damit den Kern des pädagogischen Konzepts der Taubstummenanstalt Riehen. Die Erziehung zur Arbeit, die Ausbildung und Förderung praktischer Fähigkeiten als Vorbereitung für eine zukünftige Erwerbstätigkeit und die Mitarbeit im Anstaltsbetrieb waren pädagogisch eng verbunden mit dem intensiven Sprech- und Absehunterricht und den Bemühungen, gebärdensprachliche Kommunikation zu verhindern. Diese Orientierung an

139   Staatsarchiv Basel-Stadt: PA 769a G9; Mittheilung über die Taubstummen-Anstalt, 1874.
140   Staatsarchiv Basel-Stadt: PA 769a G1b; 100. Jahresbericht, 1938/39.
141   Staatsarchiv Basel-Stadt: PA 769a G1b; 92. Jahresbericht, 1930/31.
142   Staatsarchiv Basel-Stadt: PA 769a G1b; 110. Jahresbericht, 1948/49.

der «Brauchbarkeit fürs bürgerliche Leben» erwies sich als sehr beständig und anpassungsfähig. Im Gegenteil dazu verlor das ursprüngliche Hauptziel der Anstalt, die Kinder zu wahren Christen zu erziehen, im Verlaufe der Zeit deutlich an Bedeutung.[143]

Das Argument der «bürgerlichen Brauchbarkeit» eignete sich auch bestens, um finanzielle Mittel von philanthropischen Kreisen des Basler Stadtbürgertums einzuwerben. Die Aussicht, gehörlose Kinder später einer Erwerbsarbeit zuzuführen, versprach, die städtische Fürsorge nachhaltig zu entlasten.[144] Das Argument erwies sich im Verlaufe der Zeit als sehr anpassungsfähig. Es wurde auch verwendet, als der Kanton seit den 1920er-Jahren die Subventionen gegenüber der Anstalt ausbaute und sich damit die vormalig private Finanzierung zunehmend zu einer staatlichen wandelte. 1931 heisst es in einem Gesuch an den Kanton Basel-Stadt: «Die Aufgabe der Taubstummenanstalt Riehen ist es immer gewesen, geistig normale Taubstumme auszubilden, damit sie später ihr Brot verdienen und nicht der Allgemeinheit zur Last fallen.»[145]

Die berufliche Integration der gehörlosen Kinder gestaltete sich bis Mitte des 20. Jahrhunderts jedoch meist prekär: Die Inspektoren waren zwar bemüht, den austretenden Kindern nach Möglichkeit eine geeignete Lehrstelle oder einen Arbeitsplatz zu vermitteln.[146] Die konkreten Betreuungs- und Unterstützungsangebote der Anstalt für die austretenden Kinder waren aber beschränkt.[147] Abgesehen vom Anspruch auf Fürsorgeleistungen gab es nach dem Schulaustritt für gehörlose Kinder – und allgemein für Menschen mit Behinderungen – keine rechtlichen Ansprüche auf weitergehende Leistungen. Zumindest bis zur Gründung der Invalidenversicherung 1960 standen Menschen mit Behinderungen sozialpolitisch, rechtlich und versicherungstechnisch weitgehend im gesellschaftlichen Abseits.

Seit den 1960er-Jahren erlebte die Gehörlosenschule Riehen, wie andere Einrichtungen auch, einen schrittweisen Übergang vom Internats- zum

143 Zwar sind auch in der Mitte des 20. Jahrhunderts die Jahresberichte teilweise noch von einem christlich-religiösen Duktus geprägt. Im Vergleich zum ausgehenden 19. Jahrhundert ist allerdings ein deutlicher Rückgang dieser Argumentationslinie festzustellen.

144 Rudin 2017, S. 10–15.

145 Staatsarchiv Basel-Stadt: Erziehung LL 24; Gesuch vom 17. 6. 1931.

146 Beispielsweise: Staatsarchiv Basel-Stadt: PA 769a G1b; 87. Jahresbericht, 1925/26.

147 Anders als beispielsweise in St. Gallen; vgl. Ammann, Hans: 80 Jahre Taubstummenanstalt St. Gallen – 1859–1939, St. Gallen 1939, S. 17.

Externatsbetrieb. Der Einfluss medizinischer und audiopädagogischer Ansätze war in Riehen, nicht zuletzt durch die Nähe des Basler Universitätsspitals und der Medizinischen Fakultät der Universität, vergleichsweise stark. Dies spiegelt sich beispielsweise in der Figur Eberhard Kaisers (1921–2007), der von 1964 bis 1977 als Direktor der Gehörlosenschule vorstand, parallel intensiv wissenschaftlich publizierte und 1975 von der Medizinischen Fakultät der Universität Basel den Ehrendoktortitel erhielt.[148] In den 1990er-Jahren richtete die Schule zudem gemeinsam mit dem Universitätsspital Basel eine Stelle zur Beratung und Therapie von Hörgeschädigten mit Cochlea-Implantaten ein.[149]

In den 1990er-Jahren erlebte die Riehener Schule einen pädagogischen Umbruch. Riehen hatte schon früh, bereits Ende der 1980er-Jahre (unter dem damaligen Direktor Bruno Steiger), mit integrativen Unterrichtsmodellen experimentiert, in denen eine Gehörlosenklasse in einem nahe gelegenen Schulhaus, im Umfeld der Regelschule, unterrichtet wurde. Unter dem Direktor René J. Müller, der sein Amt 1993 antrat und als Spezialist integrativer Schulung galt, schlug die Riehener Schule einen konsequenten Integrationskurs ein. Die hörgeschädigten Schülerinnen und Schüler wurden nun verstärkt in Regelklassen der Volksschule unterrichtet, vor allem auf Kindergarten- und Primarschulstufe. In diesen integrativen Klassen wurde versuchsweise auch die Gebärdensprache in den Unterricht einbezogen. Dabei kam es auch zu Abgängen ehemaliger Gehörlosenlehrpersonen, die in der Gehörlosenschule unterrichtet hatten. Viel Know-how sei in diesem Umbruch verloren gegangen, meint etwa Sandra Lipp, die diese Zeit als Lehrerin erlebt hatte.[150] Um 2000 öffnete sich die Schule weiter gegenüber der Gebärdensprache. 2002 wurde eine bimodale Klasse mit einer gehörlosen Lehrperson eingerichtet, in der die Schülerinnen und Schüler bilingual unterrichtet wurden. Parallel zu diesen Entwicklungen reduzierte sich auch die Nachfrage nach Internatsplätzen so stark, dass die Schule 1997 den Internatsbetrieb ganz einstellte.[151]

148 Schmid-Cestone, Lucia: Im Gedenken an Dr. med. h. c. Eberhard Kaiser (Nachruf), in: Riehener Zeitung, 11. 1. 2008, S. 2.
149 Staatsarchiv Basel-Stadt: PA 769a G1b; 156. Jahresbericht, 1994/95.
150 Interview mit BS Pe 75–00; vgl. auch: Fischer, Judith: Donnergrollen in der Gehörlosenschule, in: Riehener Zeitung, 11. 7. 1997, S. 1; Staatsarchiv Basel-Stadt: PA 769a G1b; 159. Jahresbericht, 1997/98; 161. Jahresbericht, 1999/2000; 164. Jahresbericht, 2002/03.
151 Fischer 1997.

4.4   Sprachheilschule St. Gallen

Die Taubstummenanstalt St. Gallen wurde 1859 gegründet. Sie ist bis heute privatrechtlich organisiert. Als Trägerschaft wirkt der St. Gallische Hilfsverein für gehör- und sprachgeschädigte Kinder und Erwachsene. Erster Direktor der Schule war der deutsche Georg Friedrich Erhardt (1831–1903), der zuvor als Gehörlosenlehrer an der Taubstummenanstalt Zürich unter Georg Schibel gearbeitet hatte und von diesem «die besten Zeugnisse» erhielt. Erhardt begründete den Unterricht in St. Gallen von Anfang an auf der lautsprachlichen Methode. Die Schule blieb diesem Ansatz bis Ende der 1990er-Jahre treu.[152] 1983 folgte die Umbenennung der Taubstummenanstalt in Sprachheilschule St. Gallen.[153]

Die Schule besitzt eine überregionale Reichweite, die die ganze Ostschweiz abdeckt.[154] Sie führte ursprünglich vor allem einen Internatsbetrieb, nahm aber auch externe Schülerinnen und Schüler auf.[155] Seit den 1960er-Jahren verfolgte die Leitung das Ziel, Internatskinder in Pflegefamilien unterzubringen.[156] In den 1980er-Jahren ging der Bestand an Internatskindern um einen Drittel zurück, vor allem wegen der gestiegenen Mobilität von Familien mit gehörlosen Kindern und zusätzlicher Angebote für die integrative Schulung schwerhöriger Kinder. Die Umwandlung von einem «reinen Internatsbetrieb» in eine Tagesschule setzte sich seither fort.[157]

Eine fürs 20. Jahrhundert prägende Figur war Hans Ammann (1904–1990), der in den 1930er-Jahren als Lehrer in der St. Galler Anstalt wirkte, 1937 zum Direktor befördert wurde und das Amt bis 1970 ausübte (vgl. Abb. 28). Ammann war einer der ersten Schüler des Heilpädagogischen Seminars in Zürich und nach seiner dortigen Ausbildung ab 1929 als Gehörlosenlehrer in St. Gallen tätig. Sein Spezialgebiet war der lautsprachliche Artikulationsunterricht und die Früherkennung von Hörbeeinträchtigungen. Er engagierte sich auch für den Ausbau der Nach-

---

152   Schlegel et al. 1984, S. 30.
153   Staatsarchiv des Kantons St. Gallen: ZA 483; Jahresberichte, 1990, S. 25.
154   Staatsarchiv des Kantons St. Gallen: A 451/1.2.1. Statuten, Reglemente, Bestimmungen über Zweck, Einrichtung und Aufnahmebedingungen der Taubstummenanstalt in St. Gallen, 1903, Art. 2.
155   Erst ab 1981 unterscheiden die Jahresberichte zwischen dem Schülerbestand des Internats und des Externats.
156   Staatsarchiv des Kantons St. Gallen: Jahresberichte, 1989, S. 6.
157   Staatsarchiv des Kantons St. Gallen: Jahresberichte, 1990, S. 17.

Abb. 25: Gruppenbild der Schülerinnen und Schüler der ersten bis dritten Klasse der Taubstummenanstalt St. Gallen (1914). Foto Eugen Sutermeister, Schweizerisches Sozialarchiv, Zürich.

betreuung ehemaliger Schülerinnen und Schüler. Ammann unternahm zahlreiche Studienreisen in viele der bedeutendsten Taubstummenanstalten des deutschsprachigen Raums.[158] Unter seiner Leitung bewegte sich die St. Galler Anstalt als erste schweizerische Einrichtung weg vom alten Modell der Taubstummenanstalt. 1937 wurde die Einrichtung umbenannt in «Taubstummenanstalt und Sprachheilschule St. Gallen». Mit diesem Schritt waren neue Angebote für gehörbedingte Sprachstörungen wie Stottern verbunden. Neben seiner Tätigkeit als Direktor engagierte er sich auch für die Ausbildung neuer Fachkräfte. Unter anderem unterrichtete er an den Heilpädagogischen Seminaren in Zürich und Fribourg und hielt dort Gehörlosenlehrer- und Logopädiekurse.[159]

1940 wurde der St. Galler Anstalt ein Kindergarten für gehörlose Kinder angegliedert und eine pädoaudiologische Beratungsstelle eingerich-

158   Schlegel et al. 1984, S. 31; St. Galler Tagblatt, 2. 11. 1970, 30. 11. 1974.
159   Schlegel et al. 1984, S. 41–43; St. Galler Tagblatt, 2. 11. 1970, 30. 11. 1974.

Abb. 26: Mädchenturnunterricht im Freien, Taubstummenanstalt St. Gallen
(um 1913). Foto Eugen Sutermeister; Staatsarchiv des Kantons St. Gallen.

Abb. 27: Knabenturnunterricht im Freien, Taubstummenanstalt St. Gallen (um 1913).
Foto Eugen Sutermeister; Staatsarchiv des Kantons St. Gallen.

Abb. 28: Arbeitserziehung durch Gartenarbeit mit Hans Ammann, Taubstummenanstalt St. Gallen (1931). Staatsarchiv des Kantons St. Gallen.

Abb. 29: Kindergarten-lehrerin Martha Thürlemann beim Sprachunterricht, Taubstummenanstalt St. Gallen (um 1946). Staatsarchiv des Kantons St. Gallen.

tet. Auch in St. Gallen galt die Devise, dass «die fachliche Betreuung der taubstummen Kinder viel früher einzusetzen habe als bisher».[160] Der Kindergarten erlaubte, gehörlose Kinder bereits mit fünf Jahren in die Anstalt aufzunehmen, statt mit sieben oder acht wie bis anhin (vgl. Abb. 29).

Gründe für das Festhalten an der Lautsprachmethode

Das pädagogische Grundanliegen der Gehörlosenschule St. Gallen war, ihre Schülerinnen und Schüler «vor der absoluten Isolation zu bewahren». Die Verantwortlichen der Schule hielten die lautsprachliche Ausbildung der Gehörlosen für das geeignete Mittel, um dieses Ziel zu erreichen. Die Schüler wurden nicht nur im Unterricht, sondern auch in der Freizeit «immer wieder und dauernd zum Sprechen angehalten» (für ein frühes Beispiel vgl. Abb. 30).[161] Ammann war davon überzeugt, dass die Lautsprache von zentraler Bedeutung für das psychische Wohlbefinden der Gehörlosen war. «Das Gespräch ist aber nicht nur notwendig als Austauschmittel, sondern vor allem notwendig für die psychische Gesundheit.»[162] Die Lautsprache sollte es den Schülerinnen und Schülern gemäss Ammann ermöglichen, sich in ihren Familien zu verständigen. Ohne diese Kommunikationsebene seien die Gehörlosen in ihren eigenen (hörenden) Familien isoliert, was nach Ammann zu psychischen Problemen führen und die Kinder in ihrer Charakterbildung behindern könnte.

> Es fehlen ihm [dem Gehörlosen] ja die Worte, um richtig auszudrücken, was sein Gemüt bewegt, sein Herz beunruhigt. Das Leben im ununterbrochenen Wechsel seiner Erscheinungen, das hektische Treiben, machen den Gehörlosen unsicher und unruhig. Viele angestaute, unverarbeitete Eindrücke können nicht in einem befreienden Gespräch abreagiert werden. Daher die gelegentlichen Aggressionen, die Familienmitglieder hintereinander bringen und Arbeitsverhältnisse stören können.[163]

160 Staatsarchiv des Kantons St. Gallen: A451/4.4 100-Jahr-Jubiläum: Taubstummenanstalt und Sprachheilschule St. Gallen, Chronik 1820–1959, S. 17.
161 Staatsarchiv des Kantons St. Gallen: ZA 483; Jahresbericht St. Gallen 1953/54, S. 15.
162 Staatsarchiv des Kantons St. Gallen: ZA 483; Jahresbericht St. Gallen 1962/63, S. 6 f.
163 Staatsarchiv des Kantons St. Gallen: ZA 483; Jahresbericht St. Gallen 1963/64, S. 23.

Abb. 30: Artikulationsklasse, Taubstummenanstalt St. Gallen (um 1915). Foto Eugen Sutermeister, Schweizerisches Sozialarchiv, Zürich.

Ammann wollte die Gehörlosen vor einem «Robinsonsschicksal inmitten der hörenden Welt» bewahren. Die Jahresberichte zeigen indes verschiedentlich, dass er seinen eigenen Anspruch nur unvollständig eingelöst sah.[164]

Allerdings war es Ammann wichtig, dass die gehörlosen Kleinkinder im Kindergarten noch gebärden durften. «Nehmen wir aber dem Kleinen in diesem Alter die Gebärde, nehmen wir ihm überhaupt die Sprache.»[165] Man darf die von Ammann beschriebene «Gebärde» allerdings nicht mit der Deutschschweizer Gebärdensprache gleichsetzen. Es dürfte sich vielmehr um eine auf einfachen Gesten beruhende Sprache gehandelt haben, anhand derer sich Lehrer und Kleinkinder verständigten. Ammann betonte zudem stets, wie wichtig es sei, dass die Gebärde so schnell wie möglich durch die Lautsprache ersetzt werde.[166] Er war über-

164 Staatsarchiv des Kantons St. Gallen: ZA 483; Jahresbericht St. Gallen 1968, S. 13.
165 Staatsarchiv des Kantons St. Gallen: ZA 483; Jahresbericht St. Gallen 1956/57, S. 9.
166 Ebd.

zeugt, dass die Gebärdensprache nicht in der Lage sei, komplexe Inhalte zu vermitteln. Die Gebärdensprache hielt er für kein geeignetes Mittel, Gehörlose in die hörende Gesellschaft einzugliedern. Ammann bestand deshalb in St. Gallen auf der Lautsprache in mündlicher und schriftlicher Form. Auch Mund-Hand-Systeme wie das phonembestimmte Manualsystem nach Schulte lehnte er ab, da sie zwar bei der Verständigung helfen könnten, die Gehörlosen jedoch «total ausgliederten». Man könnte gegebenenfalls von den Eltern verlangen, so Ammann, dieses komplizierte Kommunikationssystem zu erlernen, jedoch keinesfalls von den Lehrmeistern und von der Öffentlichkeit.[167] Nur in der Lautsprache sah Ammann eine tragfähige Brücke zur hörenden Gesellschaft: «Wenn die Sprache fehlt, ist die Brücke abgebrochen. Das Ohr ist das sozialste Organ. Ohne Sprache werden keine oder nur wenige soziale Bindungen ermöglicht.»[168] Ammann war sich jedoch bewusst, dass die Gebärdensprache den Gehörlosen eher entgegenkam als die Lautsprache:

> Die Gebärdensprache wäre menschlicher, kommt aus dem Herzen. Die Lautsprache ist und bleibt für den Taubstummen etwas Künstliches, Hartes, oft auch etwas Fremdes. Die Gebärdensprache kommt aus dem Herzen, die Lautsprache aus dem Verstand.[169]

Ammann war sich durchaus bewusst, dass die künstlich erlernte Lautsprache bei den Gehörlosen nie den Status einer Muttersprache erlangen konnte. Er hielt deren lautsprachliche Fähigkeiten für grundsätzlich beschränkt, auch bei langen Schulzeiten und intensiven pädagogischen Anstrengungen.[170]

Der Nachfolger Hans Ammanns in der Leitung der St. Galler Anstalt war sein Sohn Rolf Ammann. Er versah die Direktion von 1970 bis 1980. Auch Rolf Ammann hielt am Ziel, Gehörlose in die hörende Gesellschaft zu integrieren, fest. Voraussetzung für diese Integration schien auch ihm eine «optimale laut- und schriftsprachliche Förderung» an der Gehörlosenschule. Wie bereits sein Vater war auch Rolf Ammann davon überzeugt, dass die Lautsprache das Hauptwerkzeug für die geistig-psychische und soziale Entwicklung des Menschen sei und diese auch

167   Ammann, Hans: Taubstummen- und Sprachheilschule St. Gallen. Das taubstumme Kind und seine Bildung, ca. 1980, S. 13–15.
168   Staatsarchiv des Kantons St. Gallen: A451/4.4 100-Jahr-Jubiläum: Ammann, Hans: Jubiläumsansprache 1959, S. 3 f.
169   Ebd., S. 7.
170   Ebd., S. 9.

Abb. 31: Heimatkundeunterricht bei der Lehrerin Babette Eggenberger, Taubstummenanstalt St. Gallen (um 1950). Staatsarchiv des Kantons St. Gallen.

den Gehörlosen zu vermitteln war.[171] Unterschiedlich bewerteten Vater und Sohn die Gehörlosenvereine. Hans Ammann lehnte die Vereine aus der Befürchtung ab, dass diese die Gehörlosen daran hinderten, an der hörenden Gesellschaft teilzunehmen. Rolf Ammann hingegen gestand den Gehörlosen ein «unabdingbares Recht zu ihrer Selbstverwirklichung» zu, wozu er auch das Zusammentreffen unter ihresgleichen in Vereinen zählte.[172]

Um den Gehörlosen die Lautsprache besser zu vermitteln, war es in St. Gallen selbstverständlich, «auch den kleinsten Hörrest» auszunutzen. Durch Hörreste könne eine bessere, klarere und natürlichere Sprache erreicht werden.[173] Der Hörunterricht war daher spätestens seit den 1950er-Jahren auch in St. Gallen an der Tagesordnung.[174] Dieser setz-

171 Staatsarchiv des Kantons St. Gallen: ZA 483; Jahresbericht St. Gallen 1975, S. 6.
172 Ebd., S. 7.
173 Ammann ca. 1980, S. 18.
174 Staatsarchiv des Kantons St. Gallen: A451/4.4 100-Jahr-Jubiläum: Ammann, Hans: Jubiläumsansprache 1959, S. 11.

te so früh wie möglich ein, damit die Hörreste entdeckt werden konnten, bevor sie in einigen Fällen für immer verschwanden. In St. Gallen galt die Doktrin, dass gehörlose Kleinkinder die Hörgeräte besser annehmen würden und dadurch einfacher eine «Hörlust» entwickelten.[175] Die Schule verfügte über eine hausinterne Hörgeräte-Versorgung, die durch je einen Hörgeräteakustiker und einen Techniker betreut wurde. Die einzelnen hörgeschädigten Schülerinnen und Schüler waren alle mit Hörgeräten versorgt. Während des Klassenunterrichts kam eine FM-Schulanlage in Gebrauch.[176] Die Lehrperson war dabei über ein Mikrofon drahtlos mit den Hörgeräten der Schülerinnen und Schüler verbunden und konnte auf diesem Weg besser gehört und verstanden werden und eine grössere Aufmerksamkeit erreichen.[177]

Das Primat der lautsprachlichen Methode hielt sich in St. Gallen bis in die 1990er-Jahre hinein. Auch Rolf Ammanns Nachfolger Bruno Schlegel (* 1948) war von den Vorteilen der Lautsprachmethode überzeugt. Er übernahm 1980 die Direktion der Schule und begründete 1982 seine Position im Jahresbericht mit den verbesserten Berufsaussichten der Gehörlosen:

> Wir sind nach wie vor überzeugt, dass unsere Schüler eine möglichst gute Lautsprache erlernen müssen. Nur dann haben wir die Chance, ihnen einen Lehrplatz zu vermitteln. Lehrmeister können keine Gebärdensprache und werden verständlicherweise kaum bereit sein, eine solche zu lernen. Zudem ist ein Hineinwachsen in die Alltagswelt für die Hörbehinderten vor allem durch die Verständigungsmöglichkeit gewährleistet, durch ein sicheres Ablesen von den Lippen und eine möglichst deutliche Lautsprache.[178]

Während man an der Gehörlosenschule in Zürich mit LBG ein auf Gebärden basierendes Hilfssystem zur Lautspracherlernung einsetze, vertrat Schlegel auch in den folgenden Jahren die Ansicht, dass die gehörlosen Schülerinnen und Schüler in St. Gallen die Lautsprache «ohne den Einbezug von weiteren Systemen (Gebärdensprache usw.)» erlernen

175 Staatsarchiv des Kantons St. Gallen: ZA 483; Jahresbericht St. Gallen, 1959/60, S. 17–19.
176 FM-Anlagen sind drahtlose Signalübertragungsanlagen, die Signale mit frequenzmodulierten Funksignalen (FM) übertragen.
177 Staatsarchiv des Kantons St. Gallen: A451/4.5 125-Jahr-Jubiläum: Schlegel, Bruno: Taubstummen und Sprachheilschule St. Gallen, 16. 8. 1982, S. 3.
178 Staatsarchiv des Kantons St. Gallen: ZA 483; Jahresbericht St. Gallen 1982.

sollten.[179] Das Erreichen einer optimalen lautsprachlichen Kommunikationsfähigkeit wurde mit der Schulung in kleinen Klassen und durch intensive Einzeltherapie, beispielsweise in Früherziehung, Hör- und Absehtraining und Artikulationsunterricht, angestrebt.[180] Schlegels Meinung nach konnten dank der neuen technologischen Möglichkeiten die Gebärdensysteme in den Hintergrund treten. Denn die Lautsprachmethodik erzielte seiner Meinung nach dank der technologischen Innovationen noch bessere Resultate. Umgekehrt hielt Schlegel die Gebärdensysteme als Unterrichtsmethode in Gehörlosenschulen «je länger je fragwürdiger». Er befürchtete, dass die Gebärdensprache die Gehörlosen von der hörenden Gesellschaft isoliere und den Einfluss von Gebärdensprachdolmetschern unnötig verstärke. Schlegel warnte explizit vor der «extremen Abhängigkeit von hörenden Dolmetschern», vor der er seine Schülerinnen und Schüler zu bewahren versuchte.[181]

Schlegel führte zudem praktische Gründe gegen die Verwendung der Gebärdensprache im Unterricht an. Er vertrat die Überzeugung, dass nicht alle Gehörlosen über die nötigen Begabungen für die Gebärdensprache verfügten. Bei motorischen Defiziten und schwachen optischen Gedächtnisleistungen würden Gehörlose es schwer haben, die Gebärdensprache zu erlernen. Für besonders problematisch hielt Schlegel die Kombination von Gebärdensprache und Lautsprache: «Zwei Kommunikationssysteme gleichzeitig zu lernen und dauernd korrekt anzuwenden, erfordert eine äusserst hohe Begabung in verschiedenen Teilbereichen und kann nie bei allen Schülern als gegeben vorausgesetzt werden.»[182] Gleichwohl waren Gebärden auch unter Schlegel im Kindergarten erlaubt.[183] Auch andere manuelle Hilfsmittel wie etwa das erwähnte phonembestimmte Manualsystem oder das internationale Fingeralphabet waren im Unterricht zugelassen. Ausserdem stellte Schlegel die Verwendung von Gebärden in Gesprächen zwischen erwachsenen Gehörlosen nicht infrage.[184] In den 1980er-Jahren war der niederländische Gehörlosenpädagoge Antonius van Uden zweimal an der Gehörlosenschule zu Gast. Während seiner Aufenthalte in St. Gallen führte er jeweils Kurse mit der Lehrerschaft durch, um ihnen neue pädagogische

179   Staatsarchiv des Kantons St. Gallen: ZA 483; Jahresbericht St. Gallen 1987, S. 3.
180   Schlegel et al. 1984, S. 18.
181   Staatsarchiv des Kantons St. Gallen: ZA 483; Jahresbericht St. Gallen 1993, S. 8.
182   Ebd., S. 9.
183   Staatsarchiv des Kantons St. Gallen: ZA 483; Jahresbericht St. Gallen 1980, S. 5.
184   Staatsarchiv des Kantons St. Gallen: ZA 483; Jahresbericht St. Gallen 1993, S. 8.

Impulse zu vermitteln. 1988 besuchten zudem einige St. Galler Lehrpersonen auch van Udens Schule im niederländischen Eindhoven.[185]

1983 wurde die St. Galler Schule in Sprachheilschule St. Gallen, Schule mit Internat für Gehörlose, Schwerhörige und Sprachbehinderte umbenannt. Damit verschwand der Begriff «taubstumm» aus dem Namen der Schule – ein Begriff, der seit den 1970er-Jahren zunehmend als diskriminierend galt. Die Neubenennung wurde in St. Gallen unter anderem von Elternvereinigungen, Gehörlosenvereinen und ehemaligen Schülern gefordert. Auch die Schulleitung war der Ansicht, dass der Begriff «taubstumm» der Schule nicht gerecht wurde. Denn deren Ziel war es, die gehörlosen Schülerinnen und Schüler durch das Vermitteln der Lautsprache zu «entstummen».[186]

Auch gegenüber medizinischen Innovationen war die St. Galler Schule aufgeschlossen. 1994 fand an der Schule eine Fachtagung zum Thema «Das Cochlea-Implantat (CI) beim Kind: technische, medizinische und pädagogische Aspekte» statt. Zu dieser Tagung waren nicht nur Fachleute, sondern auch Eltern von hörgeschädigten Kindern eingeladen. Die St. Galler Schule positionierte sich damit als eine zukünftige Beratungs- und Begleitstelle für Eltern, deren Kinder für eine CI-Implantation infrage kamen.[187] 1995 eröffnete die Schule schliesslich ein «CI-Centrum», das Kinder, Jugendliche und Eltern im pädagogischen und therapeutischen Umgang mit Cochlea-Implantaten berät. Die lautsprachliche Ausrichtung der Schule wurde damit indirekt weiter bestärkt.[188]

4.5 Kantonale Sonderschule Hohenrain, Luzern (Heilpädagogisches Zentrum)

Auch das Heilpädagogische Zentrum Hohenrain blickt auf eine lange und bewegte Geschichte zurück. 1847 wurde die erste kantonale Taubstummenanstalt in Hohenrain gegründet. 1906 eröffnete auf demselben Areal die «Anstalt für bildungsfähige schwachsinnige Kinder» (vgl.

---

185   Staatsarchiv des Kantons St. Gallen: ZA 483; Jahresbericht St. Gallen 1990, S. 9.
186   Schlegel et al. 1984, S. 17.
187   Staatsarchiv des Kantons St. Gallen: ZA 483; Jahresbericht St. Gallen 1994, S. 6 f.
188   Vgl. www.sprachheilschule.ch/index.php/traegerschaft/geschichte (21. 1. 2020).

Abb. 32: «Anstaltsfamilie» der Taubstummenanstalt Hohenrain (1914). Foto Eugen Sutermeister, Schweizerisches Sozialarchiv, Zürich.

Abb. 32).[189] 1942 wurden die beiden Anstalten zum Kantonalen Erziehungsheim für schwerhörende, gehörlose und minderbegabte Kinder zusammengelegt.[190] 1966 erlebte das Erziehungsheim eine erneute Umstrukturierung. Es erhielt einen neuen Namen, die Kantonalen Sonderschulen Hohenrain und erhielt eine spezialisierte Abteilung für Gehörlose und Schwerhörige.[191] Ab 2001 erfolgte die Reform zum heutigen Heilpädagogischen Zentrum Hohenrain.[192]

Seit der Gründungszeit spielten pädagogische Motive eine wichtige Rolle. Bereits 1825 wandte sich der Luzerner Lehrer Peter Reichlin an den kantonalen Armen- und Vormundschaftsrat und schlug vor, eine Anstalt für die Bildung taubstummer Kinder zu errichten. Die Behörde reagierte wohlwollend auf die Initiative:

---

189   Wyss, Reto et al.: Eine Erfolgsgeschichte. 169 Jahre Hörbehindertenbildung in Hohenrain, Hohenrain 2016, S. 93.
190   Vgl. Staatsarchiv Luzern: Akt 411/2893; Auszug aus dem Verhandlungsprotokoll des Regierungsrates, 15. 12. 1941.
191   Ebd.
192   Xyss 2016; vgl. auch https://volksschulbildung.lu.ch/syst_schulen/ss_hpz_hohenrain/ss_hpz_ho_portraet/ss_hpz_ho_port_geschichte (20. 1. 2020).

Wir schliessen mit der Versicherung, dass wir mit allen Kräften zur Entwicklung der menschenfreundlichen Zwecke, welche Sie durch die Errichtung der Taubstummenanstalt zu erlangen suchen, thätigstens mitwirken werden [...].[193]

Das Institut Reichlins schloss nach nur einem Jahr aus unbekannten Gründen seine Tore.[194] 1834 eröffnete Kaplan Josef Grüter (1800–1869) eine weitere private Taubstummenanstalt in Menznau.[195] Sie richtete sich an «die ärmere Klasse» und sollte den Weg für die Gründung einer grösseren, kantonalen Anstalt bahnen.[196] Der Kanton unterstützte die private Einrichtung zunächst finanziell, bis der Grosse Rat im Jahr 1840 die Errichtung einer kantonalen Taubstummenanstalt beschloss.[197] Dies trotz der wechselhaften politischen Machtverhältnisse des Kantons Luzern. In den 1830er-Jahren wurde der Kanton von einer liberalen, kirchenkritischen Mehrheit regiert, die dem Anliegen Grüters wohlwollend gegenüberstand. Die staatliche Anstalt wurde vorerst im ehemaligen Franziskanerkloster Werthenstein untergebracht und dann in die Johanniterkommende von Hohenrain verlegt.[198] 1847 wurde die Anstalt unter der Direktion Grüters eröffnet.[199]

193   Staatsarchiv Luzern: Akt 24/141.A1; Brief des Armen- und Vormundschaftsrats des Kantons Luzern an Peter Reichlin, 29. 1. 1825.
194   In der Festschrift über die Taubstummenanstalt Hohenrain wird gemutmasst, dass Reichlin aufgrund von «Unmut über die Enttäuschung und Widerstände, die er fand», scheiterte. Breitenmoser 1947a, S. 32. Es existieren allerdings keine Quellenbelege, die diese Vermutung stützen würden.
195   Den ersten Schüler unterrichtete er bereits 1832 in Menznau. Vgl. Breitenmoser 1947a, S. 33, 35.
196   Staatsarchiv Luzern: Akt 24/141.B.1; Über das Bedürfnis einer Taubstummenanstalt, 1834. Durch die gehörlose Tochter des Kirchenpflegers Josef Wandeler kam Grüter mit Gehörlosen in Kontakt. Vgl. Breitenmoser 1947a, S. 33.
197   Die Eltern und Pflegeeltern von taubstummen Kindern waren künftig verpflichtet «denselben gleich den vollsinnigen Kindern den nothwendigen Unterricht in der Religion und den im Leben erforderlichen Kenntnissen und Fertigkeiten angedeihen zu lassen». Vgl. Staatsarchiv Luzern: Akt 24/141.A.1; Verordnung des Präsidenten und Grossen Rats des Kantons Luzern, 10. 6. 1840.
198   Die Auflösung des Franziskanerklosters Werthenstein erfolgte im Jahre 1838 und war die letzte grosse kirchenpolitische Aktion der liberalen Luzerner Regierung. Vgl. Bosshard-Boner, Heidi: Im Spannungsfeld von Politik und Religion. Der Kanton Luzern von 1831 bis 1875, 2 Bände, Basel 2008 (Luzerner Historische Veröffentlichungen 42), hier Bd. 1, S. 119. Zu den Auswirkungen neuer Schulgesetze im Rahmen der Einführung des ZGB und sowie der rechtlichen Regelungen des Fürsorgewesens auf die Entstehung der Heilpädagogik als Profession vgl. Wolfisberg 2002, S. 71–82.
199   Breitenmoser 1947a, S. 40.

Die Taubstummenanstalt Hohenrain folgte einer religiösen Pädagogik und war die erste katholische Taubstummenanstalt in der Schweiz. Seit Beginn nahm sie ausserkantonale katholische Kinder auf und schickte reformierte Interessierte in protestantisch geführte Taubstummenanstalten.[200] Zweck der Anstalt war, «die ihr anvertrauten Kinder zu wahren katholischen Christen» zu erziehen und «zum Empfang der heiligen Sakramente der Busse und des Altars» zu befähigen und vorzubereiten.[201]

Obwohl es kurz nach der Gründung der kantonalen Taubstummenanstalt im Jahr 1841 zu einem Machtwechsel zugunsten der Konservativ-Katholischen im Kanton kam, stellte die neue Regierung die Notwendigkeit einer kantonalen Taubstummenanstalt nicht mehr infrage.[202] Allerdings kam religiösen Inhalten nun mehr Gewicht zu, nachdem bereits Grütter aufklärerische und religiös-katholische Argumente vorbrachte, um die Notwendigkeit der Bildung und Erziehung der Gehörlosen zu verdeutlichen. Er sah es als christliche Pflicht an, gehörlose Kinder zu frommen Christen heranzuziehen, und wehrte sich gegen die Auffassung mancher Gläubiger, Gott hätte die Taubstummen bewusst behindert erschaffen. Sein Argument war, dass Unwissenheit nicht im Sinne der Schöpfung war.[203]

1841 verpflichtete das Luzerner Erziehungsgesetz die Eltern von gehörlosen, jedoch «bildungsfähigen» Kindern, diese in die Taubstummenanstalt zu schicken.[204] Die Kinder gingen in Hohenrain nicht nur zur Schule, sondern lebten und arbeiteten teilweise auch in der Anstalt. Neben dem Schulunterricht verrichteten die Kinder geschlechtsspezifische, «ihren Körper stärkende Handarbeiten».[205] Knaben mussten unter anderem Laubsäge- und Gartenarbeiten erledigen, Mädchen waren mit Hausarbeiten wie Sticken oder Nähen beschäftigt.[206] Nach Hause

200 Janett 2014, S. 28.
201 Staatsarchiv Luzern: Akt 411/2888; Prospekt, 1901, S. 2.
202 Vgl. Bossard-Borner 2008, Bd. 1, S. 260 f. Die liberale Regierung kam nach dem Sonderbundskrieg wieder an die Macht. Erst 1871 erlangten die Konservativen wieder die Mehrheit im Grossen Rat. Vgl. Bossard-Borner 2008, Bd. 2, S. 717.
203 Vgl. Staatsarchiv Luzern: Akt 24/141 B.1; Grüter, Über das Bedürfnis einer Taubstummenanstalt, 1834, S. 7, 11.
204 Staatsarchiv Luzern: Akt 24/141.A.1; Brief der Aufsichtskommission an sämtliche Pfarrämter, 14. 10. 1848.
205 Breitenmoser, Anton: Das Wachsen der Anstalt im Laufe eines Jahrhunderts, in. Erziehungsdepartement des Kantons Luzern (Hg.): 100 Jahre Taubstummenanstalt Hohenrain. 1847–1947, Luzern 1947, S. 43–54, hier S. 46.
206 Vgl. ebd.

durften sie nur während der Ferien, Besuche der Eltern waren jedoch erlaubt. Die obligatorische Schulzeit variierte im Untersuchungszeitraum zwischen einem und sieben Jahren. 1941 wurde das achte Schuljahr für obligatorisch erklärt. Die Mädchen mussten nach erfolgter siebenjähriger Ausbildung ein Haushaltungsjahr in der Anstalt absolvieren.[207] Ab 1959 galt der obligatorische Schulbesuch von neun Jahren.[208] In der Anstalt lebten damals zwischen dreissig und über hundert Kinder.[209]

Im gesamtschweizerischen Vergleich etablierte sich die Gehörlosenbildung im Kanton Luzern relativ spät. Luzern gründete die sechste staatliche Taubstummenanstalt der Schweiz; allerdings die erste der katholischen Schweiz, wo die Institutionalisierung insgesamt später einsetzte.[210] Nach der Niederlage des katholisch dominierten Bündnisses im Sonderbundskrieg 1847 und der Bundesstaatsgründung ein Jahr später distanzierten sich die katholisch-konservativen Milieus von der Bundespolitik und den freisinnigen Kantonen.[211] Zudem war die Fürsorge in katholischen Kantonen noch lange von kirchlichen Einrichtungen und katholischen Orden wie den Ingenbohler Schwestern geprägt.[212] Die Institutionalisierung der Heilpädagogik setzte in den katholischen Milieus deshalb später ein als in protestantischen Gebieten; sie ging lange von religiös-kirchlichen Akteuren aus.[213]

---

207 Vgl. Staatsarchiv Luzern: Akt 411/2939; Auszug aus dem Verhandlungsprotokoll des Regierungsrats, 6. 6. 1941.
208 Wyss 2016, S. 93.
209 Janett 2014, S. 3.
210 Vgl. Wolfisberg 2002, S. 51. Die Institutionalisierung der katholischen Heilpädagogik setzte später ein als in reformierten Gebieten der Schweiz. Vgl. ebd., S. 108.
211 Vgl. Altermatt, Urs: Katholizismus und Moderne: zur Sozial- und Mentalitätsgeschichte der Schweizer Katholiken im 19. und 20. Jahrhundert, Zürich 1989, S. 101.
212 Vgl. Wolfisberg 2002, S. 51 f. Die Barmherzigen Schwestern vom heiligen Kreuz, auch Ingenbohler Schwestern genannt, unterstanden der Kongregation für Ordensleute in Rom und gehörten dem Dritten Orden des heiligen Franziskus an. 1855 wurde die erste Oberin, Schwester Maria Theresia Scherer, nach Ingenbohl berufen. Die Ingenbohler Schwestern widmeten sich der Kranken- und Armenpflege, betätigten sich aber auch als Lehrschwestern in der Bildung. Vgl. Dettling, Angela: Die Barmherzigen Schwestern vom heiligen Kreuz Ingenbohl, in: Mitteilungen des historischen Vereins des Kantons Schwyz 100 (2008), S. 80–83, hier S. 81 f.
213 Wolfisberg 2002, S. 108.

Organisation und Pädagogik der Taubstummenanstalt
Hohenrain bis Mitte des 20. Jahrhunderts

Die Taubstummenanstalt Hohenrain gehörte als Bildungseinrichtung zum Verantwortungsbereich des Erziehungsrats des Kantons Luzern, einer vom Regierungsrat eingesetzten Fachbehörde.[214] Dieser erliess Bestimmungen für Organisation und Leitung der Anstalt.[215] 1872 wurden die Ingenbohler Schwestern (die Barmherzigen Schwestern zum Heiligen Kreuz von Ingenbohl) zur Führung des Anstaltshaushalts nach Hohenrain berufen. Seit dieser Zeit war der Direktor für die Oberaufsicht über die Anstalt sowie für das Unterrichtswesen verantwortlich. Die Verwaltung und Besorgung der Anstaltsökonomie oblag den Schwestern.[216] Bis 1941 erlebte die Anstalt acht Direktoren.[217]

Die pädagogische Ausrichtung der frühen Anstaltsjahre lässt sich nur indirekt rekonstruieren. Es fehlt an Quellen, in denen die Unterrichtsmethode explizit und programmatisch dargestellt wird. Das ist kein Zufall, sondern hat auch mit der verspäteten Professionalisierung der Heilpädagogik in der Schweiz allgemein und insbesondere in den katholischen Gebieten zu tun. Der Unterricht hielt sich an den Lehrplan der Volksschule, mit besonderer Berücksichtigung des Sprachunterrichts, der jedoch sehr vage in der Form allgemeiner Richtlinien formuliert war.[218] Die Anstaltsreglemente hielten die genaue Unterrichtsmethode nicht fest.

Die Quellen spiegeln in Hohenrain, wie in anderen Anstalten auch, häufig Tagesgeschäfte und nicht pädagogische Grundsatzfragen wider.[219]

214   Vgl. Bossard-Borner 2008, Bd. 1, S. 245–251, 260–264.
215   Für die Zeit bis Mitte des 20. Jahrhunderts waren drei Anstaltsreglemente in Gebrauch (1854, 1874, 1906). Vgl. Staatsarchiv Luzern: Akt 34/298.B.1; Reglement 1854; Akt 34/298.B.7, Reglement von 1874; Akt 411/2939; Reglement von 1906. Das Reglement von 1854 ersetzte die Verordnung des Regierungsrats vom 24. 12. 1840. Vgl. auch Akt 24/141.A.1; Regierungsratsverordnung, 1840.
216   Vgl. Staatsarchiv Luzern: Akt 34/298.B.7; Reglement der Taubstummenanstalt Hohenrain, 1874, § 10.
217   Josef Grüter (Amtsdauer: 1847–1863), Isidor Lötscher (Amtsdauer: 1863–1873), Josef Roos (Amtsdauer: 1873/74), Martin Fellmann (1874–1905), J. C. Estermann (Amtsdauer: 1905–1916), Franz Josef Roos (Amtsdauer: 1916–1921), Hermann Bösch (Amtsdauer: 1921–1940), Anton Bucher (Amtsdauer: 1940–1944). Vgl. Breitenmoser 1947b, S. 55–57.
218   In Hohenrain regelten die Reglemente den Lehrplan.
219   Für eine unvollständige Auswahl vgl. Hasenfratz, Emil: Fürsorge für die anormale Jugend in der Schweiz in ihren eidgenössischen und kantonalen Gesetzen, Verordnungen, Reglementen und deren Schulen, Erziehungs- und Pflegeanstalten, Glarus 1916; Schumann 1940; Walther, Eduard: Handbuch der

Die Direktoren waren darauf bedacht, die kantonalen Gesetze und Verordnungen in die Praxis umzusetzen. In der Korrespondenz zwischen Direktion und Erziehungsrat standen Fragen zum Aufnahme- und Entlassungsverfahren, zu der Schuldauer oder auch der Schulpflicht im Vordergrund. Klar wird dabei, dass die Direktoren sowohl pädagogische wie betriebswirtschaftliche Gesichtspunkte berücksichtigten, etwa wenn es um die Aufnahme oder Entlassung von Schülerinnen und Schülern ging.[220] 1868 stellte beispielsweise der Direktor das Gesuch an den Erziehungsrat, zwei Kinder zu entlassen, die sich bereits das dritte Jahr in der Anstalt befanden, da sie «wegen geistiger Schwäche in ihrer Klasse nicht Schritt zu halten» vermochten.[221]

In Zeiten von Unterbelegung wurde jedoch versucht, aus betrieblichen Gründen und ungeachtet der geistigen Befähigung der Kinder, möglichst viele Schülerinnen und Schüler aufzunehmen. Beispielsweise 1922, als beide Anstalten «einen auffälligen Rückgang in der Zahl der Zöglinge» verzeichneten.[222] Als ein Schüler nach der Sommerpause nicht in die Anstalt einrückte, weil die Volksschule sich bereit erklärte, den Jungen in die Regelklasse zu integrieren, stellte Direktor Hermann Bösch beim Erziehungsrat das Gesuch, den renitenten Knaben mittels Polizei-Einsatz in die Anstalt einliefern zu lassen. Die Begründung lautete, der Junge sei «im hohen Grade schwachbegabt».[223] Weiter führte der Leiter aus, es sei unverständlich, «dass man ein Kind, das man für so schwach hält, noch der Normalschule anhängen will».[224] Nur dank den Bemühungen des Schulinspektors wurde vom Polizeieinsatz abgesehen. Der Knabe, Josef W., wurde durch einen Erlass des Erziehungsrates vom Schulbesuch der Anstalt dispensiert.[225] Festzustellen ist, dass die Kriterien zur Bestimmung des Behinderungsgrades sehr unreflektiert übernommen und opportunistisch angewendet worden sind. Häufig

Taubstummenbildung, Berlin 1895; Bühr, Wilhelm: Das Taubstumme Kind. Seine Schulung und Erziehung. Führer durch die schweizerische Taubstummenbildung, St. Gallen 1928.

220 Vgl. Janett 2014, S. 67–71.
221 Ebd. Ausserdem wisse er «diesen den Religionsunterricht nicht zum Verständnis zu bringen. Im Sprachunterricht [seien] sie kaum im Stande [...] bestimmte Sprachformen nachzubilden.» Ebd.
222 Staatsarchiv Luzern: Akt 411/2927; Erziehungsratssitzung, 1. 12. 1922.
223 Staatsarchiv Luzern: Akt 411/2927; Konflikt zwischen der Anstaltsleitung und dem Inspektorat, 22. 11. 1922.
224 Ebd.
225 Ebd.

mischten sich in diesen Fällen pädagogische und betriebswirtschaftliche Motive, etwa in Gesuchen zu Nichteintritt oder Entlassung aufgrund von «Blödsinn» oder «Bildungsunfähigkeit» in Jahren, in denen die Belegungszahl der Anstalt bereits überschritten war.[226]

Die Fälle zeigen, dass das Argument der «Bildungsunfähigkeit» unterschiedlich verwendet wurde, manchmal um einen Schüler zu entlassen, manchmal um den Verbleib in der Anstalt zu erwirken. Betriebliche Gesichtspunkte – etwa die Auslastung der Anstalt – spielten oft eine entscheidende Rolle. Zeitgenossen beklagten entsprechend «die Unbestimmtheit und Ungleichheit der Grenzen in der Befähigung von aufzunehmenden Kindern».[227]

In den wenigen Dokumenten, in denen die pädagogischen Grundsätze der Taubstummenanstalt ersichtlich werden, zeigt sich eine klar lautsprachliche Orientierung. Schon der Anstaltsgründer, Josef Grüter, war von der Überlegenheit der Lautsprache gegenüber der Gebärdensprache überzeugt.[228] Allerdings sprach er sich noch nicht kategorisch gegen die Gebärdensprache aus. Bei noch ungeschulten Gehörlosen konnte durchaus auf sie zurückgegriffen werden. In seiner 1848 veröffentlichten Schrift *Mitgabe für Taubstumme* hielt es Grüter für angemessen, «mit einem auch nicht unterrichteten Taubstummen durch die natürliche Zeichensprache zur Erweiterung seiner Kenntnisse etwas beizutragen».[229] In den kommenden Jahren fokussierte sich die pädagogische Zielsetzung auf die Lautsprache. Etwa hielt ein Prospekt der

---

226 Vgl. Staatsarchiv Luzern: Akt 411/2927; Erziehungsratssitzung, 1. 12. 1922.

227 Janett 2014, S. 52. Staatsarchiv Luzern: Akt 411/2927; Konflikt zwischen der Anstaltsleitung und dem Inspektorat, 22. 11. 1922. Weiter führt der Anstaltsinspektor aus: «Ich will der Anstalt in keiner Weise Vorschriften machen, aber man kommt nicht immer ganz draus, für wen die Anstalt ist, das ist die Ansicht vieler Kreise im Entlebuch.» Ebd. Offensichtlich wurde der Anstaltsbetrieb auch seitens der Öffentlichkeit der Anstaltsbetrieb kritisch hinterfragt.

228 So führt Grüter aus: «Sind wir es nicht Gott schuldig, dessen Kind er [der Taubstumme, A. d. V.] ist, so viel möglich sein Unglück zu mildern, ihm glücklichere Tage zu verschaffen, und auch ihn einen Gott kennen zu lernen, der alles erschaffen hat, dessen Ebenbild er ist, welches zu vervollkommnen er auch seine Bestimmung hat.» Staatsarchiv Luzern: Akt 24/141 B.1; Grüter, Über das Bedürfnis einer Taubstummenanstalt, 1834, S. 7. Oder: «Nur durch Erziehung, Bildung und Unterricht wird der Taubstumme wieder geboren, am Körper und Geist seinem hohen Ziele entgegengeführt, daher das Bedürfnis des Taubstummenunterrichts.» Ebd., S. 9. Zu guter Letzt: «Der Taubstumme soll also werden [...]: 1. Ein frommer Christ, 2. Ein nützlicher Bürger, 3. Eine selbstständige Person.» Ebd., S. 8 f.

229 Staatsarchiv Luzern: Akt 34/302.B.1; Mitgabe für Taubstumme, 1848, S. 6.

Abb. 33: Knabenturnen, Taubstummenanstalt Hohenrain (um 1910). Foto
Eugen Sutermeister, Schweizerisches Sozialarchiv, Zürich.

Taubstummenanstalt von 1901 fest, dass der wichtigste Zweck des Unterrichts sei, die Kinder «zu nützlichen Bürgern» und «zu wahren katholischen Christen» zu erziehen, indem man sie «zum Empfange der
hl. Sakramente der Busse und des Altars» befähige.[230] Dies geschehe bei
gänzlicher Vermeidung der Gebärdensprache, indem ihnen durch den
Sprechunterricht beigebracht werde, «mehr oder weniger deutlich [zu]
sprechen und [...] [ihre] Gedanken in der Laut- und Schriftsprache aus-
[zu]drücken».[231] Der Prospekt schrieb explizit vor, dass «der Unterricht
bei gänzlicher Vermeidung der Geberdensprache (sogenannte französische Methode), in der Laut- und Schriftsprache (sogenannte deutsche
Methode)» zu erteilen sei.[232] Korrespondenzen belegen zudem, dass die
Gebärdensprache bereits seit 1874 «gänzlich vermieden und dafür die

---

230   Staatsarchiv Luzern: Akt 411/2888; Prospekt, 1901, S. 2.
231   Ebd.
232   Staatsarchiv Luzern: Akt 411/2888; Prospekt der Taubstummenanstalt Hohen-
       rain, 1901, S. 2.

144

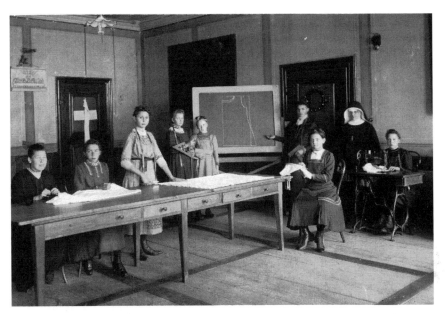

Abb. 34: Handarbeitsunterricht der Mädchen, Taubstummenanstalt Hohenrain (um 1915). Foto Eugen Sutermeister, Schweizerisches Sozialarchiv, Zürich.

reine Lautsprache angewandt worden» war.[233] Diese lautsprachliche Orientierung blieb auch im 20. Jahrhundert bestehen.

Professionalisierung seit den 1950er-Jahren

Hohenrain war im 20. Jahrhundert eine klassische Internatsschule. Sie verstand sich explizit als katholische Einrichtung, die sich primär an gehörlose Kinder aus katholischen Familien richtete. Die Anstalt war für 150 Schülerinnen und Schüler konzipiert. Um 1950 umfasste sie bis 250 Schülerinnen und Schüler, später sanken die Zahlen wieder.[234] Hohenrain entwickelte sich ähnlich wie in den anderen Schulen. Die Luzerner Schule verstärkte um 1940 die Früherfassung und führte 1941 einen

---

233 Bericht von Direktor Fellmann über die Laut- und Gebärdensprache in Hohenrain, 1878/79, in: Sutermeister, 1929, Bd. 1, S. 371.

234 Die «Schwachbegabten» machten um 1950 rund drei Fünftel der Schülerinnen und Schüler aus. Vgl. Heilpädagogisches Zentrum Hohenrain (Hg.): 100 Jahre Abteilung für lern- und geistig behinderte Kinder und Jugendliche 1906–2006, Hohenrain 2006, S. 24 f.

Kindergarten für gehörlose Kinder ein.[235] Für die nachgehende Fürsorge, etwa beim Berufseinstieg ehemaliger Schülerinnen und Schüler, kooperierte sie mit der Luzerner Beratungsstelle für Schulabgängerinnen und -abgänger, die 1960 von der Pro Infirmis eingerichtet wurde.[236] In den 1960er-Jahren wurde die bauliche Struktur modernisiert. 1961 bezogen die Kinder und Jugendlichen vier neue «Wohnpavillons», die die alten Abteilungen mit grossen Schlafsälen ersetzten und im «Familiensystem» betreut wurden. Die Lebensqualität im Internat wurde dadurch verbessert. Der damalige Direktor Walter Schönenberger (im Amt 1961–1966) bemerkte zum Umzug: «Wir verliessen die Anstalt und bezogen ein Heim.»[237]

Die Invalidenversicherung war eine wichtige finanzielle Quelle für die Modernisierung. Sie trug nicht nur zu den Kosten der Wohnpavillons bei, sondern ermöglichte mit ihren Beiträgen auch die Errichtung neuer Schulräume, die Beschaffung von Lehrmitteln und die bessere Aus- und Weiterbildung des Personals.[238] Die pädagogische Entwicklung zeigt sich auch darin, dass noch Mitte der 1950er-Jahre neben den Lehrschwestern nur vier weltliche Lehrpersonen an der Schule unterrichteten. Zu Beginn der 1970er-Jahre waren dagegen bereits mehr weltliche als geistliche Personen an der Schule tätig. In den 1980er-Jahren waren bereits vier Fünftel der Lehrpersonen weltlich; 1990 gab es neben 63 weltlichen Lehrpersonen nur noch drei Lehrschwestern. Die Zahlen illustrieren auch die quantitative Zunahme der Lehrpersonen, von 20 bis 25 Personen zu Beginn der 1960er-Jahre bis über 60 in den 1990er-Jahren.[239] Auch im Internatsbereich lässt sich dieselbe Entwicklung wie im Schulbereich beobachten. Anfang der 1960er-Jahre waren nebst 12 Schwestern lediglich vier weltliche Erzieherinnen engagiert. Der Anteil an Schwestern nahm im Internat ab den 1970er-Jahren kontinuierlich ab. Mitte der 1990er-Jahre war nur noch eine Schwester als Erzieherin tätig.[240]

235   Betschart, Marlies: «Das Gold entdecken, das in jedem Menschen verborgen liegt». Die Ingenbohler Schwestern an den Sonderschulen Hohenrain 1873–1999, Hohenrain 1999, S. 34.
236   Heilpädagogisches Zentrum Hohenrain 2006, S. 100.
237   Jahresbericht der Sonderschulen Hohenrain, 1961/62, S. 10.
238   Heilpädagogisches Zentrum Hohenrain 2006, S. 29 f.
239   Betschart 1999, S. 13.
240   Ebd., S. 17.

Abb. 35: Lehrschwester der Taubstummenanstalt Hohenrain mit Hörschlauch (um 1940). Heilpädagogisches Zentrum Hohenrain.

Auch die Schulleitung wurde nach 1945 professionalisiert. Die oberste Leitung lag traditionellerweise bei einem Direktor, traditionellerweise ein katholischer Priester; die Oberin des Ordens war für das Internat und die Hausdienste verantwortlich. Zwischen den beiden Führungspositionen kam es wiederholt zu Reibereien, die sich in den 1950er-Jahren zuspitzten. 1958 wurde der Direktor Josef Christian Müller (im Amt 1948–1958) aufgrund von unüberwindbaren Differenzen freigestellt. Die Neubesetzung wurde auch für einen fachlichen Neuanfang genutzt. Die Nachfolger waren ausgebildete Pädagogen, Sonderpädagogen oder Psychologen. Müller blieb der letzte Priester im Amt.[241] In den 1970er-Jahren wurde eine neue Führungsstruktur eingeführt mit einem Leitungsteam, bestehend aus dem Direktor, drei Schulleitern und zwei Internatsleitern.[242]

Die Qualität des Unterrichts wurde in der zweiten Hälfte des 20. Jahrhunderts auch dadurch verbessert, dass die Schwestern von Zusatzaufgaben entlastet wurden. Lehrschwestern mussten noch in der ersten Hälfte des 20. Jahrhunderts nach dem Unterricht auch Betreuungsauf-

241   Ebd., S. 21.
242   Wyss 2016, S. 93; Betschart 1999, S. 21.

gaben im Internat übernehmen. Dabei mussten sich die Schwestern alleine um Gruppen von 30 bis 40 Kindern und Jugendlichen kümmern.[243] Unter diesen Umständen kam es regelmässig zu Überforderungs- und Überlastungssituationen. Erst ab dem Schuljahr 1960/61 wurden die Lehrschwestern vollständig von Betreuungsaufgaben befreit. Zugleich wurden drei weitere Erzieherinnen eingestellt, die für den Internatsbetrieb verantwortlich waren.[244]

Für den Kanton Luzern waren die katholischen Ordensschwestern günstige Arbeitskräfte. Sie arbeiteten buchstäblich Tag und Nacht und wurden vergleichsweise schlecht entlohnt. Seit 1949 verdienten Lehrschwestern maximal einen Viertel eines gängigen Lehrerlohns. Die Schwestern, die im Internat und im Hausdienst eingesetzt waren, verdienten noch weniger. 1972 erhielten diese Schwestern nur zwei Drittel der ordentlichen Besoldung einer Lehrschwester. Erst seit 1989 erhielten die Schwestern denselben kantonalen Lohnansatz wie die weltlichen Angestellten.[245]

In pädagogischer Hinsicht folgte Hohenrain in den 1970er- und 1980er-Jahren der lautsprachlichen Methode, unter Einbezug audiopädagogischer Hilfsmittel.[246] In den 1990er-Jahren forcierte der neue Direktor, Bruno Bachmann (im Amt 1989–2011), bilinguale Methoden. Die Mitarbeitenden konnten sich in Gebärdensprachkursen weiterbilden; zudem wurde ein gehörloser Erzieher angestellt.[247]

Seit den 1970er-Jahren gingen in Hohenrain die Belegungszahlen im Internat zunehmend zurück. Durch den Einsatz von Taxis und Schulbussen wurde parallel das Externat ausgebaut. Die Schülerzahlen von Kindern mit Hörbeeinträchtigungen gingen trotzdem langfristig zurück, insbesondere mit dem Übergang zur integrativen Schulung in Regelklassen. Hinzu kam der allgemeine Schwesternmangel im Ingenbohler Orden. Die Schwestern verliessen deshalb 1999 die Sonderschulen Hohenrain. 2016 wurde die verbliebene Hörbehinderten-Abteilung in Hohenrain ganz aufgelöst.[248]

243   Betschart 1999, S. 14 f.
244   Ebd., S. 15 f.
245   Ebd., S. 23; vgl. auch Provinzialarchiv Kloster Ingenbohl, Brunnen: 7.09: 015.02.
246   Wyss 2016, S. 93.
247   Ebd., S. 28.
248   Wyss 2016.

4.6   Gehörlosenschule Sant'Eugenio in Locarno

1886 gründete Mutter Maria Theresia Scherer, die Mitbegründerin des katholischen Laienordens der Barmherzigen Schwestern vom Heiligen Kreuz (Ingenbohler Schwestern), mit Unterstützung des ersten Bischofs des Tessins Eugène Lachat die Einrichtung auf dem Areal eines ehemaligen Kapuzinerklosters. Lachat hatte Scherer wiederholt dazu aufgefordert, das Kloster zu erwerben und ein Kollegium zu gründen. Zu Ehren des Bischofs wurde dieses Sant'Eugenio benannt. Das Kollegium nahm armutsbetroffene, verwaiste sowie ‹schwierige› Kinder auf. Die erste Leiterin Schwester Ventura Danzi hegte von Beginn an den Wunsch, ein Institut für Taubstumme zu eröffnen. Auf Geheiss von Mutter Theresia, die das Vorhaben unterstützte, gingen zwei Postulantinnen und ausgebildete Primalehrerinnen nach Como, wo sie in einem Institut für Taubstumme ausgebildet wurden. Anschliessend absolvierten die beiden Frauen im Jahr 1889 in Mailand das Abschlussexamen. Auf dem Areal wurde ein Neubau errichtet. 1890 konnte darin das Institut für Gehörlose mit staatlicher Anerkennung eröffnet werden.[249] Es sollte die erste und einzige Gehörlosenschule in der italienischen Schweiz bleiben.

Sowohl in Como als auch in Mailand, wo die Lehrschwestern ausgebildet wurden, lehrte man schon vor dem Mailänder Kongress 1880 in der reinen Lautsprachmethode. So wurde auch in Locarno von Beginn an in der Lautsprache unterrichtet. Nach zehn Jahren besuchten bereits 35 Schülerinnen und Schüler das Institut,[250] die Zahl stieg in der Frühphase des Instituts bis auf 50 an.[251] Die nachfolgende Geschichte der Tessiner Gehörlosenschule liegt weitgehend im Dunkeln; es sind praktisch keine Dokumente überliefert. Sutermeister beklagte bereits 1929, dass es bedauerlich sei, «dass die Ingenbohl-Institute im allgemeinen [sic] nicht viel Sinn für Historisches haben».[252] Eine Anfrage beim Institut ergab, dass beim letzten Umbau der Schule die wenigen vorhandenen Unterlagen des internen Archivs verschwunden seien. Die Schwestern mutmassen, dass auch die letzten Dokumente im Zuge der Renovation entsorgt wurden.

249   Tresoldi, Fiorenzo; Cavalli, Franco: Una scuola nel cuore della città. Istituto S. Eugenio di Locarno, 1886–1986, Locarno 1986, S. 27 f.
250   Sutermeister 1929, Bd. 1, S. 250 f.; Gessner, Ringli 1977, S. 18.
251   Note storiche sull'Istituto Sant'Eugenio, Locarno (lose Blätter, ausgehändigt von den Schwestern Tiziana und Lucilla).
252   Sutermeister 1929, Bd. 1, S. 251.

Abb. 36: Mädchenturnen, Taubstummenanstalt Locarno (um 1910). Foto Eugen Sutermeister, Schweizerisches Sozialarchiv, Zürich.

Die Kinder waren noch in der zweiten Hälfte des 20. Jahrhunderts grossmehrheitlich im Internat. An der Schule befanden sich etwa 20 bis 25 Kinder. Zwei Betreuerinnen waren im Internat für sie zuständig. Sie wurden von Praktikantinnen unterstützt. Die Betreuerinnen wurden in Luzern ausgebildet, Italienerinnen machten ihren Abschluss an der Scuola universitaria Sacro Cuore in Mailand. Später wurde eine Ausbildungseinrichtung in Mendrisio (Kanton Tessin) eröffnet, wo manche Betreuerinnen ihr Diplom erwarben. In den 1940er-Jahren schliefen die Kinder noch in grossen Schlafsälen. So schildert eine ehemalige Schülerin, dass man sich abends wie die «Hühner» schlafen legte. Zu jener Zeit gingen die Kinder nur an Ostern und an Weihnachten nach Hause zu den Eltern. Manche Kinder blieben sogar über die Feiertage im Internat.[253] Später schliefen die Kinder in 2er- oder 3er-Zimmern und spätestens ab den 1970er-Jahren durften die Kinder regelmässig über das

---

253   Barmherzige Schwestern vom Heiligen Kreuz o. J., S. 30.

Abb. 37: Schusterwerkstätte, Taubstummenanstalt in Locarno (um 1910). Foto Eugen Sutermeister, Schweizerisches Sozialarchiv, Zürich.

Wochenende nach Hause.[254] Auch die Betreuerinnen und Lehrpersonen lebten im Institut. Seit den 1960er-Jahren besuchten vor allem Kinder italienischer Herkunft das Institut, deren Eltern in der Deutschschweiz oder in der Romandie arbeiteten. Da die Eltern davon ausgingen, dass sie spätestens nach ein paar Jahren nach Italien zurückkehren würden, entsandten sie ihre gehörlosen Kinder an die Schule in Locarno. Damit sollte vermieden werden, dass die Kinder unter grosser Anstrengung eine zusätzliche Lautsprache erlernten, die sie später nicht benötigen würden. Die Erfahrung war dann aber, dass die meisten Eltern gar nicht in die Heimat zurückkehrten, sondern in der Schweiz blieben. Das hatte zur Folge, dass sich die Kinder dennoch eine weitere Sprache aneignen mussten.[255]

Es gab in der Gehörlosenschule Locarno drei Schulstufen: *scuola materna* (Vorschule), *primo ciclo* und *secondo ciclo*. Die Kinder traten mit drei-

254 Interview mit den Schwestern TI Pe 70–01/I und TI Pe 70–01/II.
255 Interview mit den Schwestern TI Pe 70–01/I und TI Pe 70–01/II.

einhalb Jahren in die Vorschule ein, wo sie den ersten Lautsprachunterricht erhielten. Besonders wichtig waren die Übungen zur Lautsprache und Hörerziehung. Spielerisch wurden den Kindern erste Wörter und Sätze beigebracht. In den Kindergarten kamen ambulant auch kleinere Kinder, die zusammen mit ihren Müttern sprachliche Übungen erlernten, die sie gemeinsam zu Hause zur Frühförderung machen konnten.[256] Im Alter von sechs Jahren wechselten die Kinder in den *primo ciclo*, mit neun Jahren gingen sie in den *secondo ciclo* über. Der Unterricht orientierte sich am Programm der Primarschule für hörende Kinder, wobei der staatliche Lehrplan flexibel interpretiert wurde. Der Fokus wurde auf Hauptfächer wie Schreiben oder Rechnen gelegt. Fächer wie Geschichte oder Geografie wurden hingegen eher vernachlässigt. Der Lehrplan wurde auf das Wesentliche reduziert.[257] Einige der Schülerinnen und Schüler wurden teilintegriert geschult. Diese besuchten einige Unterrichtslektionen gemeinsam mit hörenden Kindern an der Privatschule, die sich im selben Gebäude befand. Die Schule in Locarno war privat, aber vom Kanton bewilligt. Die Schule wurde sowohl vom Schulinspektor als auch vom Amt für Sonderpädagogik *(ufficio dell'educazione speciale)* beaufsichtigt. Finanziell war das Institut primär von der IV abhängig, der Kanton deckte die restlichen Defizite.

Sobald die Kinder den Unterrichtsstoff der fünften Primarschulklasse (Volksschule) erarbeitet hatten, wurden sie an der Schule von Berufsberatenden der staatlichen Invalidenversicherung besucht, damit ein passender Beruf für sie bestimmt werden konnte. Hatten die Kinder zu diesem Zeitpunkt die obligatorische Schulzeit noch nicht erfüllt, dann wurden sie zu Hause auf Kosten der Invalidenversicherung durch Privatlehrpersonen weiter unterrichtet, bis sie die Oberstufe für Gehörlose in Bellinzona oder eine Lehre antreten konnten. Das Niveau der Schülerinnen und Schüler war unterschiedlich. Intellektuell begabte Kinder konnten ein höheres Ausbildungslevel erreichen. Sie gingen direkt in eine Lehre für Hörende. Die Schule gab dabei den Lehrmeisterinnen und -meistern praktische Hinweise im Umgang mit Gehörlosen. Die Lehrpersonen wurden etwa angewiesen, dass die Gehörlosen im Zimmer stets eine Position mit guter Sicht auf die Lehrperson haben und diese durchgehend in Richtung der Lernenden sprechen mussten. Spä-

---

256 Interview mit den Schwestern TI Pe 70–01/I und TI Pe 70–01/II.
257 Brun, Luciana: Scuola speziale per audiolesi, centro otologopedico cantonale Locarno, in: Pro Infirmis 1976 (1), S. 32–34, hier S. 33.

ter – wahrscheinlich seit den 1980er-Jahren – gingen erste Jugendliche auch in die Sekundarschule mit Hörenden.[258]

Sowohl in der Lehre als auch in der Sekundarschule konnten die gehörlosen Jugendlichen Unterstützung in Anspruch nehmen. Es gab die Möglichkeit, Lektionen zu repetieren, weil sie nicht immer alles im Unterricht verstehen konnten. Das Institut in Locarno wurde auch von Kindern mit Mehrfachbehinderungen besucht. Für diese Schülerinnen und Schüler gestaltete sich die Suche nach einer beruflichen Anschlusslösung schwierig. Sie nahmen entweder einfachere Hilfstätigkeiten an oder arbeiteten im zweiten Arbeitsmarkt.

Die drei Lehrerinnen, die seit 1970 in Locarno unterrichteten, allesamt Ingenbohler Schwestern, wurden in Mailand an der Scuola di metodo Gerolamo Cardano in der Lautsprachmethode ausgebildet. Eine Einrichtung zur Ausbildung von Gehörlosenlehrerinnen und -lehrern gab es im Tessin nicht. Die Lehrpersonen wurden auch von ihren Vorgängerinnen in Locarno instruiert. Die eigenen Lehrmethoden wurden folglich auch institutsintern weitertradiert. Die Schwestern erwarben zudem Praxiserfahrung in anderen Einrichtungen (Hohenrain und Mailand) und besuchten die jährlichen einwöchigen Weiterbildungskurse des italienischen Ente Nazionale Sordi. Die Lehrschwestern erzählen auch, dass der bekannte Gehörlosenpädagoge Antonius van Uden aus den Niederlanden ans Istituto Sant'Eugenio kam, um ihnen seine Lehrmethoden näherzubringen. Da van Uden der italienischen Sprache nicht mächtig war, begleiteten ihn die Lehrschwestern auch nach Mailand und haben für ihn übersetzt, sodass er seine Methoden auch dort beibringen konnte. Es bestand folglich auch ein fachlicher (teils internationaler) Austausch.

In der Schule stand der Lautsprachunterricht bis zur Schliessung des Instituts 1991 immer im Vordergrund, das Gebärden war untersagt. Die Lehrschwestern urteilen über sich selbst, dass sie diesbezüglich etwas streng gewesen waren, weil sie die Kinder in der Lautsprache unbedingt vorwärtsbringen wollten. Die Lehrschwestern geben an, dass die Gebärdensprache in den 1980er-Jahren im Tessin noch nicht bekannt war: «La lingua dei segni non era ancora conosciuto.»[259] Entsprechend wurde sie auch im Unterricht nicht verwendet. Die Kinder mussten lernen,

258 Interview mit den Schwestern TI Pe 70–01/I und TI Pe 70–01/II.
259 Schwester Giulia arbeitete von 1970 bis 1991 an der Schule, Schwester Lorenza von 1970 bis 1988.

in Lautsprache zu sprechen und Lippen abzulesen. Sie erzählen, dass es den Kindern in der Freizeit erlaubt gewesen sei zu gebärden: «Durante il tempo libero i bambini potevano esprimersi come volevano, liberamente.»[260]

Diese Aussage steht jedoch im Widerspruch zur Erinnerung eines ehemaligen Schülers. Auch dieser beschreibt, dass die unter den Schülerinnen und Schülern verwendeten Gebärden nicht der offiziellen Gebärdensprache, der LIS-SI (Lingua italiana di segni della Svizzera italiana), entsprachen, sondern ein eigener Code zwischen den gehörlosen Kindern war. Es handelte sich um einfache Gesten, die den Kindern untereinander bei der Kommunikation geholfen haben. Die Kinder lasen einander auch von den Lippen ab. Es sei ihnen jedoch verboten gewesen, diese Gebärden zu benutzen; und zwar nicht nur im Unterricht, sondern auch in der Freizeit. Der Schüler berichtete, wie die Nonnen die Kinder auf dem Pausenplatz von einer Terrasse aus beobachteten, um einen besseren Überblick zu gewinnen. Wenn die Kinder dann während der Pause beim Gebärden erwischt wurden, habe es Schelte und Schläge auf die Finger gegeben. Manchmal sei zur Strafe auch das Essen gestrichen, eine frühere Bettruhe verhängt oder ein Fernsehverbot erlassen worden. Es sei hart gewesen, ständig unter Beobachtung zu stehen. Denn so hätten sie sich nie richtig frei ausdrücken können: «Non ci si sente liberi.»[261]

Die Schule war stark katholisch geprägt. In der Schule besuchten die Kinder den Religionsunterricht, wie er auch in den Regelschulen praktiziert wurde. Die Lehrschwestern übernahmen die Aufgabe für die Kleineren, für die Älteren kam der Pfarrer aus der Stadt. Gebetet wurde morgens, abends und am Esstisch. Die Kinder wurden auch auf die Kommunion vorbereitet. Die Feier fand in der Kirche im Areal statt. Einmal im Jahr durften die Kinder eine Messe mitvorbereiten und auch mitgestalten. Sie sprachen während des Gottesdienstes zum Beispiel ein Gebet oder lasen etwas vor.[262]

Aufgrund der Erfahrungen mit den Kindern von Immigranten und Immigrantinnen vertrat man an der Tessiner Gehörlosenschule den Standpunkt, dass es für viele Kinder besser gewesen wäre, sie hätten von Anfang an den Unterricht in der Deutschschweiz besucht. Den Eltern wurde vermutlich seit den 1980er-Jahren nahegelegt, entweder

---

260   Schriftliches Interview mit TI Pe 70–01/I und TI Pe 70–01/II.
261   Interview mit TI hE 74–82.
262   Brun 1976.

die Kinder in Locarno anzumelden und frühzeitig nach Italien zurückzukehren oder ansonsten die Kinder gleich in der Sprache unterrichten zu lassen, wo sich die Familie auch längerfristig niederlassen würde. Dies hat zu einer starken Abnahme bei der Anzahl Schülerinnen und Schüler geführt. Zudem handelte es sich aus Sicht der Lehrschwestern ohnehin um eine Zeit des Umbruchs mit der allmählichen Einführung der Gebärdensprache in den Schulen, mit der Verbreitung der Cochlea-Implantate und dem integrativen Unterricht. In den letzten Jahren vor der Schliessung nahm der integrative Unterricht kontinuierlich zu. Die Lehrpersonen waren bis zum Schluss Verfechterinnen der klassischen Lautsprachmethode und gegen den integrativen Unterricht. Das hätten sie auch gegenüber den Eltern so vertreten. Sie überliessen es aber den Eltern zu entscheiden, was sie machen wollten. Einige entschieden sich gegen das Institut und für den integrativen Unterricht. Kinder mit geringeren Hörbeeinträchtigungen wurden hingegen von der Schule selbst extern integriert. Die Gehörlosenabteilung des Istituto Sant'Eugenio wurde 1991 mangels Schülerinnen und Schülern geschlossen. Seither werden die Kinder im Tessin integriert in der Volksschule unterrichtet, stets mithilfe von Gebärdendolmetscherinnen und -dolmetschern.[263]

4.7 Zwischenbilanz: Grundzüge des Wandels von Anstalten zu Schulen

Die Geschichte der dargestellten Gehörlosenschulen zeigt zwei übergeordnete Entwicklungslinien des schweizerischen Gehörlosenwesens im 20. Jahrhundert. Erstens wandelten sich die alten Taubstummenanstalten seit den 1950er-Jahren schrittweise zu Gehörlosen- oder Sprachheilschulen. Dieser Wandel steht für eine verstärkte pädagogische Ausrichtung der Schulen. Er war verbunden mit einer verbesserten fachlichen Qualifizierung des Lehrpersonals, durch akademische und berufliche Aus- und Weiterbildungsangebote im Bereich der Sonder- und Heilpädagogik.

Zweitens setzte in den 1960er-Jahren ein beschleunigter Übergang vom Internats- zum Externatsmodell ein. Bis Mitte des 20. Jahrhunderts

263   Interview mit den Schwestern TI Pe 70–01/I und TI Pe 70–01/II.

waren praktisch alle Taubstummenanstalten als Internate organisiert, auch wenn sie vereinzelt auch externe Schülerinnen und Schüler aufnahmen, die die Anstalt nur tagsüber für den Schulunterricht besuchten. Die im Internat platzierten Gehörlosen verbrachten ihren Alltag innerhalb der Anstalten. Der Übergang zu offeneren Einrichtungen, bei denen die Schülerinnen und Schüler teilweise oder gänzlich bei ihren Familien wohnten, war ein komplexer Prozess, für den unterschiedliche Faktoren verantwortlich sind. Generell stieg seit den 1960er-Jahren die individuelle Mobilität an, zudem begann ab 1960 die Invalidenversicherung, Eltern für Fahrtkosten zu entschädigen. Einzelne Schulen boten zudem organisierte Fahrdienste wie Schulbusse an. Der Aufstieg des Externats verlief oft über mehrere Schritte. Erst wurde das «Wocheninternat» eingeführt, bei dem die Schülerinnen und Schüler übers Wochenende zu ihren Familien zurückkehrten. In einem zweiten Schritt setzte sich das Externatsmodell durch, bei dem die Kinder auch wochentags bei ihren Familien übernachteten. Bis in die 1980er-Jahre wohnten in vielen Gehörlosenschulen die Mehrheit der Schülerinnen und Schüler extern.[264] In dieser Übergangsphase betrieben die Schulen einen ständig kleiner werdenden Internatsbetrieb. Der Betrieb änderte sich auch qualitativ. In einzelnen Schulen wurden kleinere Betreuungseinheiten und Wohngruppen geschaffen, teilweise verbunden mit dem pädagogischen Modell des «Familiensystems». Damit wurden Internatsbetrieb und Schulbetrieb noch enger miteinander verschränkt.

264 Exemplarisch sind die Gehörlosenschulen in St. Gallen und Hohenrain. Für St. Gallen vgl. Staatsarchiv des Kantons St. Gallen: ZA 483; Jahresbericht 1980; für Hohenrain vgl. Unabhängige Expertenkommission Ingenbohl: Ingenbohler Schwestern in Kinderheimen. Erziehungspraxis und institutionelle Bedingungen unter besonderer Berücksichtigung von Rathausen und Hohenrain, Schlussbericht 2013, S. 161.

5 Alltagsleben in den Gehörlosenschulen

Das folgende Kapitel beleuchtet den schulischen und ausserschulischen Alltag in den untersuchten Gehörlosenschulen und Internaten. Verschiedene Lebensbereiche werden behandelt. Im ersten Teil geht es um den Alltag des lautsprachlichen Unterrichts, insbesondere um die Ausgrenzung der Gebärdensprache aus dem Schulunterricht (Kap. 5.1). Das zweite Unterkapitel beschäftigt sich mit dem Alltagsleben in Internatsschulen, jenseits des Schulunterrichts (Kap. 5.2). Ein längeres Unterkapitel widmet sich den Strafpraktiken im Schul- und Internatsbetrieb, einschliesslich integritätsverletzender oder gewalttätiger Übergriffe (Kap. 5.3). Der darauffolgende Teil untersucht, welche Handlungsspielräume Schülerinnen und Schülern offenstanden, gerade auch in Konfliktsituationen (Kap. 5.4). Als letzten Aspekt untersucht das Kapitel die Rolle der Eltern und Elternvereinigungen im Schulbetrieb und wie sich diese Rolle seit Mitte des 20. Jahrhunderts verändert hat (Kap. 5.5). Das Kapitel schliesst mit einem Fazit, das die Gemeinsamkeiten und Unterschiede im Alltagsleben der dargestellten Schulen diskutiert und die dafür verantwortlichen Faktoren bespricht (Kap. 5.6). Die Darstellung beruht überwiegend auf Interviews mit ehemaligen Schülerinnen und Schülern sowie mit Lehrpersonen und Erzieherinnen oder Erziehern. Eine Übersicht über die Gesprächspartnerinnen und -partner findet sich im Quellen- und Literaturverzeichnis (vgl. Kap. 8). Die Ausführungen beziehen sich auf die Zeit seit den 1950er-Jahren, mit einem Schwerpunkt in den 1980er- und 1990er-Jahren.

5.1 Ausgrenzung der Gebärdensprache im Unterricht und im Internat

Die Verwendung der Gebärdensprache war in den untersuchten Gehörlosenschulen bis in die 1980er-Jahre, teilweise darüber hinaus, klar marginalisiert. Dies gilt zumindest für den ordentlichen Unterricht. Alle Schulen verfolgten einen oralistischen Kurs. Integration hiess Eingliederung in und Anpassung an die sprechende Gesellschaft und an einen lautsprachlich funktionierenden Arbeitsmarkt. Diese pädagogische Orientierung wandelte sich erst in den letzten Jahrzehnten, als die Schulen ihren Unterricht schrittweise und oft zaghaft gegenüber der Gebärdensprache öffneten. Die folgenden Ausführungen blicken vor allem auf die Zeit vor oder zu Beginn dieses Öffnungsprozesses. Wie wurde die Gebärdensprache in den untersuchten Schulen konkret ausgegrenzt und wie erlebten die gehörlosen Schülerinnen und Schüler sowie das Lehrpersonal und die Erzieherinnen diese Praxis?

Gab es ein allgemeines Gebärdensprachverbot in der Schweiz? So pauschal trifft das nicht zu. Denn eine national übergreifende Regelung war im föderalistischen Bildungswesen der Schweiz gar nicht möglich. Die gesetzliche Regelung des Schulunterrichts war Sache der Kantone. Entsprechend unterschiedlich fielen Unterrichtsinhalte und -methoden aus, je nach Kanton und Schule. Hinzu kommen die Unterschiede zwischen staatlichen und privaten Gehörlosenschulen sowie zwischen säkular und konfessionell geführten Einrichtungen. Jede Schule kannte ihre eigenen Regeln für den Unterricht; oft waren diese schriftlich gar nicht festgehalten. Man findet deshalb keine Schulgesetze und nur wenige Schulordnungen, die den Gebrauch der Gebärdensprache explizit untersagten.[1]

Gleichwohl galt bis mindestens in die 1970er-Jahre in allen untersuchten Schulen die Regel, dass die Gebärdensprache im Unterricht nichts zu suchen hatte. Die reine Lautsprachemethode und die damit verbundene Unterdrückung der Gebärdensprache war ein breit anerkannter fachlicher Standard, der auch von den verantwortlichen Fachverbänden und Ausbildungseinrichtungen – etwa dem Heilpädagogischen Institut der Universität Zürich, dem Schweizerischen Verband für Taubstummen- und Gehörlosenwesen (bzw. dem Schweizerischen Verband für das Gehörlosenwesen) oder dem Schweizerischen Taubstummenlehrerverein – gestützt wurde. Allen Beteiligten in den Schulen war dieser Standard bewusst. Der Schulunterricht legte den Schwerpunkt auf das Erlernen der Lautsprache. Dies umfasste insbesondere sogenannte Artikulationstrainings, das heisst Lese- und Sprechübungen, in denen

---

1   Zu den wenigen Ausnahmen gehört eine der frühesten Ordnungen der St. Galler Taubstummenanstalt von 1872, die bestimmt, dass der Unterricht «ausschliesslich» in Lautsprache abzuhalten sei. Vgl. Staatsarchiv des Kantons St. Gallen: A 451/1.2.1.; Statuten, Reglemente, Reglement für die Taubstummenanstalt St. Gallen, 14. 6. 1872, Art. 60.

Abb. 38: Artikulationsklasse mit Ulrich Thurnheer und einer jungen Lehrerin, Taub-stummenanstalt St. Gallen (um 1913). Staatsarchiv des Kantons St. Gallen.

das Ablesen von den Lippen oder von der Wandtafel einstudiert wur-de. Hinzu kamen Hörübungen, oft unter Einsatz von Hörgeräten.[2] Wer im Unterricht gebärdete, handelte im Widerspruch zu diesen pädagogi-schen Normen. Gebärdende Schülerinnen und Schüler wurden deshalb gemassregelt und oft auch bestraft. Erst in den 1980er-Jahren änderten einzelne Schulen diese Praxis und begannen, gebärdensprachliche Ele-mente in den Unterricht aufzunehmen.

Die Strafen für gebärdende Schülerinnen und Schüler waren bis in die 1960er-Jahre harsch und entwürdigend (vgl. allgemein zur Strafpraxis Kap. 5.3 unten). A. D, der Mitte der 1940er-Jahre in die Schule in Zürich eingetreten war, berichtet von der verbreiteten Apfel-Strafe. Die Lehrer legten dabei gebärdenden Schülerinnen und Schülern zur Strafe einen Apfel auf den Kopf.[3] Die Kinder mussten sich in die Ecke des Schulzim-mers stellen und laute Artikulationsübungen durchführen. Dabei durfte

2   Vgl. Interview mit PS Pc 75 00.
3   Interview mit ZH hE 46–55.

der Apfel nicht herunterfallen. Gebärdenbewegungen waren dadurch verunmöglicht. Bruno Stolz, der Mitte der 1960er-Jahre nach St. Gallen kam, erinnert sich, dass man zur Strafe kleine Aufsätze verfassen oder hundert Mal «Ich darf nicht gebärden.» schreiben musste. Oder es wurde verlangt, ein Buch auf dem Kopf zu balancieren, damit man unbeweglich sass, nicht gebärden konnte, und Stimme und Aussprache ruhig wurden.[4]

Auch Körperstrafen gegen Gebärden im Unterricht waren verbreitet. Viele befragte ehemalige Schülerinnen und Schüler berichten beispielsweise von Stockschlägen auf die Hände, wenn die Kinder im Klassenzimmer beim Gebärden ertappt wurden. In St. Gallen mussten Schülerinnen und Schüler in den 1950er-Jahren ihre Hände hinter dem Rücken halten – eine Praxis, die auch in Hohenrain bekannt war (dort als «Vatter-Methode», benannt nach dem deutschen Taubstummenlehrer Johannes Vatter, 1842–1916).[5] Kinder, die gehörlose Eltern oder Geschwister hatten, mussten zusätzlich während der ersten Schuljahre ihre Arme während des Unterrichts in Kartonröhren stecken. Auf diese Weise sollte verhindert werden, dass andere Kinder mit der Gebärdensprache «angesteckt» würden. Die Kartonröhren mussten solange getragen werden, bis die Kinder zu sprechen begonnen hatten und sich mündlich verständigen konnten. Falls ihnen doch einmal Gebärden während des Unterrichts «herausgerutscht» seien, habe es jeweils sofort Schläge gegeben, so die ehemalige Schülerin Erna Schumann. Die Lehrpersonen schlugen den Kindern auf die Finger oder auf den Kopf; manchmal warfen sie auch ein Lineal nach ihnen.[6]

Körperstrafen waren zu dieser Zeit generell in der Volksschule verbreitet. Auch Fehler beim Lernen der Lautsprache konnten in den Gehörlosenschulen Körperstrafen nach sich ziehen. Claudine Mayer, die ab Mitte der 1960er-Jahre in St. Gallen zur Schule ging, erinnert sich, dass sie Mühe hatte, die Wörter «Mutter» und «Butter» beim Ablesen zu unterscheiden. Wenn sie die Begriffe falsch ablas, erhielt sie Schläge auf die Hände.[7] Auch Othmar Isler, der in den 1950er-Jahren in Hohenrain war, bestätigt, dass im Unterricht besonders das Erlernen der Lautspra-

4   Interview mit SG hE 64–75.
5   Interview mit LU Pe 54–99.
6   Interview mit SG gE 53–63.
7   Interview mit SG hE 66–79.

Abb. 39: Bildung des «m»: Lehrer hält Schülerin an Hals und Nase, Taubstummenanstalt Wabern, Bern (um 1910). Foto Eugen Sutermeister, Schweizerisches Sozialarchiv, Zürich.

che mit Gewalt und auf übergriffige Weise durchgesetzt wurde.[8] Die rigide Strafpraxis stiess auch seitens der Schulleitungen auf Verständnis. Exemplarisch ist Hans Ammann, der bis 1970 amtierende Schuldirektor der St. Galler Schule. Ammann schrieb im Jahresbericht von 1963/64, dass er es zwar als Schulleiter nicht gutheisse, wenn Lehrpersonen «zu streng» zu den Schülerinnen und Schülern seien. Aber man müsse auch Nachsicht walten lassen, denn die Lehrpersonen würden vom vielen Repetieren und vom langsamen Vorankommen oft «müde», was

8   Interview mit LU hE 51–58.

sie wiederum zu teils ungerechten Bestrafungen verleite.[9] In einzelnen Schulen sind Körperstrafen auch für die 1970er-Jahre belegt. Lorenzo Faustinelli, der in den 1970er-Jahren in Locarno zur Schule ging, berichtet beispielsweise von Schlägen auf die Finger, sobald man beim Gebärden im Unterricht erwischt wurde.[10]

Bisweilen fällt es schwer, die Grenze zwischen körperbezogenen Elementen des Lautsprachetrainings und Körperstrafen zu ziehen. So etwa beim Artikulationstraining. Dabei nutzten Lehrerinnen und Lehrer Mundspatel oder Holzstöckchen, um die Mund- und Zungenstellung zu üben. Teilweise arbeiteten Lehrpersonen mit den blossen Fingern. Dabei kam es zu vielen Berührungen und direkten körperlichen Anweisungen im Gesicht und im Mund. Diese Zurechtweisungen am Körper wurden von den betroffenen Schülerinnen und Schülern bisweilen als grob und verletzend erlebt. Was aus Lehrersicht als Korrektur gemeint war, kam bei Schülerinnen und Schülern als Körperstrafe an. Diese Praktiken sind in einzelnen Schulen bis in die 1980er- und 1990er-Jahre belegt.[11] Annabelle Riedli berichtet beispielsweise, dass sie Ende der 1980er-Jahre in Hohenrain mit dem Stöckchen im Mund ausgebildet wurde. Sie musste Briefe der Eltern vorlesen. Bei Aussprachefehlern wurde sie auch geschlagen.[12]

Die Ausgrenzung der Gebärdensprache war in den Gehörlosenschulen bis in die 1970er-Jahre weitgehend unbestritten. Einzelne Schulen rückten jedoch früh von den rigiden Strafpraktiken ab. Als erste schlug die Zürcher Gehörlosenschule einen moderateren Kurs ein. Seit Ende der 1960er-Jahre wurden die Regeln gegenüber der Gebärdensprache gelockert. Es war den Schülerinnen und Schülern nicht mehr pauschal untersagt, während des Unterrichts zu gebärden. Die Hände mussten nicht mehr unter den Tisch oder hinter den Rücken gehalten werden. Gebärdende Kinder wurden auch nicht mehr bestraft. Mit Lehrpersonen, die über keine Gebärdensprachkenntnisse verfügten, musste jedoch nach wie vor in der Lautsprache gesprochen werden. Einzelne Lehrerinnen und Lehrer untermalten im Unterricht ihre Aussagen vermehrt mit Ges-

---

9   Staatsarchiv des Kantons St. Gallen: ZA 483; Jahresbericht St. Gallen 1963/64, S. 10.

10   Interview mit TI hE 74–82.

11   Vgl. Interviews mit PS Pe 75–80; LU hE 88–00.

12   Interview mit LU hE 88–00.

Abb. 40: «Es ist schön. Es ist warm. Wir gehen barfuss.» Die Lehrerin Babette Eggenberger mit einer Klasse beim Sprachunterricht, Sprachheilschule St. Gallen (um 1955). Staatsarchiv St. Gallen.

ten oder bedienten sich stärker der Mimik, was den Schülerinnen und Schülern sehr geholfen habe.[13]

Die treibende Kraft für diesen Umbruch war Gottfried Ringli, der 1961 neu zum Schuldirektor berufen wurde und der mit seinen bilingualen Ansätzen schweizweit breite Beachtung fand. Ringli war von Anfang an überzeugt, dass die reine Lautsprachmethode im Gehörlosenunterricht unzureichend sei. Er forderte von seinen Angestellten, die Lautsprache «durch eine natürliche, ausdrucksvolle Mimik, ev. durch Gesten und

13   Interview mit ZH hE 66–76.

andere ausserlautsprachlichen Kommunikationsmittel» zu ergänzen.[14] Trotz toleranterer Haltung blieb der Unterricht nach wie vor lautsprachlich ausgerichtet. Die Schule in Zürich entwickelte diesen Ansatz in den kommenden Jahren weiter und übernahm 1984 schliesslich die Methode der Lautsprachbegleitenden Gebärden (LBG), in der die lautsprachliche Kommunikation durch simultane Gebärden unterstützt wird. Mittlerweile waren auch gehörlose Lehrpersonen an der Schule angestellt. In den 1980er-Jahren mussten Schülerinnen und Schüler im Unterricht bei den hörenden Lehrpersonen LBG verwenden, bei gehörlosen durften sie auch die Gebärdensprache verwenden.

Verschiedene Interviews deuten darauf hin, dass sich in den 1980er-Jahren an der Zürcher Schule eine Art Konkurrenzsituation zwischen LBG und Gebärdensprache herausbildete. Gerade für Kinder gehörloser Eltern, die mit der Gebärdensprache aufgewachsen waren, war dies manchmal schwierig. Eine ehemalige Schülerin weist darauf hin, dass sie sich oft sehr konzentrieren musste, um in LBG zu gebärden. Sie war zwar einerseits froh, dass sie wenigstens mit LBG statt nur in Lautsprache kommunizieren durfte. Andererseits waren Gespräche mit LBG für sie oft mit Anstrengungen verbunden. Sie konnte sich in LBG nicht so ungezwungen ausdrücken wie in Gebärdensprache.[15] Anfang der 2000er-Jahre unterrichteten zwar die älteren Lehrpersonen noch in LBG, Lehrerinnen und Lehrer die neu eingestellt wurden, bedienten sich jedoch von Anfang an der Deutschschweizer Gebärdensprache.[16]

In Genf war die Gebärdensprache bis in die 1970er-Jahre im Unterricht untersagt. Die Strafen fielen in Genf je nach Lehrperson unterschiedlich aus. Eine Interviewpartnerin, Nadine Favre, erzählt, dass gebärdende Kinder manchmal zur Strafe hundert Mal «Ich darf nicht gebärden» schreiben oder sich mit dem Rücken zur Klasse in eine Ecke stellen mussten.[17] Ein anderer ehemaliger Schüler, Maurice Rochat, der ebenfalls in Montbrillant zur Schule ging, berichtet, dass er fürs Gebärden auf die Finger geschlagen wurde.[18] Ab 1981 durfte in Montbrillant im Unterricht gebärdet werden – ähnlich früh wie in Zürich. Der damalige Direktor Claude Maye setzte sich für die Gebärdensprache ein. Die Kommu-

14   Staatsarchiv des Kantons Zürich: Ablieferungsnummer 2016/109; Jahresbericht Zürich 1965, S. 7.
15   Interview mit ZH gE 91–00.
16   Interview mit ZH gE 03–07.
17   Interview mit GE hE 57–69.
18   Interview mit GE hE 63–75.

nikationssituation war für die gehörlosen Kinder von diesem Zeitpunkt an sehr angenehm.[19]

In der Gehörlosen- und Sprachheilschule Riehen scheint es ähnlich wie in Genf gewesen zu sein. Bis in die 1970er-Jahre orientierte sich die Schule ausschliesslich auf den lautsprachlichen Unterricht. In den 1980er-Jahren wurde die Praxis toleranter. Offiziell hielten beide Anstaltsdirektoren, Eberhard Kaiser (im Amt 1964–1977) und Bruno Steiger (ab 1977), am Ausschluss der Gebärdensprache vom Unterricht fest. Noch Anfang der 1980er-Jahre hielt Steiger im Jahresbericht der Anstalt fest: «Falsch verstandene Geborgenheit im Sinne eines Zugeständnisses an die Gebärde [...] [hilft] dem Gehörlosen nichts, [sie] bring[t] ihn nur weg vom anvisierten Ziel.»[20] Unter seiner Direktion kam es aber auch zu einer Kurswende. Einzelne Lehrer wichen bereits in den 1980er-Jahren vom lautsprachlichen Primat ab und unterrichteten sowohl in Lautsprache wie in Gebärden. Die Kinder hätten es besser verstanden, so der Lehrer Bernhard Hansmann, der diese Zeit in Riehen erlebt hat. «Man muss schauen, dass man allen etwas geben kann.»[21] Auch auf dem Pausenplatz wurden Gebärden toleriert. Bestraft wurden gebärdende Kinder nicht mehr. Um 2000 wurde schliesslich offiziell ein bilingualer Unterricht eingeführt. Im Rückblick finden einzelne Lehrpersonen, die Umstellung hätte vielleicht früher stattfinden sollen.[22]

Die Gehörlosenschule in St. Gallen pflegte im Umgang mit der Gebärdensprache in den 1980er- und 1990er-Jahren einen restriktiveren Kurs als die liberaleren Schulen in Zürich, Riehen oder Genf. Der Gebrauch der Gebärdensprache war im Unterricht weitgehend untersagt. Noch in den 1980er-Jahren mussten die Schülerinnen und Schüler bisweilen die Hände unter den Tisch halten. Wenn eines der Kinder beim Gebärden erwischt wurde, kam es gemäss einer ehemaligen Schülerin vor, dass gleich die ganze Klasse bestraft wurde. Typische Strafen fürs Gebärden waren Aufsätze schreiben oder putzen.[23] Dies steht in Kontrast zur Aussendarstellung der Schule. Gemäss dem Jahresbericht von 1980 verfolgte die Schule das Ziel, «jedem Hörbehinderten eine bestmögliche Lautsprache zu entwickeln». Der Bericht betonte, die Schule habe von

19   Interview mit GE hE 82–95.
20   Zitiert nach Thiemeyer 2018, S. 12.
21   Interview mit BS Pe 81–01.
22   Vgl. Interviews mit BS Pe 81 01; BS hE 74–86, BS Pe 75–80; BS Pe 80–98.
23   Interview mit SG hE 76–86.

«jeher eine Kombination verschiedener Methoden zur Verständigung der Gehörlosen unter sich und mit der hörenden Welt» unterstützt. Die Gebärde hatte in diesem Konzept auf individueller Ebene, quasi als Nischenphänomen, durchaus ihren Platz. Die Norm blieb allerdings lautsprachlich orientiert.[24]

Die Lehrerin Paula Wildi, die in den 1980er- und 1990er-Jahren in St. Gallen unterrichtete, ergänzt, dass die lautsprachliche Ausrichtung Anfang der 1980er-Jahre noch strikt war, später jedoch gelockert wurde. Die Erzieherinnen hätten darauf geachtet, dass die Kinder die Lautsprache benutzten und Lippenlesen übten. Es habe früher manchmal Schläge auf die Hände gegeben, wenn die Kinder gebärdeten. Sie selber habe in den frühen 1980er-Jahren aus Interesse einen Gebärdenkurs besucht. Damals sei die Gebärdensprache noch nicht erwünscht gewesen und im Unterricht nicht angewendet worden. Bald habe man jedoch eine deutliche Aufweichung gespürt. Zwar sei die Lautsprache noch im Fokus gestanden, doch die Haltung gegenüber der Gebärdensprache sei nicht mehr so negativ gewesen.[25] Andere Lehrpersonen, die keine Gebärdenkenntnisse hatten, berichten von Situationen, in denen sie in den 1980er-Jahren im Unterricht mit Gehörlosen zwar keine Gebärdensprache verwendeten, sich aber trotzdem jenseits der Lautsprache zu verständigen versuchten. Sie habe, so beispielsweise Klara Schurr, sich im Unterricht «mit Händen und Füssen» verständlich zu machen versucht. Ansonsten sei der Unterricht inhaltlich ähnlich gewesen wie bei hörenden Kindern. Der Wortschatz hingegen sei bei Gehörlosen sehr klein gewesen, und daran habe sie so gut wie damals möglich gearbeitet.[26]

In den 1990er-Jahren scheint die lautsprachliche Orientierung im Unterrichtsalltag endgültig flexibler geworden zu sein. Zwar gab es teilweise noch strenge Lehrer. Eine ehemalige Schülerin, Carola Moser, die in den 1990ern in St. Gallen zur Schule ging, berichtet von einem Lehrer, der die Kinder im Unterricht mit einem Stab auf die Finger schlug, wenn sie gebärdeten. Dieser war allerdings eine Ausnahmefigur. Die übrigen Lehrerinnen und Lehrer seien einfühlsamer gewesen und hätten mehr Geduld gehabt mit den Kindern. Die Gebärdensprache sei bei ihnen im Unterricht zwar ebenfalls untersagt gewesen, jedoch ohne Strafandrohung, einzig verbunden mit dem Hinweis «bitte nicht ge-

24   Staatsarchiv des Kantons St. Gallen: ZA 483; Jahresbericht St. Gallen 1980, S. 5.
25   Interview mit SG Pe 79–97.
26   Interview mit SG Pe 74–02.

166

bärden», so Moser.[27] Bei der Sprachanbahnung oder bei schwierig ab-
zulesenden oder nicht aus dem Kontext zu kombinierenden Wörtern
durften die Schülerinnen und Schüler Hilfsmittel wie zum Beispiel das
internationale Fingeralphabet oder das phonembestimmte Manualsystem beiziehen.[28]

Die Haltung gegenüber der Gebärdensprache scheint in St. Gallen in
den 1980er- und 1990er-Jahren generationenabhängig gewesen zu
sein. Eine damalige Lehrerin, Yvonne Kurath, meint, die älteren Angestellten hätten die Gebärdensprache noch zu verhindern versucht, die
jüngeren nicht mehr. Die Lehrer selber hätten nie Gebärdensprache be-
nutzt, auch die jüngeren nicht. Es sei nicht gern gesehen worden. Es galt
die Auffassung, dass nur durch die konsequente Anwendung der Lautsprache diese erlernt werden könne und dass die Lautsprache Voraussetzung für die Integration in eine mehrheitlich hörende Gesellschaft
sei. Kurath selber findet es im Nachhinein fragwürdig, dass sie nicht
gebärden konnte. Allerdings arbeitete sie vorwiegend auf der Schwer-
hörigenabteilung, das heisst mit Kindern, die die Lautsprache mit Hörgeräten aufnehmen konnten. Sie erinnert sich zudem, dass sämtliche
Schülerinnen und Schüler gebärden konnten, selbst die normalhören-
den Sprachheilschüler.[29] Die Haltung gegenüber der Gebärdensprache
sei generationenabhängig gewesen.

Das Istituto Sant'Eugenio in Locarno hielt ebenfalls vergleichsweise
lange am lautsprachlichen Unterricht fest. Noch in den 1980er-Jahren
hätten die Lehrerinnen die Kinder zum Sprechen angehalten, da sie ihnen mit der Lautsprache das nötige Werkzeug für eine erleichterte Eingliederung ins Berufsleben und in die hörende Gesellschaft mitgeben
wollten.[30] Nach der Schliessung des Istituto Sant'Eugenio 1991 wurden
die meisten gehörlosen Kinder im Tessin integriert in der Volksschule
unterrichtet. Dabei stand ihnen für die meisten Fächer ein Gebärdensprachdolmetscher zur Verfügung. Auch die Gehörlosenschule in Hohenrain hielt bis in die 1980er-Jahre an der lautsprachlichen Orientierung im Unterricht fest. Allerdings scheint hier die konkrete Umsetzung
stark von den Lehrpersonen abhängig gewesen zu sein. Ehemalige

27   Interview mit SG hE 90–99.
28   Staatsarchiv des Kantons St. Gallen: ZA 483; Jahresbericht St. Gallen 1993, S. 8,
      und Interview mit SG hE 90–99.
29   Interview mit SG Pe 75–80/85 18.
30   Schriftliches Interview mit TI Pe 70–01/I und TI Pe 70–01/II.

Schülerinnen und Schüler weisen in den Interviews darauf hin, dass es strengere und verständnisvollere Schwestern gegeben habe. Seit den 1980er-Jahren kam es zunehmend vor, dass einzelne Schwestern im lautsprachlichen Unterricht unterstützende Gebärden verwendeten. So erfuhren Gehörlose je nach Lehrperson trotz lautsprachlichem Unterricht in Einzelfällen viel Unterstützung.[31]

Unterrichtsinhalt und Unterrichtsniveau

Der Unterricht in reiner Lautsprachmethode hatte für gehörlose Schülerinnen und Schüler ambivalente Folgen. Die meisten interviewten ehemaligen Schülerinnen und Schüler sahen sich zugleich überfordert und unterfordert. Überfordert, weil der Lautspracheunterricht als anstrengend und zugleich wenig effektiv wahrgenommen wurde. Unterfordert, weil durch die Fokussierung auf den Sprachunterricht die anderen Fächer zu kurz kamen. Viele ehemalige Schülerinnen und Schüler empfanden das Niveau des unterrichteten Stoffs als zu tief und fühlten sich teilweise gar gelangweilt.

So berichten beispielsweise ehemalige Schülerinnen und Schüler aus Zürich rückblickend, dass ein grosser Teil der Schulzeit für den Deutschunterricht und das Erlernen der Lautsprache verwendet wurde. Die erlernten Deutschkenntnisse waren jedoch nur sehr basal. Die Schülerinnen und Schüler lernten Sätze auswendig und mussten diese anschliessend ständig wiederholen. Dies empfanden sie als «extrem langweilig und repetitiv». Und wenn sie doch einmal einen anspruchsvolleren Text zu lesen hatten, verstanden sie vieles nicht.[32] Sonja Eckmann, eine ehemalige Schülerin, berichtet, dass die schulischen Fähigkeiten ihrer Klassenkameradinnen und -kameraden sehr unterschiedlich ausfielen und sich ihr Lehrer stets darum bemühte, die Schwächsten mitzunehmen. Dies führte dazu, dass die intelligenteren Kinder oft etwas zurückstecken mussten. Da sie häufig durch ihren älteren gehörlosen Bruder unterstützt wurde, wenn sie im Unterricht etwas nicht verstanden hatte – er hat es ihr nach der Schule in Gebärdensprache erklärt –, machte sie jedoch rasch Fortschritte und sei darum im Unterricht häufig unterfordert gewesen. Sie habe jedoch aufgrund der «nebligen Kommunikation» vieles nicht verstanden. Sie empfand in diesem Sinne einerseits

---

31   Vgl. Interviews mit LU Pe 54–92, LU Pe 65–71, BS hE 67–76.
32   Interviews mit ZH hE 46–55 und ZH hE 66–76.

168

den Unterricht als langweilig und repetitiv, andererseits bisweilen auch als überfordernd, da sie Mühe mit der Sprachbarriere hatte.[33]

Die Lehrerinnen und Lehrer an den Gehörlosenschulen waren sich dieser Problematik durchaus bewusst. So schrieb der Zürcher Schuldirektor Walter Kunz 1950 im Jahresbericht:

> Der Lehrer kommt oft in einen Konflikt, wenn er den Wissenshunger seiner Kinder sieht und doch stets auf die Dürftigkeit der Sprache Rücksicht nehmen muss. Tröstlich ist immerhin zu wissen, dass später im Leben das Wissen nicht die entscheidende Rolle spielt, dass wir also ruhig den Stoff etwas beschränken dürfen zu Gunsten einer besseren Sprech- und Sprachschulung und einer Vertiefung der Charakterbildung.[34]

Die gleichzeitige Über- und Unterforderung der Kinder wurde offenbar bewusst in Kauf genommen. Denn die Sprach- und Charakterbildung wurden für pädagogisch wichtiger gehalten als die Aneignung von zusätzlichem Schulstoff. Die Schülerinnen und Schüler sollten nach Kunz zu «willigen, zuverlässigen, arbeitsfreudigen und verträglichen Menschen» erzogen werden. Bei keiner Lehrstelle sei mangelndes Wissen je ein Problem gewesen. Wichtiger sei, dass die Kinder die richtigen Charakterzüge aufwiesen und gute Arbeiter würden.[35]

Die ehemaligen Schülerinnen und Schüler der Gehörlosenschule St. Gallen berichten von vergleichbaren Erfahrungen. Alle befragten Gehörlosen erzählen, dass an der Schule nur wenige Schulfächer unterrichtet wurden. Wie in Zürich wurde die meiste Zeit für den Deutschunterricht und das Erlernen der Lautsprache aufgewendet. Dem Schulzeugnis einer ehemaligen Schülerin ist zu entnehmen, dass sie erst ab der sechsten Primarklasse auch Sachkundeunterricht erhielt. Zuvor hatte sie vor allem Deutsch-, Mathematik-, Handarbeits- und Werkunterricht.[36] Auch in St. Gallen wurde der Deutschunterricht von den gehörlosen Kindern als repetitiv erlebt. Die meisten der ehemaligen Schülerinnen und Schüler fühlten sich im Unterricht gelangweilt und unterfordert. Sie betonen ihren Wissensdurst und hätten gerne mehr gelernt.[37] Es habe unter den Kindern der Klassen grosse Niveauunterschiede gegeben, was dazu

---

33   Interview mit ZH hE 66–76.
34   Staatsarchiv des Kantons Zürich: Ablieferungsnummer 2016/109; Jahresbericht Zürich 1950, S. 6.
35   Ebd., S. 8 f.
36   Interview mit SC hE 76 86.
37   Alle ausser SG hE 90–99.

führte, dass die intelligenteren Kinder jeweils auf die langsameren warten mussten. Einzelne Lehrpersonen hätten den schnelleren Kindern Zusatzaufgaben erteilt und sie damit gefördert. Nicht alle Zusatzaufgaben waren jedoch gleich produktiv. Eine Schülerin hätte bisweilen auch putzen müssen, wenn sie schneller fertig war als die anderen.[38]

Das Unterrichtsniveau wird von den Interviewten als tief eingestuft. Zwei ehemalige Schüler erzählen, wie sie nach der Schule zu Hause ihre Familienmitglieder oft mit Fragen löcherten, weil sie den Unterrichtsstoff nicht verstanden hatten oder gerne mehr wissen wollten.[39] Gehörlose Kinder, die viel mit hörenden Kindern zu tun hatten, sei es weil sie hörende Geschwister hatten oder in der Freizeit häufig mit hörenden Kameraden spielten, erlebten die Niveauunterschiede zwischen Gehörlosenschulen und der Volksschule besonders deutlich. «Ich merkte, dass die hörenden Freundinnen und Freunden in der Schule mehr lernten. Mein Schulstoff war im Vergleich eher auf Kindergartenniveau. Ich wäre darum lieber mit den Hörenden in die Schule gegangen.»[40]

Die Lautsprachmethode führte ausserdem dazu, dass viele der gehörlosen Kinder sich im Unterricht ständig unter Druck fühlten und kaum entspannt lernen konnten. Eine Interviewpartnerin berichtet, im Unterricht vor Erschöpfung manchmal eingenickt zu sein, weil das ständige Ablesen sehr anstrengend war.[41] Auch weitere Interviewpartner berichten, dass der Unterricht sehr anstrengend und ermüdend gewesen sei, unter anderem weil sie den Lehrpersonen ständig von den Lippen ablesen und sich darauf konzentrieren mussten, nicht zu gebärden.[42]

Das Vertrauen der Schülerinnen und Schüler in ihre Lehrpersonen war insgesamt beschränkt. Wenn sie Fragen zum Unterricht oder zu einem anderen Thema hatten, was angesichts der schwierigen Kommunikationssituation im Klassenzimmer häufig vorkam, wandten sich die Kinder lieber an ihre Eltern und Geschwister als an die Lehrpersonen. Verschiedene Interviewte bemängeln, dass sie an der Schule auf ihre Fragen oft keine Antwort erhielten. Eine Interviewpartnerin, die in den 1970er-Jahren in St. Gallen zur Schule ging, schildert einen Lehrer, der die ihm gestellten Fragen nicht inhaltlich beantwortete, sondern sie zu-

---

38 Interview mit SG hE 76–86.
39 Interviews mit SG gE 53–63 und SG hE 76–86.
40 Interview mit SG gE 53–63.
41 Interview mit SG gE 53–63.
42 Beispielsweise auch Interview mit SG hE 64–75.

nächst sprachlich korrigierte. Solche Situationen seien häufig gewesen, weil viele Kinder ihre Anliegen nicht in einwandfreiem Deutsch formulierten oder sie unsauber artikulierten. Der jeweilige Schüler, so die Interviewpartnerin, musste die Frage so lange wiederholen, bis sie korrekt wiedergegeben war. Oft dauerte dies so lange, dass der Lehrer zum Schluss die eigentliche Frage unbeantwortet liess.[43]

In St. Gallen bildeten auch Angestellte im Hausdienst eine Anlaufstelle für Anliegen der Gehörlosen. Denn die St. Galler Schule hatte die Politik, im Hausdienst auch gehörlose oder höreingeschränkte Erwachsene einzustellen. An diese wandten sich auch gehörlose Schülerinnen und Schüler, wenn sie im Unterricht nicht mitkamen. Die Erfahrungen von Martin Rösli sind dafür beispielhaft. Hatte er einzelne Wörter im Unterricht nicht verstanden, dann ging er nach Schulschluss zum gehörlosen Gärtner der Einrichtung. Dieser sei super gewesen; der Gärtner habe ihm die Dinge verständlich erklärt. Er habe mehr vom Gärtner als von den Lehrkräften verstanden.[44]

Von vergleichbaren Erfahrungen berichten auch die Schülerinnen und Schüler der Gehörlosenschulen in Riehen, Hohenrain oder Montbrillant.[45] In Hohenrain kam neben dem Fokus auf den Deutschunterricht noch ein Schwerpunkt im Religionsunterricht hinzu, der aus Sicht der Schülerinnen und Schüler ebenfalls zu viel Raum einnahm.[46] Die Schülerinnen und Schüler der Montbrillant-Schule in Genf berichten einhellig, die meiste Unterrichtszeit sei für den Französischunterricht aufgewendet worden und die Lehrpersonen hätten sich auf ein basales Französisch beschränkt. Sie kritisieren, dass die übrigen Schulfächer vernachlässigt wurden. Eine Schülerin erinnert sich an die 1950er- und 1960er-Jahre: Die Schule habe nur wenige andere Fächer wie beispielsweise Zeichnen, Basteln, Turnen oder Musik angeboten. Sie sei nicht angemessen gefördert worden. «Ich wollte eigentlich immer mehr ‹Futter›, doch der Unterricht blieb auf einem sehr einfachen Niveau.» Wenn sie mehr wissen wollte, musste sie sich die Informationen zu Hause bei ihren Eltern oder Geschwistern holen.[47]

43   Interview mit SG hE 76–86.
44   Interview mit SG hE 57–66.
45   Vgl. Interviews mit BS hE 76–86, SG hE 66–79, BS hE 74–86.
46   Vgl. Interviews mit LU Pe 54–92, LU Pe 63–71, LU hE 51–58, LU hE 56–66.
47   Interview mit GE hE 57–69.

Es gibt auch vereinzelt Stimmen, die sich positiv über das Fächerangebot in der Schule und das Leistungsniveau äussern. Ein ehemaliger Genfer Schüler, Maurice Rochat, der die Montbrillant-Schule in den 1960er- und 1970er-Jahren besuchte, war sowohl mit den angebotenen Fächern als auch der schulischen Förderung zufrieden.[48] Auch ein lautsprachlich geschulter Gehörloser aus dem Tessin fühlte sich gut gefördert. Die Lehrerinnen hätten immer klar und deutlich gesprochen, sodass die Schülerinnen und Schüler ohne Probleme von den Lippen ablesen konnten. Auch inhaltlich hätte er nie das Gefühl gehabt, dass ihm etwas fehle. Auf die Oberstufe und die Lehre fühlte er sich insgesamt gut vorbereitet.[49]

Heimliche Gebärden im Unterricht

Viele lautsprachlich geschulte Gehörlose zogen es deshalb vor, auch im Unterricht trotz Gebärdenverbot zu gebärden. Sie konnten sich damit in Gesprächssituationen, in denen sie eine Äusserung nicht verstanden, besser artikulieren. Meistens übersetzte das Kind mit den besten Kenntnissen im Lippenlesen die Äusserungen der Lehrpersonen in heimlichen Gebärden für diejenigen Kinder, die nicht nachgekommen waren.[50] Ein Interviewpartner, der um 1970 in St. Gallen zur Schule ging, erzählt von einem Lehrer, der starker Raucher war und die Aufgaben oftmals einfach an die Tafel schrieb, danach in eine Rauchpause verschwand und den Kindern auftrug, währenddessen die Aufgaben zu lösen. Die Schülerinnen und Schüler nutzten die Abwesenheit des Lehrers, um sich in Gebärdensprache über die Aufgaben zu verständigen. Der Interviewpartner selbst übersetzte den Auftrag des Lehrers jeweils für seine Mitschülerinnen und Mitschüler.[51]

Alle Interviewten berichten einmütig, es sei für sie praktisch unmöglich gewesen, unter gehörlosen Kindern auf die Gebärdensprache zu verzichten. Die Gebärden seien automatisch verwendet worden; es hätte sich seltsam angefühlt, mit anderen Gehörlosen in Lautsprache zu kommunizieren. Eine Interviewpartnerin brachte das Problem mit einem Vergleich auf den Punkt: «Man kann ja auch nicht zwei Italienern verbieten, miteinander italienisch zu sprechen!»[52]

48   Interview mit GE hE 63–75.
49   Interview mit TI hE 74–82.
50   So zum Beispiel Interviews mit SG gE 53–63; SG hE 64–75; SG hE 76–86; SG hE
      90–99 und GE hE 63–75.
51   Interview mit SG hE 64–75.
52   Interview mit GE hE 57–69.

Vieles deutet darauf hin, dass der schulische Erfolg auch abhängig war von der Zuhilfenahme der Gebärdensprache und der gebärdensprachlichen Unterstützung von Eltern und Geschwistern. Kinder mit gehörlosen Eltern oder gehörlosen älteren Geschwistern fühlten sich oft im Vorteil gegenüber gehörlosen Kindern mit hörenden Eltern. Denn Erstere konnten sich ihre Fragen von ihren Eltern oder Geschwistern in Gebärdensprache beantworten lassen. Die Interviewpartner betonten, dass sie nur durch diese Erklärungen einen guten Schulabschluss erlangten.[53]

Viele Interviewpartnerinnen und -partner, aus allen Sprachregionen, betonen, dass die Gebärden, die sie an der Schule informell benutzten, sehr einfache Gebärden waren, vergleichbar am ehesten mit den LBG oder dem Français signé (FS), dem französischsprachigen Pendant zum LBG. Maurice Rochat bemerkt: «Ce n'était pas vraiment la langue des signes comme maintenant, [...] avec une grammaire, c'était plutôt français signé.»[54] Gebärdensprachlich versierte Erwachsene fehlten an den Schulen, zudem wuchsen die meisten Gehörlosen mit hörenden Eltern ohne Gebärdensprachenkenntnisse auf.[55] Die notdürftig praktizierten Gebärden konnten die vollwertige Gebärdensprache nicht ersetzen. Viele gehörlose Schülerinnen und Schüler lernten erst nach Schulschluss richtig zu gebärden, zum Beispiel in den Gehörlosenvereinen oder im Austausch mit anderen erwachsenen Gehörlosen.[56]

Gebärden ausserhalb des Unterrichts und im Internatsbetrieb

Obwohl die Gebärdensprache in Zürich auch ausserhalb des lautsprachlichen Unterrichts bis in die 1960er-Jahre unerwünscht war, gebärdeten viele Schülerinnen und Schüler heimlich, sobald sie das Schulzimmer verlassen hatten. In den 1950er-Jahren konnten die Kinder beispielsweise gebärden, während sie ihre «Ämtli» erledigten. Bei dieser Tätigkeit waren sie nicht ständig unter Aufsicht. Und auch abends im Internat wurde oft heimlich gebärdet.[57]

Die Gehörlosenschule St. Gallen ist ein beispielhafter Fall. Während im Unterricht die Gebärdensprache untersagt war, unterhielten sich die

---

53 Interviews mit SG gE 53–63 und ZH hE 66–76.
54 Interview mit GE hE 63–75.
55 Gemäss Kaufmann (1995, S. 29) haben ca. 95 Prozent aller gehörlosen Kinder hörende Eltern.
56 Interviews mit GE hE 63–75, ZH hE 66–78 und TI hE 74–82.
57 Interview mit ZH hE 46–55.

Kinder in ihrer Freizeit gleichwohl über Gebärden. So erzählen ehemalige St. Galler Schülerinnen und Schüler, die in den 1950er- und bis Mitte der 1970er-Jahre die Schule besucht hatten, dass sie regelmässig auf dem Pausenplatz gebärdeten. Auf dem Platz waren einfach zu viele Kinder anwesend, als dass die Lehrerinnen und Lehrer alle hätten kontrollieren können. Wenn die Pausenaufsicht nicht hinschaute, konnten sich die Kinder mit kleinen Gebärden unterhalten. Auch abends im Internat waren «kleine Gebärden» verbreitete Kommunikationsmittel. Die diensthabenden Erzieherinnen seien tolerant gewesen und hätten von einer Strafe abgesehen.[58] Eine Interviewpartnerin, die ab Mitte der 1970er-Jahre in St. Gallen zur Schule ging, berichtet allerdings, es sei nicht immer einfach gewesen, auf dem Pausenplatz zu gebärden. Wenn zu viele Aufsichtspersonen präsent waren, hätten die Kinder nicht unbemerkt gebärden können. Dafür sei während des Mittagessens heimlich gebärdet worden. Wer in der Freizeit beim Gebärden erwischt wurde, habe zur Strafe beispielsweise putzen oder Laub rechen müssen. Das Gebärden habe sich deshalb nie wirklich frei und unbeschwert angefühlt; nur auf der Toilette konnte man ohne Aufsicht in Ruhe miteinander gebärden.[59] In den 1990er-Jahren sei es sowohl im Unterricht wie in der Freizeit untersagt gewesen zu gebärden, berichtet Carola Moser. Trotzdem hätten sich die Schülerinnen und Schüler in der Pause in Gebärdensprache unterhalten. Da sie am Abend im Internat ebenfalls ohne ständige Aufsicht waren, konnten sie auch dort gebärden, obwohl der Gebrauch der Gebärdensprache auch im Internat nicht erlaubt war.[60]

Auch beim gemeinsamen Essen in Internatsschulen wurde heimlich gebärdet. Martin Rösli berichtet von der St. Galler Schule, dass die Kinder in den 1960er-Jahren während der Essenszeiten am Tisch gebärdeten. Manchmal habe er beim Gebärden unbewusst auch seine Stimme verwendet. Das hätte das Personal dann wahrgenommen; er musste dann im Stehen weiteressen und danach abwaschen.[61]

Auch in Genf war es bis 1980 an der Schule verboten zu gebärden. Meistens jedoch drückten die Lehrerinnen und Lehrer während der Pausen ein Auge zu, besonders diejenigen der Unter- und Mittelstufe. Maurice Rochat betont: «La c'était un moment quelque part de liberté, on nous

---

58   Interviews mit SG gE 53–63 und SG hE 64–75.
59   Interview mit SG hE 76–86.
60   Interview mit SG hE 90–99.
61   Interview mit SG hE 57–66.

laissait être spontané.»[62] In der Oberstufe wurden die Schülerinnen und Schüler strenger kontrolliert und gerügt, wenn sie in der Pause gebärdeten. Wie in St. Gallen wurde auch in Genf im Internat während des Mittagessens heimlich gebärdet. Die Gebärdensprache war aber auch dort grundsätzlich untersagt.[63]

Im Istituto Sant'Eugenio in Locarno war die Gebärdensprache ausserhalb des Unterrichts ebenfalls nicht erlaubt. In der Pause beaufsichtigten die Lehrerinnen von einer Terrasse herab die Kinder auf dem Pausenplatz. Wenn diese beim Gebärden erwischt wurden, gab es Schelte und Schläge auf die Finger. Dies berichtet jedenfalls ein Interviewpartner. Die Lehrerinnen Schwester Lorenza und Schwester Giulia betonen dagegen im Interview, dass sich die gehörlosen Kinder in der Freizeit frei ausdrücken und auch gebärden durften.[64]

Diese widersprüchliche Praxis existierte auch in den Internatsbereichen der Gehörlosenschulen. Zwar waren Gebärden auch im Internat in der Regel untersagt. Die entsprechenden Vorschriften wurden aber nicht immer durchgesetzt. Markus Emmenegger erinnert sich, dass gebärdende Kinder in St. Gallen im Internat und in der Freizeit zwar zurechtgewiesen wurden, weitere Strafen habe es aber zu dieser Zeit, um 1970, nur selten gegeben.[65] Martin Rösli ging in St. Gallen seit den späten 1950er-Jahren zur Schule und ins Internat. Auch in seiner Zeit habe man auf dem Pausenhof gebärdet. Die Kinder hätten schon geschaut, dass sie dabei nicht entdeckt würden. Sobald Personal vorbeigekommen sei, hätten sie die Hände hinter dem Rücken versteckt.[66] Erziehende aus anderen Schulen berichten zudem, dass sie sich selber teils mit Gebärden oder Gesten ausdrückten. Schwester Anna aus Hohenrain erklärt, dass sie in den 1960er-Jahren zwar nicht die Gebärdensprache verwendet hatten, aber durchaus mit Gesten kommunizierten.[67] Die Lehrerin Paula Wildi betont, dass sich die strikte Haltung in St. Gallen in den 1980er-Jahren allmählich aufgeweicht habe. Vor allem die jüngere Generation von Fachkräften sei toleranter gewesen.[68] Ähnlich tolerant

62   Interview mit GE hE 63–75.
63   Interviews mit GE hE 57–69 und GE hE 63–75.
64   Interview mit TI hE 74–82; schriftliche Interviews mit TI Pe 70–01/I und TI Pe 70–01/II.
65   Interview mit SG gE 65–75.
66   Interview mit SG hE 57–66.
67   Interview mit LU Pc 65 71.
68   Interview mit SG Pe 79–97.

scheint die Praxis im Internatsbereich in Riehen gewesen zu sein. Der Erzieher Theodor Giger erzählt, dass die Kinder in der Freizeit gebärden durften, wobei sie eigene Gebärden und nicht die offizielle Gebärdensprache verwendeten. Auch die Betreuenden brauchten in Riehen die von den Kindern benutzten Gebärden für die Kommunikation.[69] Die ehemalige Schülerin Annabelle Riedli berichtet, dass die Kinder in den späten 1980er-Jahren in Hohenrain im Internat gebärden durften. Sie mussten aber gleichzeitig die Lautsprache verwenden, damit sie von den Betreuerinnen und Betreuern verstanden wurden.[70]

In den Aussagen der interviewten Gehörlosen manifestiert sich eine paradoxe Situation. Die schweizerischen Gehörlosenschulen waren einerseits Einrichtungen, an denen die Gebärdensprache unterdrückt oder verboten wurde. Andererseits bildeten sie auch eine Plattform, auf der viele – vielleicht die meisten – gehörlosen Kinder zum ersten Mal in Kontakt mit der Gebärdensprache kamen. Dies betrifft insbesondere Kinder hörender Eltern, die vorher meist noch keinen Umgang mit der Gebärdensprache hatten.[71] Die Möglichkeit, mit anderen Kindern zu gebärden, wenn auch nur im Versteckten, war für viele gehörlose Schülerinnen und Schüler ein wichtiger Anreiz für den Schulbesuch, obwohl der Unterricht im engeren Sinne alles andere als beliebt war und die Pausenplatz-Gebärden die eigentliche Gebärdensprache nicht ersetzen konnten.[72]

Viele der befragten ehemaligen Schülerinnen und Schüler haben im Umfeld der Schule zu gebärden gelernt. Beispielhaft ist Sabine Monet, die ab Ende der 1970er-Jahre in die Gehörlosenschule in Riehen ging, zuerst in den Kindergarten, danach in die Primarschule. Sie sagt, sie habe die Gebärdensprache an der Schule im Austausch mit den anderen Kindern gelernt. Im Unterricht habe es Kommunikationsschwierigkeiten gegeben. Untereinander hätten sich die Kinder aber problemlos unterhalten. «In der Pause haben wir immer gebärdet. Wir konnten uns alles sagen, wir haben eine Sprache gehabt», unterstreicht Sabine Monet. Sie habe die Gelegenheiten, die Gebärdensprache zu verwenden, geschätzt. Wichtige Momente waren etwa der Schulweg oder das Mittagessen. Die Kinder hätten im Tram auf dem Hin- und Rückweg

69   Interview mit BS Pe 73–97.
70   Interview mit LU hE 88–00.
71   Dies bestätigen sämtliche betroffenen Interviewpartner.
72   Interviews mit ZH hE 46–55 und SG hE 64–75.

mit Gebärden geplaudert.[73] Erich Danuser, der ebenfalls in den späten 1970er-Jahren nach Riehen kam, bestätigt diese Einschätzung. Er habe wie viele andere auch an der Schule zu gebärden gelernt.[74] Vergleichbare Erfahrungen werden auch aus der St. Galler Schule erzählt – hier schon für die Zeit vor den 1970er-Jahren. Claudine Mayer, die ab Mitte der 1960er-Jahre in St. Gallen zur Schule ging, erklärt, dass der Schulweg für den Austausch unter den Kindern sehr wichtig gewesen sei. Im Bus oder zu Fuss hätten Schülerinnen und Schüler ungestört gebärden können. In der Schule angekommen, sei dies dann wieder verboten gewesen.[75] Das sei vor allem für die externen Schülerinnen und Schüler ein grosser Vorteil gewesen.

Rolle der Gebärden im bilingualen Unterricht

Auch der bilinguale Unterricht war zwar kein vollwertiger Ersatz für die Gebärdensprache. Gleichwohl erinnern sich die befragten ehemaligen Schülerinnen und Schüler praktisch durchwegs positiv an den bilingualen Unterricht. Dies gilt auch für den LBG-Unterricht, obwohl dieser stark lautsprachlich orientiert war. Der bilinguale Unterricht wurde als Fortschritt gegenüber der reinen lautsprachlichen Schule wahrgenommen.

Eine Interviewpartnerin, die die Zürcher Gehörlosenschule in den 1990er-Jahren besucht hatte, gibt eine anschauliche Schilderung zum Stellenwert des bilingualen Unterrichts. Sandra Frick erklärt, es sei für sie manchmal anstrengend gewesen, im Unterricht LBG und nicht die Gebärdensprache zu verwenden. Da sie gehörlose Eltern hatte und mit der Gebärdensprache aufgewachsen war, sei ihr die Gebärdensprache viel leichter gefallen. Sie fügt hinzu, dass sie den Unterricht durch LBG als eher «trocken» empfunden habe und zum Gesagten keine richtige Beziehung herstellen konnte. Es sei für sie schwierig gewesen, die Laut- und Gebärdensprache miteinander zu verknüpfen, obwohl gerade dies das eigentliche Ziel der LBG war. Ansonsten habe ihr LBG im Unterricht jedoch viel geholfen, da sie so weniger ablesen musste. Obwohl es ihrer Meinung nach hilfreich gewesen wäre, wenn ihr ein bestimmter Stoff,

73   Interview mit BS HE 74–86. Vgl. Rudin, Florian; Hesse, Rebecca; Canonica, Alan: Die Entwicklung der Gehörlosenpädagogik am Beispiel der Gehörlosen- und Sprachheilschule Riehen im 19. und 20. Jahrhundert, in: Basler Zeitschrift für Geschichte und Altertumskunde 119 (2019), S. 157–180, hier S. 178.

74   Interview mit BS hE 76–86. Vgl. auch Rudin, Hesse, Canonica 2019, S. 177 f.

75   Interview mit SG hE 66–79.

etwa die deutsche Grammatik, in Gebärdensprache erklärt worden wäre, ist sie dennoch froh, nicht nur lautsprachlich geschult worden zu sein. Auf die Oberstufe und die Lehre fühlte sich Sandra Frick gut vorbereitet, denn der Schulstoff und die Schulmaterialien seien an der Schule oft die gleichen gewesen wie an der Volksschule. Da sie teilintegriert geschult wurde, besuchte sie einmal pro Woche einen Vormittag lang eine hörende Klasse. Durch diese parallele Schulung konnte sie zwei Unterrichtsmodelle vergleichen. Der Unterricht sei inhaltlich vergleichbar gewesen, nur das Tempo an der Gehörlosenschule etwas langsamer als an der Volksschule. Sie hatte sich eine Weile lang überlegt, ans Gymnasium zu gehen, was für Gehörlose in der Schweiz äusserst schwierig war. Dazu hätte sie die Unterstützung von Gebärdensprachdolmetscherinnen oder -dolmetschern benötigt, um dem Unterricht ausreichend folgen zu können. Aus ihrer Zeit in der hörenden Klasse wusste sie ja, wie anstrengend der lautsprachliche Unterricht für sie war. Sie konnte jedoch die Kraft nicht aufbringen, für einen Gebärdensprachdolmetscher zu kämpfen, und trat nach der Sekundarschule eine Lehre an, statt ans Gymnasium zu wechseln. Im Rückblick bedauert Frick diesen Entscheid.[76]

Auch Kurt Wicki, ein anderer Interviewpartner, der in Zürich teils mithilfe von LBG, teils in Gebärdensprache geschult wurde, meint rückblickend, er habe eine gute Ausbildung bekommen. Die Lautsprache sei nie das oberste Ziel seiner Schulbildung gewesen. Um die Lautsprache zu lernen hätten Wicki und seine Mitschülerinnen und Mitschüler zwar Logopädieunterricht gehabt. Auch während des Unterrichts hätten sie jeweils zu den Gebärden laut sprechen müssen. Vor allem aber sei es im Unterricht darum gegangen, inhaltliches Wissen zu erwerben. Dies sei ihm ganz gut gelungen: «Dank LBG konnte ich Inhalte auch vertieft aufnehmen, ich musste mich nicht gross anstrengen, konnte einfach dasitzen und aufnehmen.» Wicki durfte zudem im Unterricht immer die Gebärdensprache benutzen, solange er laut dazu sprach, was die Schulzeit angenehmer machte. Aber auch er ist überzeugt, dass er in manchen Fächern mithilfe der Gebärdensprache noch mehr hätte profitieren können.[77]

76 Interview mit ZH gE 91–00.
77 Interview mit ZH gE 03–07.

Vergleichbares lässt sich auch für die anderen Sprachregionen sagen. Die befragte Tessiner Gehörlose, Elena Montanari, die integriert in der Volksschule unterrichtet wurde, machte dank der Anwesenheit von Gebärdensprachdolmetscherinnen und -dolmetschern ebenfalls durchwegs positive Erfahrungen. Durch die ständige Verdolmetschung habe sie dem Unterricht problemlos folgen können und sich ihren hörenden Mitschülern gegenüber absolut gleichberechtigt gesehen. An der Berufsschule habe sie sich sogar manchmal etwas unterfordert gefühlt.[78]

Die französischsprachige Gehörlose Corinne Muset, die in Genf den bilingualen Unterricht besuchte, schildert eine etwas andere Situation. Zwar sei in Genf die Kommunikationssituation für die gehörlosen Schülerinnen und Schüler sehr angenehm gewesen, denn im Unterricht sei immer gebärdet worden, je nach Lehrperson in Langue des signes française (LSF) oder Français signé (FS). Die Kinder hätten nur im Logopädieunterricht sprechen müssen; dieser habe jedoch täglich ungefähr ein bis zwei Stunden in Anspruch genommen. Denn es sei nach wie vor ein wichtiges Ziel der Schulleitung gewesen, den Schülerinnen und Schülern die Lautsprache beizubringen, um sie für das spätere Leben in der hörenden Gesellschaft vorzubereiten. Im Unterschied zu den Schülerinnen und Schülern, die in Zürich mithilfe von LBG und in Gebärdensprache geschult wurden, fühlte sich Corinne Muset, genau wie auch die lautsprachlich geschulten Ehemaligen vor ihr, im Unterricht unterfordert und meist gelangweilt. Die Klasse sei zudem alters- und niveaumässig sehr heterogen zusammengesetzt gewesen. Daher seien sie oft individuell vom Lehrer betreut worden. Es habe praktisch nie Frontalunterricht stattgefunden. Trotzdem fühlte sich Muset oft unterfordert und hätte gerne mehr gewusst. Ihre Mutter habe sich bei der Schulleitung vergebens für eine Verbesserung des Unterrichtniveaus eingesetzt. Dafür habe sie ihre Tochter zu Hause umso stärker gefördert, zum Beispiel indem sie ihr stets eine grosse Auswahl an Büchern zu den verschiedensten Themen zur Verfügung stellte.[79]

Corinne Muset meint weiter, es könne sein, dass der Unterricht manchmal deshalb so langweilig war, weil die Lehrpersonen, die nicht gut gebärden konnten, den Schulstoff nur beschränkt in LSF oder FS zu vermitteln vermochten. Auch bei Lehrpersonen, die gut gebärdet hätten, war

---

78   Interview mit TI hE 97–06.
79   Interview mit GE hE 82–95.

ihrer Ansicht nach der Unterricht eher langweilig, weil zu wenig in die Tiefe gegangen wurde. In Genf wurden zwar die üblichen Schulfächer angeboten, allerdings nur einmal in der Woche. Die Interviewpartnerin erlebte den Unterricht zudem als sehr oberflächlich. Nachmittags wurde stets gebastelt, getöpfert oder gemalt – auch deshalb kamen die klassischen Schulfächer etwas zu kurz.[80]

Als Muset in der Oberstufe integriert und zusammen mit Hörenden unterrichtet wurde, gefiel ihr das viel besser, da sie dort viel mehr lernen konnte. Auf der Oberstufe musste sie jedoch feststellen, dass sie zunächst einiges an Stoff aufholen musste, um auf dasselbe Niveau wie die hörenden Mitschülerinnen und Mitschüler zu gelangen.[81] Dies obwohl Direktor Maye im Jahresbericht von 1982 betonte, dass die Schule seit der Einführung der Bilingualität mehr denn je darauf bedacht war, die gleichen (Unterrichts-) Ziele wie die Volksschule zu erreichen.[82] Ein möglicher Grund dafür ist, dass in Genf (wie übrigens auch in Zürich und St. Gallen) viele Kinder mit unterschiedlichem kulturellem und sprachlichem Hintergrund zur Schule gingen. Diese Schülerinnen und Schüler sprachen zu Hause meist nicht Französisch. Dies führte zu zusätzlichen Schwierigkeiten im Unterricht.[83]

Die rein lautsprachlich geschulten Gehörlosen erlebten ihre Schulzeit also grundsätzlich anders als die bilingual beziehungsweise mit LBG geschulten Schülerinnen und Schüler. Während die lautsprachlich geschulten Gehörlosen den Unterricht als langweilig und aufgrund der schwierigen Kommunikation anstrengend in Erinnerung haben, erinnern sich die bilingual geschulten Schülerinnen und Schüler an einen angenehmen und fördernden beziehungsweise fordernden Unterricht. Die Umstellung auf die bilinguale Methode und auf Hilfsmittel wie LBG im Unterricht hatte eine spürbare Verbesserung der Situation der Schülerinnen und Schüler zur Folge. Die Umstellung auf die Bilingualität hatte zur Folge, dass gehörlose Schülerinnen und Schüler mithilfe der Gebärdensprache sich in ihrer Identität bestätigt fühlen konnten.[84]

80   Interview mit GE hE 82–95.
81   Interview mit GE hE 82–95.
82   ASASM rapports annuels, 1982, S. 25.
83   ASASM rapports annuels, 1975, S. 18 f.
84   Exemplarisch. Interview mit GE hE 82–95.

Gebärden im integrierten Unterricht

Auch die integriert geschulten Schülerinnen und Schüler machten in den regulären Klassen der Volksschule unterschiedliche Erfahrungen. Dabei kam es vor allem darauf an, wieweit die gehörlosen Kinder in den lautsprachlichen Regelklassen besondere Unterstützung erhielten. Entscheidend war, ob Gebärdensprachdolmetscherinnen und -dolmetscher im Unterricht anwesend waren.[85] Diejenigen Schülerinnen und Schüler, die keine Verdolmetschung erhielten, konnten dem Unterricht nur unter grossen Schwierigkeiten folgen. Ein Beispiel ist Lucien Chappuis, ein Interviewpartner aus Genf, der in einer Rudolf-Steiner-Schule zunächst teil- und danach vollintegriert geschult wurde. Chappuis erzählt, dass er dem Unterricht während der ersten zwei Primarschuljahre noch einigermassen gut folgen konnte. Dies führt er darauf zurück, dass der Unterricht anfangs noch sehr visuell gestaltet war. Gesprochene Inhalte konnte er zu dieser Zeit nicht verstehen. In den darauffolgenden Schuljahren sei der Unterricht für ihn zunehmend schwieriger geworden, weil er von den Ausführungen der Lehrerinnen und Lehrer jeweils nicht viel verstand. Chappuis erhielt daraufhin zwar Stützunterricht; dieser wurde jedoch ebenfalls lautsprachlich geführt. Er musste Wörter und Sätze auswendig lernen, ohne sie wirklich zu verstehen. Dies liess ihn oft frustriert zurück. In der Oberstufe erhielt er Kommunikationshilfen, die für ihn den Unterricht dolmetschten. Erst dann konnte (und musste) er dank der Gebärdensprache den verpassten Stoff nachholen.[86] «Grace à la langue des signes, j'ai pu rattraper le retard. Si non, je ne sais pas comment j'aurais fait!» Abgesehen vom Französisch fiel es jedoch Chappuis leicht, den Rückstand aufzuholen. Die Frustrationen gingen deshalb in der Oberstufe zurück.[87]

---

85 Unklar beziehungsweise näher zu untersuchen bleibt, zu welchen Bedingungen die Invalidenversicherung oder andere Mittelgeber Dolmetscherinnen und Dolmetscher für die Oberstufe und die Berufsschule zur Verfügung stellten.

86 Kommunikationshilfen (aides à la communication) dolmetschten im Unterricht für die gehörlosen Schüler, je nach Fach in français signé oder LSF. Sie besassen kein Dolmetscherdiplom und waren auch nicht neutral, sondern griffen aufgrund ihrer engen Zusammenarbeit mit der Gehörlosenschule in Genf aktiv in die Erziehung der Schülerinnen und Schüler ein. So entschieden sie beispielsweise über die von den Gehörlosen zu besuchenden Unterrichtsfächer oder erteilten den Gehörlosen während des Unterrichts Strafarbeiten.

87 Interview mit GE hE ca. 85–95.

Eine andere Interviewpartnerin, Carola Moser, äussert sich in ähnlicher Weise. Sie wurde in der Oberstufe integriert geschult, allerdings zwischenzeitlich ohne Gebärdensprachdolmetscherinnen und -dolmetscher. Dadurch habe sie im Unterricht viel verpasst. Ihr Lehrer war den Umgang mit Gehörlosen nicht gewohnt. Zudem war der Alltag in der hörenden Klasse als Gehörlose generell sehr schwierig zu bewältigen.[88] Eine ehemalige Tessiner Schülerin berichtet, dass sie im integrierten Unterricht nie Probleme mit dem Schulstoff hatte und sich den hörenden Mitschülerinnen und Mitschülern gleichgestellt fühlte. Auch sie wurde im Unterricht durch Gebärdensprachdolmetscherinnen und -dolmetscher unterstützt. Da sie jedoch stets Pech mit den Logopäden gehabt habe, habe sie nie richtig zu sprechen gelernt, obwohl ihr das ein Anliegen gewesen sei. Ohne Kenntnisse in der Lautsprache konnte sie sich unter den hörenden Kindern nicht richtig integrieren und hatte daher nur wenige hörende Freunde.[89]

Auch die integrierte Schulung von Gehörlosen schützte diese nicht vor sprachbezogenen Ausgrenzungen und Marginalisierungen. Hinzu kamen gruppendynamische Konflikte zwischen gehörlosen und hörenden Kindern. Gehörlose Schülerinnen und Schüler wurden von hörenden Kindern oft gehänselt und ausgeschlossen, teilweise gar physisch angegriffen. Ein gehörloser ehemaliger Schüler berichtet, wie ihm von einem hörenden Klassenkameraden die Nase gebrochen wurde. Auch eine andere Auseinandersetzung unter Kindern, in die der befragte Gehörlose verwickelt war, endete mit einer ärztlichen Behandlung.[90]

Einstellung der Gehörlosenschulen gegenüber Gebärdensprache und Gehörlosenkultur

Alle untersuchten Gehörlosenschulen haben die Gebärdensprache bis in die 1970er-Jahre mehr oder weniger offen abgelehnt. Sie folgten damit ihren pädagogischen Prinzipien. Dies, obwohl die Gebärden in der sprachwissenschaftlichen Forschung seit den 1960er-Jahren zunehmend als vollwertige Sprache anerkannt wurde (vgl. Kap. 3.4, 3.5 und 4). Im Schulalltag wurde den gehörlosen Schülerinnen und Schülern vermittelt, die Gebärdensprache sei eine rückständige oder primitive Form

88   Interview mit SG hE 90–99.
89   Interview mit TI hE 97–06.
90   Interview mit SG hE 90–99; vgl. auch: Interviews mit GE hE ca. 85–95 und TI hE 97–06.

sprachlichen Ausdrucks. Zahlreiche ehemalige Schülerinnen und Schüler berichten von solchen Vorwürfen. Bis in die 1970er-Jahre wurde die Gebärdensprache oft herabwürdigend als «Affensprache» bezeichnet – dies berichten übereinstimmend Gehörlose, die in Zürich oder in St. Gallen zur Schule gingen.[91] Die Eltern der St. Galler Schülerinnen und Schüler wurden bis in die 1990er-Jahre von der Schulleitung angehalten, zu Hause nur in Lautsprache mit ihren Kindern zu kommunizieren.[92] Eine ehemalige St. Galler Schülerin erinnert sich, dass die Kinder am Montag jeweils vor versammelter Klasse erzählen mussten, was sie am Wochenende gemacht hatten. Ein Mädchen mit gehörlosen Eltern erzählte jeweils von den kulturellen Veranstaltungen der Gehörlosenvereine, die sie mit ihren Eltern besucht hatte. Ihre Erzählung sei regelmässig vom Lehrer schlechtgemacht worden; er habe dabei oft nicht nur das Mädchen, sondern gleich die ganze Klasse gerügt.[93]

Auch die älteren Berufswahlschülerinnen und -schüler, die in den 1970er-Jahren an die St. Galler Schule kamen und manchmal untereinander gebärdeten, wurden von den Lehrpersonen als schlechte Schüler und schlechte Menschen bezeichnet. Dazu passt, dass in St. Gallen den Kindern verboten war, mit dem einzigen gehörlosen Angestellten der Schule – er war für den Stall zuständig – zu sprechen. Auch hier hiess es, der Angestellte sei ein «schlechter» Mann. Diese bewussten Stigmatisierungen und offenen Degradierungen schüchterten die Kinder ein. Man habe «die Ohren eingezogen» und sich klein gemacht, so erinnern sich verschiedene ehemalige Schüler.[94] Offenbar, so die Einschätzung einiger Interviewter, sei der Druck, den Kindern eine möglichst weitgehende Beherrschung der Lautsprache zu vermitteln, gross gewesen – nicht nur seitens der Lehrpersonen und der Schulleitung, sondern auch der hörenden Eltern. Ehemalige Schülerinnen und Schüler betonten, dass es vor allem die Eltern waren, die von der Schule verlangten, aus ihren gehörlosen Kindern möglichst «normale» junge Menschen zu machen und sie über lautsprachliche Kenntnisse so weit wie möglich der hörenden Gesellschaft anzupassen.[95]

91 Interviews mit ZH hE 46–55; ZH hE 66–76 und SG he 76–86.
92 Dies ist sämtlichen Interviews mit ehemaligen St. Galler Schülerinnen und Schülern zu entnehmen, ausserdem ist diese Tatsache auch in den Jahresberichten dieser Zeit sowie den Schülerakten zu finden.
93 Interview mit SG hE 76–86.
94 Interview mit SG hE 76–86.
95 Interviews mit ZH hE 46–55, GE hE 63–75 und TI hE 97–06.

Solche Stigmatisierungen waren nicht nur auf die Schulen in der Deutschschweiz beschränkt. In Genf empfahl die Schulleitung bis in die 1970er-Jahre den Eltern gehörloser Kinder, nur in Lautsprache mit diesen zu kommunizieren. Die ehemalige Genfer Schülerin Nadine Favre erzählt, sie habe zu Hause mit der Mutter trotzdem manchmal gebärdet, in einem «internen Familiencode».[96] Dasselbe Bild im Tessin: Auch hier empfahl die Schulleitung des Istituto Sant'Eugenio bis zur Schliessung der Einrichtung im Jahr 1991 den Eltern gehörloser Kinder, mit diesen nicht in Gebärdensprache zu kommunizieren.[97]

5.2   Alltagsleben in Internatsschulen

Wie oben ausgeführt besuchten viele gehörlose Kinder bis in die 1960er-Jahre Internatsschulen, in denen sie unter der Woche übernachteten und ihre Eltern meist nur übers Wochenende besuchten. Hier zeigt sich ein deutlicher Unterschied im Vollzug der Schulpflicht gegenüber nicht beeinträchtigten Kindern, die extern in der Wohngemeinde die Schule besuchten. Weshalb besuchten gehörlose Kinder Internatsschulen und wie erlebten sie den Alltag im Internat? Eltern schickten ihre gehörlosen Kinder meist aus praktischen Gründen ins Internat, insbesondere weil die Distanz zum Elternhaus zu gross zum Pendeln war. Es gab aber auch andere Gründe für die Einweisung ins Internat. In katholischen Milieus war es manchen Eltern ein Anliegen, dass ihr Sohn oder ihre Tochter in einer katholischen Schule untergebracht und unterrichtet wurde. Solche Eltern nahmen in Kauf, dass ihre Kinder in eine weiter weg gelegene Anstalt gelangten, auch wenn sich dadurch die Kontaktgelegenheiten verringerten. Die Familie von Annabelle Riedli ist dafür beispielhaft. Die Familie stammt aus dem Wallis. Aus konfessionellen Gründen wurde Annabelle 1988 im Kindergartenalter nach Hohenrain geschickt. Die Schule in Münchenbuchsee (Kanton Bern) lag zwar näher an ihrer Wohngemeinde. Die Eltern wollten das Kind aber nicht in eine traditionell reformierte Region schicken.[98]
Andere Kinder gelangten ins Internat, weil die Eltern sie zu Hause nicht betreuen konnten. Rico Köhli wurde in Südamerika geboren. Sein Va-

96   Interview mit GE hE 57–69.
97   Interview mit TI hE 74–82.
98   Interview mit LU hE 88–00.

ter war als Kind mit seinen Eltern während der Weltwirtschaftskrise aus der Schweiz ausgewandert. Da es an ihrem neuen Wohnort keine Gehörlosenschulen gab, wurde er im Alter von vier Jahren zurück in die Schweiz geschickt und lebte bei seiner Grossmutter. Diese arbeitete aber; er musste deshalb unter der Woche ins Internat. 1962 kam er in den Landenhof in Unterentfelden (Kanton Aargau); ab 1967 ging er in die St. Galler Gehörlosenschule.[99] Ähnliches gilt für das Istituto Sant'Eugenio in Locarno. Hier wohnte die grosse Mehrheit der Schülerinnen und Schüler im Internat. Die Schwestern Lorenza und Giulia, die seit 1970 im Istituto unterrichteten, begründen dies damit, dass die meisten Schülerinnen und Schüler nicht aus dem Tessin, sondern aus Italien stammten. Deren Eltern arbeiteten als Migrantinnen und Migranten in der Deutschschweiz oder in der Romandie, gingen aber davon aus, in absehbarer Zeit wieder nach Italien zurückzukehren. Sie nahmen ihre gehörlosen Kinder nicht an ihren neuen Wohnort mit, um ihnen zu ersparen, eine Fremdsprache als Lautsprache zu erlernen. Das italienischsprachige Istituto Sant'Eugenio bot in diesen Fällen mit seinem Internat die beste Lösung.[100]

Eine Einweisung in eine geschlossene Internatsschule konnte zudem aufgrund gesetzlicher Bestimmungen erfolgen, ähnlich wie bei der erzieherischen Heimplatzierung von Kindern und Jugendlichen.[101] Im Kanton Luzern verpflichtete das Erziehungsgesetz von 1841 die Eltern von «taubstummen», jedoch «bildungsfähigen» Kindern, ihre Töchter und Söhne in die geschlossene kantonale Taubstummenanstalt Hohenrain zu schicken.[102] Die Bestimmung blieb bis Mitte des 20. Jahrhunderts in Kraft. Aus den Fallakten der Anstalt in Hohenrain lässt sich entnehmen, dass sich die Eltern bisweilen dagegen wehrten, ihre Kinder ins Internat zu überführen oder nach den Ferien zu Hause wieder dorthin zurückzuschicken. Das kantonale Erziehungsdepartement machte betroffene Eltern darauf aufmerksam, dass bei bildungsfähigen, gehörlosen Kindern keine Alternative bestehe. 1943 schrieb das Departement einem Elternpaar, das ihren Sohn nicht nach Hohenrain schicken wollte:[103]

99   Interview mit SG hE 67–73.
100   Interviews mit TI Pe 70–01/I und TI Pe 70–01/II.
101   Vgl. Ramsauer, Nadja: «Verwahrlost»: Kindswegnahmen und die Entstehung der Jugendfürsorge im schweizerischen Sozialstaat, 1900–1945, Zürich 2000.
102   Staatsarchiv Luzern: AKT 24/141.A.1; Brief der Aufsichtskommission an sämtliche Pfarrämter, 14. 10. 1848. Vgl. Auch Janett 2014, S. 3.
103   Staatsarchiv Luzern: A 635/5417: 851; Einzelfalldossiers Sonderschulen Hohenrain, 1943–1945.

Die beiden Ärzte vertreten in ihren Gutachten die Ansicht, dass ihr Sohn vom gesundheitlichen Standpunkte aus als bildungsfähig anzusehen sei, dass er jedoch einer Sonderschulung bedürfe. Nach den Bestimmungen des luzernischen Erziehungsgesetzes sind die Eltern von bildungsfähigen aber gehinderten [sic] Kindern verpflichtet, dieselben in das Erziehungsheim Hohenrain zu schicken oder den Beweis zu leisten, dass sie sonst die gehörige Bildung erhalten.

In diesem Fall solidarisierte sich gar der Pfarrer der elterlichen Wohngemeinde mit den Betroffenen. Er schrieb dem Erziehungsdepartement, ob man im Kanton Luzern schon so weit sei, «dass gewissenhafte Eltern nicht mehr frei über ihre Kinder verfügen können». Kritik äusserte er auch an der Hohenrainer Anstalt: «Stammt etwa die Direktion dieser Anstalt aus dem Dritten Reich, dass sie die Elternrechte so weit abspricht. Gibt es also an dieser Kant. Anstalt keine Wegnahme von Kindern auf Autorität der Eltern od. sonst irgenwem [sic], selbst wenn es unter einer gewissen Direktion noch so schlimm u. traurig um die Kinder bestellt wäre?» Darauf schrieb die Direktion Hohenrains dem Erziehungsdepartement, dass es dem besagten Pfarramt offensichtlich «nicht immer klar zu sein» scheine, dass «der Grundsatz der allgemeinen Schulpflicht» gelte.[104] Die Möglichkeit, sich gegen die Internatsschule zu entscheiden, wird den Eltern nicht zugestanden.

In einem anderen Fall der Taubstummenanstalt Hohenrain wollte die Mutter eines Gehörlosen ihr Kind in der ersten Hälfte der 1960er-Jahre wieder aus der Anstalt zurücknehmen. Sie warf der Anstalt vor, dass die Schülerinnen und Schüler geschlagen, gedrückt und angeschrien würden. Zudem habe ihr die Lehrerin ihres Sohnes gesagt, dass der Junge «im Kopf nicht recht» sei. Da habe es auch keinen Wert, das Kind in einer Schule zu belassen, die nichts von ihm halte. Es sei klar, so die Mutter weiter, dass das Kind «in eine furchtbare Hemmung» hineingerate. Die Mutter erschien eines Morgens in der Schule und wollte M. abholen. Nachdem der Präsident der regionalen Schulpflege telefonisch über die Situation informiert wurde, drohte dieser, dass er die Frau «polizeilich abführen» lasse, wenn sie sich nicht vom Schulareal entferne.[105]

---

104   Ebd.
105   Staatsarchiv Luzern: A 1645/131; Eintrag im Falldossier vom 10. 10. 1960.

In solchen Fällen wurde nicht die Schulpflicht an sich kritisiert, sondern der Umstand, dass die Kinder im Internat statt bei den Eltern lebten und dadurch der Kontakt zwischen Eltern und Kind eingeschränkt und die elterliche Erziehungsverantwortung beschnitten wurde.

Seit den 1970er-Jahren ging die Anzahl von Internatsschülerinnen und -schülern allgemein zurück. Zudem änderten sich die Gründe für den Internatsaufenthalt. Die geografische Distanz, die bis in die 1960er-Jahre noch das wichtigste Kriterium darstellte, verlor mit der erhöhten allgemeinen Mobilität sowie dem Einsatz von Schulbussen und Taxis zunehmend an Bedeutung. Stattdessen fielen zunehmend soziale Gründe ins Gewicht, etwa der Bedarf nach umfassender professioneller Betreuung für Kinder mit mehrfachen Behinderungen oder komplexen Schulungsschwierigkeiten.[106]

Allein im Internat

Für die Kinder war die Trennung von den Eltern in der Regel ein traumatisches Erlebnis. Die Erinnerung daran ist vielen ehemaligen Schülerinnen und Schülern bis heute präsent und mit belastenden Erfahrungen verbunden. Viele Interviewte berichten, dass sie von ihren Angehörigen völlig unvorbereitet im Internat zurückgelassen wurden. Martin Rösli ging im Alter von fünf Jahren 1957 mit seinen Eltern und seinen Grosseltern nach St. Gallen. Er war ganz «unbefangen» und spielte mit den anderen Kindern. Ihm wurde nur mitgeteilt, dass er dort in die Schule gehen müsse. «Ich habe von nichts gewusst vorher.» Plötzlich waren die Angehörigen weg, er hatte es gar nicht richtig mitbekommen. Er begann seine Eltern zu suchen und musste weinen. «Für mich ist das eine ganz schlimme Erinnerung, ein schlimmes Bild, da einzutreten und plötzlich sind die Eltern nicht mehr da. Das habe ich immer noch im Kopf. Das sehe und spüre ich immer noch.» Er hatte danach starkes Heimweh. «Ich konnte nicht verstehen, weshalb ich dort alleine bleiben musste.»[107] Auch Laura Bonnet, die 1960 mit drei Jahren nach Hohenrain kam, erzählt, dass sie ankam, mit den Kindern spielte und plötzlich sei die Mutter fort gewesen. Sie sei dann alleine mit dem Bus bis zum Bahnhof gefahren. Weinend suchte sie ihre Mutter. Sie wurde anschliessend am Bahnhof vom Personal von Hohenrain eingeholt und abge-

---

106   Vgl. Interview mit BS Pe 73–97
107   Interview mit SG hE 57–66.

fangen. Sie wehrte sich dagegen. «Das sind wirklich schlechte Erinnerungen.» Auch im Kindergarten sei sie oft weggelaufen und habe sich irgendwo versteckt oder die Mutter gesucht.[108]

Auch das Heimweh ist ein Leitmotiv in den Erzählungen der interviewten Personen. Alle ehemaligen Schülerinnen und Schüler, die im Internat lebten, berichten, dass sie unter der Trennung von den Eltern gelitten hätten. Viele gehörlose Kinder hatten ein gutes Verhältnis zu ihren Eltern, was den Abschied von den Angehörigen besonders schmerzhaft machte. Auch die vorsorgliche Kenntnis half nicht über Heimwehgefühle hinweg. Mirjam Müller kam 1953 als sechsjähriges Kind nicht unvorbereitet ins Internat der St. Galler Sprachheilschule. Sowohl ihr Onkel wie ihre Tante waren früher auch in der Sprachheilschule gewesen und hatten ihr von der Schule erzählt. Sie ging mit den Eltern dorthin, hatte aber ein «komisches Gefühl», als sie dort ankam. «Es waren ein Haufen Kinder da.» Die Eltern seien dann gegangen, sie weinte und hatte Heimweh.[109]

Die Trennung von den Angehörigen und die Sehnsucht der Kinder nach den Eltern werden auch von den Erziehenden und Lehrpersonen rückblickend als einschneidendes Erlebnis geschildert. Vielen Betreuungsverantwortlichen taten die Kinder leid. Yvonne Kurath hat es als junge Lehrerin in der zweiten Hälfte der 1970er-Jahre «sehr belastet, wenn einzelne Internatskinder so Heimweh hatten». Sie konnte sich sehr gut in die Situation der Kinder einfühlen, weil sie früher selbst ein «Heimwehkind» gewesen sei.[110] Die befragten Fachkräfte berichten übereinstimmend, dass die Trennung vor allem für die ganz jungen Kinder eine gravierende negative Erfahrung war. In gewisser Weise zeigt sich hier ein Paradox. Seit den 1940er-Jahren wurde die Frühförderung stark propagiert und als pädagogischer Fortschritt bezeichnet, um möglichst früh mit Lautsprachübungen zu beginnen. Gleichzeitig war die Zuweisung ins Internat im Kindergartenalter eine enorme Belastung für die Kleinsten, die sich negativ auf ihr Wohlergehen auswirkte. Klara Schurr, die ab Mitte der 1970er-Jahre in St. Gallen arbeitete, meint, dass die Trennung der Kinder vom Elternhaus zusammen mit der Internatsunterbringung für die ganz jungen, vier- oder fünfjährigen Kinder «hart» war. Im Rückblick hält sie das St. Galler Internat für grundsätzlich sehr positiv. Einzig dieser

108 Interview mit LU hE 60–70.
109 Interview mit SG hE 59–69/II.
110 Interview mit SG Pe 75–80/85–18.

eine Aspekt – die Trennungen der ganz kleinen Kinder von ihren Familien – weckt bei ihr negative Erinnerungen.[111]

Solche negativen Aspekte führten mancherorts dazu, dass die Einschulungspraxis angepasst wurde. In Riehen wurden beispielsweise nach den problematischen Erfahrungen keine Kinder vor der Schulreife mehr aufgenommen. Gemäss dem Erzieher Theodor Giger setzte sich die Erkenntnis durch, dass das Kind erst im Schulalter im Besitz der psychischen und emotionalen Stabilität sei, um mit der wochenlangen Trennung von den Eltern umgehen zu können. Bei den jüngeren Kindern drohte die Beziehung zu den Eltern aufgrund der Distanz längerfristig gestört zu werden.[112]

Bis in die 1970er-Jahre blieb im Internatsbetrieb der Kontakt zu den Eltern sporadisch. Die Kinder durften selten nach Hause. Martin Rösli verbrachte nur die Ferien zu Hause, ansonsten war er immer im Internat. Zuerst hat er nachts viel geweint, es sei schlimm gewesen. Bis zu seinem Austritt durfte er nie am Wochenende zur Familie. Er begründet diesen Sachverhalt auch damit, dass die Eltern kein Geld für die Heimreise mit dem Zug gehabt hätten.[113] Mirjam Müller und Gloria Baumann, die gemeinsam in St. Gallen waren, erzählen, dass in den 1950er-Jahren die Regel war, dass nur diejenigen Kinder von Samstag bis Sonntag zu ihren Familien heimgehen durften, die in der Nähe von St. Gallen zu Hause waren. Wer weiter entfernt wohnte, musste am Wochenende im Internat bleiben. Dies habe sich aber im Verlaufe der 1960er-Jahre geändert. Sie verliessen das Internat am Samstagnachmittag und kehrten am Sonntagabend wieder zurück.[114] Ähnlich gestaltete sich die Situation in Hohenrain. Die Schwestern Gisela und Anna berichten, dass die Kinder früher nur zweimal im Jahr nach Hause durften. Erst seit den 1960er-Jahren ermöglichten verbesserte finanzielle Verhältnisse den Kindern, die Eltern häufiger zu besuchen.[115]

Dass solche Veränderungen gerade in die 1960er-Jahre fielen, ist kein Zufall. Sie hängen eng mit der Errichtung der Eidgenössischen Invalidenversicherung 1960 zusammen, die die Fahrtkosten für den Schulweg

---

111   Interview mit SG Pe 74–02.
112   Interview mit BS Pe 73–97.
113   Interview mit SG hE 57–66.
114   Interviews mit SG hE 59–69/I; SG hE 59–69/II.
115   Interview mit LU Pe 54–92; Interview mit LU Pe 65–71.

finanziell zu unterstützen begann (vgl. Kap. 3.3).[116] Ein weiterer Faktor war die Einführung der Fünftagewoche, die seit Ende der 1970er-Jahre von der regulären Volksschule ausging. Damit verlängerte sich auch in den Gehörlosenschulen das Wochenende für die Schülerinnen und Schüler. Annabelle Riedli, die seit den späten 1980er-Jahren als Schülerin in Hohenrain lebte, durfte bereits am Freitagnachmittag nach Hause und musste am Sonntagabend wieder im Internat sein.[117] Die betreuenden Personen erzählen, dass am Sonntagabend immer viele Tränen vergossen wurden. Die Trennung am Ende des Wochenendes fiel den Kindern, häufig auch den Eltern sichtlich schwer.[118]

Es war allerdings nicht nur der Kontakt zur Familie, der stark eingeschränkt war. Die Kinder waren generell von der Aussenwelt mehr oder weniger abgeschirmt. Ihr Leben spielte sich mehrheitlich im Internat und an der Schule, in Anwesenheit von Erziehenden, Lehrpersonen, weiterem Anstaltspersonal sowie den anderen Kindern, ab. Die Schule sei in St. Gallen eine «geschlossene Gehörlosenwelt» gewesen, wie es Martin Rösli bezeichnet. Der Direktor und Lehrpersonen, die ebenfalls an der Schule lebten, hatten eigene hörende Kinder. Die gehörlosen Kinder hätten nie mit ihnen gespielt. «Es war verboten mit den Kindern des Direktors, Hans Ammann, und der Lehrer Kontakt zu haben.» Rösli habe sich damals gefragt, weshalb das so sei.[119] Die Abgrenzung zwischen hörbehinderten und hörenden Kindern und Jugendlichen war noch in den 1980er-Jahren Realität, wie Paula Wildi, eine ehemalige Lehrerin, bestätigt. Im Gegensatz zu den Kindern, die nach dem Unterricht nach Hause gingen, seien die hörbehinderten Kinder, die intern wohnten, eine eigene Gemeinschaft gewesen. Sie hätten wenig Aussenkontakte gehabt; die Gruppe sei wie eine Familie für sie gewesen.[120] Gemäss Rico Köhli seien die Kinder und Jugendlichen stets überwacht worden und es war ihnen nicht erlaubt, das Schulareal zu verlassen. Seiner Ansicht nach wurde man zur Unselbständigkeit erzogen, indem man nie die

116   Germann 2008; Fracheboud 2015; Wicki, Ann-Karin: Zurück ins aktive Leben: von «Eingliederung vor Rente» zu «Eingliederung dank Rente» – die Politik und die Schweizerische Invalidenversicherung zwischen 1955 und 1992, Bern 2018 (Schriftenreihe der SGPP 134); Canonica, Alan: Beeinträchtigte Arbeitskraft. Konventionen der beruflichen Eingliederung zwischen Invalidenversicherung und Arbeitgeber (1945–2008), Zürich 2020.
117   Interview mit LU hE 88–00.
118   Interview mit SG Pe 71–76, 89–10.
119   Interview mit SG hE 57–66.
120   Interview mit SG Pe 79–97.

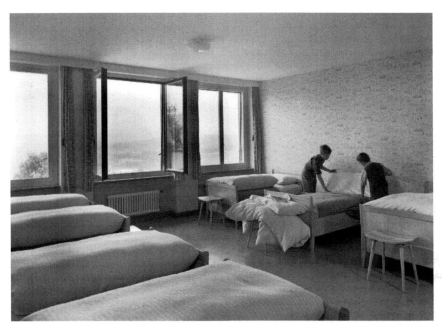

Abb. 41: Gruppenschlafzimmer Sprachheilschule St. Gallen (um 1955). Staatsarchiv des Kantons St. Gallen.

Erlaubnis bekam, selbständig etwas zu unternehmen.[121] Markus Emmenegger, der wie Rico Köhli seit den 1960er-Jahren in St. Gallen lebte, bedauert, dass die gehörlosen von den hörenden Kindern getrennt wurden. Er hätte sich mehr Kontakte gewünscht. Die restriktive Haltung der Schule habe dazu geführt, dass die Kinder vollkommen unzureichend auf die restliche Gesellschaft und das Leben nach der Schule in der «hörenden» Welt vorbereitet wurden.[122]

An den Wochenenden wurden die Kinder von den Lehrpersonen oder den Erziehenden bis zum Bahnhof der Wohngemeinde begleitet oder die Eltern holten die Kinder von der Schule ab. Rico Köhli, ein ehemaliger Schüler der St. Galler Einrichtung, vermutet, die Begleitung hätte vermeiden sollen, dass die Kinder auf dem Heimweg Dummheiten anstellten. Seiner Ansicht nach wurden die gehörlosen Kinder im Zug

121   Interview mit SG hF 67–73.
122   Interview mit SG gE 65–75.

absichtlich von den hörenden Personen abgesondert. Seine Betreuerin hätte das Gebärden im Zug untersagt. Die anderen Fahrgäste hätten sich einmal bei der Schulleitung beschwert, weil sich die Kinder im Zug «wie Affen» unterhalten hätten. Markus Emmenegger ergänzt, dass der Direktor nach diesem Vorfall ältere Schülerinnen und Schüler angewiesen habe, die jüngeren Gehörlosen im Zug zu begleiten und zu beaufsichtigen.[123] Das Internat wurde von den stationär untergebrachten Kindern also nicht nur als räumliche Segregation, sondern auch als soziale Marginalisierung erlebt. Sie sollten gleichsam vor den Augen der Öffentlichkeit «verborgen» bleiben, da sie mit ihrem «sonderlichen» Verhalten, insbesondere dem Gebärden, hörende Mitmenschen irritierten.

Offenbar gab es bisweilen keine einheitlichen Regelungen für die Wochenendaufenthalte bei den Eltern. Martin Rösli erzählt, er habe in den 1960er-Jahren am Wochenende nie nach Hause gedurft, weil seine Eltern die Reisen nicht zahlen konnten.[124] Mirjam Müller dagegen, die zur selben Zeit im Internat war, konnte ihre Eltern besuchen. Auch Markus Emmenegger, der zur selben Zeit ebenfalls in St. Gallen im Internat war, erinnert sich, dass er zunächst nur in den Ferien nach Hause ging, obschon die Besuchsregelungen offenbar nicht mehr so streng gehandhabt wurden. Er konnte als Gehörloser auch nicht einfach das Telefon benutzen, wie es seinen stotternden Mitschülerinnen und Mitschülern gestattet war. Er konnte unter diesen Umständen keinen direkten Kontakt mit der Mutter und der Schwester pflegen. Später durfte er, dank der Unterstützung der Invalidenversicherung, alle drei Wochen, ab der 4. Klasse wöchentlich zu den Angehörigen. Aufgrund der langen Hin- und Rückfahrt war das Wochenende allerdings sehr kurz. Aber wenigstens habe man die Familie gesehen.[125]

Die Praxis bestand noch in den 1970er-Jahren. Vera Bodmer, die ab 1971 als Erzieherin in St. Gallen arbeitete, erläutert, dass die Kinder auf jeden Fall jedes zweite Wochenende nach Hause mussten. Kinder, die in der Nähe wohnten, konnten sogar jedes Wochenende zu den Angehörigen zurück. Wegen des weiten Heimwegs blieb es für die anderen beim vierzehntäglichen Rhythmus. Diese Ungleichbehandlung fand Vera Bodmer störend. Für sie war das damals «total frustrierend». Die Erziehenden mussten sich am Wochenende um die im Internat verbliebenen

---

123   Interviews mit SG hE 67–73; SG gE 65–75.
124   Interview mit SG hE 55–66.
125   Interview mit SG gE 65–75.

Kinder kümmern.[126] Selbstverständlich spielte auch die Verfügbarkeit von familiären Betreuungspersonen für die Wochenendregelung eine Rolle. Rico Köhli erzählt, dass es für ihn schlimm war, wenn seine Grossmutter am Wochenende keine Zeit für ihn hatte und er deswegen im Internat bleiben musste.[127]

Tagesablauf und Tätigkeiten ausserhalb der Schule

Unter der Woche gestaltete sich der Tagesablauf in den Internaten jeweils nach einem festen Schema. Die Schilderungen der ehemaligen Schülerinnen und Schüler zeigen, dass die Tagesabläufe reglementiert waren und es davon kaum Abweichungen gab. Martin Rösli, der Ende der 1950er- und Anfang der 1960er-Jahre in die St. Galler Internatsschule ging, erinnert sich an einen typischen Ablauf: «Es ist immer gleich gewesen. Wir haben immer dasselbe Programm gehabt.» Um 6.30 Uhr musste man aufstehen. Um 7 Uhr gab es Frühstück, dann war Schule und um 9.50 bis 10.10 Uhr Pause. Um 12 Uhr gab es Mittagessen. Von 13 bis 14 Uhr haben die Kinder gespielt. Bis 16 Uhr gingen sie wieder in die Schule oder ins Turnen. Von 16.20 Uhr bis 18 Uhr mussten die Kinder dann arbeiten. Um 18.30 Uhr gab es Abendessen. Von 19 bis 20 Uhr durften die Kinder wieder spielen. Jeden Montag nach dem Abendessen mussten alle Kinder eine Stunde lang ein Buch lesen, obwohl die Gehörlosen Mühe hatten, den Inhalt zu verstehen. Dann musste man sich fürs Schlafen bereit machen. Um 20.15 Uhr musste man im Schlafsaal im Bett liegen. Jeden Tag bis Freitag war der Ablauf identisch. Am Samstag gingen die Kinder von 8 bis 12 Uhr in die Schule. Dann gab es Mittagessen. Die einen durften dann nach Hause, die anderen mussten bleiben. Markus Emmenegger musste bleiben. «Das ist natürlich auch schwierig gewesen zu sehen, dass die anderen nach Hause durften.» Um 19 Uhr gab es wieder Nachtessen. Sonntags kam es darauf an, welcher Konfession man angehörte. Die Katholiken mussten am Morgen um 10 Uhr in den Gottesdienst, die Reformierten durften spielen. Um 11 Uhr kehrten die Kinder in das Institut zurück; danach folgte das Mittagessen. Von 13 bis 16 Uhr ging man spazieren und spielte zusammen. Wieder in der Schule angekommen, konnte man bis 18 Uhr spielen, dann gab es Nachtessen. Gegen 19 Uhr kehrten die Kinder ins Internat zurück, die das Wochen-

126 Interview mit SG Pc 71–76, 09–10.
127 Interview mit SG hE 67–73.

ende bei der Familie verbracht hatten. Dann ging es am Montag wieder von vorne los: «Immer dasselbe.»[128]

Diese Ausführungen stehen stellvertretend für zahlreiche ähnliche Erfahrungsberichte. Die ehemaligen Schülerinnen und Schüler kritisieren im Rückblick die starke Monotonie der Tagesabläufe – es gab kaum Abwechslungen. Die Struktur war klar vorgegeben, ausserdem hätte das Personal, so Martin Rösli weiter, grossen Wert auf Pünktlichkeit gelegt. Wenn die Kinder morgens nicht gleich aufstehen konnten, seien die Erzieherinnen gekommen, hätten die Decken weggerissen und geschrien: «Aufstehen!» Die Kinder mussten rechtzeitig um 7 Uhr zum Frühstück erscheinen. Die strikte Einhaltung der vorgegebenen Zeiten war wichtig. Wer etwa zu spät zum Abendessen gekommen sei – selbst wenn es begründet war –, habe eine Strafe erhalten, so Martin Rösli.[129]

Bis in die 1960er-Jahre wurde meist in grossen Schlafsälen übernachtet. Eine Privatsphäre existierte nicht. Rudolf Gurtner, der Ende der 1960er-Jahre in Hohenrain ins Internat ging, erinnert sich an einen grossen Schlafsaal mit Bettenreihen links und rechts. Eine Schwester schlief immer als Aufsicht in der Ecke des Raums. Sie habe immer stark kontrolliert. Wenn die Kinder Unsinn anstellten, sei die Schwester sofort da gewesen.[130] Einhellig finden die ehemaligen Schülerinnen und Schüler rückblickend, dass sie in den Internaten zu früh ins Bett gehen mussten. Sie waren noch nicht müde und wären lieber später schlafen gegangen. Dass Albert Baumann noch nicht müde war beim Lichterlöschen, war der Grund, weshalb er dann herumalberte und die anderen Kinder neckte. Dies führte wiederum zu Konflikten mit dem Personal.[131]

Später wurden die grossen Schlafsäle in den Internaten in 2er-, 3er- oder 4er-Zimmer umgebaut. Die Wohngruppen waren in St. Gallen und Hohenrain geschlechtergetrennt. In Hohenrain, wo auch «schwachbegabte» Kinder im Internat lebten, waren auch diese von den Gehörlosen getrennt.[132] Die Riehener Einrichtung war dagegen offener organisiert. Das Riehener Internat führte bereits in den 1970er-Jahren neben einer Gruppe mit älteren Knaben und einer mit Kindergartenkindern auch eine gemischtgeschlechtliche Gruppe. Als die Kindergartengruppe auf-

---

128   Interview mit SG hE 57–66.
129   Interview mit SG hE 57–66.
130   Interview mit LU hE 68–78.
131   Interview mit SG hE 47–57.
132   Interview mit LU Pe 65–71.

gelöst wurde, gab es noch eine Knaben- und eine gemischte Gruppe. Schliesslich wurde die Geschlechtertrennung ganz aufgehoben und zwei geschlechts- und altersgemischte Gruppen gebildet.[133]

Das Essen ist ein wiederkehrendes Motiv in den geführten Gesprächen. Viele ehemalige Schülerinnen und Schüler erzählen, das Essen sei insgesamt nicht gut gewesen. Übereinstimmend berichten sie auch von strengen Essensregeln. Man hätte alles, was man vorgesetzt bekam, aufessen müssen, auch wenn es Gerichte gab, die die Kinder nicht mochten. Als Markus Emmenegger einmal fragte, ob er etwas weniger Essen haben dürfe, weil es ihm nicht so schmeckte, wurde ihm absichtlich viel davon in den Teller geschöpft. Umgekehrt sei den Kindern bei Speisen, die sie gerne hatten, bewusst nur wenig davon gegeben worden.[134] Rico Köhli, der vor seiner Zeit in St. Gallen im Landenhof (AG) lebte, sagt, dass das Essen dort ebenfalls schlecht gewesen sei. Er habe häufig erbrechen müssen. Einmal sei er in einen Nebenraum der Küche strafversetzt und gezwungen worden, das Erbrochene zu essen. Als er sich geweigert habe, sei er von der Küchenchefin an den Haaren gezogen worden. In St. Gallen habe es in den 1960er-Jahren zu den Mahlzeiten auch nie etwas zu trinken gegeben.[135]

Mirjam Müller bestätigt diesen Sachverhalt und erläutert, dass die Kinder tagsüber insgeheim zum Wasserhahn gingen, weil sie Durst hatten.[136] Ausserdem hätten in den 1960er-Jahren die Lehrpersonen und die Erziehenden nicht dasselbe gegessen wie die Kinder. In St. Gallen habe das Personal besseres Essen erhalten. Markus Emmenegger schildert, dass die Kinder deswegen neidisch auf die Angestellten gewesen seien. Die Kinder heckten einen Plan aus, das Personal zu überlisten. Sie boten sich den Angestellten an, die Servierplatten, die dem Personal aufgetischt wurden, abzuräumen und in die Küche zu bringen. So ergab sich die Gelegenheit, die verbliebenen Reste von den Servierplatten zu stibitzen. Als die Angestellten den Trick durchschaut hatten, räumten sie die Platten wieder selber ab.[137]

Ähnliches wird auch von Hohenrain berichtet. Rudolf Gurtner, der in den 1960er- und 1970er-Jahren dort zur Schule ging, beklagt, dass die

---

133   Interview mit BS Pe 73–97.
134   Interview mit SG gE 65–75.
135   Interview mit SG hE 67–73.
136   Interview mit SG hE 59–69/II.
137   Interview mit SG gE 65–75.

Kinder häufig die Reste der Mahlzeiten der Schwestern vorgesetzt bekamen oder Abfälle wie Apfelschalen essen mussten. Er empfand dies als Schikane.[138] Noch für die späten 1980er- und 1990er-Jahre äussert sich die ehemalige Hohenrain-Schülerin Annabelle Riedli dahingehend, dass die Essensmenge manchmal nicht ausreichend war oder die Mahlzeiten nicht gut waren. Auch sie erzählt, dass man Gerichte essen musste, auch wenn man sie nicht mochte.[139]

Verschiedene ehemalige Schülerinnen und Schüler kritisieren rückblickend den eintönigen Menüplan. Albert Baumann, der 1947 nach St. Gallen kam, sagt, dass es ständig Sauerkraut zu essen gab, was er nicht mochte. Wenn er sich weigerte, etwas zu essen, musste er in der Ecke stehen und warten, bis die anderen fertig gegessen hatten. Er durfte in diesen Fällen auch nichts anderes essen.[140] Mirjam Müller, die ein paar Jahre später als Baumann in dasselbe Internat kam, erinnert sich, dass man ständig Kartoffeln und Kutteln vorgesetzt bekam. Wenn man zudem das Mittagessen nicht mochte und nicht ass, erhielt man zur Strafe auch abends nichts zu essen.[141] Laut Rico Köhli mussten sich die Kinder in St. Gallen Ende der 1960er-Jahre vor dem Essen militärisch aufreihen. Es wurde kontrolliert, ob sie die Hände gewaschen hatten. Wer dies vergessen hatte, wurde bestraft. Für ihn sei dieser militärische Stil ein Schock gewesen.[142]

Bis in die 1970er-Jahre bildete die Arbeit einen wichtigen Bestandteil des Tagesprogramms. Um reibungslos zu funktionieren, waren die Schulen auf die Arbeitskraft der Kinder angewiesen. Darauf wies beispielsweise Vera Bodmer hin, die seit den frühen 1970er-Jahren zunächst als Erzieherin und dann als Lehrperson in St. Gallen wirkte.[143] Die Einrichtung verfügte über zu geringe Personalressourcen, um alle anstehenden Arbeiten zu erledigen. Es gab bloss ein paar erwachsene gehörlose Angestellte. Deswegen mussten die Kinder und Jugendlichen selbst anpacken. Es gab einen Ämtchenplan, nach dem sich die Kinder ausrichten mussten. Die Lehrpersonen waren angehalten zu überprüfen, ob die aufgetragenen Aufgaben zufriedenstellend erledigt wurden. Noch in den 1970er-Jahren hatten die Kinder neben Schule und Arbeit

138   Interview mit LU hE 68–78.
139   Interview mit LU hE 88–00.
140   Interview mit SG hE 47–57.
141   Interview mit SG hE 59–69/II.
142   Interview mit SG hE 67–73.
143   Interview mit SG Pe 71–76, 89–10; vgl. auch Akermann, Furrer, Jenzer 2012.

nur wenig Freizeit. Vera Bodmer erzählt, dass die Aufträge bis 17 oder 17.30 Uhr ausgeführt werden mussten. Dann beschäftigten sich die Kinder mit Hausaufgaben. Um 18 Uhr war bereits Nachtessen. Die Kinder mussten das Essen in der Küche holen und in den Speisesaal bringen. Im Anschluss an das Nachtessen wurden die Tische geputzt, der Boden gewischt und das Geschirr abgewaschen. Viel Zeit zum Spielen blieb danach nicht mehr. Die Jüngeren mussten um 19.30 Uhr, die Älteren um 20 Uhr ins Bett. Geduscht wurde einmal in der Woche. Die Kinder gingen dafür mit Badetuch in die Turnhalle der Schule.[144]

Durch die Arbeitspflichten waren Internatsschülerinnen und -schüler gegenüber ihren externen Kolleginnen und Kollegen benachteiligt. Vera Bodmer erinnert sich an die Regel, dass die Externen nach dem Unterricht nach Hause durften, die internen Schülerinnen und Schüler hingegen in der Schule putzen mussten. Sie hielt dies für unfair.[145] Auch die ehemaligen Internatsschülerinnen und -schüler empfanden es als Ungerechtigkeit. Erledigt werden mussten Arbeiten in und um die Gebäude auf dem Areal: den Hof wischen, im Garten arbeiten, Schnee oder Kohle schaufeln, Holz hacken. Daneben musste Küchenarbeit erledigt werden, beispielsweise Gemüse rüsten, den Abwasch machen oder das Geschirr trocknen. Die Aufgaben wurden geschlechtsspezifisch aufgeteilt. Die Mädchen verrichteten Arbeiten, die als weibliche Tätigkeitsfelder galten, etwa hauswirtschaftliche Arbeiten, Putzen oder Stricken. Nicht alle Schulen massen der Arbeit von Kindern denselben erzieherischen Wert zu. Die Schwestern Lorenza und Giulia erzählen, dass die Schülerinnen und Schüler der Sant'Eugenio-Schule in Locarno in den 1970er-Jahren keine Ämtchen hatten und nicht im Haushalt mithelfen mussten. Die Arbeiten wurden von angestelltem Personal erledigt. Die Kinder waren verantwortlich, ihre Zimmer ordentlich zu halten.[146] Auch Rico Köhli erinnert sich an Unterschiede zwischen den Schulen. Bei seinem Aufenthalt im Landenhof musste er nicht arbeiten; erst in St. Gallen wurden ihm so viele Aufgaben wie Schuhputzen, Gartenarbeiten oder Gemüserüsten aufgetragen.[147] Die Schwestern Gisela und Anna bestätigen für Hohenrain, dass die Kinder in den 1960er-Jahren viel mithelfen mussten.[148]

144   Interview mit SG Pe 71–76, 89–10.
145   Interview mit SG Pe 71–76, 89–10.
146   Interviews mit TI Pe 70–01/I und TI Pe 70–01/II.
147   Interview mit SG hF 67–73.
148   Interviews mit LU Pe 54–92 und LU Pe 65–71.

Zum Internatsbetrieb gehörte auch ein organisiertes Freizeitprogramm. Die Internatsschülerinnen und -schüler verbrachten ihre Freizeit im Internat, einschliesslich der Wochenenden, die in der Anstalt verbracht wurden. Bis in die 1960er-Jahre war der Spielraum für Freizeitaktivitäten unter der Woche, angesichts des eng befrachteten Tagesprogramms, vergleichsweise eng. Rund zwei Stunden täglich für freie Aktivitäten waren nicht unüblich, später etwas mehr. Die Zeit konnte mit Spielen und Turnen, Basteln, Werken und Ähnlichem verbracht werden. Die Wochenenden boten dagegen mehr Freiheiten. Auch hier überwogen betreute Freizeitaktivitäten. Die Erzieherinnen und Erzieher unternahmen Ausflüge mit den Kindern oder gingen auf Wanderungen. Lange gehörte auch der sonntägliche Kirchgang zum Pflichtprogramm. Hinzu kamen bisweilen jährliche Skilager und Schulreisen. An einzelnen Schulen konnten die Kinder in der Freizeit auch etwas Sackgeld verdienen. Die Sprachheilschule Hohenrain erlaubte in den 1960er- und 1970er-Jahren Internatskindern, freiwillig auf Bauernhöfen zu arbeiten und dabei einen kleinen Verdienst zu erwerben. Bei den Kindern kam diese Gelegenheit gut an.[149] Seit den 1980er-Jahren wurden die Freizeitaktivitäten stärker auf soziale Kontakte mit der hörenden Gesellschaft ausgerichtet, entsprechend dem Integrationsziel der Gehörlosenpädagogik. Die Verantwortlichen gingen beispielsweise mit den Kindern einkaufen, organisierten Tanzgelegenheiten mit Hörenden oder gingen mit Gehörlosen auf Behörden, um Broschüren abzuholen.[150]

Religion hatte vor allem in katholischen Schulen wie in Hohenrain oder Locarno, in denen Ordensschwestern tätig waren, einen sehr hohen Stellenwert im Tagesablauf, im Gegensatz zu konfessionell gemischten Schulen wie in St. Gallen und Riehen. In Hohenrain beispielsweise war der Religionsunterricht ein zentraler Bestandteil des Schulstoffs.[151] Der Unterricht wurde regelmässig für die Kontemplation unterbrochen. In der Schule wurde auch viel Bibellektüre betrieben und über Gott gesprochen. Fritz Bonnet, der in den 1950er-Jahren nach Hohenrain kam, erläutert: «Sie [die Lehrschwester] sagte, wichtig ist die Bibel und Malen. Das ist wichtig, dann hilft uns Gott. Dann können wir irgendwann sprechen.»[152]

149 Interviews mit LU Pe 54–92 und LU Pe 65–71. Vgl. für die Freizeitaktivitäten allgemein: Interviews mit LU hE 72–76, LU hE 66–80, LU hE 68–78, BS Pe 80–98, BS Pe 73–97, BS Pe 81–01, SG hE ca. 57–67, SG Pe 71–76/ 89–10.
150 Interviews mit BS Pe 80–98 und BS Pe 73–97.
151 So beispielsweise Interview mit LU hE 72–76.
152 Interview mit LU hE 55–63.

Auch Othmar Isler betont, dass der Religionsunterricht einen enormen Stellenwert hatte. Auch ausserhalb der Schule wurde viel gebetet, etwa vor und nach den Mahlzeiten.[153] Kappellenbesuche und Andachtsabende fanden mehrmals in der Woche statt und waren obligatorisch. Im Übrigen war auch die Sitzordnung in der Kapelle geschlechtergetrennt; auch die gehörlosen und «schwachbegabten» Kinder wurden räumlich separiert.[154] Auch in der Anstalt in Locarno besass die Religion einen hohen Stellenwert. Die Schwestern Lorenza und Giulia bestätigen, dass mehrmals am Tag gebetet wurde. Die Kinder wurden im Institut auch auf die Kommunion vorbereitet, ein religiöser Festakt, der von zahlreichen Schülerinnen und Schülern in der Kapelle im Areal zelebriert wurde.[155]

5.3   Strafen und Gewalt

Die Berichte aus den Interviews zu Strafpraktiken und Gewaltanwendungen unterscheiden sich je nach befragten Personengruppen stark. Auf der einen Seite stehen die Schilderungen von ehemaligen Schülerinnen und Schülern über Integritätsverletzungen und entwürdigende Behandlungen. Auf der anderen Seite berichten Lehrerinnen und Lehrer sowie Erzieherinnen und Erzieher von einem weitgehend regulären Schulbetrieb ohne systematische Übergriffe oder Misshandlungen. Bisweilen finden sich beide Perspektiven zur selben Zeit an derselben Schule. Die widersprüchlichen Einschätzungen verlangen eine genaue, differenzierte Analyse des Themenbereichs *Strafen und Gewalt*. Dies soll in den folgenden Ausführungen geschehen.

Zunächst ist wichtig, die verschiedenen Ebenen der Strafpraxis in Gehörlosenschulen auseinanderzuhalten. Strafen sind bis heute im Schulwesen gängige pädagogische oder disziplinarische Instrumente. In den folgenden Abschnitten geht es nur um einen problematischen Teilbereich des Strafwesens: Körperstrafen, entwürdigende Strafen und körperliche (auch sexuelle) Übergriffe. Auch in diesem Bereich gilt es zu differenzieren. Erzieherische Körperstrafen – sogenannte Züchtigungen – waren im Schulwesen bis in die 1970er-Jahre ebenfalls üblich. Sie wurden allerdings in einem längeren, schrittweisen Prozess übers

---

153   Interview mit LU hE 51–58; vgl. auch: Interview mit LU hE 55–63.
154   Interview mit LU hE 51–58.
155   Interviews mit TI Pe 70–01/I und TI Pe 70–01/II.

20. Jahrhundert zunehmend verboten. Zuerst die grob gewalttätigen Prügelstrafen, schliesslich auch generell alle Körperstrafen, einschliesslich Ohrfeigen, Tatzen und anderer Züchtigungen. Das Schulwesen ist allerdings kantonal geregelt – ein national übergreifendes Gesetz existiert nicht. Die meisten Kantone haben in den 1970er- und 1980er-Jahren Körperstrafen im Schulunterricht untersagt. Das Bundesgericht hat sich 1991 explizit gegen ein Züchtigungsrecht des Lehrpersonals ausgesprochen. 1997 hat die Schweiz zudem die Uno-Kinderrechtskonvention ratifiziert; auch sie verbietet erzieherische Körperstrafen.[156]

Vor diesem Hintergrund galten Körperstrafen in den Gehörlosenschulen – wie in der regulären Volksschule auch – bis in die 1970er-Jahre als ein breit akzeptiertes pädagogisches Mittel. Dies zeigt sich nicht nur in den Erinnerungen der ehemaligen Schülerinnen und Schüler, sondern auch in den überlieferten formalen Regeln und Hausordnungen der Gehörlosenschulen. Die Strafpraxis wurde sehr unterschiedlich erlebt. Für viele Schülerinnen und Schüler waren die Strafen erniedrigend, verletzend und traumatisierend. Lehrerinnen und Lehrer oder Erziehende sprechen im Rückblick häufig von Ausnahme- und Einzelfällen. Dies passt auch durchaus zur pädagogischen Logik dieser Zeit. Denn Körperstrafen bildeten im Schulwesen immer das letzte erzieherische Mittel in Fällen, in denen die Schülerinnen und Schüler die schulischen Vorgaben nicht auf dem üblichen Verstandesweg verinnerlichen wollten. In diesem Sinne konnten Körperstrafen Teil der schulischen Normalität sein, auch wenn sie nicht häufig zur Anwendung kamen.[157]

Von Körperstrafen zu unterscheiden sind Fälle physischen, insbesondere sexuellen Missbrauchs. Solche Übergriffe waren im ganzen Untersuchungszeitraum klar illegal. Der vergleichende Blick auf die Geschichte von Erziehungsheimen lehrt aber, dass in solchen Heimen und Anstalten ein erhöhtes Risiko für gewalttätige oder sexuelle Übergriffe herrschte. Auch wenn Übergriffe formal geahndet werden konnten, kam es in solchen Einrichtungen systematisch zu schweren Integritäts-

---

156 Stellungnahme des Bundesrates, 29. 5. 1996 zu Motion «Rechtliches Verbot der Körperstrafe und erniedrigender Behandlung von Kindern», 96.3176; vgl. www.parlament.ch/de/ratsbetrieb/suche-curia-vista/geschaeft?AffairId= 19963176 (10. 1. 2020). Ein ausdrückliches nationales Züchtigungsverbot für Familie oder Schule kennt die Schweiz allerdings bis heute nicht.

157 Lengwiler, Martin: Der strafende Sozialstaat: Konzeptuelle Überlegungen zur Geschichte fürsorgerischer Zwangsmassnahmen, in: Traverse. Zeitschrift für Geschichte, Heft 1, 2018, S. 180–196, hier S. 189–191.

und Rechtsverletzungen. Erziehungsheime waren häufig hermetisch organisiert. Den Klagen der Zöglinge wurde kaum Glauben geschenkt; auch die Aufsichtsorgane nahmen ihre Verantwortung häufig nur ungenügend wahr.[158] Auch in Internatsschulen für Gehörlose sind Fälle von physischen Übergriffen und sexuellem Missbrauch bekannt. Wieweit diese Fälle systematische Dimensionen hatten, ist in den folgenden Abschnitten zu diskutieren.

Körperstrafen in Anstaltsreglementen

Verschiedene Anstalten verfügten über interne Weisungen wie Reglemente oder Verordnungen, die den Umgang mit Strafen in den Einrichtungen regelten.[159] In der St. Galler Schule war das Thema Körperstrafen seit dem 19. Jahrhundert in den Ordnungen präsent. Das Reglement von 1872 sah beispielsweise vor, dass «körperliche Züchtigungen» in seltenen und dringenden Fällen angewendet werden dürfen.[160] Die Taubstummenanstalt Hohenrain hielt im Reglement von 1906 zwar fest, dass «andere Strafen als diejenigen, welche das Erziehungsgesetz ausdrücklich gestattet», unzulässig seien.[161] Die Vollzugsverordnung von 1910 legte einen genauen Katalog von Strafen – auch von Körperstrafen – fest und erlaubte die Warnung und den Verweis eines Schülers, die Versetzung an einen besonderen Platz, das Zurückhalten im Klassenraum nach Unterrichtsschluss, der Verzeigung an die Eltern, der Vermerk ins Notenbüchlein sowie die Inhaftierung im Karzer (einer gefängnisartigen Zelle). Die «Applizierung einzelner Rutenstreiche auf die flache Hand» war ebenfalls erlaubt. Verboten war hingegen «jede Züchtigung, die das körperliche Wohl oder sittliche Gefühl des Schülers gefährden könnte», wie auch der «Entzug der Schulsuppe».[162] Zusätzlich setzten sich die Visitations-Verordnungen der Kongregation punktuell mit der

---

158 Unabhängige Expertenkommission Administrative Versorgungen 2019, S. 186–189; Akermann, Furrer, Jenzer 2012, S. 62–75.

159 Für die Schule St. Eugenio in Locarno und jene in Riehen sind keine entsprechenden Weisungen bekannt. In Locarno hängt das auch mit der dürftigen Quellenlage zusammen.

160 Staatsarchiv des Kantons St. Gallen: A 451/1.2.1; Statuten, Reglemente, Reglement für die Taubstummen-Anstalt in St. Gallen, 1872, Art. 23.

161 Staatsarchiv Luzern: Akt 411/2939; Reglement der Taubstummenanstalt, 1906, Art. 11.

162 Staatsarchiv Luzern: A 1437/407; Vollziehungsverordnung zum Erziehungsgesetz vom 13. 10. 1910, § 83. Die Verordnung war in Gebrauch bis 1953. Vgl. Akermann, Furrer, Jenzer 2012, S. 25.

Strafpraxis auseinander. Bis Mitte des Jahrhunderts hielten sie wieder-holt fest, dass keine unerlaubten Strafen angewendet werden durften, so beispielsweise die Ohrfeigen («die Hand ausrutschen»).[163] Im Bericht aus dem Jahr 1946 betonte die Visitatorin, dass die Schwestern wie eine Mut-ter sein sollten, die ihre Kinder liebt, sich ihnen hingibt und sich um sie sorgt. Auch wenn sie strafen müsse, solle sie wohlwollend sein.[164]

Strafen waren generell Teil der pädagogischen Ordnung. Das «Erzie-hungsprogramm» der Taubstummenanstalt Hohenrain ist dafür exem-plarisch.[165] Es stand für das Schuljahr 1947/48 unter dem Motto «Anhal-ten zu Aufrichtigkeit und Wahrheitsliebe» – in Hohenrain stand jedes Schuljahr im Zeichen eines vorgegebenen Leitmotivs. Das Programm legte den Lehrpersonen ein vorbildliches Verhalten nahe – dazu gehör-te auch das Strafen: «Pünktlicher Schulbeginn, gute Ausnützung der Schulzeit, ernsthafte Vorbereitung der Schulstunden, Einhaltung der Haus- und Schulordnung, gerechte Behandlung und gerechte Strafe und Belohnung sind die besten Voraussetzungen für einen glücklichen Erziehungserfolg». Die Bestrafung galt also als integraler Bestandteil ei-nes zielführenden pädagogischen Konzepts, wobei formell zwischen gerechten und ungerechten Strafen unterschieden wurde. Das Insti-tut verfügte über standardisierte Beobachtungsbögen für die Bereiche «Schule», «Heim» und «Handarbeit – Handfertigkeit», die periodisch von den zuständigen Fachpersonen zu jedem Kind ausgefüllt wurden.[166] Die für den Beobachtungsbogen «Heim» vorgegebenen Themen lau-ten «Körperliches Befinden», «Verhalten des Kindes», «Gefühls- und Willensleben», «Religiös-sittliche Haltung»; abschliessend findet sich ein offener Bereich für «Vorschläge». Teilweise wurde für die einzelnen Punkte spezifiziert, welche Aspekte von Interesse waren. Beim Thema «Verhalten des Kindes» stand ergänzend «gegenüber Erwachsenen, Vorgesetzten, Kameraden. Verhalten bei Arbeit u. Spiel, bei Belohnung und Strafe, Verhalten gegenüber der Hausordnung». Diese Aufzählung

163   Provinzial-Archiv Ingenbohl, Brunnen: 7.09: 015.05; Visitations-Verordnun-gen, 1913–1973. Die Visitations-Verordnungen sind nur punktuell überliefert.
164   Die Familie nahm in der Heimerziehung im 20. Jahrhundert einen wichtigen Stellenwert ein. Die Waisenhäuser, Erziehungsanstalten und Kinderheime ar-beiteten oft nach Familienmodellen, die das Heim als eine Art Ersatzfamilie konzipierten. Vgl. Luchsinger, Christine: «Niemandskinder». Erziehung in den Heimen der Stiftung Gott hilft, 1916–2016, Chur 2016, S. 27 f.; Janett 2017.
165   Staatsarchiv Luzern: A 1645 1.4.
166   Vgl. die Fallakten, in: Staatsarchiv Luzern: A 1645.

zeigt, dass die Strafe als Erziehungsinstrument anderen pädagogischen Interventionen gleichgestellt war. Deswegen interessierte auch, wie das Kind auf die auferlegten Strafen reagierte. Allerdings sagt das Dokument nichts über die möglichen Arten von Bestrafung aus.[167]

Die überlieferten Reglemente, Hausordnungen und andere normative Quellen belegen, dass Strafen – auch körperliche – Strafen besonders in der ersten Jahrhunderthälfte als pädagogisches Mittel gang und gäbe waren.[168] Die explizite Bezugnahme auf den Strafgrad und die Abgrenzung zwischen gerechten und ungerechten Strafen lässt darauf schliessen, dass die Grenze zwischen zulässigen und unzulässigen Strafpraktiken innerhalb der Taubstummenanstalten wiederholt diskutiert wurde. Die Schul- und Heimleitungen waren sich der Problematik unzulässiger Gewaltanwendungen bewusst und versuchten, sie durch Richtlinien zu verhindern.[169]

Strafpraktiken im Schul- und Internatsalltag

Es gibt zahlreiche Belege dafür, dass auch in der zweiten Hälfte des 20. Jahrhunderts physische Grenzüberschreitungen und gewalttätige Übergriffe in Gehörlosenschulen wiederholt vorkamen, trotz Regeln gegen unzulässige Strafpraktiken, insbesondere gegen Körperstrafen. Es gibt allerdings keine einheitliche Praxis. Jede Schule hatte ihre eigenen Strafregeln. Zudem gibt es deutliche Unterschiede in der Darstellung der Strafpraktiken, je nachdem, ob man mit ehemaligen Lehrpersonen und Erziehenden oder mit ehemaligen Schülerinnen und Schülern spricht. Auch das institutionelle Umfeld ist wichtig. Strafen hatten im Schulbereich eine andere, stärker pädagogische Funktion als die erzieherischen Strafen im Internatsbetrieb. In den folgenden Ausführungen steht zunächst die Perspektive der Lehrpersonen und Erziehenden im Vordergrund, danach die der Schülerinnen und Schüler. Es geht vor allem um die Bedeutung von Körperstrafen, als Teil des allgemeinen Strafwesens.

Die ehemaligen Lehrpersonen und Erziehenden bezeichnen die Körperstrafe meist als Ausnahmefall, die im regulären Betrieb nicht zur An-

---

167 Vgl. die Fallakten, in: Staatsarchiv Luzern: A 1645.
168 Für die katholischen Anstalten vgl. exemplarisch: Schuler, Sebastian: Strafpraktiken in der Zeitschrift «Theodosia», unveröffentlichte Seminararbeit Universität Basel, Basel 2018.
169 Vgl. Janett 2014, S. 72.

wendung kam. Dabei steht die Zeit seit den 1970er-Jahren im Vordergrund. So berichten die Lehrerinnen Yvonne Kurath und Paula Wildi, die seit Mitte beziehungsweise Ende der 1970er-Jahre in St. Gallen arbeiteten, dass sie selbst keine Körperstrafen erteilt und auch nie solche Vorfälle miterlebt hätten. Kurath erinnert sich allerdings, dass ein Lehrer in den 1970er-Jahren ein Kind durch eine Ohrfeige am Ohr verletzt habe. Darauf habe der Pädagoge die Stelle verloren.[170] Die Erzieherin Vera Bodmer, die Anfang der 1970er-Jahre ihre Arbeit in St. Gallen aufnahm, berichtet ebenfalls, dass sie keine Gewalt erlebt habe. Sie äussert aber den Verdacht, dass gewisse Erzieherinnen und Erzieher Körperstrafen angewandt hätten. Darüber zu sprechen sei aber zum Schutz der Kolleginnen und Kollegen tabu gewesen, obschon Verdachtsmomente vorlagen. Verhaltensvorschriften für Angestellte habe es nicht gegeben. «Da durfte jeder wursteln, wie er selber wollte.» In Erinnerung geblieben ist ihr eine Unterredung mit dem damaligen Direktor Rolf Ammann (im Amt 1970–1980). Bodmer holte sich bei ihm Rat, weil sie wiederholt von einem Mädchen angegriffen worden war. Sie wusste nicht, wie sie damit umgehen sollte. Ammann habe ihr geraten, dem Mädchen so richtig «aufs Dach» zu geben. Erst dann würden die Aggressionen gegen sie aufhören. Vera Bodmer findet es im Rückblick inakzeptabel, dass ein ausgebildeter Pädagoge einen solchen Ratschlag erteilte.[171] Klara Schurr, die ebenfalls im selben Zeitraum in St. Gallen zu arbeiten begann, sagt, sie habe weder in der Schule noch im Internat Dinge gesehen, die nicht rechtens waren, beispielsweise festgebundene Hände oder dergleichen. Sie könne für die Schule, in der sie gearbeitet habe, geradestehen. Gewaltpraktiken müssten vor ihrer Zeit gewesen sein, wobei sie auch eine gewisse Skepsis gegenüber den Schilderungen von gehörlosen ehemaligen Schülerinnen und Schülern zum Ausdruck bringt, weil diese sich nicht mit ihren eigenen Erfahrungen deckten.[172]

Ein ähnliches Bild vermitteln auch die befragten Ingenbohler Schwestern, die in den Gehörlosenschulen von Hohenrain und Locarno tätig waren. Die Schwestern Gisela und Anna, die Mitte der 1950er- beziehungsweise Mitte der 1960er-Jahre in Hohenrain angestellt waren, versichern, dass generell nicht geschlagen worden sei. Die Hand konnte

170   Interviews mit SG Pe 75–80/85–18; SG Pe 79–97.
171   Interview mit SG Pe 71–76, 89–10.
172   Interview mit SG Pe 74–02.

manchmal dennoch ausrutschen. Direktor Hans Hägi (im Amt 1966–1986) habe gesagt, dass Körperstrafen in Hohenrain nicht erlaubt seien.[173] Personen mit Betreuungsverantwortung berichten umgekehrt auch von Gewalt, die von den Kindern und Jugendlichen ausging. Schwester Gisela erzählt von einem Jungen, der sie geboxt habe.[174] Die Schwestern Lorenza und Giulia, die seit Beginn der 1970er-Jahre in Locarno unterrichteten, betonen ebenfalls, dass es zu ihrer Zeit keine Schläge (mehr) gab und reduzieren die Sanktionspraktiken auf das Schimpfen.[175] Es sei aber gegenüber den Kindern nicht immer einfach gewesen, die Geduld zu wahren. Manchmal sei sie (die Lehrschwester) auch explodiert, so Schwester Lorenza.[176]

Für die Gehörlosenschule in Riehen betont die Lehrerin Sandra Lipp, dass Schläge in den 1970er-Jahren nicht mehr toleriert wurden.[177] Auch Marlies Schär, die seit 1980 ebenfalls dort unterrichtete, hat Körperstrafen nicht erlebt.[178] Der Erzieher Theodor Giger, der seit den 1970er-Jahren in Riehen tätig war, schildert eine etwas andere Perspektive. Es habe keine Prügelstrafen gegeben; eine Ohrfeige als spontane Reaktion beispielsweise auf eine verbale Ausfälligkeit – die «Hand ausgerutscht» – konnte es absetzen. Giger erzählt, dass man sich damals in der Ausbildung noch eingehend mit dem Thema Strafen befassen musste. Man habe noch ziemlich «kreative Fantasien» entwickelt, weshalb eine Strafe wichtig sei. Damals sei die Strafe ein anerkanntes pädagogisches Mittel gewesen und auch «ethisch» als Aufhebung der aufgebürdeten Schuld gerechtfertigt worden. Nach abgesessener Strafe sei das Kind wieder «frei» gewesen. «Das [das Strafen] hat eine Wichtigkeit gehabt.» Erst im Nachhinein sei ihm klar geworden, dass eine Strafe nichts nütze.[179]

Grundsätzlich zeigen die Schilderungen der befragten Lehrpersonen und Erzieherinnen oder Erzieher, dass Strafen – in einem allgemeinen Sinn – Teil des schulischen und erzieherischen Instrumentariums waren. Dabei handelte es sich in der Regel nicht um körperliche, sondern um normale disziplinarische Strafen, beispielsweise jemanden im Unterricht vor die Türe stellen oder Strafaufgaben machen lassen, beim Es-

173   Interview mit LU Pe 54–92; Interview mit LU Pe 65–71.
174   Interview mit LU Pe 54–92.
175   Interviews mit TI Pe 70–01/I und TI Pe 70–01/II.
176   Interview mit TI Pe 70–01/I.
177   Interview mit BS Pe 75–00.
178   Interview mit BS Pe 80–98.
179   Interview mit BS Pe 73–97.

sen das Dessert streichen, im Internat aufs Zimmer schicken oder strafweise putzen lassen. Vor allem im Internatsbetrieb scheinen Strafen Teil des Betreuungsalltags gewesen zu sein. Körperstrafen waren gemäss Lehrpersonen und Erziehenden untersagt und werden – falls sie einmal vorkamen – als Ausnahmefälle dargestellt. Vieles deutet zudem darauf hin, dass Körperstrafen ab den 1970er-Jahren stärker ausgegrenzt wurden als vorher. In den Erzählungen über die 1950er- und 1960er-Jahre sind sie stärker präsent. Die 1970er-Jahre waren offensichtlich eine Umbruchszeit, in denen sich die pädagogischen Ansätze und die Einstellung gegenüber Körperstrafen stark veränderten.

Dass Körperstrafen in den 1960er-Jahren verbreitet waren, bestätigt sich auch in den überlieferten Akten der Schulen. Exemplarisch lässt sich dies für die Anstalt in Hohenrain aufzeigen. Noch um 1960 sind im Affekt ausgeübte, gesetzlich nicht erlaubte Schläge oder Körperstrafen wie kaltes Duschen bei Bettnässern breit belegt.[180] 1965 verweist ein Beobachtungsbericht zur Anstalt Hohenrain auf Ohrfeigen: «M. [ein Schüler, A. d. V.] geht nicht mehr gerne in die Schule, daher kommt er missmutig aus den Ferien. Am zweiten Tag lief er wegen einer verdienten Ohrfeige davon, die Eltern mussten ihn zurück bringen, sonst wäre er nicht mehr gekommen.»[181] Die Legitimation von Strafen wurde offenbar davon abhängig gemacht, ob die Sanktion in Zusammenhang mit dem Fehlverhalten des Kindes «verdient» war oder nicht. In einem Beobachtungsbericht von 1967 schrieb eine Betreuungsperson zu einem anderen Schüler folgenden Eintrag: «Nach den Ferien rutzt und balgt sich B. zuviel mit den Buben am Boden herum. Nach wiederholtem fruchtlosem Mahnen fasste ich ihn an den Haaren und gab ihm eine Ohrfeige.»[182]

Solche Quellen zeigen, dass in Hohenrain, so wie in anderen Schulen auch, Körperstrafen in der zweiten Hälfte der 1960er-Jahre alltäglich und nicht weiter begründungsbedürftig waren. Sie zogen keine Konsequenzen nach sich und werden offen und nüchtern in den Akten festgehalten. Dies steht für Hohenrain im Widerspruch zur Aussendarstellung der Schule. Denn Mitte der 1960er-Jahre (genauer: für das Schuljahr 1964/65) proklamierte die Schule unter der Direktion von Walter Schönenberger (im Amt 1959–1966) das Motto «Helfen statt Strafen»:

180 Vgl. Akermann, Furrer, Jenzer 2012, S. 102. Die Studie stützt sich auf Interviews mit Zeitzeuginnen und Zeitzeugen.
181 Staatsarchiv Luzern: A 1645 131.
182 Staatsarchiv Luzern: A 1645 329.

«Helfen statt strafen soll nach Möglichkeit unser künftiges Bemühen sein. Das heisst aber: Wir müssen das Kind – mit seinen Eigenheiten – lieben, ihm froh begegnen und bei Fehltritten ihm durch Rat und Tat zu erkennen geben, dass wir zur Hilfe bereit sind.»[183] Der Jahresbericht nahm auf neuere kinderpsychologische Positionen Bezug und forderte, dass Betreuungspersonen «bei einer kindlichen Fehlhandlung» sich nicht als Erstes fragen sollten: «wie strafe ich das Kind am wirkungsvollsten? Sondern: wie helfe ich ihm am besten?» Die Direktion sprach sich nicht grundsätzlich gegen Körperstrafen aus, sondern kritisierte, wenn «blindlings Vergeltungspädagogik» betrieben wurde. Die Strafe müsse dann eingesetzt werden, wenn sie sich als sinnvoll und nachvollziehbar erweise: «Wir werden – da wir keine Heiligen sind – nicht ohne Strafe auskommen. Wir sollten uns aber doch bemühen, unsere Strafen im richtigen Sinne zu erteilen.»[184]

Der Strafe als «Erziehungsmittel» wurde dabei nicht nur ein pädagogischer Wert im Hinblick auf die «Einsicht» über das Fehlverhalten des Kinds beigemessen. Sie wurde auch als eine Form der Absolution gedeutet, mit der «der Weg zurück zum Guten» geebnet und die Befreiung von «Schuldgefühlen» ermöglicht wurde.[185] In einem religiösen Sinne handelte es sich beim Strafen um eine Form der Sühne, durch die eine aufgeladene Schuld anerkannt und beglichen wurde.[186]

Derselbe Jahresbericht (1964/65) gibt auch zu erkennen, dass die Strafpraktiken, insbesondere im Bereich der Körperstrafen, innerhalb der Anstalt Hohenrain umstritten waren. Der Bericht listete falsche Verhaltensweisen auf, die einem «sturen Traditionalismus» der Angestellten geschuldet seien. Dann folgen Klagen über die Einstellung der Erzieherinnen und Erzieher. Man treffe immer noch Erzieher, die Kinder wegen mangelnder Leistungen körperlich züchtigten. Viele Strafen würden verabreicht, weil sich die Erzieher am widerstrebenden Kind rächen wollten. Viele Erzieher seien über das Verhalten des Kindes persönlich

183   Staatsarchiv Luzern: J.a 117, S. 11; Kantonales Erziehungsheim Hohenrain, 117. Jahresbericht 1964/65.
184   Ebd., S. 10.
185   Ebd., S. 4.
186   Vgl. Akermann, Furrer, Jenzer 2012, S. 23; Ries, Markus; Beck, Valentin: Gewalt in der kirchlichen Heimerziehung. Strukturelle und weltanschauliche Ursachen für die Situation im Kanton Luzern in den Jahren 1930 bis 1960, in: Furrer, Markus et al. (Hg.): Fürsorge und Zwang: Fremdplatzierung von Kindern und Jugendlichen in der Schweiz 1850–1980, Basel 1914 (Beiheft zur Schweizerischen Zeitschrift für Geschichte 36), S. 75–86.

beleidigt und wollten sich durch ihre Strafen Satisfaktion verschaffen. Kritisiert wurden insbesondere geistig und charakterlich enge, intolerante Erzieher, die aus ihrer Borniertheit heraus das Kind bestraften. Viele Erzieher glaubten, so der Jahresbericht abschliessend, sie müssten gewaltsam den «bösen Willen» des Kindes brechen und es mit Strafen gefügig machen.[187]

In den Erzählungen der ehemaligen Schülerinnen und Schüler sind Körperstrafen und andere entwürdigende Strafen deutlich präsenter als in denjenigen der Erziehenden und Lehrpersonen. Auch die Forschung hat auf die Bedeutung von Gewalt und Missbrauch in Internaten von Gehörlosenschulen hingewiesen, insbesondere die Untersuchung von Jutta Gstrein, die auf einer Befragung von ehemaligen Schülerinnen und Schülern beruhte. Die Autorin selbst war Schülerin in der Gehörlosenschule St. Gallen und schreibt zu ihren Erfahrungen: «Aus meiner Erinnerung – und so erging es den meisten Gehörlosen – weiss ich, dass ich oft nicht verstanden habe, weshalb ich eine Strafe bekam. Die Strafe war eine Art Einschüchterung für uns und machte uns zu ängstlichen angepassten, aber nicht eigenständigen Menschen.»[188] Der Umgang mit Kindern und Jugendlichen sei streng und hart gewesen, bisweilen fast sadistisch.[189]

Die von Gstrein befragten Zeitzeuginnen und Zeitzeugen besuchten die Schule zwischen 1930 und 1975 und erzählen von körperlicher Gewalt wie Ohrfeigen, Stock- und Faustschlägen, Fusstritten oder an den Haaren ziehen. Daneben wurden weitere Strafen, wie beispielsweise eine Woche den Abwasch machen, 100 Mal etwas schreiben, früh zu Bett gehen, Essensentzug, am Wochenende im Internat bleiben, ausgesprochen. Erzählt wird zudem über sexuelle Übergriffe durch den «Direktor». Ein ehemaliger Schüler gibt an, dass er sich im Keller vor dem Direktor nackt ausziehen musste und er dann von diesem angestarrt wurde. Eine weitere Person sagt: «Er [der Direktor] nahm oft schöne Burschen, um sich zu befriedigen. Ich glaubte, das sei normal und konnte es nicht meinen Eltern erzählen.»[190]

---

187   Staatsarchiv Luzern: J.a 117, S. 6; Kantonales Erziehungsheim Hohenrain, 117. Jahresbericht 1964/65.
188   Gstrein 1999, S. 2.
189   Ebd., S. 28.
190   Ebd., S. 20 f.

Die für diese Studie befragten ehemaligen Schülerinnen und Schüler betonen, dass Strafen, einschliesslich Körperstrafen, sowohl in der Schule als auch im Internat gängige Praxis waren. Allerdings scheint es in der Regel keine formalisierte Strafordnungen gegeben zu haben. Bestrafungen waren personenabhängig. Sie fielen je nach Lehrperson oder Erzieherin unterschiedlich aus und waren teilweise willkürlich. Es gab in der Erinnerung der Befragten die «lieben» und die «bösen», bisweilen auch brutalen Lehrpersonen oder Erziehenden. Zudem beklagen sich die ehemaligen Schülerinnen und Schüler, dass die Bestrafung häufig unvermittelt und grundlos erfolgte.

Je weiter die Erinnerungen zurückreichen, desto verbreiteter scheinen Körperstrafen gewesen zu sein. Praktisch alle Berichte zu den 1940er-, 1950er- und 1960er-Jahren zeigen, dass Kinder sowohl in der Schule als auch im Internat regelmässig geschlagen wurden. Beispielhaft sind die Aussagen von Albert Baumann, der 1947 in St. Gallen eingetreten war. Er sei von der ersten bis zur achten Klasse immer geschlagen worden. Die Lehrpersonen seien brutal gewesen.[191] Gewalt war selbst auf Kindergartenstufe nicht aussergewöhnlich. Mirjam Müller, die seit Mitte der 1950er-Jahre in der St. Galler Einrichtung in den Kindergarten ging, erzählt, dass ihre Kindergärtnerin eine böse und gewalttätige Frau gewesen sei. Die Kinder hätten untereinander gestritten und sie habe die Streitenden dann geschlagen. Sie habe diese Zeit in ganz schlechter Erinnerung.[192] Ihr Ehemann, Franz Müller, der zur selben Zeit nach St. Gallen kam, schildert rückblickend: «Die Lehrerinnen und Lehrer sind immer wieder mit der flachen Hand und auch mit den Fäusten auf einen losgegangen. Auch Kopfnüsse haben sie uns verpasst. Das habe ich viel gesehen. Wirklich viel.»[193]

Markus Emmenegger, der Mitte der 1960er-Jahre nach St. Gallen kam, erzählt, dass er wiederholt geschlagen wurde, mit dem Stock oder mit der Hand, oder an den Ohren gezogen. Mit dem Hörgerät sei das sehr schmerzhaft gewesen; er habe wiederholt an den Ohren geblutet. Ablegen durfte er das ungeliebte Hörgerät jedoch nicht.[194]

Auch die befragten ehemaligen Schülerinnen und Schüler aus Hohenrain vermitteln ein ähnliches Bild. Fritz Bonnet hatte Angst vor der Lehr-

---

191 Interview mit SG hE 47–57.
192 Interview mit SG hE 59–69/II.
193 Interview mit SG hE 55–65.
194 Interview mit SG gE 65–75.

schwester in der Primarschule. Sie habe viel mit ihm geschimpft, weil er noch nicht sprechen konnte. Er sei häufig auf den Mund geschlagen worden, wenn er falsch artikulierte oder die Schwester seine Lautsprache nicht verstand. Sie habe die Kinder auch mit dem Stock geschlagen.[195] Und Rudolf Gurtner, der ab Ende der 1960er-Jahre in Hohenrain in die Schule ging, musste eine Verletzung, die durch Schläge verursacht wurde, beim Arzt nähen lassen.[196]

Neben diesen Körperstrafen schildern die ehemaligen Schülerinnen und Schüler weitere Strafpraktiken, die entwürdigend, angsteinflössend und stigmatisierend erlebt wurden und oft traumatische Auswirkungen hatten. Martin Rösli, der in den späten 1950er- und frühen 1960er-Jahren in St. Gallen in die Gehörlosenschule ging, erinnert sich an eine Episode, in der er mit zwei Mitschülern im Fach Handarbeit herumgealbert habe. Sie seien dafür bestraft worden. Es sei Winter gewesen; draussen schneite es stark. So wie sie gerade gekleidet waren, mussten sie ihre Turnschuhe und Jacken holen und noch kurze Turnhosen anziehen. Danach mussten sie im Schnee während einer Stunde, nur mit den kurzen Hosen bekleidet, laufen gehen. Die Kinder hätten geweint; alles habe ihnen weh getan. Eine ältere Frau habe das Treiben gesehen und sich beim Lehrer beklagt. Diesem sei es egal gewesen. Da es im Winter früh dunkel wurde, so Rösli weiter, habe man drinnen Blödsinn angestellt. Als Strafe musste er im Estrich in der Dunkelheit und Kälte in der Ecke ausharren. Martin Rösli sagt, er habe eine Stunde dastehen müssen und panische Angst gehabt, weil man überhaupt nichts sehen konnte. Weiter berichtet er von zwei Knaben, die etwas gestohlen hätten. Sie seien für zwei Monate in ein Zimmer eingeschlossen worden und hätten es nur für den Unterricht verlassen dürfen. Selbst das Essen sei ihnen aufs Zimmer gebracht worden. Es sei wie im Gefängnis gewesen.[197] Einsperren wurde gemäss den Berichten der ehemaligen Schülerinnen und Schüler auch in Hohenrain als Strafmethode angewendet. Laura Bonnet erzählt, dass ein Kind im Keller eingesperrt wurde. Ein weiterer Junge wurde den ganzen Tag in einem dunklen Zimmer im Turm eingeschlossen.[198]

195 Interview mit LU hE 55–63.
196 Interview mit LU hE 68–78.
197 Interview mit SG hE 57–66. Die Geschichte wird von Franz Müller bestätigt (SG hE 55–65).
198 Interview mit LU hE 60–70.

Rösli erzählt ausserdem eine Geschichte über Franz Müller, die er in ganz schlechter Erinnerung hat. Es war der 6. Dezember und Sankt Nikolaus kam zu Besuch in die Schule in St. Gallen. Die Kinder hätten Angst vor ihm gehabt, denn er habe sie geschlagen. Es sei «brutal» gewesen. Am Abend seien sie im Halbkreis gesessen, dann sei Sankt Nikolaus mit seinem grossen Sack erschienen. Alle mussten aufstehen und den Gast begrüssen. Eine Gruppenleiterin sei als Dolmetscherin auch anwesend gewesen, weil der Nikolaus einen Bart hatte und es deswegen kaum möglich war, seine Worte abzulesen. Alle mussten einmal nach vorne gehen. Nikolaus habe ein grimmiges Gesicht gemacht, eine dunkle Sonnenbrille getragen und nur Negatives erzählt, kaum etwas Positives. Dann habe der Nikolaus seinen Sack ausgeleert, es habe viele feine Sachen drin gehabt. Die Kinder hätten sich gefreut und seien erleichtert gewesen, weil Nikolaus sich nun verabschiedet habe und im Begriff zu gehen gewesen sei. Kurz bevor er den Raum verlassen habe, sei er plötzlich vor der Türe stehen geblieben. Er habe eine Schramme in der Wand entdeckt, verursacht durch die Türklinke. Da habe der Nikolaus gefragt, wer das gewesen sei. Jemand habe dann gesagt, es sei Franz Müller gewesen. Der Nikolaus habe das Kind an den Ohren gepackt und ihn hochgehoben. Er sei dann verprügelt worden. Alle Kinder seien wie gelähmt gewesen und unter Schock gestanden. Franz Müller habe geweint. Martin Rösli meint: «Das ist doch nicht normal. Es ist doch logisch, dass es von der Türklinke solche Abnutzungen an der Wand gibt. [...] Für das ist er [Franz Müller] einfach verprügelt worden. Das werde ich nie vergessen. Das war wirklich schlimm.» Martin Rösli wusste nicht, wer der Nikolaus war. Er ist sich aber sicher, dass es jemand aus der Anstalt war.[199]

Im Zusammenhang mit der Nachtruhe gab es ebenfalls viele Strafen. Das Hauptproblem war, dass sich die Kinder bereits früh schlafen legen mussten. Viele waren noch nicht müde und alberten deswegen herum. In St. Gallen befand sich die Wohnung des Direktors in unmittelbarer Nähe des Internatsbereichs der Knaben. Deswegen hörte er, wenn die Kinder laut waren. Die Unruhestifter seien dann direkt vom Direktor bestraft worden.[200] Markus Emmenegger erzählt, dass sie einmal im Pyjama bei Schneefall nachts hätten Schnee schaufeln müssen, weil sie nach

---

199 Interview mit SG hE 57–66.
200 Interview mit SG hE 55–65.

dem Lichterlöschen zu laut gewesen seien.[201] In Hohenrain schlief eine Schwester als Aufseherin mit den Kindern im Schlafsaal. Florian Hauser berichtet, dass sie dort häufig geschlagen worden seien, wenn es der Aufsicht zu unruhig war. Selbst diejenigen, die gar keinen Lärm verursacht hätten, seien geschlagen worden.[202] Auch Laura Bonnet erzählt zu Hohenrain, dass die Kinder von den Schwestern im Schlafsaal geschlagen worden seien, wenn sie zu laut waren. Sie habe zudem einmal als Strafe eine halbe Stunde auf einem Bein stehen bleiben müssen.[203]

Häufig erwähnt werden Strafen in Zusammenhang mit den Mahlzeiten. Rico Köhli, der um 1970 herum die Schule in St. Gallen besuchte, erzählt, dass sich die Kinder vor dem Essen im Speisesaal zur Kontrolle aufreihen mussten. Es sei dann überprüft worden, ob sich die Kinder die Hände gewaschen hätten. Waren die Hände nicht sauber, dann habe es Schläge abgesetzt.[204] Markus Emmenegger, der Mitte der 1960er-Jahre in St. Gallen eintrat, erzählt von einem Fall, bei dem ein Kind im Bett erbrechen musste. Es musste aufstehen, wurde geschlagen, musste die Kleider waschen helfen und neben dem Bett so lange warten, bis alles gewaschen war. Erst dann durfte das Kind wieder ins Bett.[205]

Florian Hauser, der Mitte der 1960er-Jahre nach Hohenrain kam, erläutert, dass man stets alles essen musste. Ansonsten hätten die Schwestern das Gesicht in das Essen gedrückt oder man musste abwaschen, putzen oder sich in die Ecke stellen.[206] Laura Bonnet, die in den 1960er-Jahren in Hohenrain war, berichtet ebenfalls, dass man den Teller leeren musste, selbst wenn es den Kindern übel wurde und sie erbrechen mussten. Eine Schwester habe ihr befohlen, ihr Erbrochenes zu essen.[207] Verschiedentlich wird erwähnt, dass Essensentzug eine verbreitete Form der Bestrafung gewesen sei.[208] Hinzu kamen Strafen für Kinder, die während des Essens gebärdeten (vgl. Kap. 5.1).

Probleme der Hygiene oder vermeintlich mangelnde Sauberkeit konnten ebenfalls Strafen nach sich ziehen. Vor dem Essen wurden wie erwähnt die Hände kontrolliert. Rico Köhli erzählt, dass die Erzieherinnen

---

201 Interview mit SG gE 65–75.
202 Interview mit LU hE 65–74.
203 Interview mit LU hE 60–70.
204 Interview mit SG hE 67–73.
205 Interview mit SG hE 65–75.
206 Interview mit LU hE 65–74.
207 Interview mit LU hE 60–70.
208 Exemplarisch: Interview mit LU hE 88–00.

Abb. 42: Sankt Nikolaus und übersetzende Lehrerin im Klassenzimmer, Gehörlosenschule St. Gallen (1984). Staatsarchiv des Kantons St. Gallen.

verlangten, dass die Kinder vor dem Schlafengehen immer die Unterhosen zeigten. Seien diese verunreinigt gewesen, habe die Erzieherin geschimpft und die Kinder hätten die Unterhosen waschen müssen. Im Winter sei es teilweise so kalt gewesen, dass die gewaschenen, noch nassen Unterhosen gefroren und in diesem Zustand angezogen werden mussten.[209] Bettnässen wurde ebenfalls bestraft, oft in entwürdigender

209   Interview mit SG hE 67–73. Vgl. auch Interview mit SG gE 65–75.

Weise. Markus Emmenegger erzählt von einem bettnässenden Mitschüler. Er sei vor allen Mitschülerinnen und Mitschülern dafür kritisiert und dadurch blossgestellt worden.[210] Rudolf Gurtner, der in den späten 1960er-Jahren nach Hohenrain kam, erzählt, dass er einmal Fieber und Durchfall gehabt habe. Er sei auf dem Krankenzimmer im Bett gelegen und habe das Bett verunreinigt. Dann sei die Schwester gekommen und habe ihn geschlagen, dann gewaschen und den Kopf ins Wasser gedrückt. Er habe kaum Luft bekommen und erbrechen müssen. Dann habe er das Bett, das er «vollgemacht» hatte, reinigen müssen. Er habe danach nicht zurück ins Bett gedurft, sondern musste im Estrich auf einer Wolldecke schlafen. «Ich konnte ja nichts dafür, ich war wirklich krank und schwach, ich hatte Fieber. Das alles ist mir einfach passiert. Das war schlimm. Ich hatte gar keine Kraft, nichts.»[211]

Die Erinnerungen der ehemaligen Schülerinnen und Schüler sind stark personenbezogen. Einzelne Figuren verkörpern je nachdem besonders böswillige, gewalttätige oder besonders gutmütige, empathische Umgangsformen. Figuren wie der «gewalttätige Direktor» oder die «böse Schwester» haben sich in vielen Erinnerungen fest eingebrannt. Exemplarisch dafür stehen Hans Ammann und sein Sohn und Nachfolger Rolf Ammann, die zwischen 1937 und 1970 beziehungsweise von 1970 bis 1980 die St. Galler Anstalt leiteten. Beide werden von ehemaligen Schülerinnen und Schülern wiederholt mit gewalttätigen oder entwürdigenden Handlungen in Zusammenhang gebracht. Franz Müller erzählt, dass beide Direktoren, Hans Ammann und Rolf Ammann, jeweils persönlich eingegriffen haben, wenn die Kinder Dummheiten angestellt hatten. Sie hätten gar nicht mit den Kindern gesprochen, sondern gleich zugeschlagen. Albert Baumann habe einmal ein Mädchen ein wenig geneckt und Hans Ammann habe beobachtet, dass sie zusammen gebärdet hätten. Er habe dem Mädchen darauf mit dem Schlüsselbund auf den Kopf geschlagen, habe sie gepackt und in einen Schrank eingesperrt. Baumann fühlte sich schuldig, weil er eigentlich mit allem angefangen hatte.[212] Rico Köhli berichtet, dass er einmal von Rolf Ammann so stark geohrfeigt worden sei, dass er das Bewusstsein verlor, hinfiel und später mit einem blutenden Ohr erwachte.[213]

210   Interview mit SG hE 65–75.
211   Interview mit LU hE 68–78.
212   Interview mit SG hE 47–57.
213   Interview mit SG hE 67–73.

Der Erziehungsstil sowohl von Hans Ammann wie von Rolf Ammann wird wiederholt als militärisch geschildert. Man musste sich beispielsweise fürs Essen militärisch aufreihen. Zudem sei Disziplin sehr hoch bewertet worden, vor allem von Hans Ammann, möglicherweise weil er seine Erfahrungen aus seiner Karriere als Milizoffizier auf die Schule übertragen habe.[214] Rolf Ammann wird zudem als unberechenbare Figur geschildert, der schliesslich wegen Alkoholismus sein Amt niederlegen musste.[215]

Die Strafen scheinen auch geschlechtsspezifisch gewesen zu sein. Es habe Strafen für Knaben (zum Beispiel körperliche Arbeit im Freien) und Strafen für Mädchen (zum Beispiel Hausarbeit) gegeben.[216] Einzelne Befragte sagen, die Körperstrafen hätten häufiger Knaben als Mädchen betroffen.[217]

Die Schülerinnen und Schüler waren allerdings nicht nur Strafen und Übergriffen von Erziehenden und Lehrpersonen ausgesetzt. Kinder und Jugendliche wurden bisweilen auch selber handgreiflich, untereinander und gegenüber dem Personal. Dies lässt sich nicht nur aus den Fallakten entnehmen, sondern wird auch von verschiedenen Befragten bestätigt. Ein Eintrag in einem «Beobachtungsbericht» von 1963 aus der Anstalt Hohenrain schildert einen solchen Vorfall. «Heute wollte J. seine Arbeit nicht machen, als ich ihn aufmunterte sie doch zu machen, nahm er seine Schuhe und warf sie gegen mich. Ich ging zu ihm, da fing er an mit aller Wut drein zu schlagen.»[218] Ebenfalls zu Hohenrain erinnert sich Fritz Bonnet an einen Vorfall, bei dem er sich aufregte, weil die Schwester im Internat ständig geschimpft habe. Zudem habe sie beim Mittagessen so langsam geschöpft und das Beten habe so lange gedauert, dass das Essen erkaltet sei. Die Schwester habe ihn darauf geschlagen und er habe zurückgeschlagen, worauf die Schwester zu Boden fiel. Bis zu seiner Ent-

214 Exemplarisch: Interviews mit SG hE 67–73; SG hE 47–57; SG hE ca. 57–67; SG hE 57–66; SG hE 67–73.
215 Zum Rücktritt von Rolf Ammann: vgl. Staatsarchiv des Kantons St. Gallen: A 451/1.3.3.-1., Protokolle; Protokoll über die Austauschsitzung, 2. 10. 1979; Protokoll der Kommissions-Sitzung, 15. 7. 1980; vgl. auch: ZA 483; Jahresbericht 1980, S. 1. Zu Hans Ammann, vgl. auch: Eggenberger, Peter, Heimleiter und Pionier der Sprachheilkunde: Dr. h.c. Hans Ammann, Vater der Sprachheilschule St. Gallen, in: Schweizer Heimwesen: Fachblatt VSA, 62/5 (1991), S. 342 f.
216 Interview mit LU hE 72–76.
217 Interview mit LU hE 68–78.
218 Staatsarchiv Luzern: A 1645 130.

lassung aus der Schule musste er daraufhin Strafaufgaben erledigen wie putzen, im Garten arbeiten, Kohle schaufeln oder Kartoffeln schälen.

Kinder wurden auch Opfer von Übergriffen anderer Schüler und Schülerinnen. Rico Köhli berichtet für die St. Galler Einrichtung um 1970 von eigentlichem Mobbing und Denunziationen unter den Kindern. Dabei hätten die Älteren häufig ihren Frust gegenüber den Jüngeren entladen und diese geschlagen. Er fügt bei, dass sich die Kinder zudem auch gegenseitig bei den Erziehenden angeschwärzt hätten.[219] Dominik Hauser berichtet von einer vergleichbaren Begebenheit in Hohenrain aus den 1970er-Jahren. Ein Junge habe einem anderen Jungen ins Bett gepinkelt. Es habe dann so ausgesehen, als hätte der andere ins Bett gemacht. Die Schwester habe den Knaben am nächsten Morgen wegen Bettnässens geschlagen und bestraft, dabei sei er unschuldig gewesen.[220]

Auffällig an den Aussagen der ehemaligen Schülerinnen und Schüler ist zudem, wie oft weibliches Personal als böse und gewalttätig wahrgenommen wurde. Dies mag auch mit geschlechtsspezifischen Wahrnehmungsmustern zusammenhängen. Weiblichem Personal wurde eine höhere Empathie zugemutet als männlichen Mitarbeitern. Die befragten ehemaligen Schülerinnen und Schüler kritisierten nicht nur die Ingenbohler Schwestern, sondern auch weltliche Erzieherinnen, Lehrerinnen und Kindergärtnerinnen, etwa in St. Gallen. Als besonders stossend wird die Scheinheiligkeit der Nonnen geschildert, die eigentlich barmherzig und fromm hätten sein sollen, aber häufig das genaue Gegenteil davon praktizierten.[221]

In den Interviewaussagen finden sich auch Hinweise darauf, dass es Unterschiede zwischen den Einrichtungen im Umgang mit den Kindern gab. Dies trifft insbesondere auf Lehrpersonen, Erziehende oder Schülerinnen und Schüler zu, die in mehreren Einrichtungen tätig waren oder zur Schule gingen. Ein Beispiel ist die Lehrerin Rita Sommer, die seit 1975 in der Gehörlosenschule in Riehen arbeitete. Während der Ausbildung war sie für ein Praktikum in Hohenrain beschäftigt. Dort habe sie ihren Respekt für die Schwestern verloren. «Also das war ja fürchterlich, wie einige Schwestern mit den Kindern umgegangen sind.» Sie habe sowohl liebenswürdige als auch frustrierte und entsprechend böswillige

219   Interview mit SG hE 67–73.
220   Interview mit LU hE 72–76.
221   Interview mit LU hE 65–74.

Schwestern kennengelernt. Manche hätten ihren Frust einfach an den Kindern ausgelassen. Das habe sie «eins zu eins mitbekommen».[222]

Sexueller Missbrauch im Anstaltskontext

Die Verwaltungsakten der untersuchten Gehörlosenschulen berichten kaum über Fälle sexueller Gewalt oder sexueller Übergriffe. Dies ist auch nicht überraschend. Aus Studien zur Geschichte von Erziehungsheimen ist bekannt, dass entsprechende Vorkommnisse meist tabuisiert wurden, nicht zuletzt zum Schutze der Einrichtungen und ihrer Angestellten.[223] Entsprechende Vorkommnisse sind vor allem in denjenigen Fällen schriftlich dokumentiert, in denen eine strafrechtliche Untersuchung eingeleitet wurde.[224] Aus Hohenrain ist ein Gerichtsfall bekannt, bei dem zwei Angestellte Ende der 1950er-Jahre beschuldigt wurden, sich an Mädchen und Knaben vergriffen zu haben. Der Direktor der Schule vertuschte die sexuellen Übergriffe und schützte einen Angestellten vor der Anklage. Eine Person wurde schliesslich verurteilt, wobei das Strafmass eher mild ausfiel.[225] Nicht nur dieser Vorfall deutet darauf hin, dass sexuelle Gewalt auch in den Gehörloseninternaten anzutreffen war. Ebenso gibt es in der Studie von Gstrein, wie oben erwähnt, Hinweise auf sexuelle Übergriffe des Personals in St. Gallen.[226]

Verschiedene der befragten ehemaligen Schülerinnen und Schüler erzählen von konkreten Fällen selbst erlebter sexueller Gewalt. Die Fälle betreffen die Zeit der 1950er- und 1960er-Jahre. Martin Rösli, der um 1960 in St. Gallen in die Schule ging, schildert, dass er einmal in der Mittagspause Briefe zur Post bringen musste. Ein schwerhöriger Mann des Putzdienstes habe ihm Geld gegeben und ihn gebeten, gleich auch Zigaretten für ihn zu kaufen. Als er die Zigaretten bringen wollte, habe er mit dem Bediensteten in ein Zimmer gemusst und sei dort sexuell missbraucht worden. «Ich war wirklich schockiert. Es war für mich ein absoluter Schock, dass er mich sexuell missbraucht hatte. Ich konnte

---

222 Interview mit BS Pe 75–80.
223 Praz, Anne-Françoise; Avvanzino, Pierre; Crettaz, Rebecca: Les murs du silence. Abus sexuels et maltraitances d'enfants placés à l'Institut Marini, Neuchâtel 2018; vgl. auch: Unabhängige Expertenkommission Administrative Versorgungen 2019, S. 131; Ammann, Ruth, Schwendener, Alfred: «Zwangslagenleben». Biografien von ehemals administrativ versorgten Menschen, Zürich 2019, S. 166, 174.
224 Akermann, Furrer, Jenzer 2012, S. 110.
225 Ebd., S. 117 f.
226 Gstrein 1999.

es niemandem sagen. [...] Ich bin so unter Schock gestanden. Und ich bin nicht der Einzige gewesen, ich weiss, dass andere auch betroffen waren. Sie haben auch geschwiegen. Wir haben einfach alle Angst gehabt, dass wir noch mehr bestraft werden.»[227] Auch Franz Müller, der in derselben Zeit wie Martin Rösli in St. Gallen war, berichtet, dass sie wiederholt von den «Hausburschen» missbraucht worden seien. Die Kinder wurden ins Zimmer geködert, etwa mit einem schönen Buch. Sie mussten dann die Hosen runterlassen. «Es war ein Schock für uns.»[228] Albert Baumann berichtet von einem weiteren Fall, in den 1950er-Jahren. Er hatte eine Strafaufgabe gefasst und musste im Garten beim Umgraben helfen. Dann habe der Gärtner gesagt, sie müssten beide in den Holzschopf. Baumann dachte, vielleicht müsse man ein Gerät oder so etwas holen. Dann habe der Gärtner seine Hosen runtergelassen und ihm seine Genitalien gezeigt. Baumann ist dann gleich davongelaufen. «Aber ich hatte schon gedacht, was soll denn das? Wieso zeigt er mir jetzt das, wieso lässt er die Hosen runter? Dann habe ich gehört, andere hätten das auch erlebt. Ich bin nicht der Einzige gewesen, der das erlebt hat.»[229]

Einzelne ehemalige St. Galler Schüler berichten, dass auch der Direktor Rolf Ammann (im Amt 1970–1980) Kinder sexuell missbraucht habe. Keiner der Befragten war direkt betroffen; die Vorkommnisse werden aus zweiter Hand oder gestützt auf Beobachtungen kolportiert. So erzählt Markus Emmenegger, dass seine Schwester, die ebenfalls in St. Gallen an die Schule ging, einen ehemaligen Schüler kenne, der von Rolf Ammann sexuell missbraucht worden sei. Der Direktor habe sexuelle Handlungen mit den Buben gesucht. Er habe sich einen Knaben ausgesucht, wenn alle nachts ruhig im Bett lagen und sei mit diesem in einen anderen Raum. Nach den Handlungen durfte das Kind wieder in sein Bett. «Ich bin nicht betroffen gewesen, nie. Aber ich habe gesehen, dass andere. Und später irgendwann habe ich denen gesagt, du musst das öffentlich erzählen.»[230]

Sexuelle Übergriffe fanden nicht nur zwischen Angestellten und Kindern, sondern auch unter den Schülerinnen und Schülern statt. Mar-

227 Interview mit SG hE 57–66.
228 Interview mit SG hE 55–65.
229 Interview mit SG hE 47–57.
230 Interview mit SG gE 65–75; vgl. auch Interview mit SG hE 57–66, der ebenfalls von solchen Erzählungen berichtet. Angehörige des Personals halten die Vorwürfe aber für unzutreffend. Interview mit SG Pe 71–76, 89–10.

tin Rösli erzählt, dass es in St. Gallen auch nachts im Schlafsaal Vorfälle gab. Als er tief geschlafen hatte, kam eine Person zu ihm. Er wurde an den Genitalien angefasst. Es war dunkel, man konnte nichts erkennen. Er weiss nicht, wer es war, wer sich an ihm vergriffen hatte. «Ich habe geschwiegen.» Die Täter seien älter gewesen und deswegen auch bedrohlich.[231]

5.4 Selbstverständnis und Handlungsmöglichkeiten der gehörlosen Schülerinnen und Schüler

Wie gingen Gehörlose in der Schule und im Internat mit den Regeln, Verboten, Strafandrohungen und Gewalterfahrungen um? Welches Selbstverständnis entwickelten sie in einer Umgebung, mit der es konstant Kommunikationsprobleme gab? Wie wurden sie biografisch durch ihre Erfahrungen in Schule und Internat geprägt – auch über die Schulzeit hinaus? Wie trug die dort verbrachte Zeit zur Charakter- und Persönlichkeitsbildung bei? Diese Fragen werden in den folgenden Abschnitten anhand der geführten Gespräche behandelt.

Die lächelnde Fassade: Sprachliches Selbstverständnis der Schülerinnen und Schüler

Die rein lautsprachlich geschulten Gehörlosen waren durch den oralistischen Unterricht in ihrem Selbstvertrauen und ihrer Identität verunsichert. Sprachlicher Ausdruck und kommunikative Kenntnisse sind in unserer Gesellschaft entscheidend für den gesellschaftlichen Status und das individuelle Selbstverständnis der Menschen. Da für viele Gehörlose die Gebärdensprache das natürliche und mühelose Medium sozialer Interaktion ist, sind Gebärden auch für ihr Selbstverständnis und ihre Identität von grundlegender Bedeutung.[232]

Die rein lautsprachliche Erziehung, die Marginalisierung oder Stigmatisierung der Gebärdensprache an den Gehörlosenschulen und die verweigerte Anerkennung der Gehörlosenkultur stellten jedoch viele Gehörlose, gerade diejenigen mit hörenden Eltern, vor ein Identitätsproblem. Wie gelangt man zu einem positiven Selbstverständnis angesichts der

---

231   Interview mit SG hE 57–66
232   Hohl 2004, S. 10.

fehlenden gesellschaftlichen Anerkennung und sozialen Integration? Diese Problematik führte bei zahlreichen Gehörlosen zu psychischen Problemen. Oft mussten diese Gehörlosen nach Ende ihrer Schulzeit von den Gehörlosenvereinen «eingesammelt und aufgepäppelt» werden. Dies galt und gilt für viele auch heute noch, insbesondere für integriert geschulte Gehörlose und CI-Trägerinnen und -Träger.[233]

Die Kinder, die seit den 1980er-Jahren bilingual, mithilfe von LBG oder in Gebärdensprache geschult wurden, betonen, dass sich dadurch auch ihre Persönlichkeit positiver entwickeln konnte. Dank LBG und der Gebärdensprache, dem Unterrichtsfach Pro G (das in die Gehörlosenkultur und -geschichte einführt und in Gebärdensprache unterrichtet wird) und dank den gehörlosen Lehrpersonen konnten sie früh ein positives Selbstverständnis entwickeln.[234] Die Montbrillant-Schule in Genf führte den bilingualen Unterricht explizit mit der Begründung ein, damit die Identitätsbildung der gehörlosen Kinder besser zu fördern.[235] Vergleichbares gilt auch für Zürich. Einträgen aus dem Protokollbuch des Hauskonvents der Gehörlosenschule Zürich ist zu entnehmen, dass auch Gottfried Ringli, der Direktor der Schule, sich dieser Problematik bewusst war und deshalb die Einführung von LBG klar unterstützte.[236]

Eine typische Reaktion gehörloser Kinder auf diese sprachliche Isolierung war, gegen aussen eine positive Fassade aufzusetzen und zu vermitteln, es sei alles in Ordnung. Diese gute Miene zum frustrierenden Spiel diente nicht zuletzt als Schutz, nicht weiter kritisiert zu werden.[237] Die Kultur des Lächelns ist eine häufig erwähnte Haltung unter gehörlosen Kindern. Sie war aber kein Ausdruck innerer Zufriedenheit, sondern eine Folge grundlegender Verständigungsprobleme. Diese Ambivalenz des Lächelns zeigt sich beispielhaft in den Ausführungen von Erich Danuser, eines ehemaligen Schülers, der Ende der 1970er-Jahre in der Riehener Gehörlosenschule unterrichtet wurde. Danuser ging nicht gerne zur Schule; die schlechten Erfahrungen im Unterricht waren für ihn sehr belastend. Die Folge war ein Entfremdungsprozess zwischen Danuser und seiner Umwelt. Die gehörlosen Schülerinnen und Schüler gebärdeten untereinander und konnten auf diese Weise über die Pädagoginnen

---

233 Vgl. Interviews mit SG hE 76–86; SG hE 90–99 und ZH gE 91–00.
234 Exemplarisch: Interview mit GE hE 82–95.
235 Luisier 2000, S. 73.
236 Staatsarchiv des Kantons Zürich: Ablieferungsnummer 2016/109: Protokollbuch Hauskonvent, 1970er–1980er-Jahre.
237 Vgl. exemplarisch: Interview mit BS hE 76–86.

und Pädagogen lästern, ohne dass diese begriffen, was sie sagten. Auch zu Hause sei die Kommunikation nur unter erschwerten Bedingungen erfolgt. Weil Erich Danusers Eltern nicht wollten, dass er ins Internat kam, wurde er unter der Woche bei einer Pflegefamilie in der Nähe der Schule untergebracht. Sowohl seine leiblichen wie seine Pflegeeltern verlangten von ihm, dass er sich in Lautsprache ausdrückte. Da ihm dafür der notwendige Wortschatz fehlte, war nur eine oberflächliche Kommunikation möglich. Der Entfremdungsprozess ging so weit, dass er seine wahren Gefühle daheim nicht zeigte, wenn etwas Negatives in der Schule vorgefallen war. Um es nicht erzählen zu müssen, tat er so, als sei alles in Ordnung. Er setzte immer ein Lächeln auf. «Wenn ich zum Beispiel traurig war oder etwas passiert war und ich heimgekommen bin, wollte ich nicht zeigen, dass ich etwas Berührendes erlebt hatte, weil ansonsten Fragen gekommen wären, die ich in Lautsprache hätte beantworten müssen. Darum habe ich immer ein glückliches Gesicht gezeigt.» Alle hätten geglaubt, er sei so ein glückliches Kind. Dabei sei es bloss Fassade gewesen. Mit dieser Strategie habe er sich auch isoliert.[238]

Reaktionen der Schülerinnen und Schüler auf Gewalterfahrungen

Viele Schülerinnen und Schüler erlebten die Integritätsverletzungen als Ohnmachtserfahrung. Aus ihrer Sicht waren die Strafen oft grundlos und willkürlich. Entsprechend lebten sie in ständiger Angst vor dem nächsten Zwischenfall und der nächsten Bestrafung. Die Befragten berichten von anhaltenden Verunsicherungen und einem Gefühl des Kontrollverlusts. Man wusste nicht, durch welches korrekte Verhalten man Sanktionen hätte vermeiden können. Und man sah wenig Möglichkeiten, sich erfolgreich gegen die Angriffe zu wehren.

Markus Emmenegger schildert eine typische Ohnmachtserfahrung aus den 1960er-Jahren. Er sei von einem Lehrer so heftig mit dem Stock geschlagen worden, dass dieser kaputt ging. Der Grund für die körperliche Gewalt bleibt für ihn nicht nachvollziehbar: «Und dann habe ich gedacht, was habe ich überhaupt gemacht. Ich habe wie nicht gewusst was […]. Es war mir nicht bewusst, was ich gemacht haben soll. Und dann psychisch natürlich auch, das hat extrem geschädigt, ich bin unsicher geworden.» Emmenegger wusste sich gegen das erlittene Unrecht nicht

---

238   Interview mit BS hE 76–86. Vgl. Rudin, Hesse, Canonica 2019, S. 177 f.

zu wehren. Er habe zu Hause nichts erzählt, weil er befürchtete, dass es für ihn noch mehr Schläge absetzen würde, wenn sich seine Mutter bei der Schule meldete.[239]

Auch andere ehemalige Schülerinnen und Schüler weisen darauf hin, dass Beschwerden kontraproduktiv waren. Franz Müller erinnert sich an Körperstrafen aus den 1950er- und 1960er-Jahren und meint: «[...] aber ich habe es meinen Eltern nie erzählt. Ich habe immer geschwiegen, weil ich Angst hatte. [...] wenn ich das erzählen würde, dann würden die Eltern den Direktor anrufen und dann bekomme ich wieder eine Strafe. Davor habe ich immer Angst gehabt. Ich habe es zuhause nie erzählt, nie.»[240] Diese Tabuisierung von Übergriffen war ein Teufelskreis. Je weniger darüber geredet wurde, umso unglaubwürdiger waren einzelne Anschuldigungen und umso besser waren diejenigen Angestellten geschützt, die das Betreuungsverhältnis gegenüber den Kindern missbrauchten.[241]

Viele Kinder entwickelten kreative Strategien, um mit solchen Ohnmachtssituationen umzugehen. Die Erlebnisse von Markus Emmenegger aus den 1960er- und 1970er-Jahren sind beispielhaft. Eine für ihn prägende Erfahrung waren die unvermittelten Strafen, die ohne erkennbaren Grund verhängt wurden. Emmenegger erzählt, dass seine damalige Kindergärtnerin sehr streng gewesen sei und häufig geschimpft habe. Da sie keine Gebärden verwendete, verstand Emmenegger nicht, was sie sagte. Entsprechend wusste er auch nicht, was er und seine gehörlosen Mitschülerinnen und Mitschüler jeweils falsch gemacht hatten beziehungsweise was sie hätten anders machen müssen. Er war verunsichert, weil er nicht wusste, welches Verhalten erwünscht war. Seine Strategie war Imitation. Er habe begonnen, das Verhalten von den Kindern mit Resthörvermögen zu imitieren, weil diese die Anweisungen verstanden. Er habe viele solche Überlebensstrategien entwickelt.[242]

Die ehemaligen Schülerinnen und Schülern klagen nicht nur über ihre Ohnmacht. Sie kritisieren auch, dass sie keine Unterstützung von denjenigen Lehrpersonen und Erziehenden erhielten, die sich korrekt verhielten. Viele der untadeligen Betreuungsverantwortlichen hätten weggeschaut. Markus Emmenegger missbilligt im Rückblick das Verhalten

---

239   Interview mit SG gE 65–75.
240   Interview mit SG hE 55–65.
241   Vgl. dazu Unabhängige Expertenkommission Administrative Versorgungen 2019, S. 152–158, 205–213.
242   Interview mit SG gE 65–75.

der Lehrpersonen. «Niemand hat interveniert [...]. Lehrer zum Beispiel haben es allenfalls gesehen und haben sich dann einfach zurückgehalten und sind still gewesen. Sie haben sich nicht eingesetzt und gesagt, hör doch mal auf oder so.»[243] Auch unter den Angestellten scheint es wenig gegenseitige Kontrollmechanismen gegeben zu haben. Die Erzieherin Vera Bodmer bedauert rückblickend, dass die Kolleginnen und Kollegen sich gegenseitig zu wenig hinterfragt hätten.[244]

Einzelne Kinder brachten den Mut und das Selbstvertrauen zusammen, die Gewalt zu Hause anzusprechen. Auch sie berichten davon, dass die Verantwortlichen der Schulen die beanstandeten Taten heruntergespielt und das kritisierte Verhalten gegenüber den Eltern verharmlost hätten. Emmenegger spricht von der Methode des «Gaslightning» – eine Form der bewussten Verschleierung und Verleugnung, die in St. Gallen praktiziert worden sei. Der Begriff rührt vom Hollywoodfilm «Gaslight» (1944), in dem ein Mann seine Ehefrau durch vorgespiegelte Tatsachen in den Wahnsinn treiben will. Markus Emmenegger meint, die Eltern hätten in Konfliktfällen oft nicht mehr gewusst, ob sie ihrem Kind oder den Erziehenden und Lehrpersonen glauben sollten.[245] Annabelle Riedli erzählt über die Schule in Hohenrain, dass die Verantwortlichen der Einrichtung gegenüber Eltern, die sich beschwerten, so getan hätten, als wäre alles in Ordnung. Sie prangert die heuchlerische Haltung der Schwestern an: «Wenn die Eltern kamen, dann sind die Nonnen sehr zahm gewesen und ganz freundlich und sehr höflich. Sobald die Eltern weg waren, ist es wieder von vorne losgegangen. Sie sind böse gewesen, sie haben uns geschlagen und immer schön gelächelt, wenn Besuch gekommen ist.»[246] Für die 1960er-Jahre berichtet Greta Isler, dass die Schwestern in Hohenrain explizit mit Strafen gedroht hätten: «Sie haben gesagt, ihr dürft das zuhause nicht erzählen.» Die Eltern hätten dadurch nicht gewusst, wie es in Hohenrain zu und her gegangen sei.[247] Auch eine andere Schülerin, Laura Bonnet, bestätigt, dass die Schwestern drohten, Kinder, die etwas von den Strafen und der Gewalt zu Hause

---

243   Interview mit SG gE 65–75.
244   Interview mit SG Pe 71–76, 89–10.
245   Interview mit SG gE 65–75.
246   Interview mit LU hE 88–00.
247   Interview mit LU hE 56–66.

erzählten, einzusperren.[248] Eine vergleichbare, wenn nicht sogar stärkere Tabuisierung bestand in Fällen sexuellen Missbrauchs.[249]

Spätfolgen der Erlebnisse in den Gehörlosenschulen

Viele befragte Personen schildern das Ende der Schulzeit als eine grosse Erleichterung. Einige Schülerinnen und Schüler liessen ihre Vergangenheit in den Gehörlosenschulen hinter sich. Franz Müller, der Mitte der 1960er-Jahre die Schule in St. Gallen verliess, erzählt, dass er «sehr viel einfach geschluckt» und in sich «hineingefressen» habe. «Als ich ausgetreten bin, habe ich wirklich das Gefühl gehabt, jetzt bin ich frei, [...] jetzt geht es mir gut.» Seine Strategie war, die negativen Erinnerungen zu löschen. Müller sagt, dass er «alles vergessen» habe von der Schule. «Ich habe wirklich gemerkt, ich muss alles dort lassen.»[250] Seine Ehefrau Mirjam Müller, die auch in St. Gallen zur Schule ging, bestätigt diesen Sachverhalt: «Ich habe nie [zu Hause] erzählt. [...] Ich habe auch einfach geschluckt.» Die Eltern hätten ein eigenes Geschäft gehabt und auch in den Ferien nie Zeit für sie gefunden.[251] Martin Rösli, der mit Franz Müller ebenfalls in St. Gallen die Schule besuchte, fügt an, dass sich die Kinder auch einfach geschämt haben: «Sie haben es nicht erzählen können. Und irgendwann später, erst wenn man ausgetreten ist, hat man gemerkt, ah, das ist allen passiert. Sie sind alle eigentlich vom Gleichen betroffen gewesen.»[252] Offensichtlich waren viele ehemalige Schülerinnen und Schüler erst später bereit, sich über die persönlichen Erfahrungen auszutauschen.

Die Zeitzeuginnen und Zeitzeugen erläutern, wie die negativen Erfahrungen in der Schule ihren Charakter nachhaltig beeinflusst haben. Rico Köhli sagt, dass seine Beziehungsfähigkeit aufgrund seiner Vergangenheit enorm gelitten habe. Seine Ehe sei gescheitert. Er hege oft grundloses Misstrauen gegenüber Hörenden, selbst im eigenen Familienkreis. Er habe generell Mühe, langfristige Kontakte aufzubauen.[253] Die Ein-

---

248 Interview mit LU hE 60–70.
249 Interview mit SG hE 57–66.
250 Interview mit SG hE 55–65.
251 Interview mit SG hE 59–69/II.
252 Interview mit SG hE 57–66.
253 Interview mit SG hE 67–73. Ehemals fremdplatzierte Kinder erzählen häufig, dass sie ihr Leben lang Bindungs- und Beziehungsschwierigkeiten haben. Vgl. Leuenberger, Marco; Seglias, Loretta: Geprägt fürs Leben. Lebenswelten fremdplatzierter Kinder in der Schweiz im 20. Jahrhundert, Zürich 2015,

schüchterungen und die Gewalt hätten eine Verunsicherung ausgelöst, die nicht mehr abgelegt werden könne. Florian Hauser erklärt, dass er aufgrund der Erlebnisse heute noch Angstzustände habe. Es fehle ihm an Selbstbewusstsein. Er könne sich nicht wehren, sich nicht für sich selbst einsetzen.[254] Sein älterer Bruder Dominik Hauser bestätigt, dass man in der Anstalt gelernt habe, ruhig und gehorsam zu sein, weil man unterdrückt worden sei.[255]

Wiederholt werden psychische Schädigungen und Traumata thematisiert, die die ehemaligen Schülerinnen und Schüler bis in die Gegenwart verfolgen. Rico Köhli und Markus Emmenegger betonen beide, dass sie viele negative Gefühle in sich haben. Sie waren deswegen auch in psychologischer Behandlung. Für gehörlose Personen sei das allerdings schwierig. Emmenegger merkt zum einen an, dass Psychologinnen und Psychologen in der Schweiz nicht über das Leben von Gehörlosen Bescheid wüssten und deswegen nicht adäquat auf diese Klientel eingehen könnten. Zum anderen sei es nicht möglich, die Gefühle in Lautsprache auszudrücken. Er würde sich eine psychologische Beratung in Gebärdensprache wünschen.[256] Ein Vorfall, der sich vor wenigen Jahren ereignet hatte, habe ihn, Emmenegger, in die Schulzeit zurückgeworfen. 2016 verstarb eine gehörlose Person; es gab eine Gedenkfeier. Emmenegger nahm am Anlass teil. Er begegnete dort erst einer Sozialarbeiterin, die sich enorm über die Gebärdensprache aufregte, dann dem hörenden Vater einer gehörlosen Person, der mit ihm schimpfte, weil er nicht die Lautsprache benutzte. Emmenegger musste sich verteidigen, weil er an einem Anlass, an dem Gehörlose in der Mehrheit waren, die Gebärdensprache benutzte. Der Mann bedrängte ihn körperlich und schickte ihn hinaus. Das warf ihn zurück in die Schulzeit; er fühlte sich wehrlos. Seither gehe es ihm nicht gut und er erhalte psychologische Betreuung. Auch Emmenegger findet, dass es schwierig sei, über eine Dolmetscherin oder einen Dolmetscher über die eigenen Probleme zu sprechen. Angemessen wäre eine Therapie in Gebärdensprache.[257] Auch

S. 354; Bürgergemeinde 2019, S. 391; vgl. auch Unabhängige Expertenkommission Administrative Versorgungen 2019, S. 238–243.

254 Interview mit LU hE 65–74.
255 Interview mit LU hE 72–76.
256 Interviews mit SC hE 67–73 und SG gE 65–75.
257 Interview mit SG gE 65–75.

Annabelle Riedli beklagt, dass sie psychisch noch lange unter den Schikanen, die sie in Hohenrain erlebt hatte, leiden musste.[258]

Florian Hauser spricht von den psychischen Folgen, die das Fehlverhalten der Schwestern in Hohenrain nach sich zog: «So viel ist da falsch gelaufen, wirklich. Und es sind so fromme Menschen gewesen vordergründig und hintendurch gewalttätig und brutal.» Er sagt weiter: «Die psychischen Folgen und Probleme sind einfach gewaltig.»[259] Florian Hauser und Rudolf Gurtner erzählen gemeinsam, dass sie beide noch wütend auf die Schwestern seien und manchmal aggressive Gedanken gegen die Schwestern hegten.[260] Dies deutet darauf hin, dass vieles noch nicht verarbeitet ist und die ehemaligen Schüler weiterhin belastet. Die Antipathien gegenüber den Gehörlosenschulen reichen bis in die Gegenwart. Gurtner sagt: «Ich habe heute noch Narben.»[261]

Dominik Hauser urteilt rückblickend, dass er seine Kindheit und Jugend verpasst habe. Er habe aber einen Weg gefunden, um vieles nachzuholen.[262] Wiederholt wird auf die Tatsache verwiesen, dass die ehemaligen Schülerinnen und Schüler schlimme Dinge erlebt haben, dass sie aber dennoch ihren Lebensweg gegangen sind und sich nicht haben unterkriegen lassen. Roland Mayer, der 1967 nach Riehen kam, schätzt sich glücklich, dass er trotz der erlebten Verletzungen und Enttäuschungen einen starken Charakter habe. Er habe immer versucht für sich zu schauen und vorwärtszukommen. «Ich habe wie vergessen, was früher wirklich auch gewesen ist.»[263] Ähnlich äussert sich auch Martin Rösli: «Ich bin erstaunt. Wir sind alle geschlagen worden, aber wir sind trotzdem noch da. Sie [die ehemaligen Schülerinnen und Schüler] haben eine Stärke entwickelt, obwohl wir geschlagen worden sind und diskriminiert worden sind und missbraucht worden sind. Aber wir sind gesund und wir sind da. Das finde ich auch super.» Es sei eigentlich erstaunlich, dass sie so stark geblieben seien. Weiter sagt Rösli, dass auch das Gespräch mit den Forschenden guttue, das alles auch mal zu erzählen und loszuwerden. Früher habe sich niemand für ihre Geschichten

---

258   Interview mit LU hE 88–00.
259   Interview mit LU hE 65–74.
260   Interview mit LU hE 65–74; Interview mit LU hE 68–78.
261   Interview mit LU hE 68–78.
262   Interview mit LU hE 72–76.
263   Interview mit BS hE 67–76.

interessiert. Es sei das erste Mal, dass jemand danach gefragt habe, und er ist begeistert darüber.[264]

5.5 Rolle der Eltern und der Elternvereinigungen

Die eigenen Eltern nehmen in den Schilderungen der ehemaligen Schülerinnen und Schüler eine prominente, allerdings auch ambivalente Stellung ein. Viele Befragte schildern die Eltern als liebevoll und unterstützend. Auffallend häufig kommen aber auch problematische Familienverhältnisse zur Sprache. Die Kommunikation zwischen Eltern und gehörlosen Kindern wird oft als schwierig bezeichnet. Insbesondere hörende Eltern scheinen die Gehörlosigkeit ihrer eigenen Kinder häufig als Belastung erlebt zu haben. Die betroffenen Kinder fühlten sich dadurch stigmatisiert.

Lange gab es handfeste ökonomische Gründe für Belastungen im Verhältnis zwischen Eltern und gehörlosen Kindern. Gehörlosigkeit eines Kindes war bis zur Einführung der Invalidenversicherung 1960 für die meisten betroffenen Eltern mit grossen finanziellen Aufwendungen verbunden. Die Eltern wurden angehalten, die Kinder in eine Taubstummenanstalt zu schicken. An den Kosten dieser Versorgung mussten sie sich jedoch beteiligen. Das sogenannte Kostgeld, das von den Anstalten verrechnet wurde, überstieg in vielen Fällen die finanziellen Möglichkeiten der Eltern. In der Taubstummenanstalt Riehen konnten zwischen 1920 und 1950 die Hälfte aller betroffenen Eltern das Kostgeld nicht aus eigener Kraft bezahlen. Sie waren auf Unterstützung der Fürsorgebehörden angewiesen.[265] Zu den Hauptanliegen der Invalidenversicherung gehörte es denn auch, die Eltern von behinderten Kindern finanziell zu entlasten.[266]

Bei der Frage nach der Beziehung zu ihren Eltern unterscheiden die meisten der befragten ehemaligen Schülerinnen und Schüler klar zwischen hörenden und gehörlosen Eltern. Schwierige Beziehungsverhältnisse werden häufig mit hörenden Eltern in Verbindung gebracht. Manche hörenden Eltern sahen die körperliche Beeinträchtigung ihres Kindes als Behinderung und als Stigma. Annabelle Riedli, die Ende der

264 Interview mit SG hE 57–66.
265 Rudin 2017, S. 26 f.
266 Blatter 2018, S. 24–26, 50–56.

1980er-Jahre nach Hohenrain kam, ist dafür beispielhaft. Sie erzählt, sie habe sich wenig von den Eltern unterstützt gefühlt. Die Eltern mussten viel arbeiten und hatten wenig Zeit für sie. Sie gaben Riedli häufig der Oma oder der Tante ab. Riedli sagt, ihre beiden hörenden Brüder seien in der Familie besser unterstützt worden als sie. Sie fühlte sich von den Eltern aufgrund ihrer Behinderung benachteiligt. Ihre Mutter habe die Gehörlosigkeit als etwas sehr Negatives betrachtet. Sie sei auch erleichtert gewesen, dass ihre Grosskinder, das heisst die Kinder von Annabelle Riedli, nicht gehörlos waren. Riedli war von dieser Reaktion der Mutter gekränkt.[267] Dies deckt sich mit der Beurteilung der Erzieherin Vera Bodmer, die seit Anfang der 1970er-Jahre in St. Gallen arbeitete. Sie findet, dass manchen Eltern die Akzeptanz gefehlt habe, ein Kind mit einer Behinderung aufzuziehen. Sie hätten sich zum Teil geschämt und seien froh gewesen, dass sie es im Internat unterbringen konnten. So hätten die Eltern die Behinderung des Kinds in ihrem Umfeld geheim halten können.[268]

Das Verhältnis zu hörenden Eltern gestaltete sich insbesondere aufgrund der Hörbeeinträchtigungen der Kinder schwierig. Die nur eingeschränkt mögliche Kommunikation mit den hörenden Angehörigen belastete viele Beziehungen. Dies erlebte beispielsweise Claudine Mayer, die seit Mitte der 1960er-Jahre in St. Gallen zur Schule ging. Sie berichtet, dass ihre Eltern in der Regel nicht mit Gebärden kommunizierten. Ihr Vater gebärdete zwar ein wenig, die Mutter kommunizierte aber nur lautsprachlich. Dies wirkte sich negativ auf ihre Schulleistungen aus. So wünschte sich Mayer etwa Unterstützung bei den Hausaufgaben. Ihre Eltern hätten aber keine Zeit gehabt, weil sie arbeiteten, und ihre Schwester habe sich auch keine Zeit für sie genommen. Mayer fehlte die notwendige Unterstützung, um mit dem Schulstoff Schritt zu halten. Sie habe ihre Geschwister jeweils nach der Bedeutung von Wörtern gefragt, die sie nicht verstand. Sie hätte aber eine Kommunikation in Gebärdensprache benötigt, um nachvollziehen zu können, was einzelne Wörter bedeuteten. Claudine Mayer und ihre Schwester hätten sich nicht gut verstanden, sie habe mit ihr nicht richtig plaudern können, auch nicht mit Gebärden. Die Schwester habe abends auch nicht mit ihr essen wollen. «Viel Frust. Also so habe ich diese Zeit [die Schulzeit] in Erinnerung,

267   Interview mit LU hE 88–00.
268   Interview mit SG Pe 71–76; 89–10.

mit sehr viel Frust verbunden.» Inzwischen habe sich die Schwester für ihr Verhalten entschuldigt und sie hätten jetzt ein gutes Verhältnis zueinander.[269]

Die Schulen versuchten noch bis in die 1970er-Jahre, die Eltern von gehörlosen Kindern dazu zu bewegen, im familiären Umfeld nicht in Gebärden zu kommunizieren.

Viele befragte ehemalige Schülerinnen und Schüler bestätigen diesen Sachverhalt und fügen bei, dass die Angehörigen häufig die Haltung der Schule übernommen hätten.[270] Roland Mayer, der 1967 in Riehen eintrat und später die erwähnte Claudine Mayer heiratete, erzählt, seine Eltern seien gegen die Gebärdensprache gewesen. Sie hätten alles befolgt, was ihnen der Direktor der Gehörlosenschule gesagt habe. Das habe dazu geführt, dass auch die Eltern ihn unter Druck gesetzt hätten, die Lautsprache zu lernen. Er selber gebärdet heute mit seinen hörenden Kindern. Die Kommunikation fällt ihm mit ihnen wesentlich leichter als früher mit seinen Eltern, weil diese die Gebärdensprache nicht beherrschten. Dies sei auch seinen Eltern aufgefallen und sie hätten sich bei Roland Mayer für ihr Verhalten inzwischen entschuldigt.[271]

Ähnliche Konflikte konnten auch zwischen gehörlosen Kindern und gehörlosen Eltern auftreten. Die gehörlosen Eltern von Markus Emmenegger beispielsweise hatten durch ihre eigene Schulzeit in einer Gehörlosenschule verinnerlicht, dass nicht nur in der Schule, sondern auch in der Öffentlichkeit nicht gebärdet werden sollte. Die Eltern haben es ihm deswegen untersagt.[272] Auch in Locarno bemühten sich die Schwestern, die Kinder zu Hause in Lautsprache kommunizieren zu lassen. Schwester Lorenza erzählt, dass die Schülerinnen und Schüler ein Heftchen hatten, in dem sie die neuen Wörter eintrugen, die sie unter der Woche in Lautsprache gelernt hatten. Die Kinder nahmen das Büchlein am Wochenende mit nach Hause und sollten diese Worte auch mit der Familie üben.[273]

Einzelne Befragte weisen noch auf spezifische Nachteile hin, mit denen gehörlose Eltern konfrontiert waren. Markus Emmenegger meint, gehörlose Eltern hätten sich gegenüber Lehrpersonen und Schullei-

269   Interview mit SG hE 66–79.
270   Rudin, Hesse, Canonica 2019, S. 177.
271   Interview mit BS hE 67–76.
272   Interview mit SG hE 65–75.
273   Interview mit TI Pe 70–01/I.

tung weniger gut wehren können als hörende Eltern. Denn gehörlose Eltern waren als Kinder oft selber in Gehörlosenschulen gegangen. Sie begegneten dem Schulpersonal oft nicht auf Augenhöhe und würden sich intuitiv immer noch den Lehrpersonen unterstellen. Hörende Eltern konnten sich seiner Meinung nach besser wehren und hatten kein vergleichbares Hierarchieproblem. Kinder mit gehörlosen Eltern seien deshalb häufig schlechter behandelt worden als Kinder von hörenden Eltern.[274]

Wie oben erwähnt (vgl. Kap. 5.3) trauten sich gehörlose Schülerinnen und Schüler häufig nicht, zu Hause von Gewalterfahrungen in der Schule zu berichten, aus Angst, zusätzlich bestraft zu werden. Einzelne Befragte ergänzen, dass Schulangestellte Anschuldigungen von Kindern und Eltern oft pauschal in Abrede stellten und damit die Eltern täuschten. Annabelle Riedli, die um 1990 in Hohenrain zur Schule ging, beklagt sich, dass ihre Eltern ihr nicht glauben wollten, dass die Schwestern sie bestraften und schlügen.[275] Auch Rico Köhli kann es rückblickend nicht verstehen, dass seine Eltern bis heute nicht einsehen wollen, welche schlimmen Dinge er in der St. Galler Gehörlosenschule um 1970 erlebt hat. Es falle ihm schwer zu akzeptieren, dass seine Mutter dem Direktor bis heute dankbar sei.[276] Rudolf Gurtner berichtet von einer ähnlichen Situation um 1970 herum. Er musste in Hohenrain eines Tages eine Wunde nähen lassen, die ihm eine Schwester durch Schläge zugefügt hatte. Die Mutter habe dann bei den Schwestern angerufen, diese hätten aber alles abgestritten. Die Schwester habe erzählt, die Verletzung sei bei einem Unfall passiert. Die Mutter habe schliesslich der Nonne geglaubt. Man habe den Schwestern wegen ihrer Frömmigkeit alles geglaubt, so Gurtner.[277] Ähnliche Erfahrungen machte Fritz Bonnet, der ab Mitte 1950er-Jahre in Hohenrain war. Er hatte zu Hause von Schlägen der Betreuungspersonen erzählt.

274   Interview mit SG hE 65–75.
275   Interview mit LU hE 88–00.
276   Interview mit SG hE 67–73. In Konfliktfällen zwischen Schule und Eltern legte die St. Galler Schulleitung den Eltern in den 1970er-Jahren nahe, am besten die Schule zu wechseln. In den beiden dokumentierten Fällen ging es teilweise um Verletzungen von Schülern, wobei die Eltern der Schule vorwarfen, dafür verantwortlich zu sein. Vgl. Staatsarchiv des Kantons St. Gallen: A 451.3.1.2-1; Akten der Sprachheilschule St. Gallen, 1960–1970, Nr. 743 (1973/74); vgl. auch: Staatsarchiv des Kantons St. Gallen: A 451.3.1.2-1; Akten der Sprachheilschule St. Gallen, 1970–1980, Nr. 757 (1969).
277   Interview mit LU hE 68–78.

Als sich die Eltern bei der Schule beklagt hätten, wurde Fritz Bonnet seitens der Schule unterstellt, er würde lügen.[278]

Gleichzeitig erzählen viele ehemalige Schülerinnen und Schüler von der Unterstützung, die sie von den Angehörigen in Konflikten mit der Schule oder beim Lernen erfuhren. Rico Köhli sah sich beispielsweise von seiner Mutter unterstützt. Sie habe in mehreren Fällen gegen die Missstände in den von ihm besuchten Schulen gekämpft und die Schulen für die schleppende Entwicklung seiner Lautsprachenkenntnisse verantwortlich gemacht. Unter anderem habe sie ihn deswegen aus dem Landenhof (Kanton Aargau) genommen und nach St. Gallen geschickt, in der Hoffnung, dass dort die schulischen Methoden besser seien. Als er sich gegenüber seiner Mutter über Missstände in St. Gallen beklagte, schrieb diese Beschwerdebriefe an die Schule. Leider habe sich dennoch nichts geändert. Zudem hätten ihn die Mitschüler gehänselt, weil sich seine Mutter für ihn einsetzte.[279] Auch Albert Baumann, der seit 1947 in St. Gallen die Schule der Taubstummenanstalt besuchte, erzählte seiner Grossmutter, welche Körperstrafen er dort erlebte. Diese habe sich daraufhin beim Direktor beschwert und verlangt, das Schlagen solle aufhören. Sie habe zudem unkonventionelle Wege beschritten, um ihn zu schützen. So habe sie ihm Lederhosen gekauft, damit die Schläge auf den Hintern weniger schmerzhaft waren.[280] Roland Mayer betont, dass, obschon seine Eltern nicht mit ihm gebärdeten, er sehr von ihnen unterstützt wurde. Der Vater habe ihm beim Schulstoff geholfen; auch die Mutter sei darum besorgt gewesen, dass er die Hausaufgaben machte. Die Eltern seien ihm auch beim Übergang von der Schule in die Arbeitswelt zur Seite gestanden. Er habe selbst entscheiden dürfen, was er beruflich machen wolle.[281]

Die lautsprachliche Orientierung vieler hörender Eltern hatte auch institutionelle Gründe. Die Gehörlosenschulen kooperierten traditionell eng mit Elternvereinigungen, die sich umgekehrt für die pädagogischen Ziele der Schulen starkmachten.[282] Seit Mitte des 20. Jahrhunderts suchten Gehörlosenschulen einen engeren Kontakt zu Eltern und bauten dazu beispielsweise Beratungsstellen im Umfeld der Anstalten auf. Die

---

278   Interview mit LU hE 55–63.
279   Interview mit SG hE 67–73.
280   Interview mit SG hE 47–57.
281   Interview mit BS hE 67–76.
282   Vgl. Thiemeyer 2018, S. 11–16, 31–35.

Eltern bildeten gleichsam den verlängerten Arm der Gehörlosenpädagogik und sollten insbesondere in der Früherziehung mitwirken, den Lautsprachunterricht zu unterstützen. In den 1970er-Jahren bildeten sich Elternvereinigungen im Umfeld der Gehörlosenschulen, die mit den Schulen enge Kooperationen aufbauten, so etwa in Riehen, Zürich und St. Gallen.[283] Auch auf nationaler Ebene rückten Gehörlosenpädagogik und Elternvereinigungen zusammen. Die 1974 gegründete Schweizerische Vereinigung der Eltern hörgeschädigter Kinder (SVEHK) verstand sich als offizielle Vertreter der Interessen gehörloser und hörgeschädigter Kinder und arbeitete eng mit dem Schweizerischen Verband für Taubstummen- und Gehörlosenwesen (SVTG, ab 1977: Schweizerischer Verband für das Gehörlosenwesen, SVG) zusammen. Die SVEHK war auch Initiatorin für weitere Gründungen von lokalen Elternvereinigungen.[284] Vor diesem Hintergrund erstaunt es nicht, dass sich noch in den 1980er-Jahren viele Elternvereinigungen gegen die Anerkennung der Gebärdensprache beziehungsweise die Einbindung von Gebärden im Gehörlosenunterricht wehrten. Die Elternvereinigungen öffneten sich meist erst in den 1990er-Jahren gegenüber bilingualen Ansätzen im Sprachunterricht.[285]

5.6 Zwischenbilanz: Historische Bedingungen von Integritätsverletzungen

Die Ausführungen zum Strafwesen und zu Missbräuchen zeigen, dass es in Gehörlosen- und Sprachheilschulen, vor allem bis in die 1960er-Jahre, zu regelmässigen, teilweise systematischen Integritätsverletzungen kam.

---

283 Gebhard 2007, S. 73–87; Blatter 2018, S. 50–56. In St. Gallen wurde an der Gründungsversammlung der Elternvereinigung diskutiert, ob die Vereinigung mit der Gehörlosenschule kooperieren oder in kritischer Distanz zu ihr bleiben solle. Das Kooperationsmodell fand deutlich mehr Unterstützung an der Versammlung. Vgl. Staatsarchiv des Kantons St. Gallen: A 451/1.3.3.-1; Protokolle der Direktions- und Aufsichtskommission 1969–1979, Sitzung vom 13. 10. 1975. Viele Befragte betonen die lautsprachliche Allianz zwischen Elternvereinigungen und Gehörlosenschulen; exemplarisch für Riehen, vgl. Interviews mit BS hE 76–86, BS hE 67–76, SG hE 66–79.
284 Blatter 2018, S. 17, 50–56.
285 Blatter 2018, S. 62 f., 67–72; Thiemeyer 2018, S. 31–35. Vgl. für die Kritik der SVEHK an der Gebärdensprache: Staatsarchiv des Kantons St. Gallen: A451/4.5; 125-Jahr-Jubiläum; Bulletin Schweizerische Vereinigung der Eltern hörgeschädigter Kinder, Februar 1985.

Dazu gehörten Körperstrafen, physische Übergriffe oder entwürdigende Praktiken, oft, aber nicht ausschliesslich in Bezug zur Gebärdensprache. Die Integritätsverletzungen konnten Teil des regulären Schul- oder Internatsbetriebs sein, etwa im Fall von ordnungsgemässen Körperstrafen. Teilweise standen sie auch im Widerspruch zu den damaligen Normen und Regeln, etwa bei gewalttätigen Übergriffen. Ob regulär oder nicht – beide Formen wurden von den Schülerinnen und Schülern als Integritätsverletzungen erlebt. Die Grenze zwischen regulären und irregulären Handlungen ist auch nicht einfach zu ziehen. In vielen Gehörlosenschulen gab es keine klaren Richtlinien, wie das Personal Strafen und andere disziplinarische Massnahmen zu verhängen hatte.

Die überlieferten Zeugnisse über Integritätsverletzungen sind nicht für jede Schule gleich dicht. Dies deutet darauf hin, dass die Übergriffe nicht in allen Schulen gleich häufig oder gleich systematisch vorkamen. Aber sie werden aus allen Schulen berichtet – und die Dichte an Belegen, die uns in den Interviews mit ehemaligen Schülerinnen und Schülern begegnet sind, ist hoch. Die Rechtsform der Schulen – ob privat oder staatlich – spielte dabei keine entscheidende Rolle.

Gleichwohl lassen sich einige strukturelle Bedingungen zusammenfassen, die das Ausmass an Integritätsverletzungen beeinflussten. Erstens traten Integritätsverletzungen gehäuft in den Jahrzehnten bis etwa 1970 auf. Für die Zeit danach sind die Belege teilweise widersprüchlich, insgesamt aber seltener. Ein Restrisiko für Übergriffe blieb aber auch für die Zeit seit den 1970er-Jahren bestehen. Damit hängt zusammen, dass einige Einrichtungen, etwa die in Hohenrain oder Locarno, vergleichsweise schlecht finanziert waren, vor allem bis zu den 1960er-Jahren. Die Zahl von Betreuenden, im Internat wie in der Schule, war relativ gering; sie waren für grosse Klassen und Gruppen – manchmal bis zu 40 Schülerinnen und Schüler pro Betreuungsperson – zuständig. Das Personal war unter diesen Umständen oft überfordert. Erst die Beiträge der Invalidenversicherung haben die finanziellen Engpässe seit den 1960er-Jahren gemildert.

Hinzu kommen moralische Stigmatisierungen, die auch in Gehörlosenschulen, zumindest bis in die 1970er-Jahre, verbreitet waren. Menschen mit Behinderungen galten traditionell als «anormale», bisweilen als «minderwertige» Personen. Gehörlosigkeit wurde gleichgesetzt mit «Armut im Geiste». Eugenisches Denken war lange verbreitet, sowohl in katholischen wie protestantischen Milieus. Die Eugenik brachte Gehörlosigkeit nicht nur mit vererbten Krankheiten in Verbindung, sondern betonte auch den gesellschaftlich schädlichen Charakter des Leidens. Die Ausbreitung der Gehörlosigkeit sollte durch Heiratsverbote und Sterilisationen eingedämmt werden. Auch wenn es nur wenig Belege für konkrete eugenische Massnahmen gibt – das damit verbundene eugenische Denken spiegelt sich in vielen Fallakten und mündlichen Zeugnissen.

In katholischen Milieus war Gehörlosigkeit durch den religiösen Moralkodex besonders stigmatisiert. Behinderte Kinder galten nach der katholischen Sündenlehre als besonders gefährdet für sünd- und triebhaftes Denken oder Handeln. Strafen, einschliesslich Körperstrafen, galten bis mindestens in die 1960er-Jahre als legitimes Bussmittel gegen sündhaftes Verhalten. Hinzu kam, dass in katholisch geführten Einrichtungen die konfessionelle Tabuisierung der Sexualität dazu führte, dass die Risiken sexueller Gewalt oder sexueller Übergriffe ausgeblendet und entsprechende Vorkommnisse nicht konsequent geahndet wurden.[286] Sexuelle Übergriffe waren allerdings nicht auf katholische Milieus beschränkt. Sie kamen auch in säkular oder überkonfessionell geführten Anstalten vor.

Der Internatsbetrieb bot zusätzliche Risiken für Integritätsverletzungen. Internate waren geschlossene Einrichtungen, in denen vergleichsweise strenge disziplinarische Regeln galten. Darin gleichen sie Erziehungsheimen. Zwar verstanden sich die Gehörlosenschulen primär als pädagogische Einrichtungen und nicht als Erziehungsheime. Trotzdem finden sich gerade im Internatsbereich von Gehörlosenschulen viele Parallelen zum Heimwesen. Wir stiessen in den Interviews mit ehemaligen Schülerinnen und Schülern auf zahlreiche Fälle, in denen der Internatsbetrieb mit einem rigiden Strafregime und entwürdigenden Ritualen (etwa zur Bestrafung von «Bettnässern» oder bei Verstössen gegen Essensregeln) verbunden war, teilweise auch mit gewalttätigen Übergriffen oder sexuellen Missbräuchen. Gehörlose Kinder wurden durch diese Erfahrungen nachhaltig belastet und traumatisiert, so wie viele Heim- und Verdingkinder auch.

Ein letzter prägender Faktor für Integritätsverletzungen waren die handelnden Personen. Die meisten ehemaligen Schülerinnen und Schüler unterscheiden zwei Gruppen von Betreuenden: diejenigen, mit denen

---

286   Vgl. auch: Akermann, Furrer, Jenzer 2012, S. 113.

sie schlechte Erfahrungen gemacht hatten, und die, zu denen das Verhältnis besser war. Die erste Gruppe ist insgesamt klar in der Mehrheit. Zugleich zeigt diese Unterscheidung, dass das Ausmass von Integritätsverletzungen auch von den Persönlichkeiten der einzelnen Betreuenden abhing. Eine besondere Verantwortung trugen die jeweiligen Direktoren der Gehörlosenschulen. Sie gaben die pädagogischen und erzieherischen Leitlinien vor; ihnen oblag die Aufsicht über das Personal. Der Alltag in einer Schule war meist wesentlich von der Persönlichkeit des Direktors oder der Direktorin geprägt.[287] Wenn auf dieser Ebene Missstände herrschten und ein Direktor nicht in der Lage war, sein Amt angemessen auszuführen, dann finden sich auch in den Berichten ehemaliger Schülerinnen und Schüler gehäuft negative Erfahrungen. Dieses Muster findet sich bei verschiedenen Anstalten, besonders deutlich in St. Gallen in den 1970er-Jahren.

---

287   Vgl. aus der Perspektive der Erziehungsheime: Heiniger 2016, S. 265–282; vgl. auch Bürgergemeinde 2019, S. 181–220.

6 Das Leben «danach»: Biografische Perspektiven, Bildungs- und Berufschancen von Gehörlosen

Die Gehörlosenschulen waren Teil des Volksschulwesens. Sie kannten dieselbe Stufenleiter von Kindergarten, Primar- und Sekundarschule, waren aber als Sonderschulen, parallel zu den Regelklassen der Volksschule, organisiert. Gehörlose besuchten in den Gehörlosenschulen traditionellerweise eine Primarstufe von neun Jahren. Nach Absolvierung der neunjährigen Schulpflicht, an der anstaltseigenen Primarschule, traten die Schülerinnen und Schüler bisweilen auch eine Berufslehre an – ein Trend, der sich im 20. Jahrhundert verstärkte. Dieses Kapitel beschäftigt sich einerseits mit der Frage, wie der Schulunterricht in Anstalten und Schulen die Gehörlosen auf die Berufsausbildung und das Erwerbsleben vorbereitet hat. Dabei ist zu unterscheiden zwischen der Primarschulstufe, die auf die Oberstufe und die Berufsschule vorbereiten sollte (Kap. 6.1), der Berufsschule (Kap. 6.2 für die Zeit vor 1960 und Kap. 6.3 für die Zeit danach) sowie der Sekundar- und Tertiärstufe (Sekundarschule, Hochschulen, vgl. Kap. 6.4). Abschliessend behandelt das Kapitel die biografischen Prägungen, die von der Schulzeit ausgingen und das Leben «danach» beeinflussten (Kap. 6.5).

6.1 Primarschule und Einstieg in die Oberstufe und Berufsschule

Wie erlebten die betroffenen Gehörlosen die Vorbereitung, die sie mit dem Primarschulunterricht für die darauffolgende Oberstufenschule und die Berufsschule erhielten? Viele gehörlose Interviewpartnerinnen und -partner äussern dazu eine kritische Sicht. Die lautsprachliche Schulbildung an den Gehörlosenschulen habe sie auf die Oberstufe, die Berufsschule oder das Berufsleben nur unzureichend vorbereitet. Der Einstieg in diese Stufe sei entsprechend schwierig gewesen. Solche Aussagen finden sich bei allen interviewten Personen, egal ob sie die Oberstufe beziehungsweise die Berufsschule zusammen mit Hörenden oder mit Gehörlosen besucht hatten. Die Interviewten beklagten sich etwa darüber, dass sie nach der Primarschule anfangs grosse Schwierigkeiten hatten, dem Unterricht auf der Oberstufe oder der Berufsschule zu folgen, und viel Stoff nachholen mussten, meist im Rahmen eines Stützunterrichts und mit Unterstützung der Eltern. Erna Schumann schilderte die Problematik anschaulich:

> An der Sekundarschule in Zürich und an der Berufsschule musste ich mit dem dortigen Lehrer jeweils nach der Schule sehr viel Stoff nachholen. Auch in der deutschen Grammatik war ich sehr schwach – in der Primar wurden halt immer nur Sätzlein auswendig gelernt. Oft habe ich Texte gelesen, deren Inhalt ich nicht verstanden habe. Ich war auf die Oberstufe viel zu wenig vorbereitet gewesen.[1]

Zwei Ehemalige aus Genf, Maurice Rochat und Nadine Favre, betonen ebenfalls, dass die Berufsschule für sie in den 1970er-Jahren eine grosse und schwierige Umstellung bedeutete. Die beiden besuchten die Schule zusammen mit Hörenden. Gebärdensprachdolmetscherinnen und -dolmetscher gab es zu der Zeit keine. Sie mussten ständig dem Lehrer von den Lippen ablesen oder von ihren Banknachbarinnen und Banknachbarn abschreiben. Nach dem Unterricht belegten sie jenseits des Regelunterrichts einen Nachhilfe- und Stützunterricht bei der Klassenlehrperson. Ihnen war schon damals bewusst, dass ihr schulisches Niveau tiefer war als das ihrer hörenden Mitschülerinnen und Mitschüler.[2] Auch Lorenzo Faustinelli, der in den 1970er-Jahren in der Gehörlosenschule Locarno zur Schule ging, betont, dass er in der Berufsschule grössere Probleme hatte. Schulisch hielt er sich zwar für gut vorbereitet. Da er aber die Berufsschule zusammen mit Hörenden besuchen musste und keine Gebärdensprachdolmetscher zur Unterstützung hatte, verstand er vom Gesagten immer nur die Hälfte.[3]

Alle interviewten Gehörlosen, die eine Berufsschule mit Hörenden und ohne Übersetzungshilfen besuchen mussten, weisen darauf hin, dass sie wichtige Teile des Unterrichts verpassten. Die Lehrpersonen an den Berufsschulen waren für den Umgang mit Gehörlosen meist nicht angemessen vorbereitet. Viele Gehörlose konnten dem Unterricht nicht gut folgen. Schwierigkeiten gab es zum Beispiel, wenn die Lehrperson mit dem Rücken zur Klasse an der Tafel etwas erklärte, die gehörlosen

---

1   Interview mit SG gE 53–63.
2   Interviews mit GE hE 63–75 und GE hE 57–69.
3   Interview mit TI hE 74–82.

Schülerinnen und Schüler gleichzeitig Notizen machen und ablesen sollten (was praktisch unmöglich war) oder wenn andere Schülerinnen und Schüler, die hinter den Gehörlosen sassen, Fragen stellten oder etwas ausführten, ohne dass man ihnen das Gesagte von den Lippen ablesen konnte. Sonja Eckmann und Bruno Stolz, die beide in Deutschschweizer Gehörlosenschulen die Primarschule absolvierten, berichten ebenfalls von grossen Kommunikationsproblemen im späteren Berufsleben, was zu häufigen Stellenwechseln führte. Stolz betont, dass diese Kommunikationsprobleme für ihn besonders schwer wogen, weil er an der Schule stets für seine gute Aussprache und guten Ablesefähigkeiten gelobt worden sei.[4] All diese Aussagen untermauern den Eindruck, dass die Gehörlosenschulen ihr Ziel, die Schülerinnen und Schüler auf eine soziale und berufliche Integration vorzubereiten, nur ungenügend einzulösen vermochten.

6.2 Berufsausbildung Gehörloser bis 1954

Bezeichnenderweise beschränkten sich die Berufsfelder, die von Gehörlosen nach der Oberstufe üblicherweise anvisiert wurden, lange Zeit auf manuelle, geringqualifizierte Berufe. Für Knaben waren Berufe wie Schneider, Schuhmacher, Schreiner oder Korbflechter, für Mädchen Schneiderin, andere textile Berufe oder Reinigungshilfen vorgesehen. Die höher qualifizierten Bereiche der Sekundarstufe (die Sekundarschule und vor allem das Gymnasium) und infolgedessen auch die Tertiärstufe wie die höheren Fachschulen, Fachhochschulen und Universitäten blieben den Gehörlosen bis ins ausgehende 20. Jahrhundert, teilweise bis heute, weitgehend verschlossen.[5] Noch heute verfügt die Schweiz über kein Gymnasium für Gehörlose. Es gibt daher nur sehr wenige Gehörlose, die über einen Universitätsabschluss verfügen.[6]

4   Interviews mit SG hE 64–75 und ZH hE 66–76.
5   Ringli, Gottfried, «Mein Traumberuf war und blieb Lehrerin ...» Geschichte der Berufsbildung für Gehörlose in der deutschsprachigen Schweiz und der Berufsschule für Hörgeschädigte in Zürich 1954–2004, Zürich 2004, S. 71; vgl. auch Blaser 2019 sowie den Beitrag von Vera Blaser und Matthias Ruoss in Schmidt, Werner 2019..
6   Gemäss Wuest handelt es sich dabei um etwa ein Prozent aller Gehörlosen in der Schweiz. Wuest, Markus: Rückkehr einer verbotenen Sprache, in Basler Zeitung, 29. 10. 2012, S. 4.

Die grössten Veränderungen in der Ausbildung der Gehörlosen betrafen im 20. Jahrhundert die Ebenen der Berufsbildung – der Lehre – oder der Oberstufe. In der zweiten Jahrhunderthälfte engagierten sich die Gehörlosenschulen zunehmend für die Berufsbildung ihrer Schülerinnen und Schüler, teilweise in gegenseitiger Kooperation. Im frühen 20. Jahrhundert fehlten solche Bestrebungen weitgehend. Dies war nicht zuletzt eine Folge der fehlenden Koordination zwischen den Anstalten. In den ersten drei Jahrzehnten des 20. Jahrhunderts gab es praktisch keine Zusammenarbeit zwischen den schweizerischen Taubstummenanstalten, weder zur Unterrichtsform noch zum Unterrichtsinhalt, noch existierten irgendwelche Ausbildungsmöglichkeiten für die pädagogischen Anstaltsmitarbeiter.[7] Es gab auch keine Lehrwerkstätten oder sonstigen Ausbildungsorte für gehörlose Lehrlinge.

Dies änderte sich mit Johannes Hepp (1879–1963), einem langjährigen Direktor der Blinden- und Taubstummenanstalt Zürich. Hepp gründete 1922 an der Zürcher Anstalt eine Fortbildungsklasse für gehörlose Lehrlinge. Diese fand jedoch nur an Abenden und auf freiwilliger Basis statt. Die Lehrlinge durften die Klasse nicht während der Arbeitszeit besuchen. Wegen der damals grossen Autonomie der schweizerischen Taubstummenanstalten verhallten die Initiativen von Hepp ohne grosse Resonanz. Auch 1926 rief er die anderen Anstalten vergeblich dazu auf, zusammen Lehrwerkstätten zu gründen und die damit verbundenen Aufgaben gemeinsam anzugehen.[8] Ein Umdenken begann erst in den 1930er-Jahren, unter erhöhtem finanziellem Druck. Als die Schülerzahlen der Taubstummenanstalten, parallel zur Einführung des jodierten Kochsalzes, innerhalb weniger Jahre um die Hälfte einbrachen, gingen die Anstalten aus Not aufeinander zu und starteten verschiedene ausbildungsbezogene Kooperationen.[9]

Hepp setzte in Zürich in den 1930er-Jahren den eingeschlagenen Weg fort. 1934 eröffnete er eine Lehrwerkstatt für Schneider. Hier erhielten die gehörlosen Lehrlinge erstmals eine berufskundliche und allgemeinbildende Ausbildung, in Ergänzung zur berufspraktischen Ausbildung. Sie entsprach den Vorschriften des Berufsbildungsgesetzes von 1930.[10] Diese

---

7   Ringli 2004, S. 40.
8   Ebd., S. 42.
9   Ebd., S. 43.
10   Durch das Berufsbildungsgesetzt von 1930 wurden zum Erlangen eines Lehrabschlusses der Besuch einer Berufsschule und das Ablegen einer Abschluss-

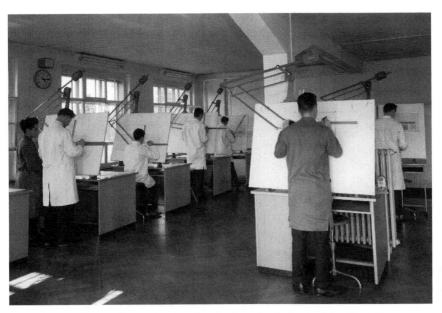

Abb. 43: Maschinenzeichner mit Lehrling im Berufsschulunterricht, St. Gallen (um 1955). Staatsarchiv des Kantons St. Gallen.

Initiative war auch eine Antwort auf die Auswirkungen der Wirtschafts-krise der 1930er-Jahre. Die Krise machte einen grossen Teil der Gehörlo-sen arbeitslos, da die typischen «Taubstummenberufe» wie Schumacher und Schreiner besonders krisenanfällig waren.[11] Auch viele der begab-teren Gehörlosen fanden keine Lehrstelle.[12] Die Taubstummenanstalten sahen sich als Mitverantwortliche für die Berufswahl der Gehörlosen. In der Regel wählten damals die Gehörlosen ihre Berufe nicht selbst. Vielmehr entschieden Schuldirektoren und Lehrpersonen über die Be-rufsbildung der Schülerinnen und Schüler. Zur Auswahl standen meist handwerkliche Berufe, die als besonders krisensicher galten und die nur ein Minimum an lautsprachlicher Kommunikation erforderten.[13]

prüfung obligatorisch. Dies galt auch für die Gehörlosen. Vgl. Ringli 2004, S. 46, 58.

11 Klassische Taubstummenberufe waren bei den Männern zum Beispiel Schnei-der, Schumacher, Schreiner, Korbflechter, Gärtner, Buchbinder usw. und bei den Frauen Schneiderin, Weissnäherin, Glätterin, Strickerin usw. Vgl. Ringli 2004, S. 53.
12 Ringli 2004, S. 48 f.
13 Vgl. ebd., S. 55; Gebhard 2007, S. 61.

1941 wurde im Kanton Zürich, erneut auf Hepps Initiative, die erste regionale Berufsschule für Gehörlose in Zürich Oerlikon gegründet. An ihr erhielten die Berufsschülerinnen und -schüler an den Wochenenden Unterricht in Allgemeinbildung. Die Schülerinnen und Schüler besuchten den Berufskundeunterricht an den jeweiligen regionalen Berufsschulen gemeinsam mit hörenden Lehrlingen.[14] Auch darüber hinaus eröffneten sich den Gehörlosen in dieser Zeit neue Möglichkeiten der Berufswahl. Der verbesserte Zugang zur beruflichen Ausbildung zeigte der Berufswelt auf, dass auch Gehörlose gute Lehrabschlussprüfungen ablegen konnten, was die Vorurteile gegenüber dem möglichen Bildungsniveau von Gehörlosen relativierte. Berufe wie Maschinenbauzeichner, Hochbauzeichner, Zahntechniker und Goldschmied wurden für gehörlose Lehrlinge zunehmend attraktiver.

Nach ihrer Gründung expandierte die regionale Berufsschule weiter. Das Projekt stiess auch in anderen Kantonen auf Interesse. 1954 wurde die regionale Berufsschule zur Interkantonalen Berufsschule für Gehörlose ausgebaut. Die Interkantonale Berufsschule funktionierte zunächst dezentral, als berufsorientiertes Kursangebot für Gehörlose in verschiedenen Deutschschweizer Städten.[15] Darüber hinaus erfasste die Bildungsexpansion auch die Oberstufe. Weil viele der Berufe, die neu für Gehörlose zugänglich waren, höhere schulische Qualifikationen voraussetzten, stellte sich die Frage, ob auch der Zugang zur Oberstufe, also zu den letzten Jahren des Volksschulunterrichts, für Gehörlose verbessert werden könnte. Die Diskussionen mündeten in der Gründung der Oberschule für begabte Gehörlose, der späteren Sekundarschule für Gehörlose in Zürich (vgl. Kap. 6.4).[16] All diese Neuerungen führten seit den 1960er-Jahren zu einer schrittweisen Verbesserung und Anerkennung der spezifischen Bedürfnisse von Gehörlosen in der Berufsbildung.[17] Die Entwicklungen blieben allerdings lange auf die Deutschschweiz beschränkt. In der Romandie und im Tessin besuchten die Gehörlosen in den 1960er-Jahren weiterhin die reguläre Berufsschule gemeinsam mit ihren hörenden Altersgenossen.[18]

14   Ringli 2004, S. 66.
15   Ebd., S. 70.
16   Ebd., S. 61.
17   Schriber 1994, S. 63.
18   Vgl. Broch, Erwin; Chassot, Anne: Die berufliche Bildung hörbehinderter Menschen in der Schweiz. Aspekte, Bd. 21, Luzern 1987, S. 55.

6.3 Neue Perspektiven der Berufsausbildung seit den 1960er-Jahren

Bis 1960 entschieden meist die Anstaltsdirektoren und Gehörlosenlehrer, oft in Absprache mit den Eltern, welchen Beruf gehörlose Schülerinnen und Schüler wählen und welche Lehrstelle sie antreten sollten. Dies änderte sich auch in der nachfolgenden Zeit nicht grundlegend. Insgesamt blieb die Auswahl an zugänglichen Berufen bis in die jüngste Vergangenheit faktisch beschränkt. Im Vordergrund standen mittel- oder geringqualifizierte Berufe mit einem Lehrabschluss. Höher qualifizierte Berufe, die einen Diplom- oder Mittelschulabschluss verlangten, einschliesslich pädagogischer und pflegerischer Berufe, ebenso die kaufmännischen Berufe und sowieso die akademischen Professionen waren bis zum Ende des 20. Jahrhunderts nur sehr bedingt für Gehörlose zugänglich.[19]

Der Zugang zu den handwerklich-gewerblichen Berufen wurde für Gehörlose seit den 1960er-Jahren allerdings weiter ausgeweitet. Einen wichtigen Anteil daran hatte die Gründung der staatlichen Invalidenversicherung (IV) 1960. Mit dem Bundesgesetz über die Invalidenversicherung erhielten Menschen mit einer Behinderung ab 1960 ein Anrecht auf staatliche Leistungen, unabhängig von der Ursache und der Art ihrer Behinderung. Die IV funktionierte aber seit ihrer Gründung nach dem Prinzip «Eingliederung vor Rente». Rentenleistungen wurden deshalb mit Eingliederungsmassnahmen gekoppelt. Je erfolgreicher die Eingliederung, desto geringer fiel die Rente aus.[20] Die Vorarbeiten zur IV verliefen parallel zu einem Eingliederungsboom von «Gebrechlichen», die seit Ende der 1940er-Jahre mit dem Konjunkturaufschwung in den Arbeitsmarkt eintraten. Die Motivationen für die IV-Eingliederungspolitik waren vielschichtig. Im Mittelpunkt stand die Absicht, auch gering qualifizierte Arbeitskräfte für die florierende Wirtschaft zu mobilisieren, weil man ansonsten Migrantinnen und Migranten aus dem europäischen Ausland rekrutieren musste. Die Ausgestaltung der IV war

---

19 Staatsarchiv des Kantons Zürich: Ablieferungsnummer 2016/109: Jahresbericht Zürich 1978, Anhang «Die berufliche Eingliederung Gehörloser in der Region Zürich», S. 2.

20 Germann 2010b, S. 7.

in diesem Sinne stark durch die wirtschaftliche und arbeitsmarktpolitische Lage der Nachkriegsjahre geprägt.[21]

Mit der Einführung der IV wurden in der ganzen Schweiz regionale IV-Stellen geschaffen, die für die schulische und berufliche (Wieder-) Eingliederung zuständig waren.[22] Politiker und Experten unterstützten die Eingliederungspolitik auch mit dem Hinweis, dass die Integration den Behinderten eine erhöhte gesellschaftliche Wertschätzung vermittelte. Programmatisch wurde von der «Befreiung der Infirmen» gesprochen.

Gleichzeitig beinhaltete die Eingliederungspraxis der IV auch neue Formen institutioneller Zwänge. Die Eingliederung in den Arbeitsmarkt wurde für behinderte Menschen quasi zur gesellschaftlichen Verpflichtung. Die Entscheidungen über das Ausmass der Erwerbsfähigkeit wurde zudem von professionellen Experten, insbesondere Medizinern, gefällt. Ihr Expertenurteil konnte gravierende Konsequenzen für die Arbeits- und Lebenssituation von Behinderten haben.[23]

Die IV stellte für die Berufswahl von Gehörlosen professionelle Berufsberaterinnen und -berater zur Verfügung. Sie organisierte auch eine wachsende Zahl regionaler Fachkurse, in denen Gehörlose bedarfsgerecht in Berufskunde unterrichtet wurden. Mancherorts wurde gar ein berufskundlicher Einzel- oder Kleingruppenunterricht für Gehörlose angeboten. Die IV übernahm in diesen Fällen jeweils die Finanzierung.[24]

Schliesslich übernahm die IV auch Reise-, Verpflegungs- und Materialkosten, die für Gehörlose im Rahmen ihrer beruflichen Ausbildung anfielen. Sie ermöglichte damit vielen Gehörlosen, die in peripheren Gebieten lebten, eine Berufsbildung in einer der Bildungseinrichtungen, insbesondere derjenigen von Zürich.[25] Viele Interviewpartnerinnen und -partner betonen, dass die lokalen Berufsberater der IV einen entscheidenden Einfluss auf ihren Werdegang hatten (vgl. unten Kap. 6.5).

Vor diesem Hintergrund stieg die Anzahl der schwerhörigen Lehrlinge, die die Interkantonale Berufsschule für Gehörlose besuchten, in den 1960er-Jahren stark an. Die Schule wurde 1970 in Berufsschule für Gehörgeschädigte umbenannt, ab 1986 hiess sie Berufsschule für Hör-

---

21 Ebd., S. 8.
22 Porchet 2010, S. 15.
23 Germann 2010a, S. 164 f.
24 Ringli 2004, S. 145.
25 Ebd., S. 105.

geschädigte.[26] Sie stellte 1970 mit Sandro de Giorgi erstmals einen Gehörlosen – einen ehemaligen Zahntechniker – als Fachlehrer ein. De Giorgi blieb der Schule während fünfzehn Jahren treu. 1978 wurde mit Markus Huser der erste gehörlose Lehrer für den allgemeinbildenden Unterricht berufen.[27]

Bis in die 1980er-Jahre unterrichtete die Berufsschule für Hörgeschädigte weder in LBG noch in Gebärdensprache, sondern rein lautsprachlich. Erst 1990 wurde der erste Kurs in manuell-visueller Kommunikation (noch nicht in Gebärdensprache), für die Lehrpersonen durchgeführt.[28] Aus den Interviews geht hervor, dass es spätestens seit den 2000er-Jahren einzelne Berufsschullehrer gab, die entweder LBG oder Gebärdensprache beherrschten und diese auch im Unterricht einsetzten. An der Berufsschule für Gehörgeschädigte waren jedoch nur rund ein Drittel der Berufsschülerinnen und -schüler gehörlos, die anderen zwei Drittel waren schwerhörig. Der Unterricht konnte deshalb nicht einfach in Gebärdensprache durchgeführt werden, weil er sonst für die Schwerhörigen kaum verständlich gewesen wäre.[29]

In der Romandie und im Tessin setzte sich in der Nachkriegszeit das Modell durch, dass die Gehörlosen die Berufsschule gemeinsam mit den hörenden Lehrlingen besuchten. Die Interviews zeigen, dass dies zunächst ohne Gebärdensprachdolmetscher und -dolmetscherinnen, jedoch mit Stützunterricht geschah. Seit den 1990er-Jahren finanzierte die IV den Gehörlosen jedoch zunehmend Gebärdensprachdolmetscher und -dolmetscherinnen für den Berufsschulunterricht.[30]

Wie verlief der Übergang von der Berufsschule ins Berufsleben? Der Einstieg in den Arbeitsmarkt wird von den befragten Fachleuten als hürdenreich eingeschätzt. Sandra Lipp, eine Gehörlosenlehrerin in Riehen, weist darauf hin, dass es seit den 1980er-Jahren zwar verschiedene unterstützende Einrichtungen gegeben habe: Beratungsstellen, die Zürcher Gehörlosenberufsschule und die Gehörlosenschulen selber. Einzelne Schulen, etwa der Aargauer Landenhof oder Hohenrain, hätten sich traditionell stark für die Integration in die Berufswelt engagiert.

---

26   Ebd., S. 167.
27   Ebd., S. 161; Blatter 2018, S. 39 f.
28   Ringli 2004, S. 129.
29   Bütikofer, Werner: 50 Jahre Berufsschule für Hörgeschädigte in Zürich – Basis für das Leben und das Bestehen in der Welt der Hörenden, in: Hörpäd, 2005 (1), S. 30.
30   Vgl. dazu auch Broch, Chassot 1987, S. 45–48.

Viele Kinder hätten aber möglicherweise einen Weg gehen müssen, der unter ihren eigentlichen Fähigkeiten liege. Deswegen sei es wichtig, so Lipp, dass die Gehörlosen zusätzlich Hobbys in der Freizeit hätten, die sie forderten und befriedigten. Bestätigung im Beruf zu finden, sei für Gehörlose eher schwierig.[31]

Marcel Niggli, der beruflich mit der Gehörlosenschule Riehen zusammengearbeitet hat, verweist ebenfalls auf Schwierigkeiten beim Berufseinstieg hin, etwa den Wandel der Branchenstruktur. In der Region Basel gebe es heute wesentlich weniger Stellen in den Bereichen Industrie und Fabrikation. Gehörlose, die eine Ausbildung in diesem Bereich absolviert hätten, würden vermehrt Schwierigkeiten antreffen, eine Stelle zu finden. Wenn HR-Verantwortliche Erschwernisse in der Kommunikation zwischen dem gehörlosen Stellensuchenden und dem Team mit Hörenden befürchteten, würde die Hürde zusätzlich erhöht. Wer sich in der Lautsprache zurechtfinde, habe erhöhte Chancen. Ansonsten blieben nur «Nischenjobs». Früher seien Schuhmacher, Maler, Schreiner typische Jobs für gehörlose junge Männer gewesen. Früher wie heute erwarteten etliche Arbeitgeber, dass Stellensuchende sich lautsprachlich in der hörenden Arbeitswelt verständigen könnten. Die Lautsprache bilde für Gehörlose eine Art Werkzeug, das einem Vorteile im Berufsleben verschaffe.[32]

6.4 Die Entwicklung der Sekundar- und Tertiärstufe der Gehörlosenbildung

Als sich in der Nachkriegszeit neue Berufsmöglichkeiten für Gehörlose eröffneten, wurde die Ausbildung auf Sekundarstufe auch für Gehörlose zum Thema. Der erwähnte Johannes Hepp gründete dafür 1959 in Zürich die zentrale Oberstufenschule für Gehörlose auf Sekundarschulniveau. Das neue Bildungsangebot wurde anfangs von vielen Anstaltsleitern abgelehnt. Die Skepsis legte sich jedoch bald. Bereits 1966 konnte die Schule dank gutem Zulauf aus sämtlichen Deutschschweizer Anstalten ausgebaut werden. 1972 kamen zur Sekundarschule in Zürich noch zwei Realschulabteilungen, sogenannte Berufswahlklassen, in

31 Interview mit BS Pe 75–00.
32 Interview mit BS Pe 84–19.

Hohenrain (Luzern) und in St. Gallen dazu.[33] In diesen Berufswahlklassen wurden die gehörlosen Schülerinnen und Schüler während zweier Jahre auf Neigungen, Fähigkeiten und Persönlichkeitsmerkmale untersucht. Die Schulverantwortlichen organisierten Schnupperlehren und Betriebsbesichtigungen, um den Schülerinnen und Schülern mögliche Berufsfelder vorzustellen und Lehrstellen zu finden.[34] Anfangs wurden diese qualifizierteren Schulangebote nur von besonders begabten Gehörlosen besucht. Mit der Zeit erreichte das Angebot die Mehrheit der gehörlosen Schülerinnen und Schüler.[35] Das Gehörlosenbildungswesen verfügte nun über eine Primarstufe von acht Schuljahren und eine anschliessende Sekundarstufe von zwei Schuljahren (ab 1982 drei Jahre). Die Sekundarstufe für Gehörlose orientierte sich an den einschlägigen kantonalen Lehrplänen.[36]

Seit 1984 konnten Gehörlose überdies an der Berufsschule für Hörgeschädigte die Berufsmittelschule (BMS), seit 1995 auch mit Berufsmaturität, abschliessen. Dieser Weg eröffnete ihnen endlich auch den Zugang zur tertiären Bildungsstufe. Die Berufsmaturität ermöglichte beispielsweise den Eintritt in eine Fachhochschule.[37] Jenseits dieser Berufsmatura gab es keine spezifisch für Gehörlose zugeschnittenen Angebote auf tertiärer Stufe. Wer als Gehörlose oder Gehörloser einen Maturaabschluss oder ein Studium anstrebte, musste dies im Rahmen der regulären Schule, mit lautsprachlichem Unterricht, tun. Diese Situation hat sich bis heute nicht verändert.[38]

Weitere Anstösse für die berufliche Qualifizierung von Gehörlosen gingen von den Sozialberufen aus. Nachdem sich in der Sozialpädagogik seit den 1960er-Jahren zunehmend die Auffassung durchsetzte, dass eine wirkungsvolle Sozialarbeit auch die Mitsprache und Beteiligung der Betroffenen umfasse, öffnete in den 1980er-Jahren das Institut für Angewandte Psychologie (IAP) in Zürich seine Ausbildungsangebote auch für Gehörlose mit einer abgeschlossenen Berufslehre. Innerhalb weniger Jahre wurden dort regelmässig gehörlose soziokulturelle Animatorinnen und Animatoren, gehörlose Sozialpädagoginnen und -pädagogen sowie gehörlose Sozialarbeiterinnen und -arbeiter ausgebildet.

33   Ringli 2004, S. 72; Broch, Chassot 1987, S. 27; Blatter 2018, S. 41 f.
34   Schlegel et al. 1984, S. 67 f.
35   Blatter 2018, S. 41 f.
36   Ebd., S. 41 f.
37   Ringli 2004, S. 184.
38   Blatter 2018, S. 43.

Ausserdem schuf die Interkantonale Hochschule für Heilpädagogik in Zürich ebenfalls in den 1980er-Jahren Ausbildungsgänge als Gebärdensprachvermittler. Auch hier war eine abgeschlossene Berufslehre die Voraussetzung zur Zulassung.[39]

Nach wie vor gibt es in der Schweiz bis heute keine universitären Ausbildungsgänge, die für Gehörlose ohne weiteres zugänglich sind. Die Zürcher Ausbildung zum Gebärdensprachvermittler gilt immerhin als eine Art Ersatzstudium. Faktisch funktioniert dieser Ausbildungsgang seit 1990 als eine Art «Mini-Gallaudet» – in Anlehnung an die weltweit erste Gehörlosen-Universität in den USA – in der Deutschschweiz. Der Ausbildungsgang beinhaltet nicht nur diverse Kurse in Gebärdensprachlinguistik, sondern umfasst auch Kurse über die Kultur der Gehörlosen und findet in Gebärdensprache statt.[40]

In der Romandie bot die Genfer Gehörlosenschule Montbrillant in der Nachkriegszeit einen Unterricht für die ganze obligatorische Schulzeit bis zum Übergang in die Berufslehre an. Seit 1970 wurde ausserdem an der Berufsschule in Lausanne ein *cours préprofessionel* durchgeführt, vergleichbar den Berufswahlklassen in St. Gallen und Hohenrain.[41] Seit den 1990er-Jahren besuchten zudem einige Gehörlose die Oberstufe der Regelschule, stets mithilfe von Kommunikationshilfen oder Gebärdensprachdolmetscherinnen und -dolmetschern.[42] Das Tessin verfügte in Bellinzona über eine Oberstufe für Gehörlose.[43]

6.5   Erfahrungsberichte von Gehörlosen

Wie erlebten die Gehörlosen die Phase der Berufsausbildung und des Berufseinstiegs? Zunächst ist festzuhalten, dass die Voraussetzungen für einen Berufseinstieg je nach Gehörlosenschule und Zeitraum des Schulbesuchs unterschiedlich waren. Die Mehrheit der befragten Gehörlosen aus der Deutschschweiz verfügte über einen Sekundarschulabschluss. Dies betrifft jedoch vor allem die jüngeren Interviewpartner und -part-

---

39   Ringli 2004; S. 208 f.
40   Boyes Braem et al. 2012, S. 64.
41   Interview mit GE hE 63–75, er hat Montbrillant 12 Jahre besucht und direkt anschliessend eine Lehre begonnen.
42   Interviews mit GE hE ca. 85–95 und GE hE 82–95.
43   Interviews mit TI hE 74–82. Leider konnte nicht in Erfahrung gebracht werden, wann die Oberstufe für Gehörlose in Bellinzona gegründet wurde.

nerinnen. Ältere Gehörlose hatten diese Möglichkeit zumeist noch nicht, da die Zürcher Sekundarschule für Gehörlose zu ihrer Schulzeit noch nicht existierte.[44] Einzelne ältere Befragte wie etwa Nikolaus Schwaiger – er ging in den 1950er-Jahren in Zürich zur Schule – konnten jedoch informell ein zehntes Schuljahr besuchen. Schwaiger wurde dafür in Zürich von einem seiner ehemaligen Gehörlosenlehrer unterrichtet. Dort hatte er neben dem Unterricht in den einschlägigen Schulfächern auch die Möglichkeit, diverse Schnupperlehren zu absolvieren, um sich so besser für einen Beruf entscheiden zu können.[45]

Zwei der interviewten Personen aus Genf besuchten in den 1970er-Jahren die Oberstufe integriert mit Hörenden an der Volksschule und wurden dabei kontinuierlich von Kommunikationshilfen, seltener auch von Gebärdensprachdolmetscherinnen und -dolmetschern unterstützt. Eine Interviewpartnerin wechselte später aufs Gymnasium. Sie musste das Gymnasium jedoch vor dem letzten Schuljahr wieder verlassen, da ihr die Invalidenversicherung die professionelle Übersetzung für den Unterricht nicht mehr bezahlte. Die andere Interviewpartnerin aus Genf absolvierte den *cours préprofessionel* in Lausanne. Ein weiterer französischsprachiger Interviewpartner absolvierte die gesamte Schulzeit von 12 Jahren an der Gehörlosenschule in Genf.[46] Ein Interviewpartner aus dem Tessin besuchte in Bellinzona die Oberstufe für Gehörlose, eine andere Tessiner Gehörlose die Oberstufe integriert mit hörenden Schülern, stets mithilfe von Gebärdensprachdolmetscherinnen und -dolmetschern.[47]

«Schlecht beraten»: Berufsberatung und Berufswahl

Welchen Einfluss übten diese veränderten Ausbildungschancen sowie die durch die IV geförderten Beratungsangebote seit 1960 auf die Berufswahl der Gehörlosen aus? Fast alle der befragten Gehörlosen besuchten in der einen oder anderen Form eine Berufsberatung, bevor sie sich für einen Beruf entschieden. In der überwiegenden Mehrheit der Fälle wurden diese Berufsberaterinnen und -berater von den Regionalstellen der IV vermittelt.[48] Mehr als die Hälfte der Befragten schilderten

---

44   Exemplarisch: Interview mit ZH hE 46–55.
45   Interview mit ZH hE 46–55.
46   Interviews mit GE hE 57–69 und GE hE 63–75; vgl. auch Interview mit GE hE 82–95.
47   Interviews mit TI gE 74–82 und TI hE 97–06.
48   SG hE 91–03 besuchte einen regulären Berufsberater. Bei ZH hE 36–55 gab es die IV noch nicht, vermutlich wurde der Berufsberater von der Taubstummen-

den Besuch bei der Berufsberatung als negatives Erlebnis. Die Beraterinnen und Berater hätten den Gehörlosen von ihrem Wunschberuf abgeraten und seien nicht auf individuelle Anliegen eingegangen. Zu Wunschberufen der befragten Gehörlosen gehörten häufig Berufe, bei denen die Berufsberatung Kommunikationsprobleme vorhersah oder die sie als zu hochqualifiziert für Gehörlose einstufte: Mathematiklehrer, Handarbeitslehrerin, Kindergärtnerin, Erzieherin, kaufmännischer Angestellter, Kosmetikerin oder ein Geschichtsstudium an der Universität. Die Berufsberatung empfahl dagegen in vielen Fällen die einschlägigen «Gehörlosenberufe»: Schreiner, Schneiderin, Damenschneiderin, Confiseurin und Buchbinder. Die meisten Befragten waren von diesen Vorschlägen enttäuscht. Sie konnten die Empfehlungen nicht nachvollziehen und fühlten sich «schlecht beraten».

Zur Illustration seien einige Beispiele angeführt. Sonja Eckmann, einer Interviewpartnerin aus der Deutschschweiz, wurde der Beruf der Schneiderin ans Herz gelegt, nicht weil sie besonders gut in der Handarbeit gewesen wäre, sondern weil der Berufsberater der IV generell der Ansicht war, Schneiderin sei ein guter Beruf für Gehörlose.[49] Einer anderen Gehörlosen aus Genf, Nadine Favre, wurde nach diversen psychologischen Eignungstests der Beruf der Confiseurin vorgeschlagen, was aus ihrer Sicht wenig Sinn machte. Von ihrem Wunschberuf, medizinische Laborantin, riet ihr die Berufsberaterin ab, da dieser für sie zu anspruchsvoll sei. Nachdem sie jedoch auf ihrem Wunschberuf bestand, halfen ihr die Association pour les sourds démutisés (ASASM) und ihr Vater, eine Lehrstelle zu finden. Favre schloss die Lehre ohne grössere Schwierigkeiten mit guten Noten ab. Sie erinnert sich daran, dass viele ihrer gehörlosen Freundinnen und Freunde mit der Beratung bei dieser Berufsberaterin ebenfalls unzufrieden waren, da diese ihre Berufswünsche nicht ernst nahm beziehungsweise sie ignorierte oder als zu anspruchsvoll abtat.[50] Vergleichbare Erfahrungen machte Sabine Monet, die in den 1980er-Jahren die Gehörlosenschule in Riehen besuchte. Sie wollte eigentlich ins Gymnasium gehen, so wie ihre Schwester. Die Lehrpersonen hätten ihr das jedoch nicht zugetraut. Zudem gab es keine Dolmetscher im Gymnasium. Ein solcher Ausbildungsweg sei in der Schule nicht gefördert worden. Sie machte dann eine Lehre – «besser

fürsorge finanziert.
49   Interview mit ZH hE 66–76.
50   Interview mit GE hE 57–69.

als gar nichts». Aber eigentlich sei dies nicht ihr Wunsch gewesen. Deswegen ging sie schliesslich einen anderen Weg und qualifizierte sich berufsbegleitend weiter.[51]

Im vergleichbaren Fall von Bruno Stolz versuchte ihn der Berufsberater davon zu überzeugen, sich den Beruf des Mathematiklehrers aus dem Kopf zu schlagen und stattdessen den Schreinerberuf zu wählen. Als Grund dafür gab er an, dass Gehörlose einen handwerklichen Beruf lernen sollten. Als er schliesslich einwilligte, habe ihn der Berufsberater anschliessend «wie ein Stück Vieh [bei den möglichen Lehrmeistern] vorgeführt und verschachert».[52] Auch Claudine Mayer, die in den 1970er-Jahren in der Gehörlosenschule St. Gallen ihren Schulabschluss machte, berichtet von negativen Erfahrungen. Die Beratungsstelle habe ihr gesagt, sie würde gut in eine Wäscherei passen. Ihr Traumberuf war jedoch Krankenschwester. Die Beraterin schlug dies aber aus und sagte, sie solle in einer Wäscherei arbeiten. Das sei besser und einfacher für sie. Sie arbeitete dann vier Jahre in der Wäscherei eines Spitals. Auch von den (hörenden) Eltern kam wenig Unterstützung. Die Mutter fand den Beruf der Krankenschwester keine gute Idee, weil sie dann Mühe bei der Kommunikation hätte.[53]

Zu den Hürden beim Berufseinstieg gehörte, dass der Schulunterricht innerhalb der Gehörlosenschulen teilweise wenig leistungsorientiert war. Diese Erfahrung machte beispielsweise Annabelle Riedli, die in den 1990er-Jahren in Hohenrain zur Schule ging. Riedli wollte ein 10. Schuljahr machen. Der Wunsch sei aber bei der Berufsberatung nicht berücksichtigt worden. Ihr sei hingegen nahegelegt worden, eine Stelle zu suchen. Sie fand eine Anstellung als Köchin, machte aber schlechte Erfahrungen, weil ihre Schulbildung mangelhaft war und nicht ausreichte, um im Berufsleben erfolgreich zu sein. Sie sei schlecht vorbereitet gewesen auf die Berufsschule und das Erwerbsleben insgesamt. Sie war nicht an Leistungsbeurteilungen gewöhnt, da es in Hohenrain keine Noten gab, sondern nur ausführliche Berichte, die aber nicht erklärt worden seien. Die Zeit ausserhalb von Hohenrain bedeutete für Riedli eine enorme Umstellung, auf die sie sich ungenügend vorbereitet fühlte. Bei der Berufswahl sei sie vor allem durch den Schuldirektor unter-

51 Interview mit BS hE 74–86.
52 Interview mit SG hE 64–75.
53 Interview mit SG hE 66–79.

stützt worden. Dieser habe Tipps für die Stellensuche gegeben. Weitere Unterstützung habe die Beratungsstelle der IV gegeben.[54]

Aufschlussreich ist schliesslich der Fall von Corinne Muset aus Genf, weil er ein Licht auf die problematische Rolle der Invalidenversicherung wirft. Die von Muset geplante Ausbildung wurde in den 1990er-Jahren von der IV verschiedentlich behindert oder verunmöglicht. Als Schülerin besuchte Corinne drei Jahre lang das Gymnasium, gemeinsam mit Hörenden und mit Unterstützung von Kommunikationshilfen. Danach strich ihr die IV die Finanzierung für die Kommunikationshilfen. Ohne diese Unterstützung schien es unmöglich, das letzte Schuljahr regulär abzuschliessen. Die IV-Beratungsstelle riet ihr, eine Lehre als Bibliothekarin zu machen, statt wie von ihr gewünscht Geschichte zu studieren. Nach der Lehre, die sie erfolgreich abschloss, wollte sie eine Berufsmatura absolvieren. Auch hier stellte sich die IV quer und finanzierte Muset die Gebärdensprachdolmetscher nur für die halbe Schulzeit. So musste sie die Berufsmatura statt wie üblich in einem Jahr über zwei Jahre verteilt absolvieren. Als sie sich danach an der Universität für ein Certificate of Advanced Studies (CAS) als Kulturvermittlerin (*médiatrice culturelle*) anmeldete, bezahlte die IV zwar während der ersten Wochen die Dolmetscherinnen und Dolmetscher, stoppte die Finanzierung dann unvermittelt. Zum Zeitpunkt des Interviews konnte die Gehörlose nur dank dem freiwilligen und unentgeltlichen Einsatz verschiedener Dolmetscherinnen und Dolmetscher das Studium weiter absolvieren.[55]

Mehr als die Hälfte der befragten Personen konnte also ihren Wunschberuf zunächst nicht ausüben. Die von der IV finanzierten Berufsberatungsstellen favorisierten vielmehr Ausbildungsgänge, die zu den typischen Gehörlosenberufen gezählt werden. Rund die Hälfte der befragten Gehörlosen absolvierten deshalb nach ihrer Erstausbildung eine Zweitausbildung, mit der sie sich ihren ursprünglichen Berufswünschen wieder etwas annäherten. Oder sie setzten sich über die Empfehlungen der Berufsberatungsstellen hinweg. Beispielhaft ist der Fall von Albert Baumann, der in den 1950er-Jahren in der St. Galler Taubstummenanstalt zur Schule ging. Maurer war sein Traumberuf. Doch die Berufsberatungsstelle riet ihm davon ab. Sie habe gemeint, das gehe gar nicht, es sei zu gefährlich wegen des Unfallrisikos. Sie hätten Tapezierer vorgeschla-

54   Interview mit LU hE 88–00.
55   Interview mit GE hE 82–95.

gen; das wollte er selber jedoch nicht. Er habe dann auf eigene Faust gesucht und sei in verschiedenen Betrieben vorstellig geworden, bis er schliesslich eine Lehre als Maurer gefunden habe. Das habe ihn «total gefreut». Die Berufsberatung für die Gehörlosen sei nicht gut gewesen, sie hätten Druck ausgeübt, welche Berufe man machen sollte und welche nicht. Was er machen wollte, wollte die Beratung nicht. Erst als er die Berufswahl selber in die Hand genommen habe, sei er erfolgreich gewesen. Den Maurerberuf habe er bis zur Pension ausgeübt.[56]

Bemerkenswert ist, dass bis auf wenige Ausnahmen alle befragten Gehörlosen für ihre Zweitausbildung einen Sozialberuf auswählten, der kommunikative Fähigkeiten und soziale Kompetenz im Umgang mit Menschen verlangt. Sie wurden Gebärdensprachausbildnerinnen oder -ausbildner, Sozialpädagogin, kultureller Animateur und *médiatrice culturelle*. Einzelne entwickelten sich auch in der Berufspraxis weiter, etwa weil sie von ihren Vorgesetzten gefördert wurden. Roland Mayer beispielsweise erzählt, dass er sich für einen Beruf entschied, der etwas mit Kunsthandwerk zu tun hatte. Dort könne man kreativ sein. Sein Chef habe ihm damals gesagt, dass er nicht geeignet sei für Grossprojekte, zum Beispiel in einem Hochhaus mit vielen Badzimmern, die gemacht werden müssten. Er habe auf seinen Chef gehört und arbeitete auf kleineren Baustellen in einem kunsthandwerklichen Beruf. Er sagt, dass früher, vor den 1970er-Jahren, Gehörlose häufig «einfache, primitive» Aushilfsjobs machen mussten. Sie waren Reinigungskräfte, Schneider oder Schuhmacher. Erst später habe sich das allmählich verändert.[57]

Nur mit Mühe: Erfahrungen in der Berufsschule

Auch während der Berufsausbildung und in der Berufsschule war die Lautsprache der Standard. Dies galt insbesondere für die Lehrbetriebe mit hörenden Lehrmeistern. Einen etwas offeneren pädagogischen Ansatz verfolgte die erwähnte Berufsschule für Hörgeschädigte in Zürich (BfHG). Rund ein Dutzend der interviewten Personen aus der Deutschschweiz absolvierten ihre Lehre an dieser Schule.[58] Einige besuchten nur den Allgemeinbildungsunterricht an der BfHG und belegten den Fachunterricht gemeinsam mit den Hörenden, wobei sie nebenher Stützunterricht erhielten. Andere absolvierten die gesamte Ausbildung

---

56   Interview mit SG hE 47–57.
57   Interview mit BS hF 67–76.
58   Alle ausser ZH hE ZH hE 46–55 und SG hE 76–86.

an der BfHG. Nur eine Interviewpartnerin besuchte die Berufsschule in einer Hörenden-Klasse ohne jede Verdolmetschung.[59]

Der Umgang an der BfHG mit der Gebärdensprache hat sich über die Jahre verändert. Nach Aussagen der Interviewten wurde der Unterricht bis in die 1980er-Jahre nur lautsprachlich abgehalten. Seit den späten 1980er-Jahren durfte offenbar im Unterricht gebärdet werden. Einzelne Befragte erinnern sich auch an Lehrer, die sich gebärdensprachlich auszudrücken wussten. Trotzdem sei auch in der jüngeren Zeit der Unterricht in der Regel lautsprachlich abgehalten worden. Nur bei Bedarf hätten Schülerinnen, Schüler und Lehrpersonen auf die Gebärdensprache zurückgegriffen. Carola Moser berichtete, sie hätte das Pech gehabt, dass ihr Allgemeinbildungslehrer an der BfHG, der nur lautsprachlich unterrichtete, einen Vollbart trug. Die gehörlosen Schülerinnen und Schüler bekundeten grösste Mühe, dem Unterricht zu folgen, da sie dem bärtigen Lehrer nur sehr schlecht von den Lippen ablesen konnten. Obwohl die Schülerinnen und Schüler ihn wiederholt auf das Problem hinwiesen, habe er das Anliegen der Gehörlosen ignoriert. Carola Moser verpasste entsprechend viel Stoff im Unterricht und erhielt prompt bei der Lehrabschlussprüfung in der Allgemeinbildung eine ungenügende Note.[60]

Auch in der Romandie zeigt sich eine vergleichbare Situation. Alle Genfer Interviewpartnerinnen und -partner besuchten die Berufsschule in Normalklassen mit hörenden Schülerinnen und Schülern. Die beiden Gehörlosen Maurice Rochat und Nadine Favre, die in den 1970er-Jahren in die Berufsschule gingen, mussten auf jegliche Hilfe während des Unterrichts verzichten. Dies war eine überfordernde Situation. Entsprechend verpassten die beiden wesentliche Bereiche des Unterrichtsinhalts. Sie erhielten jedoch nebenbei Stützunterricht und schlossen die Lehre erfolgreich ab.[61] Die anderen Genfer Befragten besuchten die Berufsschule in den 1990er- und 2000er-Jahren. Eigentlich hätten sie im Unterricht auf die durchgehende Unterstützung von Dolmetscherinnen und Dolmetschern, finanziert durch die IV, zählen dürfen. Dies war aber nur bei einer der beiden Personen tatsächlich der Fall.[62] Im anderen Fall scheiterte die Verdolmetschung an einem formalen Problem. Die Be-

59   Interview mit SG hE 76–86.
60   Interview mit SG hE 90–99.
61   Interviews mit GE hE 57–69 und GE hE 63–75.
62   Interview mit GE hE 82–95.

rufsschule fand blockweise dreimal pro Jahr während vier Wochen statt. Für so lange Zeitspannen liessen sich jedoch oft keine Dolmetscherinnen oder Dolmetscher finden. Der Gehörlose musste den Unterricht deshalb meist ohne Übersetzung bestreiten. Die Lehrabschlussprüfung bestand er in der Folge nur knapp.[63]

Im Tessin besuchten beide befragten Personen die Gehörlosenschule integriert mit Hörenden. Der eine musste die Berufsschule in den 1980er-Jahren ohne Hilfe von Dolmetscherinnen und Dolmetschern und ohne Stützunterricht bestreiten. Er berichtet von grossen schulischen Problemen, da er immer nur etwa die Hälfte des Unterrichts verstand.[64] Die andere interviewte Person, die in den 2000er-Jahren in die Berufsschule ging, fand deutlich bessere Verhältnisse vor. Der Unterricht wurde durchgehend von einem Dolmetscher oder einer Dolmetscherin begleitet.[65]

63   Interview mit GE hE ca. 85–95.
64   Interview mit TI hE 74–82.
65   Interview mit TI hE 97–06.

7 Zusammenfassung und Fazit

Dieses Buch hat die Geschichte der Gehörlosen in der Schweiz im 19. und 20. Jahrhundert aus einem besonderen Blickwinkel erzählt. Im Mittelpunkt stand die Frage, welchen Umgang die Gehörlosenpädagogik und die Gehörlosenschulen in der Schweiz mit den Gehörlosen, insbesondere mit der Gebärdensprache, pflegten. Wir haben dafür drei Ebenen untersucht: den fachwissenschaftlichen Diskurs der Gehörlosenpädagogik, den Alltag in den Gehörlosenschulen und die Auswirkungen der Schulerfahrungen auf die Biografien der Gehörlosen, insbesondere auf ihre Bildungs- und Berufschancen.

Welches sind die zentralen Erkenntnisse dieser Arbeit? Die Entwicklung der fachwissenschaftlichen Diskussion über die Gebärdensprache zeigt einige klare Linien. Im frühen 19. Jahrhundert wurden im deutsch- und französischsprachigen Raum sehr unterschiedliche Modelle und Ansätze diskutiert, um die Gehörlosen, die lange als bildungsunfähig galten, zu nützlichen Mitgliedern der Gesellschaft zu erziehen. Zu diesen Ansätzen gehörte auch die Gebärdensprache. Im Verlauf der zweiten Hälfte des 19. Jahrhunderts lässt sich eine zunehmende Fokussierung der Gehörlosenpädagogik auf lautsprachliche Ansätze feststellen. Seit dem Ende des 19. Jahrhunderts und bis in die 1970er-Jahre waren die sogenannten Oralisten, beziehungsweise die als «deutsche Schule» bezeichneten Anhänger der lautsprachlichen Pädagogik, klar tonangebend.

Die lautsprachliche Pädagogik ging mit einer Ablehnung der Gebärdensprache einher. Die Diskriminierung der Gebärdensprache ging von bestimmten sprachtheoretischen Annahmen der Aufklärungspädagogik im frühen 19. Jahrhundert aus. Die Gebärdensprache galt in der Sprachphilosophie der Aufklärung als rückständige, primitive Vorläuferin der Lautsprachen. Zugleich manifestierte sich in aufklärerischen Kreisen ein verstärkter Glaube an die Erziehbarkeit menschlicher Individuen und an die Macht pädagogischen Wissens. Das Bildungswesen des 19. Jahrhunderts, insbesondere auch der Volksschulgedanke, war ein Kind der Aufklärung. Dies hatte auch Folgen für den Umgang mit Gehörlosen. Die Umwandlung der alten Taubstummenanstalten, die im

19. Jahrhundert noch weitgehend Versorgungszwecken dienten, in Gehörlosenschulen war eine Folge dieses pädagogischen Idealismus. Ziel dieser schulischen Anstalten war, die Gehörlosen in die hörende Gesellschaft zu integrieren. Der Königsweg dorthin bildete die Lautsprache. Gehörlosen und Schwerhörigen schien am besten geholfen, wenn man sie befähigte, sich lautsprachlich zu artikulieren.

Der Umbruch von einer vielgestaltigen Pädagogik des frühen 19. Jahrhunderts, innerhalb derer auch die Gebärdensprache ein anerkanntes Kommunikationsmittel war, zur lautsprachlichen Norm des späten 19. und des 20. Jahrhunderts verlief schrittweise. Der vielzitierte internationale Taubstummenlehrer-Kongress 1880 in Mailand, an dem sich die Oralisten international durchsetzten, war ein symbolisch wichtiger Moment. Hier wurden für alle Fachleute sichtbar die Weichen für die reine lautsprachliche Methode gestellt. Aber 1880 war kein Schicksalsjahr, in dem die Gehörlosenpädagogik eine radikale Wende vollzog. Lautsprachliche Ansätze waren schon vor 1880 verbreitet und konnten sich in verschiedenen Einrichtungen oft erfolgreich gegenüber konkurrierenden Modellen durchsetzen, insbesondere in Deutschland und der Schweiz, aber auch in Frankreich und Italien. Umgekehrt finden sich auch nach 1880 noch lange Fachvertreter, die sich gegen eine völlige Ablehnung der Gebärden stellten. Gerade in Deutschland argumentierten verschiedene gehörlose Pädagogen für den Einbezug der Gebärden in den Gehörlosenunterricht. Solche Positionen wurden im frühen 20. Jahrhundert auch von der frühen Gebärdenbewegung aufgegriffen.

Insgesamt blieb die Herrschaft der Lautsprache jedoch über weite Strecken des 20. Jahrhunderts bestehen, in der Schweiz wie im europäischen Ausland. Die erneute Wende zu offeneren pädagogischen Modellen bahnte sich erst in den 1960er-Jahren an, angestossen durch neue sprachwissenschaftliche Erkenntnisse über die Gebärdensprache, insbesondere in der angelsächsischen Forschung. Dies führte in den 1970er-Jahren zu einem allgemeinen Umdenken in der Gehörlosenpädagogik hin zu bilingualen Ansätzen, die mit einer Kombination von Laut- und Gebärdensprachen operierten. Hinzu kam eine erstarkte Gehörlosenbewegung, die ihre Sprache als Kern einer eigenständigen Kultur verteidigte und damit ebenfalls zur Rehabilitation der Gebärdensprache beitrug.

Auch die Geschichte der Schulen und Einrichtungen für Gehörlose kennt keine klaren Brüche. Vor allem war die Unterrichtspraxis in den

Gehörlosenschulen nicht einfach das Spiegelbild der internationalen pädagogischen Debatten. Die sechs Fallbeispiele, die wir untersucht haben, deuten auf eine Eigenlogik der Gehörlosenschulen hin. Die Schulen in Zürich, Genf, Riehen (bei Basel), St. Gallen, Hohenrain (Luzern) und Locarno orientieren sich zwar an den Fachdebatten – und zwar in zunehmendem Masse –, gingen aber in deren Umsetzung jeweils eigene Wege. In einem Punkt aber herrschte Einigkeit. Alle untersuchten Gehörlosenschulen waren im 20. Jahrhundert klar vom lautsprachlichen Ansatz geprägt. Sie grenzten alle in der einen oder anderen Form die Gebärdensprache aus dem Schul- und Internatsbetrieb aus. Die Ausgrenzung der Gebärdensprache bezog sich primär auf den Unterricht und wurde dort auch rigide durchgesetzt.

In der Umsetzung dieses Grundsatzes zeigen sich aber durchaus Unterschiede. Einige Schulen waren liberaler als andere und öffneten sich seit den 1960er-Jahren schrittweise gegenüber der Gebärdensprache. In der Gehörlosenschule Zürich beispielsweise war der neu berufene Direktor Gottfried Ringli bereits in den 1960er-Jahren unzufrieden mit den Ergebnissen des reinen Lautspracheunterrichts. Er hielt eine radikale Umsetzung der lautsprachlichen Methode nicht für effektiv, da sie verhinderte, dass die Gehörlosen ein eigenes Sprachempfinden aufbauen konnten. Zu einem umfassenden Sprachempfinden gehörte nach Ringli auch die Gebärdensprache. Offiziell wich Zürich erst in den 1970er-Jahren von der reinen Lautsprachenmethode ab und führte Lautsprachbegleitende Gebärden (LBG) ein. Doch schon in den 1960er-Jahren gab sich die Zürcher Schule tolerant gegenüber gebärdenden Kindern. Auch die Gehörlosenschule Montbrillant in Genf und die Basler Schule in Riehen wichen relativ früh vom lautsprachlichen Ansatz ab, bereits in den 1980er-Jahren, teilweise durch bilinguale Methoden, die die Gebärdensprache mehr oder weniger im Schulunterricht erlaubten und förderten. St. Gallen, Hohenrain und Locarno verhielten sich konservativer. Die Tessiner Gehörlosenschule Sant'Eugenio verfolgte einen starren lautsprachlichen Ansatz, bis sie 1991 geschlossen wurde. Danach wurden die Kinder integriert in der Volksschule, unter Rückgriff auf bilinguale Ansätze, unterrichtet. Hohenrain und St. Gallen blieben noch in den 1990er-Jahren dem lautsprachlichen Modell verpflichtet.

Auch die Erfahrungen von gehörlosen Schülerinnen und Schülern sowie diejenigen von Lehrpersonen, Erzieherinnen und Erziehern wurden in dieser Studie untersucht, gestützt auf zahlreiche Interviews mit Zeitzeuginnen und Zeitzeugen. Dabei zeigt sich, dass man die Geschichte der schweizerischen Gehörlosenpädagogik nicht einfach als Fortschrittsgeschichte schreiben kann. Auf der einen Seite stehen zwar die pädagogischen Bemühungen, gehörlose Kinder in täglicher Kleinarbeit zu kommunikationsfähigen Mitgliedern der Gesellschaft zu schulen und sie auf diesem Weg auch in die Arbeitswelt zu integrieren. Auf der anderen Seite stehen die Erfahrungen der Gehörlosen, die den Schulalltag meist als Belastung, häufig auch als Verletzung ihrer persönlichen Integrität erlebten. Viele trugen bleibende Traumatisierungen davon.

Die Geschichte der Gehörlosenbildung ist mit anderen Worten eine zwiespältige Geschichte, die je nach Perspektive unterschiedlich ausfällt. Sie ist von drei strukturellen Problemfeldern geprägt. Diese sind auch verantwortlich für die überwiegend negativen Erfahrungen, die Gehörlose in den schweizerischen Taubstummenanstalten und Gehörlosenschulen zumindest bis in die 1970er-Jahre machten.

1. Die reine Lautsprachenlehre war eine in ihrer Radikalität verhängnisvolle Weichenstellung. Die heutige Gehörlosenpädagogik ist sich einig, dass der radikale Oralismus sowohl die gehörlosen Kinder wie die pädagogisch Verantwortlichen überforderte. Das Ziel, über einen rein lautsprachlichen Unterricht gehörlose Kinder in eine hörende Gesellschaft zu integrieren, war zu ambitioniert und kaum einlösbar. In der schulischen Praxis erwies sich der Ansatz als kontraproduktiv. Die lautsprachliche Methode machte bei Schwerhörigen zwar durchaus Sinn. Bei Gehörlosen dagegen führte sie zu anhaltenden Verständigungsproblemen zwischen Lehrpersonal und Schülerinnen und Schülern sowie zu zahllosen Konflikten, Strafaktionen, ungenügenden Schulleistungen und Frustrationen auf beiden Seiten. Die Gehörlosen konnten dem Schulstoff oft nicht angemessen folgen, sahen sich benachteiligt und versuchten sich über andere Wege zu helfen, um den Anforderungen des Unterrichts zu genügen. Bei diesen Kompensations- und Ersatzhandlungen spielte die Gebärdensprache, als eine besser funktionierende Kommunikationsform, eine wichtige Rolle. Bisweilen erhielten die Kinder im Rahmen des ordentlichen Schulbetriebs einen Stützunterricht. In anderen Fällen, oder wenn der Stützunterricht nichts brachte, griffen Schülerinnen und Schüler auf die Gebärdensprache oder auf externe Hilfe, etwa bei ihren Eltern, zurück. Gegenüber der Gebärdensprache blieb jedenfalls die lautsprachliche Artikulation immer defizitär.

Der Mailänder Kongress von 1880 hatte die Probleme durchaus kommen sehen. Der Kongress einigte sich nicht nur auf die lautsprachliche Methode, sondern appellierte zugleich an die nationalen Regierungen, deutlich mehr Mittel in die Gehörlosenpädagogik zu investieren. Zwar bauten die alten Taubstummenanstalten im 20. Jahrhundert ihre Infrastruktur und ihr qualifiziertes Personal schrittweise aus. In vielen Einrichtungen blieben die Betreuungsverhältnisse aber bis in die 1970er-Jahre prekär. Den Beteiligten – auch den Lehrpersonen und Erziehenden – war im Schul- und Internatsbetrieb oft klar, dass die reine Lautsprachemethode mehr schlecht als recht funktionierte. Im Schulunterricht war Gebärden verboten, in der Pause aber wurden Gebärden toleriert – weil es einfach praktischer war. Letztlich blieb der lautsprachliche Unterricht für die meisten Gehörlosen ein ineffizienter Kraftakt und eine pädagogische Utopie, auch dort, wo mehr pädagogische Ressourcen zur Verfügung standen.

Mehr noch: Der Fokus auf die Spracherziehung wirkte sich negativ auf die Qualifikationen in anderen Fächern aus. Einerseits blieb dafür vergleichsweise weniger Zeit, andererseits war der Unterricht von strukturellen Verständnisschwierigkeiten belastet. Vor allem auf beruflicher Ebene wirkten sich diese Defizite nachhaltig belastend auf die Gehörlosenbiografien aus. Angesichts der oft bescheidenen schulischen Erfolge galten Gehörlose zwar nicht mehr als bildungsunfähig, aber nach wie vor als beschränkt bildungsfähig. Bis in die jüngste Vergangenheit waren das Universitätsstudium und die akademischen Berufe für Gehörlose faktisch kaum zugänglich. Die schulische und berufliche Bildung zielte klar auf gering- und mittelqualifizierte Berufe, insbesondere auf handwerkliche und in letzter Zeit zunehmend auf soziale Berufe. Ambitioniertere Pläne, etwa seitens der betroffenen Gehörlosen, wurden von den Verantwortlichen (Lehrpersonal, Schulleitungen, Berufsberatung der Invalidenversicherung) oft durchkreuzt. Die Gehörlosen erlebten diese Beschränkungen ihrer biografischen Perspektiven als klar diskriminierend.

2. Die Ausgrenzung der Gebärdensprache hatte weitreichende Folgen für die Persönlichkeitsentwicklung der Gehörlosen. Viele Gehörlose betrachteten die Gebärdensprache als identitätsstiftende Kommunikationsform. Seit den 1970er-Jahren nahmen die Selbsthilfeorganisationen die Anerkennung der Gebärdensprache in ihr politisches Programm auf. Die Ausrichtung der Gehörlosenschulen auf den reinen

Lautspracheunterricht war hingegen mit vielfältigen Stigmatisierungen verbunden. Häufig bildeten Schulen mit den Eltern der Gehörlosen – vor allem hörenden Eltern – eine Allianz zur Marginalisierung der Gebärdensprache.

Die lautsprachliche Orientierung der Gehörlosenschulen führte zur paradoxen Situation, dass sich die Einrichtungen im 20. Jahrhundert ungewollt zu einer Plattform für die Vermittlung der Gebärdensprache entwickelten. Die Gebärdensprache wurde an den Rändern des Schulbetriebs – im Kindergarten, auf dem Pausenplatz, nach der Schule – gepflegt. Viele gehörlose Kinder gingen gerne in die Gehörlosenschulen, allerdings oft nicht wegen des Unterrichts im engeren Sinne, sondern wegen der versteckten Möglichkeiten, sich untereinander in Gebärden auszutauschen. Die praktizierten Gebärden blieben aber oft basal und sind nicht mit der etablierten Gebärdensprache zu vergleichen.

Vor diesem Hintergrund fühlten sich viele Gehörlose durch den lautsprachlichen Zwang eher behindert denn gefördert. Der Integrationsgedanke wurde als Pflichtübung erlebt. Die lautsprachlichen Kenntnisse blieben defizitär; solche in Gebärdensprache wurden lange gänzlich vernachlässigt. Die gehörlosen Schülerinnen und Schüler sahen sich sprachlich nicht integriert, sondern ausgegrenzt. Dies betrifft vor allem die älteren Generationen von Gehörlosen, die bis in die 1970er-Jahre zur Schule gingen. Viele unter ihnen erhielten nie einen soliden Spracherwerb, weder lautsprachlich noch in der Gebärdensprache.

3. Die psychischen Belastungen der Gehörlosen wurden noch verstärkt durch institutionalisierte Gewaltpraktiken, die in vielen Anstalten bis mindestens in die 1960er-Jahre verbreitet waren. Die befragten Gehörlosen berichten von zahlreichen Integritätsverletzungen – Körperstrafen, entwürdigenden Ritualen oder physischen Übergriffen –, die sie im Schul- und Internatsalltag erlebten. In der Zeit der Taubstummenanstalten, die bis in die 1960er-Jahre reichte, waren die Schulen als geschlossene Einrichtungen mit Internatsbetrieb organisiert. Die Internate waren damals meist hierarchisch geführt. Das Tagesprogramm war rigide. Disziplinarische Körperstrafen gehörten zur Tagesordnung. Der Betrieb mit seinen unhinterfragten Hierarchien eröffnete auch Gelegenheiten für Übergriffe und Missbräuche. Die betroffenen Kinder konnten sich kaum gegen Gewalt und Missbrauch wehren. Beschwerden oder Widerstand führten meist nicht zu nachhaltigen Veränderungen der Schulen. Aus Scham und Angst verschwiegen viele Kinder auch gegenüber ihren

Eltern die negativen Vorfälle und Erlebnisse. In dieser Hinsicht gleichen die Erzählungen der Gehörlosen den Schilderungen ehemaliger Heim- und Verdingkinder.

Man darf das Anstaltswesen beziehungsweise die Internatsschulen allerdings nicht pauschal verurteilen. Nicht die geschlossenen Einrichtungen waren das Problem. Die Missstände hatten mit der dürftigen finanziellen Ausstattung, verfehlten pädagogischen Orientierungen, mangelhafter Aufsicht sowie der Art und Weise der Anstalts- und Personalführung zu tun. Wenn einer Erzieherin die Verantwortung für eine Gruppe von zwanzig, dreissig Kindern übertragen wurde, dann waren Überforderung und Frustration vorprogrammiert.

Seit den 1970er-Jahren erlebten einige Anstalten einen Öffnungsprozess, bei dem auch pädagogisch einiges in Bewegung kam. Die Veränderungen waren vielschichtig: Der Internatsbetrieb ging zurück, eine wachsende Zahl von Schülerinnen und Schülern wohnte nun bei ihren Familien; das Personal wurde qualifizierter, die Betreuungsverhältnisse verbesserten sich. Die Gehörlosenpädagogik öffnete sich gegenüber neuen, partizipativeren Ansätzen und begann, die Gebärdensprache schrittweise in den Unterricht einzugliedern – bis hin zur Ausbreitung bilingualer Ansätze seit den 1980er-Jahren. In den Medien und der Öffentlichkeit setzte sich ein neues, weniger diskriminierendes Bild von Menschen mit Behinderungen durch. Das UNO-Jahr der Behinderten (1981) sowie die Aufnahme regelmässiger Sendungen für Gehörlose ins Programm des Schweizer Fernsehens ab 1981 bildeten symbolhafte Momente für die schrittweise Anerkennung der Gehörlosengemeinschaft.[1] Nicht alle Gehörlosenschulen wandelten sich allerdings gleich schnell. Einige gingen aktiv voran; bei anderen erhält man den Eindruck, sie fügten sich eher passiv dem neuen Zeitgeist.

Dieses Buch konnte verschiedene Aspekte der Gehörlosengeschichte der Schweiz nur ansatzweise behandeln. Die Rolle der Eltern – hörender wie gehörloser – in den Biografien von Gehörlosen hätte sicher eine vertiefende Studie verdient. Dies gilt auch für die Folgen der jüngsten medizinischen Entwicklungen, insbesondere der Ausbreitung der Cochlea-Implantate. Die Auswirkungen der CI-Technologie auf die Gehörlosenpädagogik und den Umgang mit der Gebärdensprache fallen in einen Zeitraum, der ausserhalb unserer Untersuchungsperiode liegt.

---

1   Thiemeyer 2018, S. 1. Vgl. auch Interview mit BS Pe 81–01.

Wir konnten zudem die Geschichte der Gehörlosenbildung nur punktuell in breitere Zusammenhänge einordnen. Die Vergleichsperspektive müsste in verschiedener Hinsicht genauer untersucht werden. Wir wissen noch zu wenig über den Stellenwert der Gehörlosenschulen im Vergleich mit anderen heilpädagogischen Einrichtungen (Schulen für Körperbehinderte oder Sehbehinderte) oder mit den Regelklassen der Volksschule. Auch der Status der Gehörlosenpädagogik innerhalb der Heil- und Sonderpädagogik sowie das Verhältnis zwischen pädagogischen und medizinischen Zugängen müsste vertiefter untersucht werden. Die Geschichte der Gehörlosen verdient auch nach diesem Buch unsere volle Aufmerksamkeit.

8   Quellen- und Literaturverzeichnis

8.1   Archivquellen

Staatsarchiv des Kantons Zürich (StAZH)

Archiv der Gehörlosenschule Zürich (Ablieferungsnummer 2016/109)
– Jahresberichte der Schule: 1827 bis 2005.
– Protokolle des Hauskonvents: 1966 bis 2005.
– Ordner «Konzept»: 1960 bis 1989.
– Diverse Ordner zum Thema «Klärung der Methodenfrage» und zum
  «LBG-Projekt»: 1970er- bis 1990er-Jahre.

Staatsarchiv des Kantons St. Gallen (StASG)

Archiv der Sprachheilschule St. Gallen (1847–2011) (A 451)
– A 451/1: Verein und Kommissionen (1847–2011)
– A 451/2: Schulpersonal (1847–1996)
– A 451/3: Schülerschaft, Schulbetrieb, Infrastruktur (1859–2009)
– A 451/3.1.2-1: Schülerdossiers: Gehörlose Schülerinnen und Schüler
  (1939–1982).
– A 451/3.1.9: Erinnerungen eines ehemaligen Schülers (um 2000).
– A 451/4: Jubiläen (1884–1985)
– A 451/4.4: 100-Jahr-Jubiläum (1959): Diese Akte enthält unter anderem Fest-
  programm, Jubiläumsansprache, Gästelisten, Glückwunschtelegramme,
  Ansprache eines ehemaligen Schülers, Jubiläumsschrift, Broschüre
  «Chronik».
– A 451/4.5: 125-Jahr-Jubiläum (1984–1985): Diese Akte enthält unter anderem
  Gästelisten, Dankesschreiben, Unterlagen zum Festgottesdienst, Jubi-
  läumsschrift, Dokumentation eines ehemaligen Schülers (1958–1969),
  Erinnerungen und tabellarische Zusammenstellungen.
– A 451/5: Seelsorge, Fürsorge, Integration (1850–2011)
– A 451/6: Pressedokumentation (1942–1996)

Taubstummenanstalt und Sprachheilschule: Diverse Berichte und Rechnungen
  (1859–) (ZA 483)
– ZA 483B: Taubstummen-Anstalt und Sprachheilschule in St. Gallen: Jahresberichte (1937–1959).

- ZA 483C: Taubstummen- und Sprachheilschule St. Gallen: Jahresberichte (1959–1982).
- ZA 483E: St. Gallischer Hilfsverein für gehör- und sprachgeschädigte Kinder und Erwachsene: Jahresberichte der Sprachheilschule (1985–2004).
- ZA 483F: Sprachheilschule St. Gallen: Jahresberichte (2005–).

Staatsarchiv Luzern

Sonderschulen Hohenrain Luzern (A 1645; AKT 411; A 635)

- A 1645/7 bis 8: Berichte zur Entstehung und Entwicklung der kantonalen Sonderschule Hohenrain, Texte im Zusammenhang mit den pädagogischen Konzepten 1964–1985
- A 1645/14: Staatsverwaltungsberichte, Jahresberichte 1967–1991
- A 1645/19 bis 39: Administrative Unterlagen. Aufsichtskommission 1961–1998
- A 1645/42 bis 60: Administrative Unterlagen. Direktion Korrespondenz 1952–1989
- A 1645/129 bis 420: Klienten. Schülerakten ca. 1950–2000
- AKT 411/2889: Reglement für die Taubstummenanstalt in Hohenrain 1906
- AKT 411/2896: Disziplinaruntersuchung gegen den Direktor des Erziehungsheims Hohenrain 1959
- A 635/5417: 851; Einzelfalldossiers Sonderschulen Hohenrain, 1943–1945

Provinzialarchiv Kloster Ingenbohl, Brunnen

- H6a–g: Hauschroniken (1912–1999)
- 7.09: 015.01 bis 09: Akten, Jahresberichte, Publikationen (1847–1999)

Staatsarchiv Basel-Stadt (StABS)

Archiv der Taubstummenanstalt Riehen (1677–1983) (PA 769a)
- G1a: Jahresberichte (handschriftlich) (1840–1879): Arnold, Wilhelm Daniel: Sechsunddreissigster Jahresbericht [...] 17. Mai 1875.

Schweizerisches Sozialarchiv

- Zeitungsausschnittsammlung, Akte ZA 66.6 * 12: Gehörlose 1945–2006.

8.2 Interviews und Videoquellen

Interviews

Bei anonymisierten Interviews gibt die Abkürzung (zum Beispiel: ZH hE 46–55) an, zu welcher Anstalt und welchem Zeitraum sich die interviewte Person äussert. Die Abkürzung bezeichnet den Kanton (ZH, SG, GE, BS, LU, TI), die Dauer des Aufenthalts in einer Gehörlosenschule (nach Jahren: 46–55 = 1946 bis 1955) und den Status der Eltern (hörende Eltern = hE, gehörlose Eltern = gE).

Interviews zur Gehörlosenschule Zürich (heute: Zentrum für Gehör und Sprache Zürich)
- ZH hE 46–55: Interview vom 4. Oktober 2016, Dauer: 103 min.
- ZH hE 66–76: Interview vom 20. Oktober 2016, Dauer: 102 min.
- ZH gE 91–00: Interview vom 26. Oktober 2016, Dauer: 62 min.
- ZH gE 03–07: Interview vom 17. Oktober 2016, Dauer: 75 min.

Interviews zur Gehörlosenschule St. Gallen (heute: Sprachheilschule St. Gallen)
- SG gE 53–63: Interview vom 27. Oktober 2016, Dauer: 123 min.
- SG hE 64–75: Interview vom 24. Oktober 2016, Dauer: 94 min.
- SG hE 76–86: Interview vom 21. Oktober 2016, Dauer: 122 min.
- SG hE 90–99: Interview vom 6. Dezember 2016, Dauer: 72 min.
- SG gE 65–75: Interview vom 12. Oktober 2018, Dauer: 185 min.
- SG hE 67–73: Interview vom 12. Oktober 2018, Dauer: 185 min.
- SG hE 47–57: Interview vom 27. September 2018, Dauer: 161 min.
- SG hE 59–69/I: Interview vom 27. September 2018, Dauer: 161 min.
- SG hE 59–69/II: Interview vom 27. September 2018, Dauer: 161 min.
- SG hE ca. 57–67: Interview vom 27. September 2018, Dauer: 161 min.
- SG hE 57–66: Interview vom 27. September 2018, Dauer: 161 min.
- SG Pe 75–80/85–18: Interview vom 4. Juli 2018, Dauer: 87 min.
- SG Pe 74–02: Interview vom 6. Juni 2018, Dauer: 61 min.
- SG Pe 71–76/ 89–10: Interview vom 25. Mai 2018, Dauer: 88 min.
- SG Pe 79–97: Interview vom 4. Juli 2018, Dauer: 87 min.
- SG hE 66–79: Interview vom 5. September 2018, Dauer: 91 min.

Interviews zur Gehörlosenschule Montbrillant Genf (heute: Centre pour enfants sourds de Montbrilant, Genève)
- GE hE 57–69: Interview vom 8. Dezember 2016, Dauer: 134 min.
- GE hE 63–75: Interview vom 9. Dezember 2016, Dauer: 114 min.
- GE hE 82–95: Interview vom 20. Dezember 2016, Dauer: 128 min.
- GE hE ca. 85–95: Interview vom 22. Dezember 2016, Dauer: 131 min.

Interviews zur Gehörlosenschule Riehen (heute: GSR. Zentrum für Gehör,
   Sprache und Kommunikation, Riehen)
- BS Pe 75–80: Interview vom 15. Februar 2018, Dauer: 109 min.
- BS Pe 73–97: Interview vom 15. Juni 2018, Dauer: 101 min.
- BS hE 76–86: Interview vom 10. August 2018, Dauer: 116 min.
- BS hE 74–86: Interview vom 16. August 2018, Dauer: 86 min.
- BS Pe 81–01: Interview vom 21. Juni 2018, Dauer: 88 min.
- BS Pe 84–19: Interview vom 29. Juni 2018, Dauer: 108 min.
- BS hE 67–76: Interview vom 5. September 2018, Dauer: 91 min.
- BS Pe 75–00: Interview vom 23. Juli 2018, Dauer: 85 min.
- BS Pe 80–98: Interview vom 28. Juni 2018, Dauer: 70 min.

Interviews zur Gehörlosenschule Hohenrain, Luzern (heute: Heilpädagogisches
   Zentrum Hohenrain)
- LU hE 68–78: Interview vom 7. November 2018, Dauer: 86 min.
- LU hE 72–76: Interview vom 7. November 2018, Dauer: 86 min.
- LU hE 66–80: Interview vom 7. November 2018, Dauer: 86 min.
- LU hE 88–00: Interview vom 8. November 2018, Dauer: 58 min.
- LU hE 60–73: Interview vom 7. November 2018, Dauer: 77 min.
- LU hE 56–67: Interview vom 7. November 2018, Dauer: 77 min.
- LU hE 51–58: Interview vom 8. November 2018, Dauer: 73 min.
- LU hE 56–66: Interview vom 8. November 2018, Dauer: 73 min.
- LU Pe 54–92: Interview vom 23. März 2018, Dauer: 86 min.
- LU Pe 65–71: Interview vom 23. März 2018, Dauer: 86 min.

Interviews zur Gehörlosenschule Locarno (heute: Istituto Sant'Eugenio,
   Locarno)
- TI Pe 70–01/I: Schriftliches Interview vom 7. Januar 2017.
- TI Pe 70–01/I: Interview vom 19. April 2018, Dauer: 60 min.
- TI Pe 70–01/II: Schriftliches Interview vom 7. Januar 2017.
- TI Pe 70–01/II: Interview vom 19. April 2018, Dauer: 60 min.
- TI hE 74–82: Interview vom 13. Januar 2017, Dauer: 116 min.
- TI hE 97–06: Interview vom 13. Januar 2017, Dauer: 106 min.

Videoquellen

- Sendung SIGNES vom 21. 10. 1996, ausgestrahlt auf Télévision Suisse
   Romande.

8.3 Gedruckte Quellen

Fachzeitschriften

- ASASM, rapports annuels 1949–1991. Lausanne.
- Organ der Taubstummen- und Blinden-Anstalten in Deutschland und den deutschredenden Nachbarländern. (1838–1880)
- Pro Infirmis (1942–1993)

Einzelpublikationen

Ammann, Hans: Internationaler Kongress für Taubstummenfürsorge, in: Pro Infirmis, No. 3, 1950/51, S. 79–83.

Ammann, Hans: Taubstummen- und Sprachheilschule St. Gallen. Das taubstumme Kind und seine Bildung, ca. 1980.

Brun, Luciana: Scuola speziale per audiolesi, centro otologopedico cantonale Locarno, in: Pro Infirmis 1976 (1), S. 32–34.

Bühr, Wilhelm: Das Taubstumme Kind. Seine Schulung und Erziehung. Führer durch die schweizerische Taubstummenbildung, St. Gallen 1928.

Frese, August: Und noch einmal Riehen, in: Organ der Taubstummen- und Blinden-Anstalten in Deutschland und den deutschredenden Nachbarländern, 8, 1877, S. 137–141.

Frese, August: Und noch einmal Riehen, Schluss, in: Organ der Taubstummen- und Blinden-Anstalten in Deutschland und den deutschredenden Nachbarländern, 9 und 10, 1877, S. 157–163.

Heidsiek, Johann: Der Taubstumme und seine Sprache. Breslau 1889.

Heidsiek, Johann: Ein Notschrei der Taubstummen. Breslau 1891.

Jörgensen, Georg: Zwei deutsche Taubstummen-Anstalten. Ein Reisebericht. Berlin 1875.

«L'enfant sourd et l'école: réalités et perspectives. Colloque du 8 novembre 1980, Centre de l'ouïe et de la parole de Montbrillant, Genève», in: Cahier du Service médico-pédagogique, No. 2, Genf 1982.

Martig-Gisep, A.: Die Aufgabe unserer Taubstummenanstalten, in: Pro Infirmis, No. 9, 1953/54, S. 262–267.

Matthias, Ludwig C.: Ueber die Geberdensprache in der Tausbtummen-Anstalt zu Riehen, in: Organ der Taubstummen- und Blinden-Anstalten in Deutschland und den deutschredenden Nachbarländern, 11, 1875, S. 169–173.

Nager, Felix: Die Taubstummheit im Lichte der neuen Forschung und Anschauung. Akademische Antrittsvorlesung gehalten am 19. Dezember 1908, Friedberg i. II. o. D.

Renz, Karl: Ein Besuch in der Taubstummenanstalt zu Riehen, in: Organ der Taubstummen- und Blinden-Anstalten in Deutschland und den deutschredenden Nachbarländern, 11, 1876, S. 165–170.

Renz, Karl: Eine Antwort auf «Und noch einmal Riehen», in: Organ der Taubstummen- und Blinden-Anstalten in Deutschland und den deutschredenden Nachbarländern, 11, 1877, S. 194–198.

Schumann, Georg; Schumann, Paul (Hg.): Samuel Heinickes gesammelte Schriften, Leipzig 1912.

Sutermeister, Eugen: Quellenbuch zur Geschichte des schweizerischen Taubstummenwesens. Ein Nachschlagebuch für Taubstummenerzieher und -freunde. 2 Bände, Bern 1929.

Ulrich, Marianne: Die Taubstummenehe und ihre praktischen Auswirkungen, Zürich 1943 (Diplomarbeit).

Walther, Eduard: Handbuch der Taubstummenbildung, Berlin 1895.

8.4 Sekundärliteratur

Ahrbeck, Bernd: Gehörlosigkeit und Identität. Probleme der Identitätsbildung Gehörloser aus der Sicht soziologischer und psychoanalytischer Theorien. Hamburg 1992.

Akermann, Martina; Furrer, Markus; Jenzer, Sabine: Bericht Kinderheime im Kanton Luzern im Zeitraum von 1930–1970, Luzern 2012.

Akermann, Martina et al.: Kinderheim und Sekundarschule St. Iddazell, Zürich 2014 (Bericht der BLG Beratungsstelle für Landesgeschichte, zuhanden des Vereins Kloster Fischingen).

Altermatt, Urs: Katholizismus und Moderne. Zur Sozial- und Mentalitätsgeschichte der Schweizer Katholiken im 19. und 20. Jahrhundert, Zürich 1989.

Ammann, Hans: 80 Jahre Taubstummenanstalt St. Gallen – 1859–1939, St. Gallen 1939.

Ammann, Ruth; Schwendener, Alfred: «Zwangslagenleben». Biografien von ehemals administrativ versorgten Menschen, Zürich 2019.

Baynton, Douglas C.: Forbidden Signs. American Culture and the Campaign against Sign Language. Chicago 1998, S. 154–156.

Betschart, Marlies: «Das Gold entdecken, das in jedem Menschen verborgen liegt». Die Ingenbohler Schwestern an den Sonderschulen Hohenrain 1873–1999, Hohenrain 1999.

Blaser, Vera: «Die ganze Schulung wäre fast sinnlos, wenn keine wirtschaftliche Eingliederung möglich wäre». Die berufliche Eingliederung Gehörloser an der Taubstummenanstalt und Sprachheilschule St. Gallen (1930er–1950er Jahre), Masterarbeit, Historisches Institut, Universität Bern, Bern 2019.

Blatter, Viviane: «Für die ganze Sonderschulung beginnt mit der Einführung der IV eine völlig neue Epoche». Entwicklungen in der Deutschschweizer Gehörlosenpädagogik 1960–1991, Masterarbeit, Departement Geschichte, Universität Basel, Basel 2018.

Bosshard-Boner, Heidi: Im Spannungsfeld von Politik und Religion. Der Kanton Luzern von 1831 bis 1875, 2 Bände, Basel 2008 (Luzerner Historische Veröffentlichungen 42).

Boyes-Braem, Penny et al.: Die Verwendung der Gebärden in der Schweiz: Projekte der Schulen von Zürich und Genf, in: Verein zur Unterstützung des Forschungszentrums für Gebärdensprache. Informationsheft, Nr. 12, Basel 1987.

Boyes Braem, Penny et al.: Gebärdenspracharbeit in der Schweiz: Rückblick und Ausblick, in: Das Zeichen, Nr. 90, 2012, S. 58–74.

Breitenmoser (1947a), Anton: Die Anfänge in der Taubstummenbildung im Kanton Luzern, in: Erziehungsdepartement des Kantons Luzern (Hg.): 100 Jahre Taubstummenanstalt Hohenrain. 1847–1947, Luzern 1947, S. 29–42.

Breitenmoser (1947b), Anton: Die Leiter der Anstalt seit 1847, in: Erziehungsdepartement des Kantons Luzern (Hg.): 100 Jahre Taubstummenanstalt Hohenrain. 1847–1947, Luzern 1947, S. 55–57.

Breitenmoser (1947c), Anton: Das Wachsen der Anstalt im Laufe eines Jahrhunderts, in: Erziehungsdepartement des Kantons Luzern (Hg.): 100 Jahre Taubstummenanstalt Hohenrain. 1847–1947, Luzern 1947, S. 43–54.

Broch, Erwin; Chassot, Anne: Die berufliche Bildung hörbehinderter Menschen in der Schweiz. Aspekte, Bd. 21, Luzern 1987.

Bürgergemeinde der Stadt Basel (Hg.): Zuhause auf Zeit. 350 Jahre Bürgerliches Waisenhaus Basel, Basel 2019.

Bütikofer, Werner: 50 Jahre Berufsschule für Hörgeschädigte in Zürich – Basis für das Leben und das Bestehen in der Welt der Hörenden, in: Hörpäd, 2005 (1), S. 30.

Calcagnini Stillhard, Elisabeth: Das Cochlear-Implant. Eine Herausforderung für die Hörgeschädigtenpädagogik. Luzern 1994.

Canonica, Alan: Beeinträchtigte Arbeitskraft. Konventionen der beruflichen Eingliederung zwischen Invalidenversicherung und Arbeitgeber (1945–2008), Zürich 2020.

Caramore, Benno: Die Gebärdensprache in der schweizerischen Gehörlosenpädagogik des 19. Jahrhunderts, Hamburg 1988.

Caramore, Benno; Hemmi, Peter: Bilder sagen Gehörlosen mehr als viele Worte. Ein Einblick in das Leben und die Kultur gehörloser Menschen in der deutschen Schweiz zu Beginn des 21. Jahrhunderts (Arbeiten zur Sprache, Kultur und Geschichte Gehörloser 49), Zürich 2015.

Cloeren, Hermann J.: Historisch orientierte Sprachphilosophie im 19. Jahrhundert, in: Dascal, Marcelo et al. (Hg.): Sprachphilosophie. Ein internationales Handbuch, 1. Halbband, Berlin 1992, S. 144–162.

Collaud, Yves; Janett Mirjam: Familie im Fokus. Heimerziehung in der Schweiz im 20. Jahrhundert, in: Hauss, Gisela; Gabriel, Thomas; Lengwiler, Martin (Hg.): Fremdplatziert. Heimerziehung in der Schweiz, 1940–1990, Zürich 2018, S. 195–218.

Dettling, Angela: Die Barmherzigen Schwestern vom heiligen Kreuz Ingenbohl, in: Mitteilungen des historischen Vereins des Kantons Schwyz 100, 2008, S. 80–83.

Dotter, Franz: Hörbehindert = gehörlos oder resthörig oder schwerhörig oder hörgestört oder hörgeschädigt oder hörsprachbehindert oder hörbeeinträchtigt? In: SWS-Rundschau, 49/3, S. 347–368, www.ssoar.info/ssoar/handle/document/32289 (1. 10. 2019).

Eggenberger, Peter, Heimleiter und Pionier der Sprachheilkunde: Dr. h. c. Hans Ammann, Vater der Sprachheilschule St. Gallen, in: Schweizer Heimwesen: Fachblatt VSA, 62/5, 1991, S. 342 f.

Ellger-Rüttgardt, Sieglind Luise: Geschichte der Sonderpädagogik. Eine Einführung, München 2008.

Ernst, Ulrich: Der Streit zwischen den Taubstummenlehrern Epée in Paris und Heinicke in Leipzig vor dem Lehrerkonvent des zürcherischen Gymnasiums, 1783, Zürich 1907.

Escher, Ursula: Geschichte und heutiger Stand des Sprachheilwesens in der deutschsprachigen Schweiz unter besonderer Berücksichtigung der Aus-, Weiter- und Fortbildung von logopädischem Fachpersonal, Luzern 1976.

Feige, Hans-Uwe: Denn taube Personen folgen ihren thierischen Trieben – (Samuel Heinicke). Gehörlosen-Biografien aus dem 18. und 19. Jahrhundert, Leipzig 1999.

Fischer, Judith: Donnergrollen in der Gehörlosenschule, in: Riehener Zeitung, 11. 7. 1997, S. 1.

Fischer, Renate: The Study of Natural Sign Language in Eighteenth-Century France, in: Sign Language Studies 2/4 (2002), S. 391–406.

Fracheboud, Virginie: L'introduction de l'assurance invalidité en Suisse (1944–1960). Tensions au cœur de l'État social, Lausanne 2015.

Furrer, Markus et al. (Hg.): Fürsorge und Zwang. Fremdplatzierung von Kindern und Jugendlichen in der Schweiz 1850–1980, Basel 1914 (Beiheft zur Schweizerischen Zeitschrift für Geschichte 36).

Gabriel, Thomas; Hauss, Gisela; Lengwiler, Martin: Einleitung, in: Hauss, Gisela; Gabriel, Thomas; Lengwiler, Martin (Hg.): Fremdplatziert. Heimerziehung in der Schweiz, 1940–1990, Zürich 2018, S. 11–27.

Gebhard, Michael: Hören lernen – hörbehindert bleiben. Die Geschichte von Gehörlosen- und Schwerhörigenorganisationen in den letzten 200 Jahren, Baden 2007.

Gebhard, Michael: Gebärdensprachforschung in der Schweiz. Eine Erfolgsgeschichte mit vielen Vätern. Der Beitrag von kleinen Playern am Beispiel des Vereins zur Unterstützung der Gebärdensprache der Gehörlosen (VUGS), in: Schmidt, Marion; Werner, Anja (Hg.): Zwischen Fremdbestimmung und Autonomie. Neue Impulse zur Gehörlosengeschichte in Deutschland, Österreich und der Schweiz, Bielefeld 2019, S. 237–262.

Germann, Pascal: Laboratorien der Vererbung, Rassenforschung und Humangenetik in der Schweiz 1900–1970, Göttingen 2016.

Germann, Urs: «Eingliederung vor Rente». Behindertenpolitische Weichenstellungen und die Einführung der schweizerischen Invalidenversicherung, in: Schweizerische Zeitschrift für Geschichte 58/2 (2008), S. 178–197.

Germann, Urs (2010a): Integration durch Arbeit: Behindertenpolitik und die Entwicklung des Schweizerischen Sozialstaats 1900–1960, in: Elsbeth Bösl et al. (Hg.): Disability History. Konstruktionen von Behinderung und Geschichte, Bielefeld 2010, S. 151–168.

Germann, Urs (2010b): Die Entstehung der IV: lange Vorgeschichte, kurze Realisierungsphase, in: Soziale Sicherheit CHSS, Heft 1, 2010, S. 5–8.

Gessinger, Joachim: Auge & Ohr. Studien zur Erforschung der Sprache am Menschen 1700–1850, Berlin 1994.

Gessner, Anna; Ringli, Gottfried: 200 Jahre Gehörlosenbildung in der Schweiz. Darstellung für Gehörlose, Zürich 1977.

Greenwald, Brian H.; Murray, Joseph J. (Hg.): In Our Own Hands. Essays in Deaf History, 1780–1970, Washington 2016.

Grosjean, François: Die bikulturelle Person: ein erster Überblick (Verein zur Unterstützung der Gebärdensprache der Gehörlosen, Informationsheft Nr. 44), Zürich 2007.

Gstrein, Jutta: Weisst Du noch wie es früher war … mit den «Strafen». Eine Befragung von Gehörlosen über ihre Erlebnisse zur Sozialisation im Gehörloseninternat (Verein zur Unterstützung der Gebärdensprache der Gehörlosen, Informationsheft Nr. 34), Zürich 1999.

Günther, Klaus-B.: Gehörlosigkeit und Schwerhörigkeit, in: Borchert, Johann (Hg.): Einführung in die Sonderpädagogik, München 2007, S. 88–109.

Hafner, Urs; Janett, Mirjam: Draussen im Heim. Die Kinder der Steig, Appenzell 1945–1982. Historischer Bericht zuhanden der Standeskommission Appenzell Innerrhoden, Bern, Zürich 2017.

Hals-, Nasen- und Ohrenklinik: 100 Jahre Universitätsklinik und -poliklinik für Hals-, Nasen- und Ohrenkrankheiten Basel 1876–1976, Basel 1976.

Hasenfratz, Emil: Fürsorge für die anormale Jugend in der Schweiz in ihren eidgenössischen und kantonalen Gesetzen, Verordnungen, Reglementen und deren Schulen, Erziehungs- und Pflegeanstalten, Glarus 1916.

Hassler, Gerda: Sprachtheorien der Aufklärung. Zur Rolle der Sprache im Erkenntnisprozess, Berlin 1984.

Heilpädagogisches Zentrum Hohenrain (Hg.): 100 Jahre Abteilung für lern- und geistig behinderte Kinder und Jugendliche 1906–2006, Hohenrain 2006.

Heiniger, Kevin: Krisen, Kritik und Sexualnot. Die «Nacherziehung» männlicher Jugendlicher in der Anstalt Aarburg (1893–1981), Zürich 2016.

Herrsche-Hiltebrand, Regula: Gehörlosenkultur für alle Hörbehinderten. Eine Selbstbetroffene und Hörgeschädigtenpädagogin schreibt, Zürich 2002.

Hesse, Rebecca: «Die Tauben macht er hörend und die Sprachlosen redend». Wilhelm Daniel Arnold und die Verbannung der Gebärden aus der Taubstummenanstalt Riehen, Masterarbeit, Departement Geschichte, Universität Basel, Basel 2015.

Hesse, Rebecca; Lengwiler, Martin: Aus erster Hand. Gehörlose und Gebärdensprache in der Schweiz im 19. und 20. Jahrhundert. Departement Geschichte, Universität Basel, Basel 2017, www.sgb-fss.ch/wp-content/uploads/2015/06/Hesse-Lengwiler-Aus-erster-Hand-2017.pdf (5. 1. 2020).

Heusser, Hans: Ein Jahrhundert Taubstummen-Anstalt Riehen. 1839–1939, Basel 1939.

Hohl, Fabienne: Gehörlosenkultur. Gebärdensprachliche Gemeinschaften und die Folgen (Verein zur Unterstützung der Gebärdensprache der Gehörlosen, Informationsheft Nr. 41), Zürich 2004.

Hüls, Rainer: Die Geschichte der Hörakustik. 2000 Jahre Hören und Hörhilfen, Heidelberg 1999.

Janett, Mirjam: Die «Taubstummenanstalt Hohenrain» (1847–1942). Gehörlosigkeit und die Konstruktion von Andersartigkeit, Masterarbeit Universität Zürich 2014.

Janett, Mirjam: Gehörlosigkeit und die Konstruktion von Andersartigkeit. Das Beispiel der Taubstummenanstalt Hohenrain (1847–1942), in: Schweizerische Zeitschrift für Geschichte 66/2, 2016, S. 226–245.

Janett, Mirjam: Vom Wert der Gebärde, in: Die Wochenzeitung, Nr. 42, 19. Oktober 2017.

Janner, Sara: Korporative und private Wohltätigkeit. «Stadtgemeinde» und Stadtbürgertum als Träger der Armenpflege im 19. Jahrhundert, in: Mooser, Josef; Wenger, Simon (Hg.): Armut und Fürsorge in Basel. Armutspolitik vom 13. Jahrhundert bis heute, Basel 2011, S. 101–109.

Janner, Sara: GGG 1777–1914. Basler Stadtgeschichte im Spiegel der «Gesellschaft für das Gute und Gemeinnützige», Basel 2015.

Karth, Johannes: Das Taubstummenbildungswesen im XIX. Jahrhundert in den wichtigsten Staaten Europas. Ein Überblick über seine Entwicklung, Breslau 1902.

Kaufmann, Peter: Lautsprachbegleitendes Gebärden (LBG) in der Erziehung und Bildung gehörloser Kinder (Aspekte 37), Luzern 1990.

Kaufmann, Peter: Bericht über das LBG-Projekt Zürich (Hörgeschädigtenpädagogik, Beiheft 32), Heidelberg 1995.

Kopp, Fritz: Die Schule in Meggen, Entstehung, Ziele der Eltern, Resultate, in: Schweizerischer Taubstummenlehrerverein: Integration Hörgeschädigter: Tagungsbericht. Arbeitstagung des Schweizerischen Taubstummenlehrervereins 1975, Arlesheim 1975, S. 41–48.

Kröhnert, Otto: Die sprachliche Bildung des Gehörlosen, Weinheim 1966.

Kröhnert, Otto: Geschichte, in: Jussen, Heribert; Kröhnert, Otto (Hg.): Pädagogik der Gehörlosen und Schwerhörigen, Berlin 1982, S. 47–77.

Lai, W. K.: Schweizerisches Cochlear Implant Register (CI-Datenbank), Zwischenbericht per 31. 12. 2013, Zürich 2014.

Lengwiler, Martin: Der strafende Sozialstaat. Konzeptuelle Überlegungen zur Geschichte fürsorgerischer Zwangsmassnahmen, in: Traverse. Zeitschrift für Geschichte, Heft 1, 2018, S. 180–196.

Leonhardt, Anette: Einführung in die Hörgeschädigtenpädagogik, 2. Auflage, München 2002.

Leuenberger, Marco; Seglias, Loretta: Geprägt fürs Leben. Lebenswelten fremdplatzierter Kinder in der Schweiz im 20. Jahrhundert, Zürich 2015.

Lienhard, Peter; Joller, Klaus; Mettauer, Belinda: Rezeptbuch schulische Integration. Auf dem Weg zu einer inklusiven Schule, Bern 2011

Lodéon, Sabine: L'institution du sourd-muet, in: Communications, 56 (1993), Nr. 1, S. 91–103, www.persee.fr/doc/comm_0588-8018_1993_num_56_1_1850 (13. 1. 2020).

Löwe, Armin: Gehörlosenpädagogik, in: Solarová, Svetluse (Hg.): Geschichte der Sonderpädagogik, Stuttgart 1983, S. 12–48.

Löwe, Armin: Hörgeschädigte Kinder in Regelschulen. Ergebnisse von Untersuchungen und Erhebungen in der Bundesrepublik Deutschland und in der Schweiz, Dortmund 1985.

Löwe, Armin: Hörgeschädigtenpädagogik international. Geschichte, Länder, Personen, Kongresse: eine Einführung für Eltern, Lehrer und Therapeuten hörgeschädigter Kinder, Heidelberg 1992.

Luchsinger, Christine: «Niemandskinder». Erziehung in den Heimen der Stiftung Gott hilft, 1916–2016, Chur 2016.

Luisier, Céline: Histoire d'une reconnaissance. L'introduction de la langue des signes a l'école de Montbrillant à Genève (1960–1986), mémoire de licence, Genf 2000.

Mills, Mara: Hearing Aids and the History of Electronics Miniaturization, in: IEEE Annals of the History of Computing 33/2, 2011, S. 24–45.

Muhs, Jochen: Johann Heidsiek (1855–1942) – Wegbereiter des Bilingualismus, in: Das Zeichen, Nr. 47, 1999, S. 11–17.

Pepping, Lutz: Die Beschlüsse von Vancouver 2010 – Eine historische Wende in der Erziehung und Bildung tauber Menschen, in: Das Zeichen 24/86, 2010, S. 562–564.

Porchet, Alain: Invalidenversicherung: die Geschichte eines Wandels, in: Soziale Sicherheit CHSS, Heft 1, 2010, S. 15–17.

Praz, Anne-Françoise; Avvanzino, Pierre; Crettaz, Rebecca: Les murs du silence. Abus sexuels et maltraitances d'enfants placés à l'Institut Marini, Neuchâtel 2018.

Prillwitz, Siegmund: Entwicklung neuer Methoden und Lernmaterialien für die berufliche Bildung Gehörloser am Beispiel der Computertechnologie, in: Das Zeichen, Nr. 8, 1989, S. 63–77.

Prillwitz, Siegmund: Der lange Weg zur Zweisprachigkeit Gehörloser im deutschen Sprachraum, in: Das Zeichen, Nr. 12, 1990, S. 133–140.

Quandt, Anni: Der Mailänder Kongress und seine Folgen, Teil I, in: Das Zeichen 25/88, 2011, S. 204–217; Teil II, in: Das Zeichen 25/89, 2011, S. 426–436.

Ramsauer, Nadja: «Verwahrlost». Kindswegnahmen und die Entstehung der Jugendfürsorge im schweizerischen Sozialstaat, 1900–1945, Zürich 2000.

Ries, Markus; Beck, Valentin: Gewalt in der kirchlichen Heimerziehung. Strukturelle und weltanschauliche Ursachen für die Situation im Kanton Luzern in den Jahren 1930 bis 1960, in: Furrer, Markus et al. (Hg.): Fürsorge und Zwang. Fremdplatzierung von Kindern und Jugendlichen in der Schweiz 1850–1980 (Beiheft zur Schweizerischen Zeitschrift für Geschichte 36), Basel 1914, S. 75–86.

Ringli, Gottfried: Die Oberstufenschule Zürich als eine Form einer teilintegrativen Schulung für Gehörlose, in: Schweizerischer Taubstummenlehrerverein: Integration Hörgeschädigter: Tagungsbericht. Arbeitstagung des Schweizerischen Taubstummenlehrervereins 1975, Arlesheim 1975, S. 49–54.

Ringli, Gottfried: 150 Jahre Kantonale Gehörlosenschule Zürich. Materialien zu ihrer Geschichte, Zürich 1977.

Ringli, Gottfried, «Mein Traumberuf war und blieb Lehrerin …». Geschichte der Berufsbildung für Gehörlose in der deutschsprachigen Schweiz und der Berufsschule für Hörgeschädigte in Zürich 1954–2004, Zürich 2004.

Ritzmann, Iris: «Die der Welt und sich selbst zur Last sind». Behinderte Kinder und Jugendliche in der frühen Neuzeit, in: Traverse. Zeitschrift für Geschichte, Heft 3, 2006, S. 73–85

Rüegger, Heinz, Siegrist, Christoph: Diakonie: eine Einführung. Zur theologischen Begründung helfenden Handelns, Zürich 2011.

Rudin, Florian: Ein institutioneller Blick auf die Einführung der IV: Die ehemalige Taubstummenanstalt Riehen – Wandel im Zeichen von Kontinuität 1925–1970, Masterarbeit Universität Basel 2017.

Rudin, Florian; Hesse, Rebecca; Canonica, Alan: Die Entwicklung der Gehörlosenpädagogik am Beispiel der Gehörlosen- und Sprachheilschule Riehen im 19. und 20. Jahrhundert, in: Basler Zeitschrift für Geschichte und Altertumskunde 119, 2019, S. 157–180.

Schefer, Markus, Hess-Klein, Caroline: Behindertengleichstellungsrecht, Bern 2014.

Schiltknecht, Hansruedi: Johann Heinrich Pestalozzi und die Taubstummenpädagogik, Berlin 1970.

Schlegel, Bruno et al.: 125 Jahre Sprachheilschule St. Gallen, ehemals Taubstummen – und Sprachheilschule, St. Gallen 1984.

Schmid-Cestone, Lucia: Im Gedenken an Dr. med. h. c. Eberhard Kaiser (Nachruf), in: Riehener Zeitung, 11. 1. 2008, S. 2.

Schmid-Giovannini, Susann: Vom Stethoskop zum Cochlea-Implantat. Geschichte und Geschichten aus einem sechzigjährigen Berufsleben, Meggen 2007.

Schmidt, Marion Andrea: Normalization and Abnormal Genes. Heredity Research at the Clarke School for the Deaf, 1930–1950, in: Greenwald, Brian H.; Murray, Joseph J. (Hg.): In Our Own Hands. Essays in Deaf History 1780–1970, Washington D. C. 2016, S. 193–210.

Schmidt, Marion Andrea: Eradicating Deafness? Genetics, Pathology, and Diversity in Twentieth-Century America, Manchester 2020.

Schmidt, Marion; Werner, Anja (Hg.): Zwischen Fremdbestimmung und Autonomie. Neue Impulse zur Gehörlosengeschichte in Deutschland, Österreich und der Schweiz, Bielefeld 2019.

Schmidt, Marion; Werner, Anja: Einleitung, in: dies. (Hg.): Zwischen Fremdbestimmung und Autonomie. Neue Impulse zur Gehörlosengeschichte in Deutschland, Österreich und der Schweiz, Bielefeld 2019, S. 9–48.

Schriber, Susanne: Das Heilpädagogische Seminar Zürich – Eine Institutionsgeschichte, Diss. Universität Zürich 1993, Zürich 1994.

Schuler, Sebastian: Strafpraktiken in der Zeitschrift «Theodosia», unveröffentlichte Seminararbeit Universität Basel, Basel 2018.

Schumann, Paul: Geschichte des Taubstummenwesens vom deutschen Standpunkt aus dargestellt, Frankfurt am Main 1940.

Schweizerischer Gehörlosenbund SGB-FSS (Hg.): Auf dem Weg zur Bilingualität. Gebärdensprache & gesprochene Sprache, Yverdon-les-Bains 2013.

Söderfeldt, Ylva: From Pathology to Public Sphere. The German Deaf Movement 1848–1914, Bielefeld 2013.

Steiger, Emma: Handbuch der sozialen Arbeit der Schweiz, 2 Bände, Zürich 1948/49.

Steinke, Hubert: Siebenmann, Friedrich, in: Historisches Lexikon der Schweiz, www.hls-dhsdss.ch/textes/d/D14642.php (20. 1. 2020).

Stephens, S. D.: Audiometers from Hughes to Modern Times, in: British Journal of Audiology 2, Supplement (1979), S. 17–23.

Thiemeyer, Celina: «Das Spiegelbild der Schulen, nicht unseres». Die 10 Thesen zu Lautsprache und Gebärde des Schweizerischen Gehörlosenbundes, Bachelorarbeit, Interkantonale Hochschule für Heilpädagogik Zürich, Zürich 2018.

Tresoldi, Fiorenzo; Cavalli, Franco: Una scuola nel cuore della città. Istituto S. Eugenio di Locarno, 1886–1986, Locarno 1986.

Unabhängige Expertenkommission Administrative Versorgungen (Hg.): Organisierte Willkür. Administrative Versorgungen in der Schweiz 1930–1981. Schlussbericht, Zürich 2019.

Unabhängige Expertenkommission Ingenbohl: Ingenbohler Schwestern in Kinderheimen. Erziehungspraxis und institutionelle Bedingungen unter besonderer Berücksichtigung von Rathausen und Hohenrain, Schlussbericht 2013.

Wicki, Ann-Karin: Zurück ins aktive Leben. Von «Eingliederung vor Rente» zu «Eingliederung dank Rente» – die Politik und die Schweizerische Invalidenversicherung zwischen 1955 und 1992 (Schriftenreihe der SGPP 134), Bern 2018.

Wisotzki, Karl Heinz: Hörgeschädigtenpädagogik, in: Bleidick, Ulrich; Ellger-Rüttgardt, Sieglind Luise (Hg.): Behindertenpädagogik – eine Bilanz. Bildungspolitik und Theorieentwicklung von 1950 bis zur Gegenwart, Stuttgart 2008, S. 169–185.

Wolff, Eberhard: Felix Robert Nager, in: Historisches Lexikon der Schweiz, https://hls-dhs-dss.ch/de/articles/014569/2007-10-29 (20. 1. 2020).

Wolff, Sylvia: Vom Taubstummenlehrer zum Gebärdensprachpädagogen. Die Rolle der Gebärdensprache in einer 200-jährigen Professionsgeschichte (Teil II), in: Das Zeichen, 22/79, 2008, S. 188–196.

Wolff, Sylvia: Spricht etwas gegen die Gebärdensprache? Anmerkungen zum Ursprung oralistischer Fehlannahmen im sprachphilosophischen Diskurs des 18. und 19. Jahrhunderts, in: Eichmann, Hanna et al. (Hg.): Handbuch Deutsche Gebärdensprache, Seedorf 2012, S. 455–468.

Wolfisberg, Carlo: Heilpädagogik und Eugenik. Zur Geschichte der Heilpädagogik in der deutschsprachigen Schweiz (1800–1950), Zürich 2002.

Wuest, Markus: Rückkehr einer verbotenen Sprache, in Basler Zeitung, 29. Oktober 2012, S. 4.

Wyrsch-Ineichen, Gertrud: Gleich & Anders. 1826 bis 2001, 175 Jahre Bildung und Erziehung gehörloser Kinder und Jugendlicher an der Gehörlosenschule Zürich, Zürich 2001.

Wyss, Markus: Der Eugenikdiskurs in der Fürsorge und Bildung von Gehörlosen und Schwerhörigen in der Schweiz in der ersten Hälfte des 20. Jahrhunderts, Zürich 2011.

Wyss, Reto et al.: Eine Erfolgsgeschichte. 169 Jahre Hörbehindertenbildung in Hohenrain, Hohenrain 2016.

8.5 Bildnachweis

Summary

At first hand
The deaf, sign language, and educating the deaf
in Switzerland in the 19th and 20th centuries

This book recounts the 19th and 20th century history of the deaf in Switzerland from a particular point of view. The central question is how schools for the deaf, and deaf pedagogy more generally, dealt with the deaf, particularly in using sign language. We investigated three levels: the scholarly discourse about deaf pedagogy, daily life in schools for the deaf, and the impact school experiences had on the life-course, specifically on educational and job opportunities the deaf had.

What have our central findings been? Several clear threads are evident in the scholarly discourse. Quite different models and approaches for teaching the deaf were discussed in the German-speaking and in the French-speaking areas during the early 19th century. Long regarded as incapable of learning, the deaf were now supposed to become productive members of society. Teaching them sign language was one of the suggested ways for bringing this about. In the latter 19th century, increased attention in deaf pedagogy was devoted to spoken approaches ('oralism'). From then on, and into the 1970s, the so-called 'oralists,' also known as the 'German School,' who favored pedagogy oriented to the spoken word, clearly dominated the discourse.

Spoken-word approaches went hand-in-hand with rejecting sign language. Discrimination against signing was based on particular linguistic assumptions made in the early 19th century that were associated with Enlightenment pedagogy. In the philosophy of language at the time, sign language was regarded as a backwards, primitive precursor of spoken language. In educated circles, there had been a concurrent rise of belief in the power of pedagogical knowledge, as well as in the idea that individuals were educable. The 19th century education system, and in particular the notion of having elementary schools, was a child of the Enlightenment.

This had consequences for how the deaf were dealt with as well. The transformation of older deaf and dumb facilities, which had largely served confinement purposes in the 19th century, into schools for the deaf was a result of this pedagogic idealism. The goal was to integrate the deaf into hearing society, the ideal path for which was assumed to go through spoken language: the deaf and hard-of-hearing were to be helped most by enabling them to express themselves through speech.

The change from the multifaceted pedagogy of the early 19th century, in which sign language was a recognized means of communication, to the speech-oriented norm of the later 19th and early 20th centuries, was gradual. The much-noted Milan Conference of 1880, the first international conference of deaf educators, was a symbolically significant moment. It marked the point at which the 'oralists' prevailed internationally. The course, now visible to all professionals, was set to pursue a purely spoken-word approach.

Yet 1880 was not a fateful year in which instruction of the deaf radically changed. Even before 1880, spoken-word approaches were widespread, in various German and Swiss contexts and facilities as well as in France and Italy; it had frequently prevailed over competing approaches. Conversely, there were also those professionals, long after 1880, who continued to oppose the complete rejection of signing. Indeed, in Germany in particular, various educators of the deaf argued that signing should be part of the curriculum. In the early 20th century, such positions were also adopted by the nascent sign language movement.

Overall, however, the spoken approach dominated for long periods in the 20th century, both in Switzerland and across Europe. The turn toward more open pedagogic models only began in the 1960s, spurred by new linguistic findings, particularly in Anglo-American research, about sign language. This resulted in the 1970s in a general shift in deaf pedagogy to a bilingual approach that combined spoken and signed language. This shift was reinforced by a rejuvenated sign language movement which defended its language as the core of an independent culture, thereby helping to rehabilitate the use of sign language.

The history of schools and facilities for the deaf also did not show any clear breaks. The instructional practices in schools for the deaf, in particular, did not simply reflect international pedagogic discourse. The six schools for the deaf we investigated instead appear to have followed their own paths. While the schools in Zürich, Geneva, Riehen (near Basel), St. Gallen, Hohenrain (Luzern) and Locarno did follow the debates in the field – increasingly so – each took its own path when it came to implementation. Still, there was one commonality: all six schools were clearly influenced by the spoken-word approach throughout much of the 20th century. In one form or another, these schools and boarding schools all marginalized sign language in their day-to-day operations, most clearly so – and rigidly enforced – during the time devoted to lessons.

There were certainly differences in how this policy was carried out. Some schools were more liberal and began, step by step, already in the 1960s to become more open to signing. In the Zürich School for the Deaf, for example, its newly appointed director Gottfried Ringli became unhappy with the results of instruction focused only on speaking. He regarded the radical implementation of the spoken-word method as ineffective, as it prevented the deaf from developing their own sense of language. In Ringli's view, a comprehensive sense of language included sign language. Officially, however, Zürich only turned away from the pure spoken-word method in the 1970s when it introduced Manually Coded Language, a type of signing meant to accompany speech. Yet even in the 1960s, the Zürich school acted with forbearance towards signing children.

The Montbrillant (Geneva) School for the Deaf, as well as its counterpart in Riehen (Basel) also turned away from the pure spoken-word approach relatively early, meaning by the 1980s. In part, this resulted from introducing bilingual methods; this not only permitted but more or less encouraged the use of sign language as part of school lessons. However, the schools in St. Gallen, Hohenrain, and in the Ticino remained more conservative. Sant'Eugenio, the Ticino School for the Deaf, for example, continued to pursue a rigid spoken-word approach until the school finally closed in 1991. Afterward, children were integrated into elementary schools, instructed partly with the aid of bilingual approaches. Both Hohenrain (Luzern) and St. Gallen remained committed to the spoken-word model into the 1990s.

Our study was also augmented by the countless interviews we conducted with former deaf pupils at these schools, as well as with instructors and educators. It is clear the history of Swiss deaf pedagogy cannot be regarded only as one of continued progress. On the one hand, there were clearly pedagogic efforts, both painstaking and day-by-day, to educate deaf children to become communicatively able to participate in society, and in this manner enable them to be integrated into the working world. On the other hand, the deaf pupils themselves mostly experienced daily school life as a burden, and one which often included violations of their personal integrity. Many were permanently traumatized as a result.

The history of deaf education is divided, varying by the perspective chosen, but clearly marked by three problematic, or structural, issues. These issues are also responsible for the predominantly negative experiences the deaf had in Swiss institutions for the deaf and dumb, at least into the 1970s.

First, pursuing a purely spoken-word approach to instruction was calamitous if not pernicious. Current deaf pedagogy is unanimous in its judgment that using a radical 'oralist' approach overtaxed both deaf children and those responsible for instructing them. The goal of wanting to integrate deaf children into a hearing society by instructing them only using the spoken word was too ambitious and ultimately unachievable. Indeed, in instructional practice, this approach proved counter-productive.

The spoken-word method does make sense for those who are hard of hearing, but for the deaf it creates persistent problems in comprehension and communication between teachers and pupils. In also leads to innumerable conflicts, punitive actions, inadequate school performance, and frustration on both sides. Often, deaf pupils could not adequately follow what was being taught, and felt themselves at a disadvantage.

They then tried to help each other cope with schoolroom demands in other ways, with sign language – as a better-functioning means of communication – playing an important compensatory or even substitutive role. As part of regular school lessons, children did at times receive supportive additional instruction, but in other cases, or when such support did not help, pupils fell back on using sign language or sought help otherwise, as from their parents. Compared to sign language, however, spoken language articulation was always deficient.

The 1880 Milan Congress could have seen these problems coming. The Congress had not only agreed on using the spoken language method, but concurrently appealed to national governments to invest significantly more resources for the education of the deaf. Though the older facilities for the deaf and dumb had gradually expanded their infrastructure, and increased the number of qualified personnel working at them in the 20th century, the staff-to-pupil ratios remained inadequate into the 1970s in many places. It was often clear to those working with and in these facilities and boarding schools, including teachers and educators, that the pure spoken language method worked more poorly than it should have. Signing was forbidden during school lessons but was tolerated during recesses, simply because it was more practical. Ultimately, spoken language instruction was inefficient and called for formidable effort on the part of most deaf pupils, as well as a pedagogic utopia, even when more teaching resources were available.

Worse, the focus on language training had a negative effect on becoming qualified in other subjects. In part this was because there was less time, relatively speaking, that was available, but in part it was also because structural difficulties in understanding impeded learning. At the vocational level in particular, such deficits had a lasting impact on the life-courses of the deaf. In light of what were often only modest successes at school, the deaf were no longer considered to be wholly uneducable but were nevertheless still considered as only partly educable. Until recently, university study or academic professions were virtually inaccessible to the deaf. School and vocational education for the deaf was clearly aimed at low-skilled or medium-skilled occupations, particularly in the manual or skilled trades, or more recently, in the caring professions. More ambitious goals on the part of the deaf concerned were often thwarted by those in charge (e.g., teaching staff, school directors, vocational counselors working in disability insurance offices). The deaf experienced these limitations to their vocational aspirations as clearly discriminatory.

Second, excluding sign language had far-reaching consequences for the personality development of deaf people. Many regarded sign language as a form of communication that shaped their identity. Organizations promoting the interests of the deaf began in the 1970s to include the recognition of sign language as part of their political agenda. The orientation in schools for the deaf to only teach spoken language was connected with various stigma. Often schools allied themselves with the parents of the deaf - particularly hearing parents - to marginalize sign language.

The spoken-word orientation of schools for the deaf in the 20th century led to the paradoxical situation that these institutions unintentionally became platforms for teaching sign language. Sign language was nurtured on the margins, in kindergarten, on the playground, or after school. Many deaf children liked to go to schools for the deaf, often not because of the instruction in a narrower sense but because of the opportunities to talk amongst themselves using sign language. The signs used, however, often remained basic and are not comparable to established sign language.

Given this background, many of the deaf felt the compulsion to use spoken language hindered rather than encouraged them; 'integration' was experienced as a compulsory exercise. Spoken language knowledge remained deficient, yet knowledge of sign language also was long neglected. Deaf pupils saw themselves as excluded, and not as linguistically integrated. This was especially true for the older generations, those deaf in school until the 1970s. Many of them never received a solid grounding in speaking, whether spoken or signed.

Third, the psychological strain the deaf felt was made worse by widespread abusive practices in institutions they attended. The deaf interviewees reported numerous examples of violation of their bodily integrity, including corporal punishment, physical assault, or degrading rituals. These practices lasted into the 1960s. Facilities for the deaf and dumb at the time were often closed institutions run as hierarchically-organized boarding schools. The daily schedule was rigid, with corporal punishment, as a disciplinary measure, the order of the day. Since the hierarchy went unquestioned, there was room for abuse and assault, against which the children concerned could not well defend themselves. Complaining or resisting also usually did not lead to lasting changes in the schools. Out of shame and fear, many children hid such adverse experiences and events from their parents. The stories of former deaf school children, in this respect, are similar to the mistreatment narratives told by 'indentured' or 'contracted' children (Verdingkinder).

However, the facilities and boarding schools themselves should not be condemned outright. The closed institutions were not the problem per se; the abuses had to do with meagre financial resources, misguided pedagogical foci, inadequate supervision, and how institutions and staff were managed. It was inevitable frustrations would arise, and educators be overextended, when the responsibility was for twenty or thirty children at once.

Some institutions began to open up by the 1970s, and this was accompanied by several educational changes. The developments were complex. The boarding school aspect itself declined, as a growing number of pupils now lived at home with their families. The staff itself became more professionalized, and the educator-pupil ratio improved. Deaf pedagogy began to accept more participatory approaches, gradually integrating sign language into lessons, and by the 1980s, this increasingly meant bilingual instructional approaches. A new, less discriminatory public image of those with disabilities also began to emerge, not least in the media, and was supported by the UN's International Year of Disabled Persons in 1981. After this date, Swiss TV programming began to include regular programming for the deaf, which was symbolic of the growing recognition of the deaf community. Yet not all schools for the deaf changed equally quickly. Some were actively engaged, but in others one has the impression they rather passively adapted to the new zeitgeist.

A book like this can only highlight certain aspects of the history of the deaf in Switzerland. The role of the parents, both hearing and deaf, in the life-course of the deaf certainly deserves a more in-depth study. This also applies to medical developments starting in the 1970s, most particularly the spread of cochlear implants. The effects of this particular technology on the education of the deaf and the use of sign language, however, fall outside our period of study. Moreover, we were only selectively able to put the history of deaf education into broader contexts. It would be valuable to examine aspects of the Swiss situation in comparative perspective as well. We also still know too little about the significance of schools for the deaf relative to similar special education institutions, such as schools for the disabled or the visually impaired, or relative to regular elementary school classes. A further desideratum would be to investigate the status of deaf pedagogy relative to special education pedagogy more thoroughly, as well as explore the relationship between medical and pedagogical approaches. The larger history of the deaf in Switzerland, finally, deserves more attention than we have been able to give it in this book.

(Translated by John Bendix)

Résumé

De première main
Personnes sourdes, langue des signes et pédagogie pour les sourd·e·s
en Suisse aux XIXᵉ et XXᵉ siècles

Ce livre raconte l'histoire des sourd·e·s en Suisse durant les XIXᵉ et XXᵉ siècles en prenant un angle spécifique. La question centrale est celle de savoir de quelle manière la pédagogie et les écoles pour les sourd·e·s en Suisse traitaient ces derniers et dernières, en particulier comment elles cultivaient la langue des signes. Nous avons placé notre recherche sur trois niveaux : le discours scientifique disciplinaire de la pédagogie pour les sourd·e·s, le quotidien au sein des écoles pour sourd·e·s et les effets des expériences scolaires sur les biographies des personnes sourdes, en particulier sur leurs opportunités éducatives et professionnelles.

Quelles sont les conclusions centrales de ce travail ? Le développement de la discussion disciplinaire sur la langue des signes laisse apparaître quelques lignes claires. Au début du XIXᵉ siècle, des modèles et des approches très différents sont discutés dans les espaces germanophone et francophone afin d'éduquer les personnes sourdes, longtemps considérées comme incapables de recevoir une éducation, pour en faire des membres utiles de la société. La langue des signes fait partie également de ces approches. Au cours de la seconde moitié du XIXᵉ siècle, on constate une focalisation croissante de la pédagogie pour les sourd·e·s sur les approches orales. De la fin du XIXᵉ siècle et jusque dans les années 1970, ceux qu'on a appelés les oralistes, ou les tenants de la pédagogie orale, dite « école allemande », donnaient clairement le ton.

La méthode pédagogique orale alla de pair avec le rejet de la langue des signes. La discrimination de cette dernière vint d'hypothèses linguistiques particulières de la pédagogie des Lumières au début du XIXᵉ siècle. La langue des signes était considérée dans cette philosophie du langage comme une ancêtre arriérée et primitive des langues parlées. En même temps, se manifestait dans les cercles éclairés une croyance accrue dans les capacités d'apprentissage des individus et dans le pouvoir du savoir pédagogique. L'éducation du XIXᵉ siècle, notamment l'idée de l'école primaire, fut une enfant des Lumières. Cette pensée eut également des conséquences pour le traitement des personnes sourdes. La transformation des anciens établissements pour sourds-muets et sourdes-muettes, qui servaient encore largement des objectifs curatifs, en écoles pour les sourd·e·s fut une conséquence de cet idéalisme pédagogique. Le but de ces établissements scolaires était d'intégrer les personnes sourdes dans la société entendante. La voie royale pour y parvenir était la langue orale, l'idée étant que la meilleure aide à apporter aux sourd·e·s et aux malentandant·e·s était de les rendre capables d'articuler la langue orale.

La profonde mutation d'une pédagogie multiforme du début du XIXe siècle, à l'intérieur de laquelle la langue des signes était également un moyen de communication reconnu, en la norme orale de la fin du XIXe et du XXe siècles se réalisa progressivement. Le très cité « Congrès international sur l'amélioration du sort des sourds-muets » à Milan en 1880, au cours duquel les oralistes se sont imposés au niveau international, fut un moment important d'un point de vue symbolique. C'est à cette occasion que furent présentées pour tous les experts et expertes les orientations à suivre pour une méthode purement orale. Mais 1880 ne fut pas cette année fatidique lors de laquelle la pédagogie pour les sourd·e·s effectua un tournant radical. Les approches orales étaient déjà répandues avant 1880 et étaient arrivées à s'imposer souvent avec succès dans différentes configurations face à des modèles concurrents, en particulier en Allemagne et en Suisse, mais également en France et en Italie. À l'inverse, il s'est trouvé également après 1880 et pendant longtemps, des représentant·e·s de la discipline qui se sont élevé·e·s contre un rejet complet des signes. En Allemagne en particulier, divers pédagogues sourd·e·s ont plaidé pour l'inclusion de ces derniers dans l'enseignement pour les sourd·e·s. Ces positions furent également reprises par le premier mouvement en faveur de la langue signée au début du XXe siècle.

Dans l'ensemble, cependant, la domination de la langue orale perdura durant une bonne partie du XXe siècle, que ce soit en Suisse ou dans d'autres pays européens. Un nouveau tournant vers des modèles pédagogiques plus ouverts se préparait déjà dans les années 1960, initié qu'il était par de nouvelles connaissances linguistiques concernant la langue des signes, en particulier dans la recherche anglo-saxonne. Cela conduisit dans les années 1970 à un changement de cap général dans la pédagogie pour les sourd·e·s vers des approches bilingues qui opéraient avec une combinaison de langues orale et signée. À cet égard, apparut un mouvement renforcé en faveur de la langue des signes, qui défendait sa langue comme noyau d'une culture à part entière et contribua ainsi également à la réhabilitation de la langue des signes.

L'histoire des écoles et des établissements pour les sourd·e·s, elle non plus, ne connaît pas de rupture claire. Avant tout, la pratique de l'enseignement dans les écoles pour les sourd·e·s n'était pas simplement le reflet des débats pédagogiques internationaux. Les six cas que nous avons analysés indiquent une logique propre aux écoles pour les sourd·e·s. Les écoles de Zurich, Genève, Riehen (près de Bâle), Saint-Gall, Hohenrain (Lucerne) et Locarno s'orientaient bel et bien en fonction des débats disciplinaires – et effectivement de façon croissante – mais suivaient à chaque fois leur propre chemin en ce qui concernait leur mise en œuvre. Sur un point, cependant, l'unité régnait. Durant le XXe siècle, toutes les écoles pour sourd·e·s étudiées étaient en effet clairement marquées par l'approche de la langue orale. Toutes excluaient, sous une forme ou sous une autre, la langue des signes des services de l'école et de l'internat. L'exclusion de la langue signée concernait principalement l'enseignement et elle y fut aussi appliquée de manière rigide.

Dans la mise en œuvre de ce principe, de grandes différences se font jour. Certaines écoles étaient plus libérales que d'autres et, dès les années 1960, s'ouvraient petit à petit à la langue des signes. Dans l'école pour sourd·e·s de Zurich, par exemple, le directeur récemment entré en fonction, Gottfried Ringli, était déjà dans les années 1960 insatisfait avec les résultats de l'enseignement de la langue orale pure. Il considérait qu'une mise en œuvre radicale de la méthode orale n'était pas efficace, puisqu'elle empêchait les sourd·e·s de développer leur propre sens de la langue. Selon Ringli, la langue des signes faisait elle aussi partie intégrante d'une sens de la langue globale. Dès les années 1970, Zurich renonça à la méthode de la langue orale pure et introduisit le « signé allemand » (en allemand : lautsprachbegleitende Gebärden, LBG). Cependant, déjà dans les années 1960, l'école zurichoise se montra tolérante vis-à-vis des enfants utilisant la langue des signes. L'école pour les sourd·e·s de Montbrillant à Genève et l'école bâloise de Riehen renoncèrent relativement tôt à l'approche orale, déjà dans les années 1980, en partie en introduisant la méthode bilingue qui permettait et encourageait plus ou moins la langue des signes dans l'enseignement scolaire. Saint-Gall, Hohenrain et le Tessin réagirent de manière plus conservatrice. L'école de sourd·e·s du Tessin Sant'Eugonio perpétua une approche rigide de la langue orale, et cela jusqu'à sa fermeture en 1991. Par la suite, les enfants furent intégré·e·s à l'école primaire et reçurent un enseignement qui avait recours aux approches bilingues. Hohenrain et Saint-Gall étaient engagées encore dans les années 1990 dans le modèle de la langue orale.

Dans cette étude, le regard s'est porté également sur les expériences des élèves sourds et sourdes, ainsi que celles des enseignants et enseignantes, des éducateurs et éducatrices, en s'appuyant sur un grand nombre d'entretiens avec les témoins. Il en ressort que l'histoire de la pédagogie pour les sourd·e·s en Suisse ne peut pas être décrite simplement comme l'histoire d'un progrès. D'un côté, en effet, se déploient les tentatives pédagogiques de scolariser les enfants sourd·e·s par un travail quotidien pour en faire des membres de la société capables de communiquer et, en agissant ainsi, de les intégrer également dans le monde du travail. De l'autre, il y a les expériences des personnes sourdes qui ont vécu leur quotidien scolaire la plus part du temps comme une charge, souvent également comme une atteinte à leur intégrité personnelle. Beaucoup souffrirent de traumatismes permanents.

L'histoire de l'éducation pour les sourd·e·s s'inscrit dans une histoire divisée qui varie selon la perspective. Elle est marquée par trois problèmes structurels. Ces derniers sont également responsables des expériences essentiellement négatives faites par les sourd·e·s dans les établissements et les écoles qui leur étaient dédiés au moins jusque dans les années 1970.

1. L'enseignement de la langue orale pure fut, dans sa radicalité, une orientation désastreuse. La pédagogie actuelle pour les sourd·e·s admet que l'oralisme radical surcharge autant les enfants sourd·e·s que les responsables pédagogiques. L'objectif d'intégrer les enfants sourd·e·s dans une société entendante par un enseignement purement oral était trop ambitieux et guère réalisable. Dans la pratique scolaire, cette approche s'avéra contreproductive. La méthode orale avait en effet du sens pour les personnes malentendantes. Par contre, pour les personnes sourdes, elle conduisait à des problèmes persistants de compréhension entre le personnel enseignant et les élèves, ainsi qu'à d'innombrables conflits, à des actions punitives, à des performances scolaires insuffisantes et à des frustrations de part et d'autre. Les personnes sourdes, souvent, ne pouvaient pas suivre de manière adéquate le programme scolaire, se voyaient défavorisées et essayaient de s'aider d'autres moyens pour satisfaire aux exigences de l'enseignement. Lors de ces actions de compensation et de remplacement, la langue des signes joua un grand rôle comme forme de communication plus fonctionnelle. Parfois, les enfants recevaient des leçons de soutien dans le cadre des services scolaires ordinaires. Dans d'autres cas, ou lorsque les classes de soutien ne fonctionnaient pas, les élèves avaient recours à la langue des signes ou à une aide extérieure, par exemple de la part de leurs parents. Par rapport à la langue signée, l'articulation de la langue orale était toujours déficiente.

Le Congrès de Milan de 1880 avait anticipé ces problèmes. Ses participants s'étaient non seulement entendus sur la méthode de la langue orale, mais avait également appelé, dans le même temps, les gouvernements nationaux à clairement investir plus de moyens dans la pédagogie pour les sourd·e·s. En effet, durant le XXᵉ siècle, les anciens établissements pour sourds-muets et sourdes-muettes développèrent progressivement leurs infrastructures et un personnel qualifié. Dans de nombreux établissements, cependant, les relations de prises en charge restèrent précaires jusque dans les années 1970. Il était souvent clair pour les personnes impliquées – y compris les enseignants et enseignantes ainsi que les éducateurs et éducatrices – dans les services des écoles et des internats que la méthode du langage oral pur fonctionnait plus mal que bien. Durant l'enseignement scolaire, la langue des signes était interdite, mais durant les pauses les signes étaient tolérés – simplement car cela était plus pratique. Finalement, l'enseignement en langue parlée resta pour la plupart des personnes sourdes un tour de force inefficace et une utopie pédagogique, également là où davantage de ressources pédagogiques étaient à disposition.

Bien plus, l'accent mis sur l'enseignement de la langue eut des conséquences négatives sur les qualifications dans les autres disciplines. D'une part, il restait pour elles en comparaison moins de temps à disposition, d'autre part, l'enseignement était alourdi par des difficultés structurelles de compréhension. C'est avant tout au niveau professionnel que ces déficits eurent un impact durablement accablant sur les biographies des personnes sourdes. Compte tenu des succès scolaires souvent modestes, les sourd·e·s n'étaient plus considéré·e·s comme impossibles à éduquer, mais toujours comme ayant un niveau d'éducation limité. Jusqu'à un passé des plus récents, les études universitaires et les professions académiques étaient, dans les faits, presque inaccessibles. La formation scolaire et professionnelle visait clairement des métiers peu ou moyennement qualifiés, en particulier des métiers manuels ou, plus récemment et progressivement, des métiers dans le social. Des plans plus ambitieux, par exemple émanant des personnes sourdes concernées, furent souvent contrecarrés par les personnes responsables (personnel enseignant, direction scolaire, orientation professionnelle de l'Assurance invalidité). Les personnes sourdes vécurent ces limitations comme une discrimination claire dans leurs perspectives biographiques.

2. L'exclusion de la langue des signes eut des conséquences considérables sur le développement de la personnalité des personnes sourdes. Beaucoup d'entre elles considéraient la langue des signes comme une forme de communication créatrice d'identité. Depuis les années 1970, les organisations d'entraide reprirent la reconnaissance de la langue des signes dans leur programme politique. L'orientation des écoles pour les sourd·e·s vers un enseignement en langue orale pure était à l'inverse liée à de nombreuses stigmatisations. Souvent, les écoles formaient avec les parents des sourd·e·s – essentiellement des parents entendants – une alliance pour marginaliser la langue des signes.

L'orientation de la langue orale prise par les écoles pour les sourd·e·s conduisit à la situation paradoxale où les établissements se sont involontairement développés, durant le XXe siècle, comme une plateforme pour la diffusion de la langue des signes. Aux marges des services scolaires – dans les jardins d'enfants, dans la cour de récréation, après l'école – la langue des signes fut maintenue. De nombreux enfants sourd·e·s allaient volontiers dans les écoles pour les sourd·e·s, souvent non pas en raison de l'enseignement à proprement parler, mais en raison des possibilités cachées d'échanger entre eux et elles en signes. Les signes pratiqués restaient cependant souvent basaux et n'étaient pas à comparer avec la langue signée établie.

Dans ce contexte, de nombreuses personnes sourdes se sentaient plus handicapées qu'encouragées par la contrainte du langage oral. L'idée d'intégration fut vécue comme un exercice imposé. Les connaissances en langue orale restaient déficitaires et celles en langue des signes furent longtemps négligées. Les élèves sourd·e·s ne se voyaient pas intégré·e·s linguistiquement, mais au contraire exclu·e·s. Cela concerne avant tout les plus anciennes générations de personnes sourdes qui allèrent à l'école jusque dans les années 1970. Beaucoup d'entre elles n'ont jamais acquis une solide connaissance des langues, ni orale ni signée.

3. Le fardeau psychique des personnes sourdes fut encore intensifié au travers de pratiques institutionnalisées de violence qui étaient répandues dans de nombreux établissements, au moins jusque dans les années 1960. Les personnes sourdes interrogées rapportent de nombreuses violations de leur intégrité – punitions corporelles, rituels humiliants ou agressions physiques – qu'ils et elles durent subir durant leur quotidien à l'école et à l'internat. Au temps des établissements pour sourds-muets et sourdes-muettes, qui courut jusque dans les années 1960, les écoles étaient organisées en établissements fermés avec un service d'internat. Les internats étaient alors dirigés la plus part du temps de manière hiérarchique. Le programme quotidien était rigide. Les punitions corporelles disciplinaires appartenaient à l'ordre du jour. Le service scolaire avec ses hiérarchies jamais remises en question ouvrait la porte aux agressions et aux abus. Les enfants concerné·e·s ne pouvaient guère se défendre contre la violence et les abus. Les plaintes ou la résistance ne conduisaient la plupart du temps pas à des changements durables au sein des écoles. De honte ou de peur, de nombreux enfants taisaient également à leurs parents les expériences et incidents négatifs. À cet égard, les récits des personnes sourdes font écho aux descriptions faites par les personnes autrefois placées.

Cependant, le système institutionnel ou les internats ne doivent pas être incriminés globalement. Ce ne sont pas les établissements fermés qui représentaient le problème. Les dysfonctionnements relevaient de moyens financiers dérisoires, d'orientations pédagogiques qui échouèrent, d'une supervision insuffisante, ainsi que d'un certain mode de direction des établissements et du personnel. Quand une éducatrice prenait la responsabilité d'un groupe de vingt ou trente enfants, le surmenage et la frustration étaient programmés d'avance.

Depuis les années 1970, quelques établissements connurent un processus d'ouverture durant lequel les choses bougèrent aussi du point de vue pédagogique. Les changements furent multiples : le service d'internat diminua, un nombre croissant d'élèves vivait désormais dans leur famille ; le personnel devint plus qualifié, les rapports d'encadrement s'améliorèrent ; la pédagogie pour les sourd·e·s s'ouvrait à de nouvelles approches, plus participatives, et commençait à intégrer progressivement la langue des signes à l'enseignement – jusqu'à la diffusion des approches bilingues à partir des années 1980. Dans les médias et dans l'espace public s'imposa une nouvelle image des personnes avec un handicap, moins discriminante. L'Année internationale des personnes handicapées (1981), décrétée par l'ONU, ainsi que l'enregistrement d'émissions régulières pour les personnes sourdes dans les programmes de la Télévision suisse à partir de 1981 ont représenté des moments symboliques pour la reconnaissance progressive de la communauté sourde. Cependant, toutes les écoles pour les sourd·e·s ne se transformèrent pas aussi vite. Certaines avancèrent activement ; pour d'autres, on garde l'impression qu'elles se montrèrent plutôt passives face au nouvel air du temps.

Ce livre a pu traiter des différents aspects de l'histoire des sourd·e·s en Suisse seulement dans une certaine mesure. Le rôle des parents – entendants comme sourds – dans la biographie des personnes sourdes aurait certainement mérité une étude approfondie. Cela vaut également pour les conséquences des développements les plus récents de la médecine, comme la diffusion des implants cochléaires. L'impact de cette technologie sur la pédagogie pour les sourd·e·s et son traitement avec la langue des signes se situent dans un temps en dehors de notre période de recherche. En outre, nous avons pu seulement de manière ponctuelle situer l'histoire des sourd·e·s dans des rapports plus larges. La perspective comparative devrait être à maints égards prise en compte plus précisément. Nous en savons encore trop peu de l'importance des écoles pour les sourd·e·s par rapport à d'autres établissements d'enseignement spécialisé (écoles pour handicapé·e·s physiques ou pour personnes malvoyantes) ou aux classes régulières de l'école primaire. Devraient être également davantage investigués le statut de la pédagogie pour les sourd·e·s au sein de la pédagogie curative et spécialisée, ainsi que le rapport entre les approches pédagogiques et médicales. L'histoire des sourd·e·s mérite notre attention pleine et entière, et cela bien au-delà de ce livre.

(Traduction de Magali Delaloye)

Riassunto

Di prima mano
Non udenti, lingua dei segni e pedagogia della sordità
in Svizzera, XIX e XX secolo

Questo libro racconta la storia dei non udenti nella Svizzera dell'Ottocento e Novecento da un punto di vista particolare. La domanda centrale è stata quale approccio usassero la pedagogia della sordità e le scuole per non udenti con i non udenti in Svizzera, in particolare attraverso il mezzo di comunicazione costituito dalla lingua dei segni. Per rispondere a questa domanda ci siamo mossi in tre direzioni, analizzando il discorso specializzato della pedagogia della sordità, il quotidiano nelle scuole per non udenti e le conseguenze dell'esperienza scolastica sulle vite delle persone non udenti, in particolare per quanto riguarda le loro opportunità formative e professionali.

Quali sono stati i risultati centrali di questo lavoro? Il discorso specializzato attorno alla lingua dei segni mostra alcune linee di sviluppo chiare. Nella prima metà del XIX secolo, la Svizzera tedesca e quella francese costituirono centri di discussione di modelli e approcci alquanto differenti, tutti con lo scopo di educare i non udenti, a lungo considerati incapaci di essere educati, a membri utili della società. Tra questi approcci si trovava anche la lingua dei segni. Nel corso della seconda metà del XIX secolo si lascia invece intravedere una crescente focalizzazione della pedagogia della sordità su approcci orali. A partire dalla fine del XIX secolo e fino agli anni '70 del Novecento, i cosiddetti 'oralisti', come venivano anche chiamati i membri della «scuola tedesca», seguaci della pedagogia orale, cominciarono a dettare chiaramente il tono.

Lo sviluppo della pedagogia orale andò di pari in passo con un rifiuto della lingua dei segni. La discriminazione della lingua dei segni originò da precise supposizioni formulate nel campo della teoria linguistica della pedagogia illuminista del primo Ottocento. La lingua dei segni era considerata all'interno della filosofia linguistica dell'Illuminismo come una precorritrice arretrata e primitiva della lingua orale. Allo stesso tempo, all'interno dei circoli illuministi si manifestò una fede crescente nell'educabilità degli individui e, contemporaneamente, nel potere del sapere pedagogico. L'istruzione ottocentesca, e in particolare anche la concezione stessa di una scuola elementare, era figlia dell'Illuminismo. Anche per la relazione con i non udenti questo pensiero ebbe importanti conseguenze: la conversione degli istituti per sordomuti, che ancora nell'Ottocento servivano in larga misura a fini previdenziali, in scuole per non udenti fu una conseguenza di questo idealismo pedagogico. Scopo di questi nuovi stabilimenti scolastici doveva essere l'integrazione dei non udenti all'interno della società udente, e la via maestra che doveva portare in quella direzione era data dalla lingua orale. Sembrava infatti che consentire a non udenti e maludenti di esprimersi oralmente fosse il modo migliore per aiutarli.

La svolta da una pedagogia multiforme del primo Ottocento, all'interno della quale anche la lingua dei segni costituiva un mezzo di comunicazione riconosciuto, alla norma orale del tardo Ottocento e del Novecento avvenne gradualmente. Il tanto citato Congresso internazionale per gli istitutori dei sordomuti, tenutosi nel 1880 a Milano, durante il quale gli oralisti riuscirono ad affermarsi a livello internazionale, è stato certamente un momento di importanza simbolica: vennero infatti visibilmente posate le basi per un metodo esclusivamente orale. Ma l'anno 1880 non è stato un anno di rottura, e la pedagogia della sordità non ha vissuto una svolta radicale. Gli approcci vocali erano diffusi già prima del 1880 ed avevano trionfato all'interno di istituzioni differenti, spesso di fronte a modelli concorrenti, in particolar modo in Germania e in Svizzera, ma anche in Francia e in Italia. Al contrario, anche dopo il 1880 ci furono ancora a lungo rappresentanti specializzati che si ribellarono ad un rifiuto radicale della lingua dei segni. Proprio in Germania diversi pedagoghi della sordità argomentarono a favore dell'inclusione della lingua dei segni nell'insegnamento per non udenti e posizioni simili furono riprese anche dal primo movimento per la lingua dei segni all'inizio del Novecento.

In generale, il potere della lingua orale rimase intatto però per lunghe tratte del XX secolo, in Svizzera come in Europa. L'apertura verso modelli pedagogici più inclusivi si delineò solo negli anni '60 e fu stimolata da nuove conoscenze nell'ambito della linguistica della lingua dei segni, sviluppate dalla ricerca anglosassone. Negli anni '70 si giunse quindi ad un ripensamento generale della pedagogia della sordità, che si aprì ad approcci bilingui, una combinazione tra lingua dei segni e lingua orale. In più, il movimento per la lingua dei segni si rafforzò notevolmente, difendendo la propria lingua quale nocciolo di una cultura indipendente e contribuendo così anch'esso alla riabilitazione della lingua dei segni.

Anche nella storia delle scuole e delle istituzioni per non udenti non saltano all'occhio fratture nette. In particolare, la pratica di insegnamento nelle scuole non rifletteva nitidamente i dibattiti pedagogici internazionali. I sei casi concreti che abbiamo analizzato indicano invece piuttosto una logica propria alle diverse scuole. Le scuole di Zurigo, Ginevra, Riehen (Basilea), San Gallo, Hohenrain (Lucerna) e Locarno si orientarono sì, e in misura crescente, ai dibattiti specializzati, ma nella pratica seguivano vie proprie. Su un punto vi è ciononostante una totale unità: nel Novecento, tutte le scuole per non udenti analizzate furono chiaramente segnate dall'approccio orale, e ciascuna escluse in un modo o nell'altro l'utilizzo della lingua dei segni dalla gestione scolastica e collegiale, in primo luogo dall'insegnamento, ambito nel quale il rifiuto venne imposto rigidamente.

Nell'applicazione di questo principio si lasciano ciononostante intravvedere differenze, alcune scuole, più liberali di altre, si aprirono in modo graduale già dagli anni '60 alla lingua dei segni. Nella scuola per non udenti di Zurigo, ad esempio, il nuovo direttore Gottfried Ringli era già insoddisfatto dei risultati dell'insegnamento esclusivamente orale negli anni '60. Egli riteneva inefficace l'applicazione radicale del metodo orale, poiché impediva ai non udenti di costruirsi una propria sensibilità linguistica. Secondo Ringli una tale sensibilità linguistica complessiva doveva comprendere anche la lingua dei segni. Ufficialmente, solo negli anni '70 Zurigo si distanziò dal puro metodo orale, introducendo i segni di accompagnamento alla lingua parlata (in tedesco Lautsprachbegleitende Gebärden, LBG). Ma già negli anni '60 la scuola zurighese si era mostrata alquanto tollerante verso bambini avvezzi alla lingua dei segni. Anche la scuola per non udenti Montbrillant di Ginevra e la scuola basilese di Riehen si distanziarono relativamente presto dall'approccio orale, ad esempio già negli anni '80 attraverso metodi bilingui, volti ad autorizzare e incoraggiare per certi versi la lingua dei segni nell'insegnamento. San Gallo, Hohenrain e il Ticino seguirono linee più conservative, addirittura la scuola ticinese per non udenti Sant'Eugenio seguì un approccio orale rigido fino alla sua chiusura nel 1991, anno dopo il quale i bambini vennero integrati nella scuola elementare e istruiti ricorrendo ad approcci bilingui. Hohenrain e San Gallo rimasero fedeli al modello orale ancora nel corso degli anni '90. Anche le esperienze di allievi non udenti così come quelle del personale insegnante, di educatrici ed educatori sono state esaminate in questo studio, a partire da numerose interviste con testimoni d'epoca. Queste fonti mostrano che non è possibile scrivere la storia della pedagogia della sordità in Svizzera come storia di un progresso lineare: se infatti da una parte ci furono sforzi pedagogici per istruire bambini non udenti, per farli diventare membri della società con adeguate capacità comunicative e per integrarli anche nel mondo lavorativo, dall'altra ci furono le esperienze dei non udenti stessi, che vissero la quotidianità scolastica nella maggior parte dei casi come un peso eccessivo, spesso anche come violazione della loro persona. Molti ne portarono le conseguenze traumatiche per tutta la vita.

La storia dell'istruzione per non udenti è una storia divisa che, a seconda delle prospettive, ha un esito diverso. È segnata da tre aspetti problematici dal punto di vista strutturale, responsabili delle esperienze in maggioranza negative che i non udenti almeno fino agli anni '70 fecero negli istituti per sordomuti e nelle scuole per non udenti.

1. Il puro insegnamento orale è stata una manovra dalle conseguenze disastrose nella sua radicalità. La pedagogia della sordità odierna concorda nel fatto che un oralismo

radicale sovraccarica sia i bambini non udenti che i responsabili educativi: l'obbiettivo di integrare attraverso un insegnamento puramente orale bambini non udenti in una società udente era troppo ambizioso e difficilmente riscattabile. Nella pratica scolastica l'approccio si rivelò essere inoltre alquanto controproducente. Il metodo orale aveva sicuramente un certo senso con i maludenti, ma con persone non udenti portava a persistenti problemi di comprensione tra personale insegnante e allievi, così come a numerosi conflitti, provvedimenti punitivi, prestazioni scolastiche insufficienti e frustrazione su entrambi i fronti. I non udenti spesso non riuscivano a seguire il materiale didattico in modo adeguato, si sentivano penalizzati e provavano ad aiutarsi in modo alternativo per risultare sufficienti ai requisiti dell'insegnamento. In queste azioni di compensazione e sostituzione, la lingua dei sensi giocava un ruolo importante in quanto forma di comunicazione meglio funzionante. Talvolta i bambini ottenevano un insegnamento di sostegno nel quadro delle attività scolastiche ordinarie, in altri casi, o quando le lezioni di sostegno si rivelavano essere poco efficaci, gli allievi ricorrevano alla lingua dei segni o ad aiuti esterni, ad esempio ai propri genitori. Rispetto alla lingua dei segni ad ogni modo l'articolazione orale rimase sempre deficitaria.

Già il Congresso di Milano del 1880 aveva previsto questo tipo di problemi e non si era accordato solo sul rafforzamento del metodo orale, ma invece aveva appellato allo stesso tempo ai governi nazionali, incoraggiandoli ad investire risorse sensibilmente maggiori nella pedagogia della sordità. Se nel corso del XX secolo gli istituti per sordomuti effettivamente potenziarono in modo graduale le proprie infrastrutture e il personale qualificato, in molte strutture le condizioni d'accoglienza rimasero precarie fino agli anni '70. Anche il personale insegnante e gli educatori erano spesso assolutamente coscienti che un approccio esclusivamente orale in scuole e collegi funzionava spesso solo mediocremente. Nell'insegnamento scolastico la lingua dei segni era proibita, nelle pause però veniva tollerata, essenzialmente rimaneva la forma di comunicazione più pratica. In fin dei conti per la maggior parte dei non udenti l'insegnamento orale rimase poco più di uno sforzo inutile e un'utopia pedagogica anche laddove vi erano più risorse a disposizione.

Inoltre, la focalizzazione sull'istruzione linguistica ebbe importanti risvolti negativi sulle qualifiche in altre materie. Da un lato, per queste, all'interno del curriculum scolastico, rimaneva infatti meno tempo, dall'altro l'insegnamento concreto era ostacolato da difficoltà di comprensione strutturali. Sul piano professionale queste mancanze influirono in modo particolarmente oneroso e duraturo sulle vite degli interessati: alla luce dei loro successi scolastici spesso modesti, i non udenti venivano infatti considerati, quando non più totalmente incapaci di essere educati, comunque limitati. Ancora nel passato più recente lo studio universitario e i lavori accademici nel concreto rimasero praticamente inaccessibili ai non udenti. La loro formazione scolastica e professionale mirava esplicitamente a mestieri medio-basso qualificati, in particolare manuali, e in modo crescente sociali. Progetti più ambiziosi, per esempio da parte degli stessi non udenti, venivano spesso ostacolati dai responsabili (personale insegnante, dirigenza scolastica, orientamento professionale offerto dall'assicurazione di invalidità), e i non udenti vivevano queste limitazioni delle loro prospettive personali come discriminazione esplicita.

2. L'emarginazione della lingua dei segni ha avuto conseguenze di ampia portata per lo sviluppo personale dei non udenti. Molti non udenti vedevano la lingua dei segni come forma di comunicazione identitaria e, a partire dagli anni '70, le organizzazioni di autoaiuto inclusero il riconoscimento della lingua dei segni nel loro programma politico. L'orientamento delle scuole per non udenti verso un insegnamento interamente orale invece era collegato a molteplici forme di discriminazione. Spesso addirittura le scuole stipulavano alleanze con i genitori dei non udenti – in particolare quando questi erano invece udenti –per favorire la marginalizzazione della lingua dei segni.

L'orientamento orale delle scuole per non udenti portò a situazioni paradossali, tanto che nel corso del XX secolo proprio queste strutture si trovarono a diventare involontariamente delle piattaforme per la diffusione della lingua dei segni. Questa continuava ad essere coltivata ai margini delle strutture scolastiche – nelle scuole materne, sul piazzale della ricreazione, dopo la scuola. Molti bambini non udenti andavano pure a scuola volentieri, spesso però non per l'insegnamento in sé quanto piuttosto per le possibilità nascoste di conversare in lingua dei segni. La lingua dei segni in uso rimaneva ciononostante spesso ad un livello di base e non paragonabile quella consolidata.

In questo contesto molti non udenti si sono sentiti più ostacolati che sostenuti dall'obbligo della lingua orale: l'idea di integrazione veniva vissuta come un'imposizione; le conoscenze orali rimanevano deficitarie, mentre quelle della lingua dei segni venivano completamente trascurate; linguisticamente, gli allievi non udenti si vedevano emarginati anziché integrati. Questo concerné in particolare le generazioni più anziane, che andarono a scuola fino agli anni '70, tra i quali un gran numero non beneficiò mai di un apprendimento linguistico solido, né in lingua orale né nella lingua dei segni.

3. Gli oneri psichici dei non udenti vennero ancora amplificati dalle pratiche violente istituzionalizzate diffuse in molte strutture fino almeno agli anni '60. Le testimonianze dei non udenti riportano numerose violazioni dell'integrità personale subite nella quotidianità scolastica e collegiale, tra cui punizioni corporali, rituali umilianti e aggressioni fisiche. Al tempo degli istituti per sordomuti, che durò fino agli anni

'60, le scuole erano organizzate come strutture chiuse con servizio collegiale. I collegi erano allora condotti in maniera gerarchica, il programma giornaliero era rigido e le punizioni disciplinari all'ordine del giorno. Questa conformazione, con le sue gerarchie indiscusse, apriva anche la strada a aggressioni e abusi dai quali i bambini colpiti non potevano quasi difendersi. Lamentele o resistenza non portavano quasi mai a cambiamenti duraturi nelle scuole, e per vergogna e paura molti bambini tacevano anche ai propri genitori questi episodi e queste esperienze negative. In questo senso, i racconti dei non udenti somigliano a quelli di bambini abbandonati negli orfanotrofi o dei bambini a contratto.

Non si può condannare strutture del genere su base forfettaria: non erano le strutture chiuse a costituire il nocciolo del problema. Gli abusi erano legati piuttosto alla scarna dotazione finanziaria, alle orientazioni pedagogiche fallimentari, alla mancanza di supervisione così come al modo di gestione della struttura e del personale. Se ad un'educatrice veniva assegnata la responsabilità per un gruppo di venti, trenta bambini, sovraccarico e frustrazione erano a dir poco prevedibili.

A partire dagli anni '70, un certo numero di strutture vissero una fase di apertura, nella quale entrò in movimento anche un certo numero di aspetti pedagogici. I cambiamenti furono vari: l'attività collegiale si ridusse, un numero crescente di allievi viveva ora infatti in seno alla loro famiglia; le qualificazioni del personale aumentarono; le condizioni di assistenza migliorarono; la pedagogia della sordità divenne più inclusiva e partecipativa, iniziando progressivamente a integrare la lingua dei segni nell'insegnamento, fino ad arrivare, a partire dagli anni '80, alla diffusione di approcci bilingui. Nei media e nell'opinione pubblica si impose una nuova visione, meno discriminatoria, delle persone disabili. Il 1981, anno dedicato dall'ONU ai disabili, vide anche l'inizio dell'inserimento regolare di trasmissioni per non udenti nel programma televisivo svizzero, costituendo un momento simbolico importante per il graduale riconoscimento della comunità non udente. Ciononostante, non tutte le scuole per non udenti si trasformarono con la stessa velocità: mentre alcune procedevano attivamente, si ha l'impressione che altre si adattassero ai nuovi tempi piuttosto passivamente.

Questo libro ha potuto trattare diversi aspetti della storia dei non udenti in Svizzera solo in maniera embrionale. Il ruolo dei genitori – udenti come non udenti – nelle biografie degli interessati avrebbe sicuramente meritato uno studio approfondito, e lo stesso vale per le conseguenze degli ultimi sviluppi nel campo della medicina, in particolare la diffusione degli impianti cocleari. L'impatto della tecnologia cocleare sulla pedagogia della sordità e la sua relazione con la lingua dei segni cadono però al di là dei margini temporali della nostra indagine. Anche la storia dell'istruzione dei non udenti è stato possibile inserirla solo puntualmente in un contesto più ampio, mentre proprio la dimensione del confronto avrebbe bisogno di essere analizzata ulteriormente, e ciò sotto diversi aspetti. Sappiamo infatti ancora troppo poco sulla posizione delle scuole per non udenti nel panorama delle altre strutture curative (scuole per disabili fisici o ciechi) e delle classi normali della scuola elementare. Avrebbe inoltre bisogno di essere approfondito anche lo stato della pedagogia della sordità all'interno della pedagogia speciale, così come il rapporto tra approcci pedagogici e terapeutici. Pure dopo l'ultima pagina di questo libro la storia dei non udenti merita quindi la nostra piena attenzione.

(Traduzione di Teresa Steffenino)